"十三五"国家重点图书出版规划项目
材料科学研究与工程技术系列

金属热加工设备及工艺
Matal Hot Working Equipment and Process

● 杨文杰　李洪波　朱永长　李海涛　主编
● 李慕勤　主审

哈尔滨工业大学出版社

内 容 提 要

本书简要地阐述了金属热加工生产中常用的热加工工艺方法及设备,并根据铸造工艺方法及设备、锻压工艺方法及设备、焊接工艺方法及设备、金属热处理方法及设备有关的基础理论,分别讲述金属热加工工艺方法及设备的工作原理和特点、适用范围、设备结构、使用的材料、工艺手段以及所派生出的新方法。本书注意理论联系实际,突出重点,并注意反映国内外新的研究成果和发展趋势。

本书可作为高等院校金属材料工程专业、材料成型及控制工程专业的本科生教材,亦可供从事金属材料热加工领域的工程技术人员参考。

图书在版编目(CIP)数据

金属热加工设备及工艺/杨文杰等主编. —哈尔滨:哈尔滨工业大学出版社,2014.6(2021.8 重印)
ISBN 978-7-5603-4648-9

Ⅰ.金… Ⅱ.①杨… Ⅲ.①热加工-设备-高等学校-教材②热加工-生产工艺-高等学校-教材 Ⅳ.TG306

中国版本图书馆 CIP 数据核字(2014)第 051847 号

材料科学与工程
图书工作室

责任编辑	许雅莹
封面设计	高永利
出版发行	哈尔滨工业大学出版社
社　　址	哈尔滨市南岗区复华四道街 10 号　邮编150006
传　　真	0451-86414749
网　　址	http://hitpress.hit.edu.cn
印　　刷	哈尔滨圣铂印刷有限公司
开　　本	787mm×1092mm　1/16　印张 23.25　字数 580 千字
版　　次	2014 年 6 月第 1 版　2021 年 8 月第 3 次印刷
书　　号	ISBN 978-7-5603-4648-9
定　　价	48.00 元

(如因印装质量问题影响阅读,我社负责调换)

前　言

随着科学技术和工业技术的发展,我国金属材料热加工方法及手段也得到了蓬勃的发展,出现了许多革新性技术。随着经济建设的发展,金属材料热加工新技术在企业生产中得到广泛地推广和应用,促进了金属材料热加工行业的进一步发展。

世界钢铁协会发布2012年全球钢铁生产统计数据。中国大陆2012年粗钢产量7.16亿吨,占全球钢产量的46.3%,这些金属材料绝大部分需要通过热加工方法及手段转化为实际的各种用途的产品。通过铸造的热加工方法获得的铸件产品,必须依靠机械化与自动化的保证,才能更好的保证产品的精度,减少加工量。现代技术的发展,使铸造车间的机械化自动化水平不断提高。现在,工业机器人正在步入铸造车间,扩大在铸造车间中的应用范围。计算机技术,如计算机辅助加工、计算机辅助设计与计算机辅助制造(CAD/CAM)等在铸造车间中应用日渐增多,把各个工序有机地联系在一起,形成计算机集成生产(CIM)系统。日新月异的技术正在改变铸造车间的面貌。

锻压作为金属加工的一种重要生产手段,不但可赋予产品一定的结构形状,而且能直接起到改善和提高产品组织性能的作用;现代锻压设备及其控制系统,正发生着从以机器为特征的传统技术向以信息为特征的现代技术迈进的变化,即用信息技术来改造和提升传统设备及控制系统。随着航空、机械、汽车等工业的持续发展,高科技含量的锻压技术将主导锻压装备,以自动化、数控化、柔性化为发展方向,将推动锻压技术及装备的发展。

焊接作为一种重要的金属材料永久性连接的方法,随着焊接自动化要求和对焊接质量要求的提高,人们在焊缝成形控制、熔滴过渡控制、降低焊接飞溅等方面不断做出努力,促进焊接热输入方式的改进和热输入量的控制研究,如把电弧力控制与电弧稳定性控制、焊接电源的研制、薄件焊接等联系起来,推动了焊接技术与装备的发展。

而随着各种焊接方法的不断出现,各种焊接方法的机械化、自动化水平也在不断提高。电子技术、计算机技术、传感技术、自适应控制技术以及信息和软件技术在焊接领域的应用,使焊接生产自动化程度日新月异,目前正在向焊接过程智能化控制的方向发展。特别是工业焊接机器人的引入,是焊接自动化的革命性的进步,它突破了传统的焊接刚性自动化方式,开拓了一种柔性自动化的新方式。

金属材料热处理作为机械制造业的一道重要工序,是保证和提高通过各种加工方法获得的零部件质量和使用寿命,充分挖掘金属材料潜力的有效手段。热处理设备是实现热处理工艺的基础和保证,直接关系热处理技术水平的高低和工件质量的好坏。

为适应金属材料热加工技术及国民经济建设发展的需要,满足金属热加工专业教材在内容上对一些相关专业技术的发展要求,保证教学的需要,以及适应行业新技术、新工艺发展的推广和普及,根据作者多年从事专业教学和科研工作的经验,编写了本书。写作过程中参考了大量的金属热加工专业教材,并参阅了许多金属热加工技术文献,在此一并表示谢意。

本书可作为金属材料工程专业、材料专业及控制工程专业的教材,主要介绍了铸造、锻压、焊接及金属材料热加工技术设备的基本原理、特点、使用方法、使用的环境要求。

本书由杨文杰、李洪波、朱永长、李海涛主编,其中朱永长编写第一篇(第1~6章),李海涛编写第二篇(第7~11章),杨文杰编写第三篇(第12~19章)及绪论,李洪波编写第四篇(第20~28章)。杨文杰对全书进行了统稿。李慕勤教授审阅了全书。

由于编者的专业知识有限,难免出现差错和不足,敬请读者批评指正。

编 者

2014年5月

目 录

绪 论 ·· 1

第1篇 铸造方法及设备

第1章 造型机及制芯机的工艺基础 ··· 5
1.1 砂型紧实度的要求及测量 ·· 5
1.2 压实过程 ·· 6
1.3 压实所得紧实度的分析 ·· 9
1.4 压实实砂紧实度均匀化的方法 ··· 12

第2章 造型及制芯设备 ·· 15
2.1 震击与震压造型机 ·· 15
2.2 多触头高压造型机 ·· 18
2.3 射芯机 ·· 22
2.4 射压造型机 ·· 26
2.5 气流造型机 ·· 31

第3章 造型及制芯生产线 ·· 36
3.1 造型及制芯生产线的运输设备 ··· 36
3.2 造型及制芯生产线的辅机 ·· 44
3.3 造型和制芯工段的布置及生产线 ··· 48

第4章 熔化工部机械化设备 ·· 51
4.1 备料机械 ·· 51
4.2 冲天炉配料及加料的机械化 ·· 52
4.3 浇铸的机械化和自动化 ·· 54
4.4 浇铸自动化的相关问题 ·· 56

第5章 砂处理机械化 ·· 61
5.1 新砂的处理和制备 ·· 61
5.2 旧砂处理设备 ·· 63
5.3 型砂处理 ·· 69
5.4 砂处理系统的运输设备和辅助装置 ··· 72

第6章 落砂与清理机械 ·· 80
6.1 落砂机 ·· 80
6.2 清理机械 ·· 82
6.3 清理的机械化 ·· 90

第2篇 锻压工艺及设备

第7章 金属的塑性成型 … 93
7.1 单晶体的塑性变形 … 93
7.2 多晶体的塑性变形 … 95
7.3 塑性变形对金属组织和性能的影响 … 96

第8章 压力加工及其工艺 … 100
8.1 压力加工概述 … 100
8.2 压力加工理论基础 … 101

第9章 自由锻造 … 107
9.1 自由锻造设备 … 107
9.2 自由锻基本工序 … 108
9.3 自由锻工艺规程及锻件结构 … 116

第10章 模型锻造 … 122
10.1 锻模的各类模腔 … 122
10.2 模型锻造分类及工艺设备 … 123

第11章 塑性加工新技术及发展 … 136
11.1 现代塑性加工技术 … 136
11.2 现代塑性加工技术的发展趋势 … 147

第3篇 焊接方法及设备

第12章 焊接电弧基础 … 149
12.1 焊接电弧的物理本质 … 149
12.2 焊接电弧各区域的导电机构 … 152
12.3 焊接电弧的静特性 … 154
12.4 焊接电弧的产热及温度分布 … 155
12.5 焊接电弧力及影响因素 … 157
12.6 焊接电弧的稳定性及其影响因素 … 160
12.7 焊丝的加热、熔化与熔滴过渡 … 162
12.8 母材熔化与焊缝成形 … 172

第13章 电弧焊的自动控制技术 … 180
13.1 熔化极电弧焊的自动调节系统 … 180
13.2 等速送丝调节系统 … 182
13.3 电弧电压反馈调节系统 … 186

第14章 埋弧焊 … 191
14.1 埋弧焊的原理和特点 … 191
14.2 埋弧焊用焊接材料 … 193

  14.3 埋弧焊的冶金特点 ……………………………………………………… 194
  14.4 埋弧焊的自动焊设备 …………………………………………………… 196
  14.5 高效埋弧焊 ……………………………………………………………… 198

第15章 钨极氩弧焊 201
  15.1 钨极氩弧焊原理、特点与应用 ………………………………………… 201
  15.2 钨极氩弧焊的电极材料与保护气体 …………………………………… 202
  15.3 钨极氩弧焊设备组成 …………………………………………………… 205
  15.4 钨极氩弧焊的引弧与稳弧方式 ………………………………………… 206
  15.5 钨极氩弧焊电流的种类和极性 ………………………………………… 208
  15.6 钨极脉冲氩弧焊 ………………………………………………………… 210
  15.7 高效钨极氩弧焊技术 …………………………………………………… 211

第16章 熔化极氩弧焊 214
  16.1 熔化极氩弧焊原理、特点与应用 ……………………………………… 214
  16.2 熔化极氩弧焊熔滴过渡 ………………………………………………… 215
  16.3 熔化极氩弧焊的自动调节系统 ………………………………………… 216
  16.4 熔化极氩弧焊设备 ……………………………………………………… 218
  16.5 熔化极脉冲氩弧焊 ……………………………………………………… 219
  16.6 混合气体的选择和使用 ………………………………………………… 220
  16.7 高效熔化极气体保护焊 ………………………………………………… 222

第17章 CO_2气体保护电弧焊 226
  17.1 CO_2气体保护电弧焊的原理、特点与应用 …………………………… 226
  17.2 CO_2气体保护电弧焊的冶金特性 ……………………………………… 227
  17.3 CO_2气体保护电弧焊焊接材料 ………………………………………… 230
  17.4 CO_2气体保护电弧焊工艺 ……………………………………………… 230
  17.5 CO_2气体保护电弧焊设备 ……………………………………………… 233
  17.6 CO_2气体保护电弧焊的其他方法 ……………………………………… 235

第18章 等离子弧焊接与切割 238
  18.1 等离子弧的产生及其特性 ……………………………………………… 238
  18.2 等离子弧焊接设备 ……………………………………………………… 241
  18.3 等离子弧焊接 …………………………………………………………… 243
  18.4 等离子弧切割原理及特点 ……………………………………………… 245

第19章 电阻焊 248
  19.1 电阻焊的实质、分类及特点 …………………………………………… 248
  19.2 电阻焊的基本原理 ……………………………………………………… 249
  19.3 点 焊 ………………………………………………………………… 253
  19.4 凸 焊 ………………………………………………………………… 257
  19.5 缝 焊 ………………………………………………………………… 259
  19.6 对 焊 ………………………………………………………………… 261

第4篇 热处理设备

- 第20章 热处理设备概述 ·· 267
  - 20.1 热处理设备分类 ··· 267
  - 20.2 热处理炉的分类、特性和编号 ·· 269
  - 20.3 加热装置的类别和特性 ·· 271
  - 20.4 气相沉积装置的类别和特性 ··· 273
  - 20.5 热处理设备的技术经济指标 ··· 273
- 第21章 热处理设备常用材料及基础构件 ··· 275
  - 21.1 耐火材料 ·· 275
  - 21.2 保温材料 ·· 277
  - 21.3 炉用金属材料 ··· 278
  - 21.4 电热材料 ·· 279
  - 21.5 常用设备和仪表 ·· 282
- 第22章 热处理电阻炉 ··· 283
  - 22.1 周期作业式电阻炉 ·· 283
  - 22.2 连续作业式电阻炉 ·· 293
- 第23章 热处理浴炉及流态粒子炉 ··· 294
  - 23.1 浴炉 ·· 294
  - 23.2 流态粒子炉 ··· 302
- 第24章 真空与等离子热处理炉 ·· 307
  - 24.1 真空热处理炉 ··· 307
  - 24.2 等离子热处理炉 ·· 312
- 第25章 可控气氛热处理炉 ·· 315
  - 25.1 可控气氛的类型和制备 ·· 315
  - 25.2 气氛控制方法 ··· 321
  - 25.3 可控气氛热处理炉的类型和特点 ··· 323
  - 25.4 可控气氛热处理炉 ·· 324
- 第26章 感应加热装置及其他表面加热装置 ·· 339
  - 26.1 感应加热装置 ··· 339
  - 26.2 其他表面加热装置 ·· 341
- 第27章 热处理冷却设备 ·· 343
  - 27.1 淬火冷却设备 ··· 343
  - 27.2 冷处理设备 ··· 351
- 第28章 热处理辅助设备 ·· 353
- 参考文献 ··· 360

绪　　论

金属材料热加工方法包括铸造、锻压、焊接及热处理等,由于金属材料的使用方式方法、使用目的和使用环境不同,需采取不同的材料加工和处理方法。这些金属材料热加工方法和手段,被广泛地应用于机械制造、石油化工、桥梁、建筑、动力工程、交通车辆、船舶、航天、航空等各个工业部门,与金属切削加工等其他金属加工方法一起成为现代企业产品生产中不可缺少的加工工艺手段。随着科学技术的发展和进步,特别是电力电子技术及微电子技术的发展为热加工方法的发展提供了良好的支撑,其各类金属材料热加工方法和手段得到不断地改进和提高,而且,随着国民经济的发展,其应用领域还将不断地被拓宽。

1. 铸造技术的发展及分类

铸造生产行业,通过近几十年的发展,已从传统手工业逐步转向现代化生产模式,铸造设备的机械化与自动化也成为现代化铸造生产的明显标志。通过实现铸造生产的自动化和机械化,不但保证了铸件的质量,提高劳动生产率,降低铸件成本,而且大大改善了铸造工人的劳动强度和工作环境。铸造机械化生产也成为现代产品成型技术的分支之一。随着近几年来产品需求环境的改变,铸造工作者正在为提高产品质量,适应现代化建设,为航天、汽车、制造等行业提供合格的产品而努力。

现代铸件的质量,必须依靠机械化与自动化的保证,才能更好地保证产品的精度,减少加工量;通过机械造型,紧实度高而均匀,起模平稳,使所得砂型精度高,从而获得较高的铸件成品率,减少制造成本,提高经济效益。机械浇注,易于控制浇注温度与浇注速度,有利于减少铸件的缺陷,提高铸件的质量。特别是对于现代生产应用,对于重型机械要求的铸件质量大,重的达数吨,而有些铸件,又要求质量小,精度高,壁厚薄,这就要求必须采用适当的熔炼设备或高紧实度造型机造型,而且要求对铸造过程中的工序进行严密的检测与控制。同时,生产过程中,通过现代化的运输设备的合理配合,大量的铸造主机与辅机的配合使用,使得劳动生产率得到大大提高。特别是现代化生产中自动控制的应用,操作者主要用按钮控制工序的进行,采用通风除尘设备保证车间内空气清新,劳动强度大为降低,劳动条件显著改善。现代技术的发展,使铸造车间的机械化自动化水平不断提高。现在,工业机器人正在步入铸造车间,扩大在铸造车间中的应用范围。计算机技术,如计算机辅助加工、计算机辅助设计与计算机辅助制造(CAD/CAM)等在铸造车间中应用日渐增多,把各个工序有机地联系在一起,形成计算机集成生产(CIM)系统。日新月异的技术正在改变铸造车间的面貌。我国的铸造行业近年来得到了很大的发展,建立了许多新的机械化铸造车间,其中以长春第一汽车制造厂的铸造车间较具代表性。特别是近十几年来,新的铸造机械化设备的研制成功,新的造型生产线引进和投产,使得国内的铸造生产车间面貌焕然一新。但是,总体来说,我国铸造行业的机械化水平仍然是比较落后的,人才需求量很大,传统生产的面貌还没有得到根本的改善,这正是每位从事铸造行业工作者所面临的挑战。

为了推动国内铸造行业的快速发展,尽早与世界铸造技术的发展程度相接轨,提高国际市场竞争能力,我国铸造行业仍然面临着时代的挑战。随着我国社会主义建设事业的前进,我国铸造车间必将用先进的铸造机械装备起来,逐步走向现代化。

2. 锻压技术的发展及分类

锻压是金属加工及成形的一种重要生产手段,不但可赋予产品一定的结构形状,而且能直接起到改善和提高产品组织性能的作用。随着科学的发展和工业化程度的提高,锻压技术也得到不断的进步,不但在常规金属材料加工中扮演着重要角色,而且在各种高合金钢、稀有金属合金、粉末冶金等特种材料与产品的生产中发挥着重要的作用。

20世纪40~50年代,锻压使用蒸气锤、电动空气锤、蒸气增压式液压机为主要设备。现代锻压设备及其控制系统,正发生着从以机器为特征的传统技术向以信息为特征的现代技术迈进的变化,即用信息技术来改造和提升传统设备及控制系统。

由于工业产品向几何形状复杂和加工质量高精的方向发展,锻压设备的结构及控制系统也越来越复杂。液压传动已被广泛用于机械设备和精密的自动控制系统,而仿真技术作为液压系统或元件设计的必要手段,随着相关学科的发展,特别是计算机技术的突飞猛进,液压仿真技术日趋成熟。锻压设备中,机械、液压、控制三者直接影响着设备的性能。采用计算机数字控制技术(CNC),可使压机具有存储、调用、输出数据并根据这些信息进行调整的功能,在提高压机精确制造复杂、多台面零件能力的同时,可对生产的每一行程及压机和冲头的运动进行在线控制,使其精度和柔性大为增强,生产效率和工件质量显著提高。锻压技术的进步与社会经济的发展密切相关,随着航空、机械、汽车等工业的持续发展,高科技含量的锻压技术将主导锻压装备,以自动化、数控化、柔性化为发展方向,用信息技术改造传统产业,将推动锻压技术及装备的发展。

3. 焊接技术的发展及分类

焊接作为一种实现材料永久性连接的方法,也被广泛地应用在金属材料热加工中。从1801年迪威发现电弧放电现象开始,到1885年俄国人发明的碳弧焊的出现,这是电弧作为焊接热源应用的开始,也是近代焊接技术的起点。19世纪中叶人们提出了利用电弧熔化金属并进行材料连接的思想,许多年后真正出现了达到实用程度的电弧焊接方法。最初可以称为电弧焊接的是以碳电极作为阳极产生电弧的焊接方法,被用在铁管及容器的制造和蒸汽机车的修理中。1892年发明了金属极电弧,随之出现了金属极电弧焊;在1907年瑞典人发明了焊条,将其用作金属极电弧焊中的电极,于是出现了薄皮焊条电弧焊和厚皮焊条电弧焊,并于1912年开发出保护性能良好的厚涂层焊条,确立了焊条电弧焊技术的基础。从"利用电弧进行金属的熔化焊接"这一新思想产生开始,经历了50多年的岁月,焊接技术的基础才得以确立。

焊条焊接法的成功进一步促进了电弧焊接技术的发展。由于焊条焊接采用了有限长度的焊条,所进行的焊接是不连续的,所以不适于连续焊接的要求。为克服此项难点,1935年人们发明了埋弧焊。埋弧焊方法是向颗粒状焊剂中连续送进钢制焊丝,电弧放电所需电流从导电嘴供给,这种电流供给方式成为现代自动焊的原型。

从20世纪40年代初开始,惰性气体保护电弧焊开始在生产中大量应用。1930年后以美国为中心,进行了钨电极与氦气保护的钨电极电弧焊接方法的研究。1940年该方法首先用于镁及不锈钢薄板的焊接。对于铝合金,由于表面氧化膜的存在,焊接困难。1945年前后确定了电弧放电的阴极斑点具有去除氧化膜的作用,随后出现了以铝合金为对象的交流 GTA 焊接法、在氩气保护气氛中采用铝焊丝的直流金属极焊接法,即 GMA 焊接法。与此同时,电阻焊开始大量被使用,这使得焊接技术的应用范围迅速扩大,在许多方面开始取代铆接,成为机械制造工业中一种基础加工工艺。

进入 20 世纪 50 年代以后,现代工业和科学技术迅猛发展,焊接方法得到更快的发展,1951 年出现了用熔渣电阻热作为焊接热源的电渣焊;1953 年出现了 CO_2 气体保护焊;1956 年出现了以超声波和电子束作为焊接热源的超声波焊和电子束焊;1957 年出现了以等离子弧作为热源的等离子弧焊接和离子弧切割方法以及摩擦热作为热源的摩擦焊;1965 年和 1970 年又相继出现了以激光束作为热源的脉冲激光焊和连续激光焊。

20 世纪 80 年代以后,人们又开始对更新的焊接热源进行探索,如太阳能、微波等。历史上每一种新热源的出现,都伴随着新的焊接方法的问世,焊接技术发展到今天,几乎运用了一切可以利用的热源,包括火焰、电弧、电阻热、超声波、摩擦热、电子束、激光、微波等。而人们对焊接热源的研究与开发仍未停止过。可以预料,在 21 世纪,随着现代工业的发展和科学技术的进步,焊接方法将有更新的发展。

焊接作为材料连接技术,是通过某种物理化学过程使分离的材料产生原子或分子间的作用力而连接在一起。近年来,随着焊接技术应用领域的迅猛发展,特别是新技术、新方法、新材料的不断涌现,焊接被赋予更具广泛意义的技术范畴。通常要使两个物体(相同物体或不同物体)产生原子间结合有一定的难度。为了达到这个目的,实际中可以采用在两物体的界面上加压和加热熔化的办法。

焊接方法发展到今天,其数量已有几十种之多。按照焊接过程中母材是否熔化以及对母材是否施加压力进行分类,可以把焊接方法分为熔焊、压焊和钎焊三大类,在每一大类方法中又分成若干小类。

(1) 熔焊

熔焊是在不施加压力的情况下,将待焊处的母材加热熔化形成焊缝的焊接方法。焊接时母材熔化而不施加压力是其基本特征。根据焊接热源的不同,熔焊方法又可分为:以电弧作为主要热源的电弧焊;以化学热作为热源的气焊;以熔渣电阻热作为热源的电渣焊;以高能束作为热源的电子束焊和激光焊等。

(2) 压焊

压焊是焊接过程中必须对焊件施加压力(加热或不加热)才能完成焊接的方法。焊接时施加压力是其基本特征。共有两种形式:一种是将被焊材料与电极接触的部分加热至塑性状态或局部熔化状态,然后施加一定的压力,使其形成牢固的焊接接头,如电阻焊、摩擦焊、气压焊、扩散焊、锻焊等。第二种是不加热,仅在被焊材料的接触面上施加足够大的压力,使接触面产生塑性变形而形成牢固的焊接接头,如冷压焊、爆炸焊、超声波焊等。

(3) 钎焊

钎焊是焊接时采用比母材熔点低的钎料,将焊件和钎料加热到高于钎料熔点,但低于母材熔点的温度,利用液态钎料润湿母材,填充接头间隙,并与母材相互扩散而实现连接的方法。其特征是焊接时母材不发生熔化,仅钎料发生熔化。钎焊方法可分为硬钎焊和软钎焊,其中使用的钎料熔点高于 450 ℃ 为硬钎焊,使用的钎料熔点低于 450 ℃ 为软钎焊。另外,根据钎焊的热源和保护条件的不同也可分为:火焰钎焊、感应钎焊、炉中钎焊、盐浴钎焊等若干种。

电弧焊和电阻焊是焊接方法的两种基本形式,到目前为止,在各类焊接方法的应用量中居主要地位。该方法就是对能够产生连接的两个部件的一部分进行熔化,熔化金属混合、凝固后就形成了两部件的冶金结合。

随着各种焊接方法的不断出现,各种焊接方法的机械化、自动化水平也在不断提高。电子技术、计算机技术、传感技术、自适应控制技术以及信息和软件技术在焊接领域的应用,使焊接生产自动化程度日新月异,目前正在向焊接过程智能化控制的方向发展。特别是工业焊接机器人的引入,是焊接自动化的革命性的进步,它突破了传统的焊接刚性自动化方式,开拓了一种柔性自动化的新方式。

4. 金属材料热处理技术的发展及分类

热处理是机械制造业的一道重要工序,是保证和提高机械零件质量和使用寿命,充分挖掘金属材料潜力的有效手段。热处理设备是实现热处理工艺的基础和保证,直接关系热处理技术水平的高低和工件质量的好坏。先进设备就是高新技术的载体,是优质、高效、节能、低成本和清洁生产的基本条件。

热处理炉和加热装置是热处理的主要设备,除主要设备外,还有清洗清理设备和炉气氛、加热介质、渗剂制备设备等热处理辅助设备。

热处理炉的种类很多,不同工业部门由于生产需要所使用的炉型不同。根据不同需要,热处理炉分类方法也有多种,常用分类方法如下。

(1)按热能来源分:电阻炉和燃料炉。
(2)按作业规程分:周期作业炉和连续作业炉。
(3)按工作温度分:低温炉(≤650 ℃)、中温炉(650~1 000 ℃)和高温炉(>1 000 ℃)。
(4)按炉膛介质分:自然介质炉、浴炉、可控气氛炉和真空炉。
(5)按生产用途分:退火炉、淬火炉、回火炉、正火炉、渗碳炉和氮化炉。
(6)按电源频率分:工频炉、中频炉和高频炉。

我国热处理设备的生产已有 60 年历史,现已具备一定的规模和能力。但与工业发达国家相比仍有相当大的差距,致使我国热处理技术仍相对落后。我国工业使用的热处理炉最初是仿苏联的 20 世纪 50 年代的空气加热电阻炉,并以箱式炉和井式炉为主。20 世纪 70 年代对主要炉种进行了整顿,品种规格有所增加,性能有所改进,系列化程度有所提高。20 世纪 80 年代又进行了一次产品更新换代,发展了第二代节能系列产品,能生产多用炉、真空炉、离子渗氮炉和流态粒子炉等新型炉种。自改革开放以来,通过引进国外先进的热处理设备和中外合资合作生产,使我国热处理设备的设计制造水平和生产能力有了很大的提高。工业发达国家在 20 世纪 60 年代就已基本淘汰了空气加热炉,普及了少氧化无氧化热处理,而我国迄今空气加热炉仍占热处理炉总数的 70% 以上,90% 以上是周期作业,可控气氛炉和真空炉的比例只有 5% 左右。总之,目前我国热处理炉存在的问题是:效率低、能耗大;炉温均匀性差,工件氧化脱碳严重;自动化程度低,人为因素影响大,产品质量不稳定;配套仪表、元器件质量差;污染严重,工作环境差。我国正在努力更新并研制新型高效热处理设备,以满足我国热处理工业的发展需要。

随着对金属材料热处理质量的要求不断提高,热处理炉炉型发展趋势是由间断式炉(车底炉、罩式炉和井式炉等)向连续式炉发展;由空气炉向可控气氛炉发展;并向着节能、环保及自动化方向发展。

第1篇 铸造方法及设备

现代铸件的质量,必须依靠机械化与自动化的保证,才能更好地保证产品的精度,减少加工量,从而获得较高的铸件成品率,减少制造成本,提高效益。现代技术的发展,使铸造车间的机械化自动化水平不断提高。现在,工业机器人正在步入铸造车间,扩大在铸造车间中的应用范围。本篇主要介绍造型、制芯设备的类型,基本结构及工作原理;新、旧砂处理设备的基本结构、工作原理及工艺特点。

第1章 造型机及制芯机的工艺基础

造型及制芯是铸造生产的核心环节,其机械化程度,决定着铸造劳动生产率的提高,铸件质量的高低以及工人劳动条件的改善,同时还对运输机械、浇注设备、落砂机械等的选用起着重要作用,在一定程度上决定着铸造车间生产机械化水平。所以,在实现铸造车间机械化的同时,必须认真着眼于造型及制芯设备的机械化。

铸造车间所用的机械很多,分别采用了不同的工作原理和工艺基础。目前,黏土砂造型依然是铸造车间大中小型铸件造型方法的主流。因此,本章主要介绍黏土砂造型用的造型机和制芯机的相关工艺基础。

1.1 砂型紧实度的要求及测量

造型机和制芯机实质上是相同的,它们的作用主要是填砂、实砂和起模,其中,实砂是关键的一环。

1. 紧实度

实砂就是使型砂紧实,赋予一定的强度和刚度。型砂被紧实的程度通常用单位体积内型砂的质量表示,称为紧实度,即

$$\delta = \frac{m}{V}$$

式中 δ——砂型的紧实度,g/cm^3;

m——型砂的质量,g;

V——型砂的体积,cm^3。

砂型紧实度和物理学中的密度单位相同但概念不同,型砂体积 V 中包括了砂粒间的空隙。

通常来讲,砂型的平均紧实度比较容易确定,但砂型内各部分的紧实度往往不相同,因而知道砂型内不同点的紧实度变得十分必要。

2. 紧实度的测量

紧实度的测量方法:用一钢管或特制的钻头把被测部分的型砂取出来,称出其质量并计算其体积。这一方法相当麻烦且不易准确,主要用于试验研究工作。下面是几个常见的型砂紧实度的数值:十分松散的型砂紧实度为 0.6～1.0 g/cm³;从砂斗填到砂箱的松散砂紧实度为 1.2～1.3 g/cm³;一般紧实的型砂紧实度为 1.55～1.7 g/cm³;高压紧实后的型砂紧实度为 1.6～1.8 g/cm³;非常紧实的型砂紧实度为 1.8～1.9 g/cm³。

在实际生产中,测量砂型的紧实度时,常采用砂型表面硬度计(见图 1.1)。一般砂型的表面硬度为 60～80 g/mm²;高压造型可达 90 g/mm² 以上。砂型硬度计分 A、B、C 三种型式,其中 A、B 型的压头为球形,用于测量一般砂型;C 型硬度计的压头呈锥形,用于测量硬度高的砂型。目前,我国普遍使用的砂型硬度计全部是机械式的,一直存在着准确度低、示值及重复性严重超差等致命弱点,无法满足铸造工艺的技术要求。近年来,出现了数显砂型硬度计(见图 1.2),克服了老式仪器的诸多不足,准确度能达到 1%,重复性好,且数字显示无视差及操作误差,提高了测量精度,为保证铸造件的产品质量提供了准确的数据。

　　　　　　　　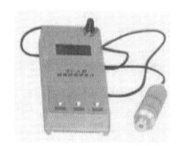

图 1.1　砂型表面硬度计　　　　　　图 1.2　数显砂型硬度计

3. 对砂型紧实的工艺要求

从铸造工艺上说,对紧实后的砂型有以下几点要求:

(1)砂型紧实后要具有足够的紧实度,使砂型能经受住搬运或翻转过程中的震动而不损毁;同时还要考虑到铸件浇注和凝固过程中产生的压力和应力,由于砂型的紧实度不足,可能产生型壁的移动,造成铸件尺寸偏差。

(2)紧实后的砂型应是起模容易,回弹力小,起模后能保持铸型精度。

(3)砂型应具备必要的透气性,避免浇注时产生气孔等缺陷。

所以,对各种实砂方法的评价,主要应视其所得砂型能否达到以上要求,也要注意各个因素之间的相互制约关系,进而保证砂型表面的每一点都有足够的紧实度。

1.2　压实过程

压实实砂就是直接加压使型砂紧实(见图 1.3)。压实时,压板压入辅助框中,砂柱高

度降低,型砂紧实。因紧实前后型砂的质量不变,可得

$$H_0\delta_0 = H\delta \tag{1.1}$$

式中　H_0、H——砂柱初始高度及紧实后高度;
　　　δ_0、δ——型砂紧实前及紧实后的紧实度。

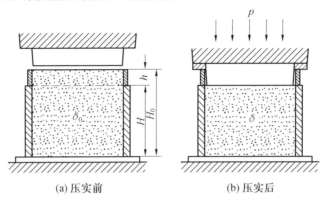

(a) 压实前　　　　　　(b) 压实后

图 1.3　压实实砂

若砂箱的高度为 H,辅助框的高度为 h,则 $H_0 = H+h$,由式(1.1)可得

$$h = H\left(\frac{\delta}{\delta_0} - 1\right) \tag{1.2}$$

压实时,砂型的平均紧实度与所加压实力有关,压实力越大,则平均紧实度也就越高。压实力常用单位面积上的压力表示,称为压实比压。图 1.4 是 3 条性能不同型砂的压实紧实曲线。由图可见,不论哪一种型砂,在压实开始时 p 都增加很小,就引起 δ 很大的变化;但当压实比压逐渐增高时,δ 的增大减慢;在高比压阶段,虽然压力增大很多,然而 δ 的增加很微小。

型砂的平均紧实度与压实比压之间这样一个变化关系是型砂紧实的特性,因此大致可分为 3 个阶段。第 1 阶段,砂粒之间大的孔隙在外力的作用下被挤压消失,相对砂柱高度下降的较为明显,所以紧实度增加的也较大;第 2 阶段,由于第 1 阶段砂粒已经相互接触,再增大压实比压,砂粒通过移位或旋转一定角度,使排列方式发生进一步变化而紧密分布,但紧实度的增加相对减缓;第 3 阶段,影响型砂紧实度的主要因素就是砂粒之间的摩擦力,此时如果想要进一步提高紧实度,只能使压实比压按几何级数增大。

压实时,砂箱内砂粒移动及紧实度的变化又与压板压入的相对速度有关。

1. 慢速压实

加压速度很低(<0.01 m/s)时,砂箱壁上的摩擦阻力对砂粒移动的作用较大。压实开始时,箱壁上的摩擦阻力使压板边缘处应力升高,在压板下沿着砂箱壁形成一个高应力环形区(见图 1.5)。这时,型砂的内摩擦力与压板的向下推力 W 结合,形成一个向下向中心的作用力 T。随着压实过程的进展,高紧实区在砂型的中心 G 点交汇,成为一个倒拱形高紧实度区,这样压实所得砂型内的紧实度大致如图 1.6(a)所示。在砂型中心的高度上,紧实度的差别不大,在大约相当于砂型宽度 2/3 的深度上,出现极大值(曲线 1),亦即相当于图 1.5 中 G 点处出现极大值。在砂型的边角处,紧实度上高下低,特别是下边模板的边角处,紧实度很低。

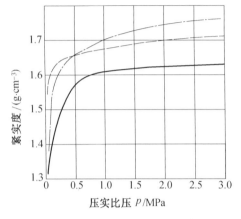
图 1.4　不同型砂的压实紧实曲线

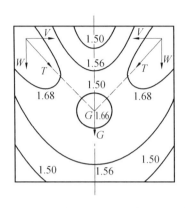
图 1.5　低速压实时砂型内的模型高紧实度区

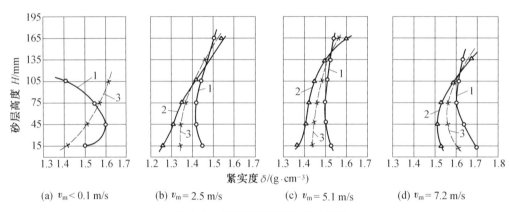

(a) $v_m < 0.1$ m/s　(b) $v_m = 2.5$ m/s　(c) $v_m = 5.1$ m/s　(d) $v_m = 7.2$ m/s

图 1.6　压实速度对紧实度的影响

1—砂型中心紧实度分布；2—砂型角上紧实度分布；3—砂型边上中间紧实度分布

试验条件：(a)压实比压 1 000 kPa；填砂高度 250 mm；(b)、(c)、(d)型砂紧实率 45%，

黏土含量 5%，填砂高度 270 mm；v_m 为名义压实速度

2. 高速压实

当压板压向砂型的速度很高时（>7 m/s），压板的作用力主要是向下的，横向的作用力相对很弱，这时的压实过程大致可分为 3 个阶段。

（1）型砂初步紧实并向下加速运动阶段

压板高速拍击型砂，使砂型顶部的砂层一方面被初步紧实，另一方面被推动向下运动（见图 1.7(a)）。砂层的紧实度因压板的速度、填砂的紧实度、型砂的紧实度等因素的大小而定。上面一层型砂得到加速后，立即推动它下面的砂层，同样使其初步紧实及向下运动，这样层层由上而下形成一种紧实波。这种紧实波向下发展速度很快，可以达到压板速度的好几倍。图 1.7(b)是紧实波到达模板前的情况。

（2）砂层的冲击紧实阶段

当砂层紧实波到达模板表面时，高速运动的砂层产生很高的冲击力，使型砂进一步紧实，达到很高紧实度（见图 1.7(c)）。模板上的砂层紧实后，它上面的砂层受到更上层砂层的冲击，也得到冲击紧实。如此，冲击由下层层向上，砂层也层层得到紧实（见图 1.7(d)）。

(3) 压板的冲击紧实阶段

砂层冲击将近结束时,高速运动的压板,产生较大的冲击力,使砂型背面的砂层被充分紧实(见图 1.7(e))。

高速压实所得砂型内的紧实度变化可见图 1.6(d)。总体来说,砂型的紧实度分布呈现底部及顶部高,而中部较低。

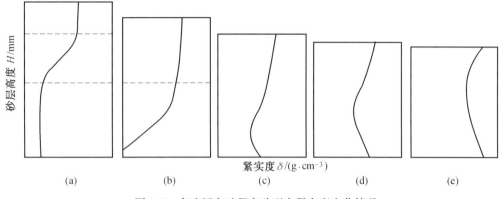

图 1.7 高速压实过程中砂型内紧实度变化情况

3. 通常压实

通常压实是指在一般的低压压实造型机(见图 1.3)上的压实过程。这种压实过程与前面所说的过程基本相同,只是砂流的流动及冲击的方向不同,二者刚好相差 180°。这种压实方法中,压板不动,而模板、型砂及砂箱等受工作台下的气缸推动,由下向上运动,冲向压板,将型砂紧实。这样压实所得的砂型内紧实度的分布曲线如图 1.8 所示。

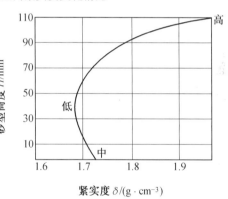

图 1.8 通常压实的紧实度分布曲线

1.3 压实所得紧实度的分析

砂箱比较高,特别是模型较高的情况下,实砂过程中,由于砂粒与砂粒之间,砂粒与砂箱壁及模型之间,有相互的摩擦力,阻碍型砂的紧实,所以砂型内各处的紧实程度是不均匀的,而在近模板部位,有的紧实度甚至很低。同时,因为砂箱高度的不同,所导致紧实度的分布和均匀程度也有所不同,如图 1.9 所示。

在砂箱中没有模样或模样高度很小的情况下,可按上述进行分析,但实际生产中,砂箱中模样都具有一定高度,有的甚至很高,而且结构也很复杂,如图 1.10 所示,其中 1、2、3 部位上的型砂不容易得到紧实,因此,必须充分考虑模样高度和外形特点来分析紧实度,进而去解决紧实度的大小与均匀分布的问题。

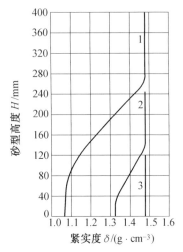
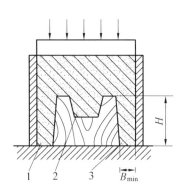

图 1.9 砂箱高度对紧实度分布的影响
1—$H=400$ mm;2—$H=250$ mm;3—$H=120$ mm

图 1.10 带高模样的砂样

1. 深凹比

深凹处型砂的紧实同砂型压实一样,只是模样壁上的摩擦力代替了砂箱壁上的摩擦力。深凹处的高与宽之比对这里型砂的紧实有影响,可用深凹比 A 表示,即

$$A = \frac{H}{B_{\min}}$$

式中 H——深凹处的高度(或深度);

$B_{\min}$——深凹处短边宽度。

深凹比 A 越大,则深凹处底部型砂的紧实越不容易。根据试验,对于黏土砂压实,$\frac{H}{B_{\min}}<0.8$ 时,深凹处尚容易紧实;若 $\frac{H}{B_{\min}}>0.8$ 时,深凹处底部的紧实度难于得到保证。

2. 压缩比

若把砂型分成模样四周和模样顶上两个部分,设定在压实过程中,无侧向移动,各自独立受压(见图 1.11)。

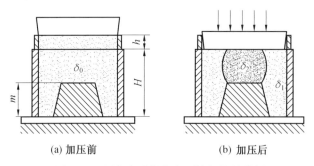

(a) 加压前   (b) 加压后

图 1.11 压实实砂紧实度不均匀性的分析

对于模样四周,有

$$(H+h)\delta_0 = H\delta_1$$

对于模样顶上,有

$$(H+h-m)\delta_0 = (H-m)\delta_2$$

得

$$\delta_1 = \delta_0 + \frac{h}{H}\delta_0 \qquad (1.3)$$

$$\delta_2 = \delta_0 + \frac{h}{H-m}\delta_0 \qquad (1.4)$$

式中 H、h、m——砂箱、辅助框和模样的高度;

δ_0、δ_1、δ_2——压实前型砂的紧实度以及压实后模样四周及模样顶上的型砂平均紧实度。

式(1.3)、(1.4)中的 $\frac{h}{H}$ 及 $\frac{h}{H-m}$ 可以视为砂柱的压缩比,在 h 相同的情况下,模样顶上型砂的压缩比大,δ_2 增长很快,对压实的阻力迅速增长。尤其在 m 大时,压实的作用力主要通过高紧实度的 δ_2 区传到模样顶上而被抵消掉,这时 δ_1 可能还很低。

3. 型砂向四周填充的可能性

以上分析的前提是假定模样顶上和四周的砂柱独立受压,彼此没有联系。事实上,压实过程中也确会有一些模样顶面砂柱的型砂向四周流动,使 δ_2 与 δ_1 的差值减小,但一般的黏土砂流动程度不大。试验表明,除了用油脂做黏结剂及流态砂等湿强度很低的型砂外,一般的黏土砂在压实过程中并没有显著的横向流动。

4. 模样顶上砂柱的高宽比

模样顶上的型砂在压实过程中,能否向四周移动使紧实均匀化,也与模样顶上砂柱的高宽比有密切关系,即

$$B = \frac{h_s}{b_{min}} \qquad (1.5)$$

式中 h_s——模样顶上砂柱高度;

b_{min}——模样顶上窄边宽度。

当比值很小时,模样顶上的砂柱就会如图1.12中的扁平砂柱一样,由于砂粒间互相啃合,加大压力,也只能把砂粒压碎,却不能使型砂像黏土浆团那样从四周挤出来,所以比值较小,例如为0.3~0.7时,模样顶上砂柱被过度紧实,压实力主要通过这一砂柱传到模样上,模样四周区域中紧实度很低。若比值大于1~1.25时,模样顶上砂柱容易变

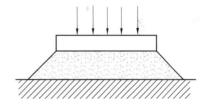

图1.12 扁平砂柱的压实

形而被挤滑出,补充到模样四周深凹处的砂量就比较大,有利于紧实度分布均匀化。

从以上分析可见,平板压实方法,主要用于砂箱高度不超过150 mm,而且深凹比较小、模型顶上的砂柱较高的情况。若是砂箱比较高,或是模型很复杂,就必须采用其他实砂方法,或者加以一定的辅助措施,使紧实度不足的地方,得到必要的紧实。

由于平板压实有这些特点,就限定了其使用范围,但由于此种造型方法动作简捷,生产率高,造型机结构简单,无噪声等特点,所以仍被广泛应用。

1.4 压实实砂紧实度均匀化的方法

对于较复杂的模型,造型过程中通过单纯的压实,是不能获得紧实度均匀砂型的,因此,需要采用不同的措施而使砂型的紧实度均匀化,从而达到生产的要求。

1. 减小压缩比

高模样引起压缩比的差别是紧实度不均匀的一个主要原因,所以设法尽量减小压缩比的差别,使紧实度均匀化。

(1) 应用成形压板

成形压板是按照模样形状而变化(见图 1.13(a)),相应于模样高度 m 处,压板的深度为 n。为使整个砂型的压缩比相同,则有

$$\frac{n}{m} = \frac{h}{H+h} \tag{1.6}$$

实际上压板形状变化不一定需要严格按式(1.6)与模样相似,如图 1.13(b) 所示的情况,若压板完全与模板对应,则压板上的 B 点与模样上的 A 点,压实后距离太近,反而不利于实砂。因此模板只要大概近似,避免模样上某些高点的砂柱顶住压板,保证深凹部有足够的紧实度就可以。

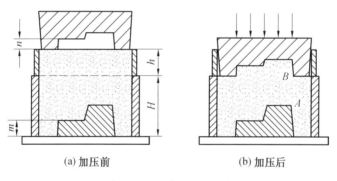

(a) 加压前　　　　　　(b) 加压后

图 1.13　用成形压板压实

(2) 应用多触头压头

采用多触头压头,可以将整块的平压板分解成小压头(见图 1.14)。因此,在施压过程中,通过互相连通的液压缸的油路,使每个小压头的压力大致相等,各个触头能根据模样高低,压入不同的深度,从而使砂型各部分的压缩比均匀化(见图 1.14(b))。这些被分散的许多小压板,称为多触头压头。对于比较复杂的模样,多触头压头一次压实可以得到紧实度大体均匀的砂型,多触头压实后,各个小触头恢复至图 1.14(a)的位置。

(3) 压膜造型

压膜造型是用一块弹性的橡皮膜作压头,压缩空气作用于橡皮膜的内部,对型砂进行压实,这种橡皮膜可以视作能自动适应模样形状的成形压头,使各处的实砂力量相等,从而使紧实度均匀化。其主要缺点是橡皮膜容易损坏,砂箱上不能设置箱带。

2. 模板加压法与对压法

(1) 模板加压法

从压实砂型紧实度分布,可见靠近压板处紧实度高而均匀,而在模板处紧实度比较

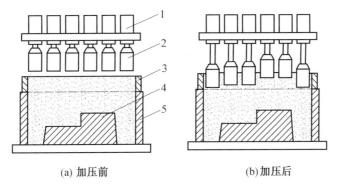

(a) 加压前   (b) 加压后

图 1.14 多触头压头的实砂原理

1—小液压缸；2—多触头；3—辅助框；4—模样；5—砂箱

低。如果在压实时，压板不动，使模板向砂箱压入，这样在模板附近，亦即分型面上得到高而均匀的紧实度。这种方法称为模板加压法。

(2) 对压法和差动加压法

如果把压板加压和模板加压结合起来，从砂型的两面加压，得到的砂型两面紧实度都较高，这种方法称为对压法，这种方法又根据加压方向而分为垂直分型的对压法(见图1.15(a))和水平分型的对压法(见图1.15(b)、(c))。如果在对压时，分别控制压板和模板的加压距离，或先压板加压，后模板加压，或使模样做一定的退缩运动，以期达到所需的紧实度分布，这些加压方法统称为差动加压法。

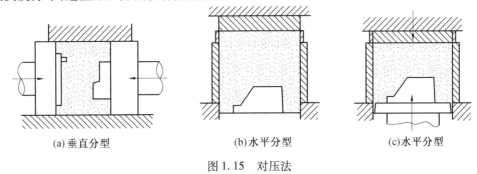

(a) 垂直分型   (b) 水平分型   (c) 水平分型

图 1.15 对压法

3. 提高压前的型砂紧实度

式(1.4)与式(1.3)相减，可得

$$\delta_2 - \delta_1 = \frac{m}{H}(\delta_2 - \delta_0) \tag{1.7}$$

式中 m、H——模样及砂箱高度；

δ_0、δ_1、δ_2——型砂的压前紧实度，模样四周及顶上的紧实度。

由型砂的紧实特性可见：在压实比压大时，δ_2 的变化不很大，所以 δ_0 增大时，能使 $\delta_2 - \delta_0$ 值减小，即使高紧实度与低紧实度之间差值减小，进而使紧实度分布比较均匀。

(1) 压前预实砂

提高压前紧实度的一个方法就是进行预实砂。射砂造型就是利用这一原理，利用射砂方法，先用型砂把型砂填入砂箱，其所得紧实度尚低，再在此基础上进行压实，可以得到均匀而较高的紧实度。目前，国内外还有采用重力加砂或抽真空的负压加砂法，以提高压前预紧实,最终获得较好的压实效果。

(2)控制型砂紧实率

紧实率小的型砂,松态时,砂粒互相堆积比较紧密,紧实度 δ_0 比较大,可以提高型砂的压前紧实度。一般黏土砂在未受压实时,紧实度很低,δ_0 小于 $1.1\ g/cm^3$。高压造型用砂黏土含量高,并严格控制保持低含水率,在未受压实时,看起来十分松散,但是 δ_0 比较高,所以加压压实后,可得到较大的湿强度。用这样的型砂进行紧实,得到的紧实度比较均匀。但单纯用这种方法还不能得到较为理想的紧实度,必须和其他的紧实方法相配合。

(3)复合实砂

在压实前,先用别的实砂方法将型砂预紧实,提高压前紧实度,使实砂均匀化。很多造型机采用复合实砂法。

4. 高压压实

压实比压对压实过程有很大的影响,除了可以提高紧实度之外,还可使砂型内紧实度分布更均匀。即使对于扁平砂柱,提高压实比压仍能基本上达到均匀,提高压实比压可以使深凹部和砂型侧壁的紧实度提高。高压造型虽然在一定程度上能使紧实度均匀化,然而对于较复杂的模样还是不能获得满意的结果。

过去有人认为:提高压实比压到达一定值,对紧实度提高的贡献作用不大。但后来的实践证明,提高压实比压,提高了砂型紧实度,减小浇注时的型壁移动,从而可提高铸件的尺寸精确度和表面的光洁程度。在工业发达国家,高压造型已基本取代了一般压实造型。但是高压造型的比压也不能过高。过高比压,除了能引起砂型回弹,影响起模及铸型精度之外,还可能使型砂的透气性降低,铸件容易产生气孔,夹砂等缺陷。所以,尽管一度有的采用 5 000 kPa 以上的高比压,但目前常用的压实比压为 700~1 500 kPa,而将一般比压为 300~400 kPa 的压实称为低压压实。

5. 多次加压与顺序加压

应用多触头压头,进行顺序加压,是一种多次加压达到向深凹处补充填砂,使实砂均匀化的方法。例如对于多触头高压造型,各个小触头不是一齐动作,而是按照模样的形状,按一定的顺序动作,然后一次整体加压,可以得到较好的紧实效果。这种顺序加压法用主动式多触头,动作程序控制容易实现。虽然压实时间稍长一些,但用于复杂的模样,可以得到较好的效果。

6. 其他压实实砂方法

压实除了用压板或压头之外,还可以有其他很多方式。例如挤压法、滚压法、气鼓法、叶片压实法等(见图1.16),但这些方法通常受工艺因素和设备结构的影响,适应面较窄,但作为压实方法,却可以拓宽视野,有利于压实方法的改进与研究。

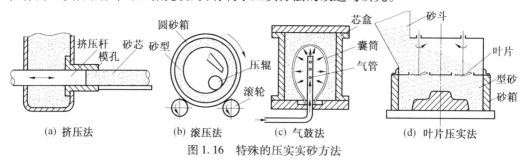

图 1.16 特殊的压实实砂方法

第 2 章　造型及制芯设备

震击与震压造型机曾经是我国铸造车间中用得最多的一种造型机,也是一些铸造机械厂的主要产品,所以对这类造型机有必要进行一定的了解。但震击与震压造型机噪声大、生产率低,目前正逐步的被高压、射砂等高效率造型机所取代。

2.1　震击与震压造型机

2.1.1　震击实砂

1. 震击过程

震击实砂是将型砂填入砂箱,然后工作台将砂箱连同型砂举升到一定高度,并让其自由下落,工作台与机体发生撞击。撞击时,型砂的下落速度变成很大的冲击力,作用在下面的砂层上,使型砂层得到紧实,图 2.1 为其震击机构。震击开始时,压缩空气通过活塞 1 中的空腔,经气缸壁上的环形间隙,从进气孔 2 进入气缸,缸内气压上升,推动活塞向上运动。活塞向上升起一段距离 S_e 后,空气的气路被切断,气缸不再进气,这段活塞运动的距离称为进气行程 S_e（见图 2.1(a)）。这时,由于气缸中的气压仍然比较高,它一面膨胀,一面推动活塞继续上升（见图 2.1(b)）。活塞又走过一小段距离 S_r 后,将排气孔 3 打开,气缸内的压缩空气便迅速排出。这时气缸内气压降低,但是活塞仍有向上的惯性,继续上升（见图 2.1(c)）。惯性使活塞再上升一段距离 S_i 后,上升惯性丧失,开始下落。下落时,先关闭排气孔 3,一直下落到活塞以相当大的速度与工作台发生撞击,这时,进气孔被打开,气缸又开始进气。震击工作台受撞击时回弹力的作用,加上气缸内气压的作用,活塞及工作台重又上升,一个震击循环结束新的循环重又开始,形成重复的震击。

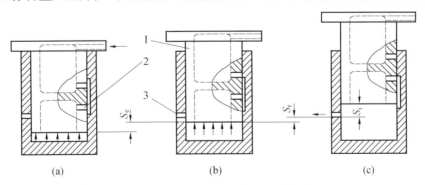

图 2.1　震击气缸的工作过程示意图
1—震击活塞;2—进气孔;3—排气孔

2. 震击实砂的应用

震击过程中,砂箱下层的型砂受到上面各层型砂的作用,受到的冲击大,因而紧实度大。上层砂层所受的冲击力逐渐随高度向上而变小,所以其紧实度也随高度增高而减小。至于最上层砂,由于没有上面型砂对它加力,所以仍呈疏松状态。震击实砂后,砂箱顶部还必须加以补充紧实。震击实砂方法所得的砂型紧实度分布,以靠近模板一面为最高,这对于砂型抵抗浇注时金属液体的压力比较有利。特别在砂箱高时,型面的硬度也较高,而且型内紧实度分布比较合理,不受模样的影响,砂型深凹部都能得到较好的紧实。所以,模样较高或比较复杂的砂型,更是广泛采用震击实砂法或震压实砂法。

目前,仍有不少铸造车间应用震击及震压造型机,但震击造型需要多次撞击,噪声大,生产率低,有时震动甚至引起厂房与其他设备的震动,妨碍附近设备的工作。因此,近年来震击实砂处于被淘汰的地位,应用范围日趋缩小。

2.1.2 微震实砂

1. 微震机构

微震机构可以减少震击时巨大的震击力对地基的影响,图 2.2 是两种减震机构的原理。图 2.2(b)为弹簧垫微震机构,所有的震击机构及有关压实缸都被托在下面的弹簧上。在震击气缸进气时,震击活塞上升,而气缸体则受缸内气压的作用,压着弹簧向下运动。气缸排气时,震击工作台由惯性上升一段距离后下落,与此同时,气缸 4 因下降一段距离后受弹簧的推力而上升,下落的工作台与向上运动的气缸在一定的位置相遇,发生撞击,两个运动着的物体之间互相碰撞产生的震击效果很大,但消震效果很好。因其振幅小而频率高,称为微震。图 2.2(a)中,弹簧垫的作用由一气缸 4 代替,称为气垫微震机构。

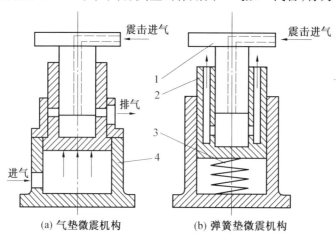

(a) 气垫微震机构　　(b) 弹簧垫微震机构

图 2.2　震击机构的消震方法

1—震击活塞;2—震击气缸;3—弹簧垫;4—气垫气缸

2. 压震机构

将微震机构与压实机构相结合(见图 2.3),在对型砂进行压实紧实时,二者相互作用,形成压震实砂。压震紧实时,压实气缸 1 先将震击活塞、工作台、砂箱及辅助框等举起,以一定的比压压在压板 7 的下面使其基本不动。震击气缸 5 进气时,使震铁 4 上下震动。震铁 4 每上下一次,就打击工作台下面的撞击面一次。不断撞击,形成微震,从而达到边压实边震动的结果。

把微震和压实结合起来,可以有4种实砂方法,即单是微震;预震加压实;单是压震;先预震,后压震。

2.1.3 震压造型机

以 Z145B 震压造型机为例,如图 2.4 所示,造型时,先把上面的压板 12 拉开,把砂箱放在工作台上的模板框上(有时还要放入辅助框),然后将型砂填入。在填砂时也可以开动震击气缸 4,产生震击,使型砂边填入,边做初步的紧实,这时,将压板转回到中心位置与砂箱相对,接着开动压实气缸,使工作台 13 及砂箱一起上升,压板压入辅助框内,将型砂紧实。工作台上升时,4 根顶杆一起上升,工作台下降时,4 根顶杆受顶不能下落,将砂箱托住,于是模样从砂型起出。这时,砂型已紧实完毕取出,然后使起模顶杆下落,造型机回至起始状态,造型完成一个循环。

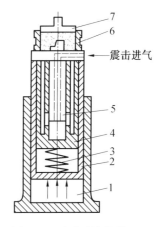

图 2.3 压震时的状况
1—压实气缸;2—压实活塞;3—弹簧垫;
4—震铁;5—震击气缸;6—砂箱;7—压板

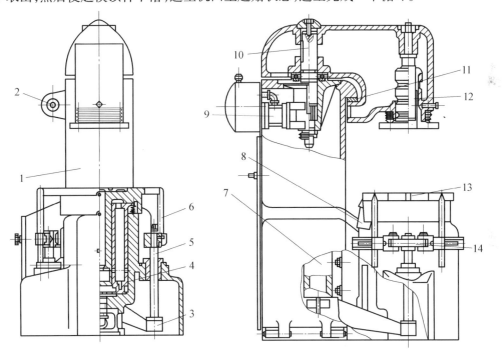

图 2.4 Z145B 震压造型机总图
1—机身;2—按压阀;3—起模同步架;4—震击气缸;5—起模导向杆;6—起模顶杆;7—起模液压缸;8—震动器;
9—转臂动力缸;10—转臂中心轴;11—垫块;12—压板机构;13—工作台;14—起模架

2.1.4 低压微震造型机

ZB148A 是常见的半自动微震压实造型机,该机采用全自动控制。除砂箱进出、加砂、取放辅助框由人工操作外,其余工序均可半自动控制,或单动控制,适用于对机械化、自动化程度要求不太高的铸造车间。全机由机身、震压机构、加砂机构、压头、起模机构和控制系统所组成,适用的砂箱尺寸为800 mm×600 mm×250 mm,震击有效举升力4 000 N,总压实力135 kN。

图2.5是该造型机的弹簧垫式微震机构,通过预震和压震,实现紧实。起模方式是顶箱起模,起模机构是由置于压实活塞3和压实缸7之间的环形起模活塞6及起模顶杆5所组成,起模活塞内开有通气道,通入压缩空气可以控制起模机构的升降。这种环形起模活塞的优点是同步性好,缺点是结构复杂,制造精度要求高,防止灰尘进入比较困难。

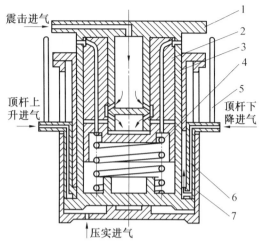

图2.5 ZB148A造型机震压及起模机构示意图
1—震击活塞(工作台);2—震铁;3—压实活塞;
4—弹簧;5—顶杆;6—环形起模活塞;7—压实缸

对于尺寸较高的砂型,采用微震压实方法,可以获得较好的砂型紧实度分布,这种紧实方法的优点如下。

(1)由于机构中有弹簧垫或气垫缓冲,对地基的震动较小。

(2)可以实现微震及压震及不同紧实方法组合,高大模样也能得到很好的紧实,紧实度分布比较均匀。

(3)工作震动频率相对于震击实砂为高,因而其造型机的生产率比震击造型机高。

虽然由于微震压实造型机有以上的优点,但微震实砂时,产生的振动和噪声仍然很大,且微震机构的结构复杂,因而逐渐被其他新型造型机,如气冲造型机、射压造型机所取替。

2.2 多触头高压造型机

高压造型机始于20世纪50年代研制,进入60年代,高压造型技术获得迅速发展。目前,国内外广泛应用的高压造型机基本上有两类:一类是各种高压射砂造型机,多用于批量较大的中小型铸件的生产;另一类是多触头高压造型机,它不仅能在大批量生产中满足造型工艺要求和发挥高生产率,而且也适用于批量不大的中大件生产。

现代的多触头高压造型机一般是由机架、定量砂斗、多触头压头、进出箱辊道和微震压实机构等组成,为了提高造型机的生产率,有的还配置了模板更换装置。多触头高压造型机的压头能自行调整砂型各部分的实砂压力,不需要为每一种模板设计和制造专用成形压板,适应能力强,用于成批生产比较合适。多触头高压造型机是目前自动化铸造车间中应用得较多的造型机。

2.2.1 多触头压头

多触头压头是由许多小的压头组装成为一个压头体。一个压头体上触头的数目为

20~120个,甚至更多。触头一般呈矩形,单个触头边长100~200 mm,相邻两触头之间的间隙为6~10 mm。边触头外缘与砂箱内壁之间应有10~15 mm的间隙。推动多触头压头的动力可以是液压的、气压油或气动的,目前以液压的较为常见。根据加压的方式,液压的多触头主要分为主动式及浮动式两种。

1. 主动式多触头

主动式多触头指在其工作过程中,触头由独立的油压推动主动加压的结构,原理如图2.6(a)所示。加压前,触头在液压缸中缩进;加压时,触头液压缸顶上进油,将触头压向砂型。液压缸内的油压可以是相同的,各触头的实砂压力相同;也可以另通油路,使边上触头液压缸的油压高一些,使边触头的比压较高。此结构也可以根据砂型实砂比压的需要调节触头液压缸的油压。

2. 浮动式多触头

浮动式多触头的工作特点是,在压砂过程中,多触头本身并不采用液压驱动,而是由向上运动的砂型接触多触头时,产生压力,实现压实。由于多触头后面的液压缸压力相平衡,使实砂压力均匀化。浮动式多触头压头有弹簧复位和补偿液压缸复位等几种。

图2.6为弹簧复位浮动式多触头的工作原理。压实时,工作台上升,有的触头受压实力作用而缩进,相对于模样低处的压头则受内部油压作用向外伸出压砂。压实完毕后,压力去除,伸出的触头因弹簧力的作用而复位。

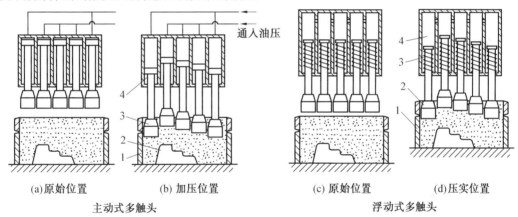

(a) 原始位置　　(b) 加压位置　　(c) 原始位置　　(d) 压实位置

主动式多触头　　　　　　　浮动式多触头

图2.6　弹簧复位浮动式多触头的工作原理

(b)1—砂箱;2—模样;3—触头;4—液压缸　(d)1—砂箱;2—触头;3—复位弹簧;4—液压缸

用补偿液压缸复位多触头的工作原理如图2.7所示。压砂前,各个触头都在最低位置;压砂时,触头与型砂接触,补偿液压缸的活塞后退,各触头都退后一定距离。当补偿活塞退到终端时,工作台进一步上升,触头液压缸内产生高压,各触头自动调整平衡位置,与模样的形状相适应,使压实力均匀化。压实完毕,补偿液压缸活塞前进,迫使各个触头复位。

3. 提高多触头压头压砂力的方法

为了克服压实时砂箱内壁对型砂移动的阻力,并按造型工艺的要求使沿砂箱内壁的型砂也有足够的紧实度,可以采取下述的几种措施。

(1) 把位于四周的边触头做成带凸棱的。

(2) 使边触头的截面积小一些,这样在压头体内油压相同的条件下,边触头比压增大。

(3) 对于主动式多触头,可将边触头后面的油缸另接一条液压回路,通以较高的油压。

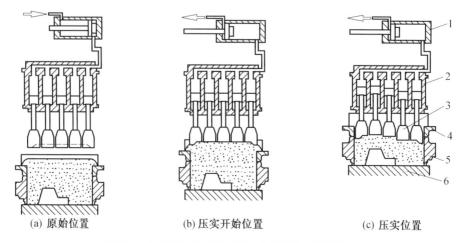

图 2.7　补偿液压缸复位浮动式多触头工作原理图
1—液压缸；2—触头液压缸；3—触头；4—辅助框；5—砂箱；6—模板

2.2.2　加砂机构

加砂机构的工作情况，对保证砂型紧实度的均匀性也是很重要的。多触头高压造型机常用的加砂机构有如下几种。

1. 闸门式加砂斗

闸门有对开和单向开合两种。图 2.8 是二工位多触头高压造型机用的一种对开闸门式加砂机构。闸门分为两半，由位于闸门两侧的闸门开合缸 3 驱动连杆机构使闸门同步开合，斗内装设料位计以控制输入砂斗的型砂量。闸门打开时，一定量的型砂落入砂箱和辅助框内；闭合时，则铲平砂面并将多余的型砂关在砂斗内。

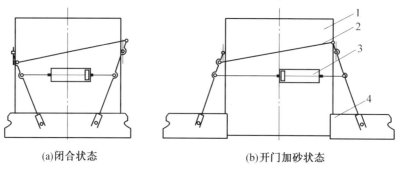

图 2.8　对开闸门式加砂斗原理图
1—加砂斗；2—连杆；3—闸门开合缸；4—闸门

2. 移动加砂法

(1) 箱形移动式定量加砂斗

这种加砂斗用于压头移动式的高压造型机上（见图 2.9），与压头体组装在一起。加砂斗是一个开底的箱体。加砂时，由移动缸 3 带动斗与多触头一起移动，托砂底板 9 固定不动，于是加砂斗底敞开，型砂落入下面的砂箱中。这时拖板 8 将上方贮砂斗 6 的下口封闭。加砂完毕，加砂斗复位，在移动过程中，顺便将砂刮平。

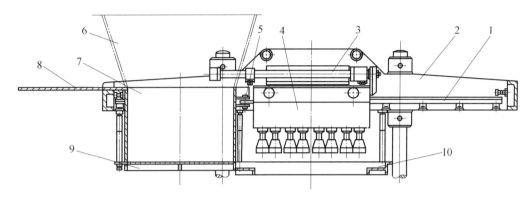

图 2.9 箱形移动定量加砂斗

1—轨道；2—上横梁；3—移动缸；4—压头；5—连结销；6—贮砂斗；7—漏底砂斗；8—拖板；9—托砂底板；10—辅助框

漏底式加砂斗结构简单，缺点是加砂不均匀，特别是砂箱的四角，填砂量偏少，而且常有一些不松散的砂团局部堆积于砂箱正对砂斗移动方向的一侧，通常通过加砂斗移动一定的超越行程，使加砂斗的前壁在行程终端能越过砂箱壁一段距离。

（2）百叶窗式移动加砂斗

这种加砂斗是在箱形加砂斗中装有百叶窗式底板，型砂由带式输送机从上面送给，给砂量由装在加砂斗内的砂位计或其他方法定量控制（见图 2.10）。加砂时，加砂斗移至造型位置上面，驱动缸通过连杆使百叶窗旋转呈垂直状态。型砂均匀地落入砂箱。加砂完毕，百叶窗底板关闭。这种加砂机构易于定量，加砂比较均匀，大型造型机应用的比较多。

在实际生产中，还有带松砂转子的加砂装置和加面砂及背砂的加砂装置，可以与相应的加砂设备配合使用，既可以保证填砂的疏松来保证实砂质量，也易于保证砂型内腔表面质量，从而使型砂紧实度达到较高的工艺要求。

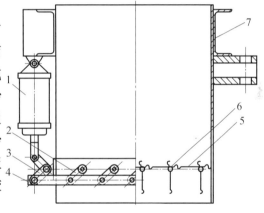

图 2.10 百叶窗式移动加砂斗

1—驱动缸；2—小连杆；3—曲柄；4—连杆；5—百叶片；6—转轴；7—箱形砂斗

2.2.3 模板更换装置

在气动微震压实和多触头高压造型机上应用的模板和模板框的质量都达几百千克，甚至更多，对于机架为四立柱式的造型机，更换模板十分费力。因此，在设计中必须考虑设置更换模板用的可升降辊道。当需要更换模板时，松开工作台上的紧固螺栓，使辊道上升，托起模板框及其上的模板，直至与机外的固定边辊平齐，用人推或拉至机外，换成另一模板后推入机中，降下辊道，把模板框固定在工作台上。上述更换模板的操作必须在停机状态下由人工进行。

在高压造型机上,往往配有在不停机的情况下自动更换模板的机构。这不仅可以充分发挥造型机的生产率,而且有利于复杂的铸钢件等造型时放置活块、冷铁、敷设防黏砂材料及便于清理等辅助工序的进行,并为单机交替生产上下型及合理地组织多品种、小批量生产创造条件。模板更换装置类型很多,皆由辊道、机动辊子和小车与升降台、推送缸等适当配合而成。

2.3 射芯机

射砂方法生产的砂芯质量好,整个射芯工序易于机械化及自动化,因此很早就应用于造芯工艺。近年来,随着芯盒内固化造芯新工艺,如热芯盒、冷芯盒以及水玻璃造芯等方法的发展,出现了热芯盒造芯机等相应的射芯机。这些造芯方法具有生产周期短、质量好、成本低、噪声较低等优点,所以应用日益广泛。

2.3.1 射砂过程

1. 射砂方法

射砂法是将芯砂(或型砂)填入射砂筒 2(见图 2.11)中,将芯盒 5 压紧在射砂头 3 之下;然后开启快速进气阀,压缩空气从贮气包快速进入射砂筒 2,射砂筒 2 内气压急剧提高;压缩空气穿过砂层,推动砂粒,将砂粒夹在气流之中,通过射孔 4 射入芯盒 5,将芯盒填满,同时在气压的作用下,将砂紧实。

2. 射砂过程的 3 个阶段

射砂过程很快,在小型射砂机上从射砂开始,压缩空气进入射砂筒到芯盒填满,仅需 0.3~0.5 s。在射砂筒中气压达到最高点前后,已基本射完,芯盒已经填满。

射砂过程大致可以分成以下 3 个阶段。

(1)射前期

快速进气阀打开后,射砂筒内气压上升的最初阶段,型砂尚不能射出,到了气压提高到一定程度,型砂才能从射孔射出。射前期的时间很短,为 0.008~0.011 s,射砂开始时,筒内气压约为 50 kPa。

(2)自由射砂阶段

砂粒由气流推动,由射孔射出填入芯盒。这一阶段的特点是砂粒是以气砂流形式穿过空间填入芯盒,自由射砂阶段时间不长,为 0.3~0.5 s,接近 80%~90% 的芯(型)砂在这一阶段填入芯盒。

(3)压砂团紧实阶段

芯盒基本射满后,自由射砂阶段结束,但芯砂进入芯盒的运动并未停止,在射砂头内气压与芯盒上部气压差的推动下,芯砂继续向芯盒填充,射孔中原来是稀疏的气砂流,这时成为砂团互相推压的密集流。这一部分后推入的型砂称为压砂团,它可使芯盒上部的型砂紧实度继续提高(见图 2.12)。

第 2 章 造型及制芯设备

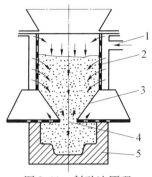

图 2.11 射砂法原理
1—压缩空气进口；2—射砂筒；
3—射砂头；4—射孔；5—芯盒

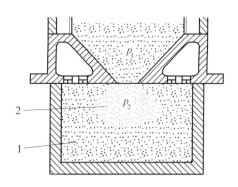

图 2.12 压砂团阶段
1—先填入的型砂；2—压砂团

2.3.2 射砂机构

1. 射砂机构的基本工作原理

射砂机构是射芯机或射压造型机的一个基本部件。图 2.13 是一个典型的射砂机构，它由闸板、射砂腔、射砂筒、射砂阀、快速排气阀、射头及贮气缸等部分组成。

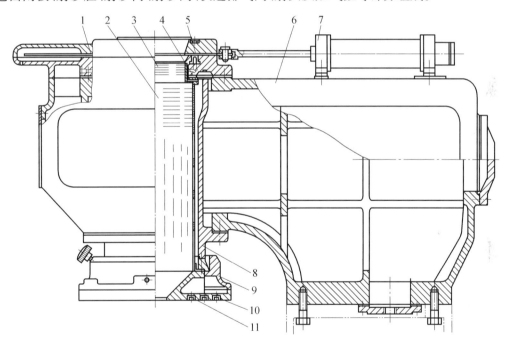

图 2.13 射砂机构
1—侧板；2—射砂筒；3—抛射筒；4—环形燃烧进气阀；5—闸板密封圈；6—横梁；
7—闸板气缸；8—射砂粒；9—射砂头壳体；10—射砂头底板；11—排气孔

射砂前，闸板气缸前伸，打开加砂口。芯砂贮在机器上面的砂斗中，用振动给料器或带式输送机通过闸板上的加砂口送入射砂筒。装至预定量后，关闭闸板。把准备好的芯盒，紧压在射砂头的射孔下面，同时在闸板密封圈下，通入压缩空气，使闸板密封后，才进行射砂。射砂时，打开进气阀，压缩空气由贮气包经过进气阀，进入射砂腔，通过射砂筒顶部以及射砂筒壁上的缝隙迅速进入射砂筒，进行射砂。射砂在很短的时间内完成，立即关闭进气阀,紧接着打开快速排气阀,将射砂腔内残留的压缩空气排出。然后,才能使芯盒下降和将闸板打开。工作时,必须注意这一顺序,否则射砂腔内残留的高压空气喷出,或造成巨大的噪声和喷砂现象。

2. 射砂腔与射砂筒

射砂机构的射砂腔大多为圆形,中间插入一个射砂筒。射砂筒与射砂腔之间的缝隙为 5~12 mm。射砂筒用钢板焊成,为了防止筒体生锈,防碍筒中的芯砂下降,筒体大多镀铬,个别射砂筒也可用不锈钢或黄铜做成。

射芯机上的射砂筒大多开有进气缝隙,缝隙分横缝和竖缝两种。横缝在筒的上面,约占筒高度的 20%~25%,缝较宽(根据型砂砂粒的不同,宽为 0.6~0.8 mm),以利空气从砂柱顶上进入。竖缝较窄,为 0.3~0.5 mm,在筒的下部,占筒高度的 75%~80%,使空气从筒的四周进入,改变射砂时的筒内气压分布,有利于芯砂的松散和射出。

3. 射砂阀和快速排气阀

射砂机构的进气阀可以称为射砂阀,为了使所得砂芯紧实度高,要求进气速度快,所以射砂阀应是快速进气阀门。常见的射砂阀有两种形式,一种是环形薄膜进气阀,这种阀的特点是气流从射砂腔顶上四面同时进入,射砂筒内气压分布比较均匀;另一种形式的射砂阀是用气缸带动直径较大的阀门。

当射砂结束,进气阀门关闭时,要求快速排气,否则将降低机器的生产率,所以要用快速排气阀。图 2.14 是一种快速排气阀的结构。在射砂腔壁上,用一套筒与橡皮膜排气阀相连接。射砂时,从橡皮膜的另一面加一控制气压使套筒封闭,保证射砂。射砂完毕后,撤去控制气压,射砂筒中的高压空气就自动推开橡皮阀而迅速排出。

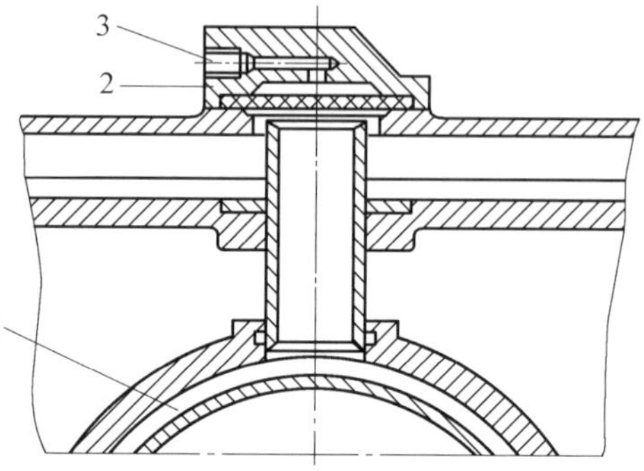

4. 贮气装置

为了保证射砂开始时,能有足够的压缩空气进入射砂筒,需要一个足够大的贮气装置,直接与射砂阀相连接。有的把用钢板焊成的贮气罐,接在射砂阀上,有的则在射砂筒的外面包一个贮气包,如图 2.13 所示。而某些射芯机则将机身做成密闭的空腔形状,直接与射砂腔相连接,作为贮气用。

图 2.14 快速排气阀
1—射砂腔;2—橡皮膜排气阀;3—控制气压进口

5. 射砂头

射砂头是射孔所在处,根据砂芯的形状和芯盒结构的不同采用不同的形状。一般射芯机都备有几种不同型式的射砂头。图 2.15(a)、(b)是射芯机常用的两种射头,图 2.15(c)是用于热芯盒射芯机的具有通水冷却结构的射头。

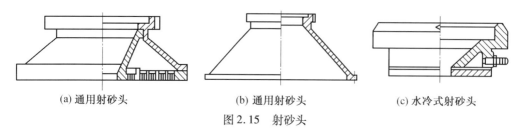

(a) 通用射砂头　　(b) 通用射砂头　　(c) 水冷式射砂头

图 2.15 射砂头

2.3.3 射芯机

1. Z8612B 热芯盒射芯机

本节着重介绍 Z8612B 热芯盒射芯机。Z8612B 热芯盒射芯机的结构如图2.16所示。最上部是一个电动振动供砂槽,供砂斗1的底部呈7°倾斜,由振动电动机8带动,向射砂筒2供砂。砂斗前面是有机玻璃罩9,用以观察砂斗内存砂量及供砂是否通畅。

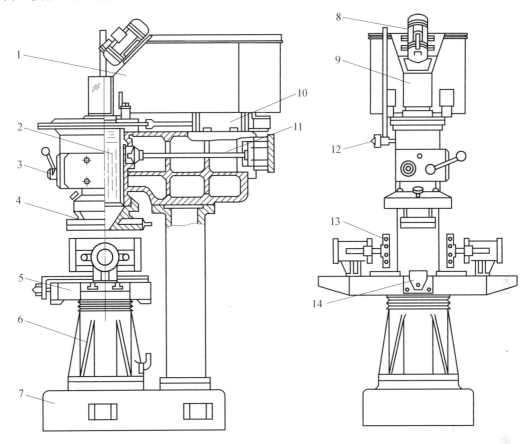

图 2.16 Z8612B 热芯盒射芯机结构图
1—供砂斗;2—射砂筒;3—操纵阀;4—水冷射头;5—工作台;6—升降缸;7—底座;8—振动电动机;
9—有机玻璃罩;10—闸板气缸;11—射砂阀控制气缸;12—排气阀;13—加热板;14—气动拖板

Z8612B 射砂机利用机体空腔直接做贮气包,应用了一种由气缸推动的射砂阀,其控制气缸11的直径比射砂阀大,能使射砂阀快速动作,达到射砂筒快速进气的要求。Z8612B 的机架结构采用悬臂单立柱式。主柱和机架都是空心结构,目的在于增大贮气包的容积和保证机体的刚性。机体的刚性必须高,以避免射砂时射砂机构受力变形上抬,造成芯盒密封不严而产生喷砂现象。

Z8612B 热芯盒射芯机主要用于制造质量不超过 12 kg、芯盒截面积不超过 400 mm× 400 mm 的实心的或中空的热固性砂芯。在不用加热元件时,也可以用做普通射芯机。

2. 冷芯盒射芯机

冷芯盒造芯法近年来应用日益广泛,现在的冷芯盒射芯大多数采用气体硬化法,亦即用树脂砂射芯后,通以气体(如三乙胺气雾、SO_2 或 CO_2 气等)使砂芯硬化,这时射芯机基本上可以应用通常的射砂机构。射芯机上另装有通气板,砂射满芯盒后,将芯盒工作台稍稍下降一段距离,在射头与芯盒之间插入通气板(见图 2.17),再将芯盒与通气板压紧。这时由通气板引入硬化气体,从芯盒顶上的射孔引入砂芯,并穿过砂芯经下面的排气孔排出,经过短时间通气使砂芯硬化。砂芯硬化后,再通过通气板通入空气,使空气穿过已硬化的砂芯,将残留在砂芯中的有毒的硬化气体(如三乙胺、SO_2 等)冲洗除去,残气通过排气孔排入专门的净化装置。

3. 普通射芯机

普通射芯机是指射制油砂芯、合脂砂芯、黏土砂芯等芯盒外固化砂芯的射芯机。在结构上与上述热芯盒射芯机基本一样,只是没有加热元件及拖板等取芯机构,例如普通射芯机 Z8512 与 Z8612 基本一样。

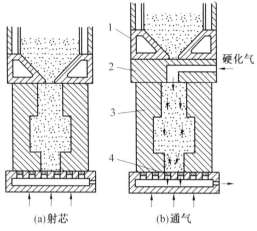

图 2.17 用通气板通气使砂芯硬化
1—射头;2—通气板;3—芯盒;4—排气孔

由于普通、热芯盒及冷芯盒射芯机的射芯部分结构相同,所不同的只是一些特殊的辅助机构。冷芯盒射芯机需要有通气板、通气装置、砂芯顶出、送出装置及有毒气体冲洗装置等,所以如在普通射芯机上装设了有关辅助装置就可以用来作相应的热、冷芯盒的射芯机用,这种具有多种功能的射芯机称为多用射芯机。

2.4 射压造型机

射砂紧实是一种高效快速的实砂方法,喷砂和模具磨损可以采取一定措施设法避免和减弱。如果将射砂方法与压实方法结合起来,先用射砂方法填砂并使型砂有一定程度预紧实,然后用压实方法紧实,可以得到紧实度高而且比较均匀的砂型。射和压两者都是高速生产方法,所以射压造型生产率很高。

射压造型具有紧实度分布比较均匀,工作无震动、无噪声,紧实速度快,机器结构比较简单等特点,所以有的造型机采用射压实砂,主要应用于脱箱及无箱造型,对于中大型造型,也有应用。通常造型都用砂箱,以便于砂型的合型及搬运,但是砂箱同时也使砂型质量增大,落砂不便,而且在落砂后需将砂箱送回造型机,增加了造型生产线的复杂性。因此,近十几年来,很多新型的造型机采用射压方法,如有箱的射压造型机、垂直分型无箱射压造型机及水平分型脱箱射压造型机等。无箱和脱箱造型机的类型很多,按其砂型分型情况不同,可以分成垂直分型和水平分型两大类。无箱和脱箱造型机发展很快,尤其在中小型铸件的成批或大批生产中应用比较广泛,有代替原来的一些小型造型机(如 Z145 型震压造型机等)的趋势。

2.4.1 有箱射压造型机

图 2.18 为有箱射压造型机结构的示意图。其中,5 是射砂筒,筒呈卡腰形,即文邱里筒,在卡腰处引入压缩空气,有利于型砂的射出,同时可以避免射砂筒体中产生气压差,防

止型砂在射砂筒中被紧实。同样地,为了避免型砂在射砂筒中被紧实,降低射砂筒中的气压差,采用的射砂气压比较低,为 250～300 kPa。8 是射砂板,兼作压板。9 是辅助框。在射砂时,液压缸 6 将辅助框压紧在砂箱 10 上,保证砂箱上缘密封。辅助框 9 内部有排气孔,兼作上排气用。压实时,压实缸 13 顶着模板 11 及砂箱 10 向上,液压缸 6 放松,辅助框 9 向后退缩,射砂板将型砂压实。

射压造型机可以用模板加压,也可用压板加压与模板加压(或称差动加压),以保证在模样(如气缸体等)复杂、具有很大砂胎的情况下,砂型也能获得均匀的紧实度。

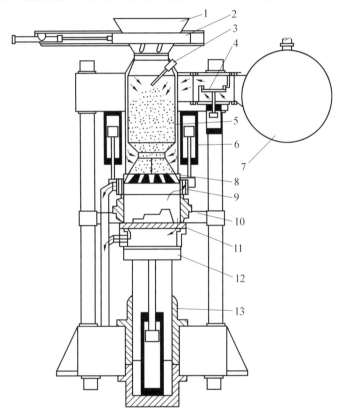

图 2.18 有箱射压造型机结构示意图

1—砂斗;2—加砂闸板;3—砂位计;4—进气阀门;5—卡腰形射砂筒;6—辅助框升降液压缸;7—贮气包;8—射砂板;9—辅助框;10—砂箱;11—模板;12—工作台;13—工作台升降及压实缸

2.4.2 垂直分型无箱射压造型机

1. 工作原理

垂直分型无箱射压造型机的造型原理如图 2.19 所示,造型室由造型框及正、反压板组成,正、反压板上有模样,封住造型室后,由上面射砂机构填砂,再由正、反两面加压,紧实成两面都有型腔的型块(见图 2.19(a))。然后,反压板退出造型室并向上翻起,让出型块通道(见图 2.19(b))。接着,压实板将造好的型块从造型室 3 推出,且一直前推,使其与前一型块推合,并且还将整个型块向前推过一个型块的厚度(见图 2.19(c))。以后压实板退回,反压板放下并封闭造型室,机器即进入另一个造型循环(见图 2.19(a))。

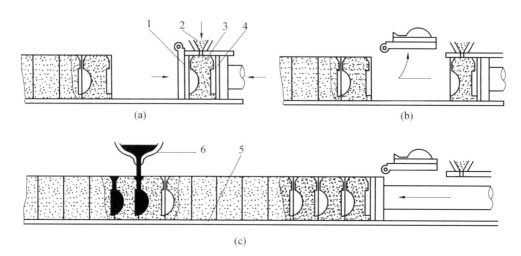

图 2.19 垂直分型无箱射压造型机的造型原理
1—反压板；2—射砂机构；3—造型室；4—压实板；5—浇注平台；6—浇包

此种造型方法的特点是：射压方法紧实砂型，所得型块紧实度高而均匀；型块的两面都有型腔，铸型由两个型块间的型腔组成，分型面是垂直的；连续造出的型块互相推合，形成一个很长的型列。浇注系统设在垂直分型面上，由于型块互相推挤，在型列的中间浇注时，几块型块与浇注平台之间的摩擦力可以抵住浇注压力，型块之间仍保持密合，不需卡紧装置（见图 2.19(c)）；一个型块即相当一个铸型，而射和压都是快速造型方法，所以造型机的生产率很高，造小型铸件时，生产率可达 300 型/h 以上。

2. 造型工序循环

最常见的垂直分型无箱射压造型机如图 2.20 所示。机器的上部是射砂机构，射砂筒的下面是造型室，正、反压板由液压缸系统驱动。为了获得高的压实比压和较快的压板运动速度，采用增速油缸。为了保证合型精度，结构上采用了四根刚度大的长导杆 12 协调正、反压板的运动。造型室前，有浇注平台，推出的砂型块即排列在上面。

机器的运动可以分成 6 个工序实现造型循环。

(1) 工序 I——射砂

正、反压板将造型室关闭，进行射砂，射砂结束后，射砂阀关闭，打开排气阀，排出筒内残余空气。

(2) 工序 II——压实

经 C 孔进入主液压缸的高压油，作用于后活塞上，将砂型进一步压实。当砂型比压达到预定值时，压实板停止挤压。

(3) 工序 III——起模 I

高压油由 B 孔进入后液压缸，使反压板先平行外移，反压板上的模样脱离砂型起模，然后在导向凸轮的控制下向上翻起到水平状态，造型室前方门被打开。在起模时，反压板上的震动器动作。同时，射砂筒上加砂闸板打开，对射砂筒加砂。

(3) 工序 IV——推出合型

高压油由 D 孔进入增速液压缸，并通过活塞使增速液压缸内的油液经 E 孔流入主液压缸，作用于前活塞上带动压实板将铸型推出造型室，实现合型，并将整个型块列向前推进相当于一个砂型厚度的距离。

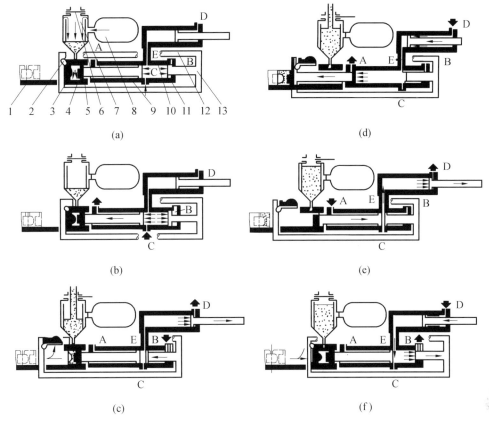

图 2.20 带增速油缸的垂直分型无箱射压造型机的工作循环
1—造好的型块；2—反压板；3—前模板；4—后模板；5—压实板；6—加砂闸门；7—射砂筒；
8—贮气罐；9—前液压缸；10—增速液压缸；11—后液压缸；12—导杆；13—后框架

(4) 工序Ⅴ——起模Ⅱ

高压油由 A 孔进入前液压缸，使压实板退回，实现起模Ⅱ，退回的行程可根据砂块厚度进行调节。

(5) 工序Ⅵ——关闭造型室

由 D 孔进入增速液压缸的高压油，推动活塞，使增速液压缸的油液经 E 孔流入主液压缸，使反压板返回初始位置。此时停止加砂，并开始下一循环。

2.4.3 水平分型脱箱射压造型机

1. 工作原理

水平分型脱箱是很早就有的造型方法，以前是用小型震压造型机（如 Z145 型等）造型，人工在造型机上合型及脱箱，现在与垂直分型无箱造型机发展同时，水平分型的脱箱造型机也纷纷出现，两者都没有砂箱进入生产线，有组线简单的优点。

其工作过程如图 2.21 所示。模板进入工作位置后（见图 2.21(a)），上、下砂箱从两面合在模板上（见图 2.21(b)），这时上、下射砂机构进行射砂，将型砂填入砂箱（见图 2.21(c)）。随即，射压板压入砂箱将砂型压实（见图 2.21(d)）。接着上、下砂箱分开，从模板上起模（见图 2.21(e)）。下砂箱留在转盘上，这时，转盘旋 180°。下砂箱随转盘转出至外面的下芯工位。而前一个下箱在下芯工位下芯完毕同时转入,转至工作工位。与此同时,模板小车向旁移出(见图2.21(f))。于是上、下箱合型(见图2.21(g))。合型后,上射压板不动,上砂箱向上抽起脱箱(见图2.21(h)),然后下射压板不动,下砂箱向下抽出脱箱(见图2.19(i))。这时在下射压板上就是已造好的脱箱砂型。在下一工序中,将它推出至浇注平台或铸型输送机,与此同时,模板小车进入,开始下一工作循环。

这种水平分型脱箱造型机,由于上、下型都采用射压造型,而且射砂方向垂直于模板,没有模样阴影区,所以砂型的紧实度比较均匀,而且下芯在机外进行,方便安全,因而具有一定的优越性。但它的射砂筒与压实液压缸的结构比较复杂,维修比较困难,射砂耗气量大,因此应用受到一定限制。

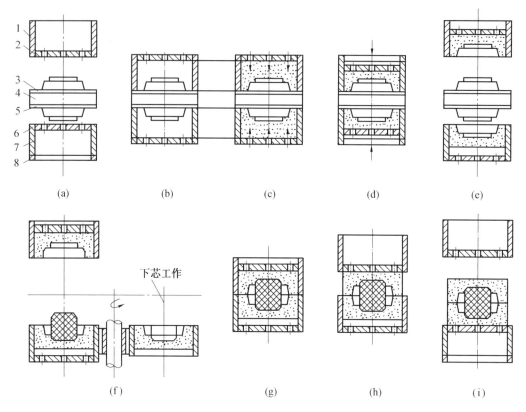

图2.21 水平分型脱箱射压造型机工作原理图
1—上砂箱;2—上射压板;3—上模板;4—模板框;5—下模板;6—下射压板;7—下砂箱;8—辅助框

2. 水平分型脱箱造型的优点

(1)水平分型下芯和下冷铁比较方便,而在垂直分型时,为使下芯稳固,往往需要设置特殊的芯座,对一些芯头较重和复杂的型芯很难处置。

(2)水平分型时,直浇道与分型面相垂直,每个砂型单独浇注,为承担压铁的质量而在分型面上留出的两个半型的接触面,只占分型面的15%~20%,模板面积有效利用率高。在垂直分型时,浇注系统位于分型面上,而且为了尽量减小型块串列在步移输送过程中分型面上的推压比压,分型面上的推压接触面必须足够大。这样都使模板面积的利用率减小。

(3)垂直分型射压造型时,如果模样比较高,则在模样下面所谓射砂阴影处,所得的紧实度较低,压实后紧实度不均匀。而水平分型时,如采用射压等方法,可以避免这一缺点。

(4)水平分型时,铁液压力主要取决于上半型的高度,较易保证铸件质量。而在垂直分型时,铁液的压力取决于整个砂型的高度,为了减小浇注压力,就得缩小浇注系统的截面,采用节流的浇注系统,这在大多数情况下将导致铸件质量变差。

(5)有的旧铸造车间改造,小件往往原来就用手工脱箱造型,水平分型可以保持原来的工艺特点,有的模板甚至稍加改装就可以用于水平分型的脱箱造型机,比较方便。

2.5 气流造型机

近十几年来,出现了气流渗透和气流冲击等几种实砂方法。由于其造型机结构简单,实砂时间短,所以气流实砂造型机得到了较广泛的应用,特别是气冲造型机。国内新建及新改造的铸造车间,多采用气冲造型机,发展极快,有取代高压造型及气动微震的趋势。

2.5.1 气流实砂法

1. 气流渗透实砂法

气流渗透实砂法(简称气渗紧实法)是先将型砂填入砂箱及辅助框中,并把砂箱及辅助框压紧在造型机的射孔下面,然后打开快开阀将贮气筒中的压缩空气引至砂型顶部,使气流在很短时间内渗透通过型砂,而使型砂紧实的方法(见图2.22)。模板上面开有排气孔,气流由砂型顶部穿过砂层,经排气孔排出。气体渗透时,在型内所产生的渗透压力,使型砂紧实。为了避免高速高压气流从喷孔直射砂型顶部,造成型砂飞溅,气流通过分流板上分散的小孔进入砂型顶部,使气流能较均匀地作用于砂层顶面。

气流渗透实砂所得的砂型内的紧实度分布如图2.23所示。排气孔处的紧实度最高,砂型顶部紧实度最低,砂型中部的砂粒,因所受的气压差较低,因而其紧实度也较小。砂层越高,紧实度越低。在砂型顶面处,由于没有气压差,所以紧实度最低,仍呈疏松状态。如果模板上的排气孔布置适当,可以使砂型的深凹部得到较好的紧实,而且砂层越高,所得紧实度越大。气流渗透紧实时,砂层顶上的空腔必须保持较高的气压,才能建立起足够大的气压差。为此,快开阀的开阀速度必须相当快。要保证砂型顶部空腔的气压升压速度为5~7 MPa/s,才能获得较好实砂效果。

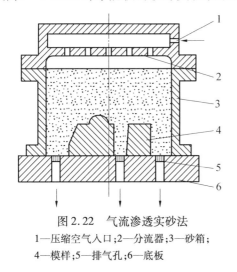

图2.22 气流渗透实砂法
1—压缩空气入口;2—分流器;3—砂箱;
4—模样;5—排气孔;6—底板

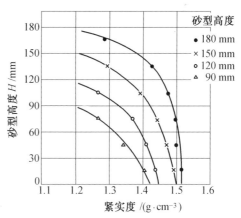

图2.23 气流渗透实砂法所得紧实度分布

气渗实砂法虽然能使砂胎深处获得高紧实度,但就整体来说,紧实度尚比较低,特别是砂型的中上部紧实度不高。通常在气渗紧实后再用压实法,使砂型的中上部也有高的紧实度,这称为气渗加压法。

2. 气流冲击实砂法

气流冲击实砂法也是先将型砂填入砂箱及辅助框中,并压紧在气冲喷孔下面,然后迅速打开冲击阀,砂箱顶部空腔气压迅速提高,产生冲击作用,将型砂紧实。

图 2.24 是一种气流冲击实砂法的工作原理,1 是压缩空气包,包内充满压缩空气,内有一气冲阀 2,阀盘 3 通常受压压在下面阀座上,气冲阀 2 处于关闭状态。气冲紧实前,先将已填砂的砂箱、模板、辅助框等由升降夹紧工作台 7 压紧在喷孔下面。气冲紧实时,使阀盘 3 上面空腔的快开排气阀迅速排气,阀盘 3 上面的气压迅速降低,于是阀盘 3

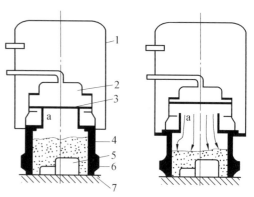

图 2.24 气流冲击实砂法的工作原理
1—压缩空气包;2—气冲阀;3—阀盘;4—辅助框;5—模板;6—砂箱;7—升降夹紧工作台;8—型顶空腔

受下面压缩空气的推力,向上推开,使气包 1 直接与型顶空腔 a 相通,气冲阀 2 打开,气流以极高速度进入 a,型砂顶部气压急剧提高,在 0.01 s 内提高至 $0.35 \sim 0.50$ MPa,升压速度可达 $80 \sim 100$ MPa/s。这样急剧升高的气压,作用在砂型顶上,将型砂紧实。

气冲紧实的机理与气渗紧实根本不同,主要是由于砂粒的冲击。气冲紧实过程大致可以分成两个阶段。

(1)自上而下的初步紧实及加速运动阶段

气冲开始时,气冲阀打开,砂型顶部的空腔 a 的气压快速提高。高气压骤然作用于砂型顶面,使最上面一层型砂得到初步紧实,形成一层初实层,这层已具有一定紧实度的砂层受上面的气压推动,向下加速运动,接着这层型砂推动更下一层型砂紧实并向下运动,如此形成一个自上而下的型砂紧实波。紧实波向下发展十分迅速,比空气向下渗透速度快得多。接着砂层向下运动的速度越来越快,最后与底板发生冲击,模板在最底层所受的冲击力为最大,冲击力可达数倍于原工作气压。底板上的砂型可以达到很高的紧实度。

(2)自下而上的冲击紧实阶段

在上述紧实波到达底板时,运动滞止,产生冲击力,这时砂层仍有一定的运动速度。此时下面砂层已是有一定紧实度的物体,表现出刚度较大,所以第二次冲击力很大,可以将型砂紧实到很大的紧实度。这一冲击,由下向上进行,一直到砂型的顶部。

气冲紧实所得的砂型紧实度分布,如图 2.25 所示。最底层的砂层,由于受到上面各

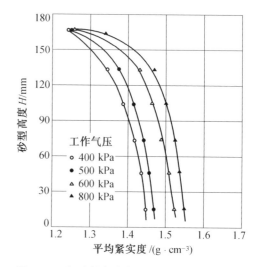

图 2.25 气冲紧实所得砂型紧实度分布

层型砂的冲击,所受的冲击力最大,所以其紧实度最高。由底板往上越高的砂层,由于在冲击下面砂层时,消耗了一些能量,所以紧实度越低。砂层顶部的砂层,由于它上面没有砂层对它冲击,所以紧实度很低,仍呈疏松状态。

2.5.2 气冲造型机

在结构上,气冲造型机与高压造型机相似,并且其加砂机构、起模机构、工作台举升机构等与高压造型机也相似,主要差别在于紧实机构。

1. 造型机工作原理

图 2.26 是一种栅格式气冲阀气冲造型机的结构,机器为四立柱结构,从外形看与高压微震造型机差不多。

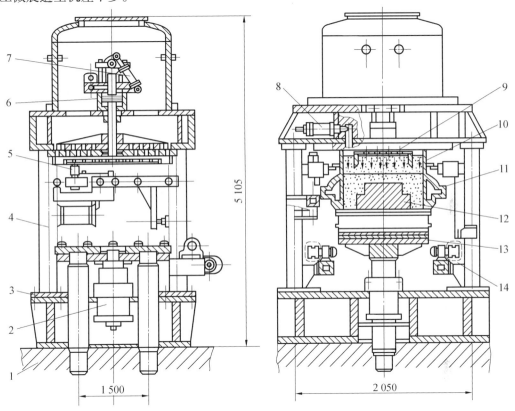

图 2.26 栅格式气冲阀气冲造型机的结构
1—底座;2—液压举升缸;3—机座;4—支柱;5—辅助框辊道及驱动电动机;6—气冲阀;7—气动安全锁紧缸;
8—胶胆阀;9—阻流板;10—辅助框;11—砂箱;12—模样及模板框;13—工作台;14—模板辊道

造型过程开始,模板框先经套箱机套上砂箱,经套框机套上辅助框,并填入型砂,由机动车辊道移入造型机内的紧实工作台上。在移动过程中,刮砂器刮去辅助框 10 上面的多余型砂,用风动吹嘴清扫工作台。这时液压举升缸 2 上升,带动模样及模板框 12、砂箱 11 及辅助框 10 等脱离辅助框辊道 5 上升,使辅助框上平面与气冲阀 6 的下口压紧,并由高压油顶紧。辅助框 10 的下端面及气冲阀的下端面外边,均有特殊设计的聚胶脂密封垫,将气冲阀与辅助框上端面之间的空腔密封住,此时,辅助框的辊道支架由外张状态转为内收状态。

气冲时,打开位于气冲阀杆顶端的气动安全锁紧缸 7,使锁紧凸轮偏转,不再压住气冲阀杆,接着,阀杆活塞上部液压腔的油液迅速排油,活塞的下部是高压氮气,氮气迅速膨胀,推着活塞及气冲阀杆迅速向上运动,打开气冲阀,贮气包中的压缩空气通过两块带有栅格孔的阀盘高速流入砂型顶面,使型顶空腔的气压急剧升高,产生气冲作用将型砂紧实。

紧实完毕,活塞上面的液压腔通入高压油,使阀杆下移,将气冲阀关闭。接着,气动安全锁紧缸 7 通过凸轮将活塞杆锁住,保证安全。然后,由胶胆阀 8 将型顶空腔中的残留压缩空气通过胶管排入地坑。余气排尽后,方可使工作台 13 连同模板框、辅助框及紧实好的铸型下降。在下降的过程中,辅助框 10 先在机动边辊道上搁住,并被推回套框机,最后砂箱及模板框也落在辊道上被推出造型机。

在推出过程中,铸型顶部的多余型砂由刮砂机刮去。砂箱及模板框被推至起模,起出模板框。造型机在推出已紧实的铸型同时,推入下一个套上辅助框并填完砂箱及模板框,造型机可以开始下一个造型循环。

2. 栅格式气冲阀的结构

图 2.27 是上述造型机气冲阀的结构简图。当动阀盘 7 闭合时(见图 2.27(a)),两个阀盘上的栅格孔互相遮盖住,气冲阀关闭。气冲时,打开动阀盘 7,贮气包 1 中的压缩空气穿过两个阀盘上互相错开的孔,向下作用在砂型顶上,实现气冲紧实。

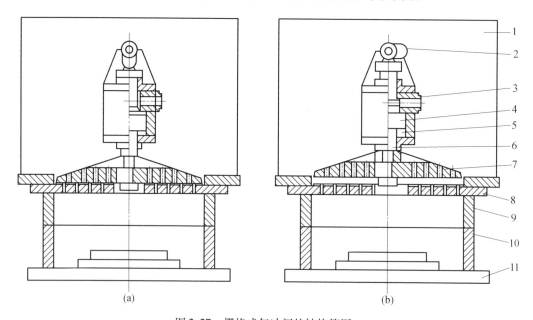

图 2.27 栅格式气冲阀的结构简图

1—贮气包;2—气动锁紧凸轮;3—控制阀盘启闭的液压缸;4—活塞;5—高压氮气缸;6—活塞杆;
7—动阀盘;8—定阀盘;9—辅助框;10—砂箱;11—模板

动阀盘的启闭,亦即气冲阀的开关,由上面一个复合的气/液压缸控制。活塞杆 6 的下部是高压氮气缸 5,所用的气压为 10~15 MPa。活塞 4 的上部为高压液压缸,其油液压力为 22~25 MPa。气冲时,先打开动阀盘 7,将锁紧凸轮放开,然后,液压缸 3 排油,压力迅速降低,活塞 4 下面的高压氮气缸推动活塞杆 6 向上运动,将动阀盘 7 上提,打开气冲阀,进行气冲。由于液压缸的排油阀是一个快速排油阀,所以活塞 4 的上行速度可以很快,达到高压氮气缸高速提阀。

气冲紧实法,所得砂型紧实度高而均匀,起模力小,回弹小,而且并不要求在模板上开排气孔,加上这类造型机紧实速度高,噪声相应较低,结构比较简单,它在铸造车间的应用正在扩大和扩展。不少新建的铸造车间采用了气冲造型机。但气流冲击紧实方法也存在着自身的缺点,对于砂型顶上一层砂,30~50 mm厚,紧实度很低,所以要求有补压装置或将这层砂刮去;另外,若砂层很低,则所得砂型紧实度比较低。因此,气冲实砂法不宜用于低矮的砂型。

第3章 造型及制芯生产线

造型及制芯生产线的工序很多,在造型(制芯)的主机上可以完成其中的几个工序,如加砂、紧实和起模等。而要使整个造型和制芯过程实现机械化和自动化,就必须使铸型和砂箱的输送、翻箱、落箱、下芯、合箱、浇注、加卸压铁、落砂、分箱、把砂箱送回造型机备用等辅助工序都实现机械操作,并将它们适当的配置成为流水生产线。用于完成上述辅助工序的机械称为辅机。由此可见,这些辅助工序的工作量大、劳动强度高,如不实现机械化和自动化,则会大大降低造型机生产率和增加工人的劳动强度。因此,为了充分发挥造型机生产能力,减轻劳动强度,提高铸件质量,就要精心组织造型生产线。现在各种高效率的自动化造型生产线发展迅速,而且电子计算机技术已应用于自动化造型生产线的控制。所谓造型(制芯)生产线,就是根据生产铸件的工艺要求,将主机(造型机)和辅机(翻箱机、合型机、落砂机、压铁机、捅箱机、分箱机等)按照一定的工艺流程,用运输设备(铸型输送机、辊道等)联系起来,并采用一定的控制方法组成机械化、自动化造型生产体系,并在该生产体系中,进行铸型浇铸、冷却落砂以及空箱返回等工作,从而完成铸件生产过程。

3.1 造型及制芯生产线的运输设备

在造型及制芯生产线中,砂型、砂箱、砂芯以及型砂等的运输工作量占总工作量的50%左右,所以选择合适的运输设备是十分重要的。运输设备可以分为地面和空中两类。地面的输送设备如铸型输送机、辊式输送机以及鳞板输送机等;空中的输送设备如桥式起重机、单轨吊车和悬挂输送机等。

3.1.1 铸型输送机

铸型输送机是造型生产线中将造型、下芯、合型、压铁、浇注、落砂等工序有机联系在一起的主要运输设备。有时一些工艺过程也在其上进行,如下芯、合型以及浇注等。常见的铸型输送机的分类大致如下:

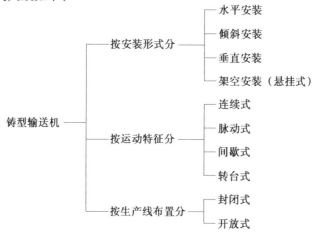

选用铸型输送机主要应依据生产批量和组织生产的方式。一般在平行工作制、大量或成批生产的情况下,宜采用连续式或脉动式铸型输送机,串通布线时宜采用连续式为佳,而并通布线时以采用脉动式较适合;在成批生产较大的铸型,以及多品种、中小件连续造型间歇浇注的情况下,则宜采用间歇式铸型输送机。

1. 水平连续式铸型输送机

我国水平连续式铸型输送机的定型产品有 SZ-60 型铸型输送机,现国内已普遍使用,如图 3.1 所示,它由输送小车、传动装置、张紧装置、轨道系统等部分组成。

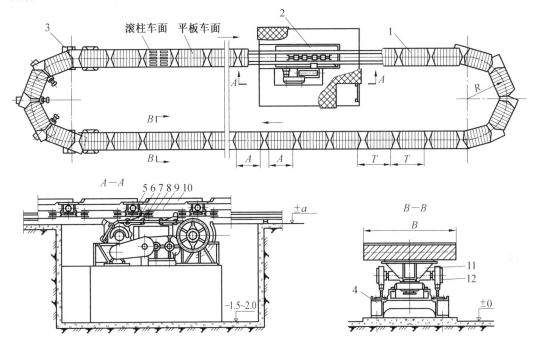

图 3.1 SZ-60 型连续式铸型输送机
1—输送小车;2—传动装置;3—张紧装置;4—轨道系统;5—链轮;6—驱动链条;
7—推块;8—导轮;9—牵引链条;10—车面;11—车体;12—走动轮

(1)输送小车

输送小车是输送机的承载部分,由车面、车体、走动轮、牵引链条、导轮等组成,如图 3.1 所示。车面 10 通过销轴铰接于车体 11 上。车体两侧装有走动轮 12,为了减少摩擦阻力,走动轮一般没有凸出的边缘。车体下面牵引链条 9 的铰接处装有导轮 8,起导向作用。小车一般采用平板车面。平板车面是带沟槽的铸铁板,另外还有一种滚柱车面的小车,即在车面上装有两排滚柱,以利铸型在其上移动。

①输送小车的选择。小车车面尺寸是输送机的主要参数,根据砂箱尺寸大小进行选择。在用手工或吊车搬运砂箱时,车面尺寸 A 及 B 应分别比砂箱外框尺寸大 100~150 mm;在采用落箱机等专用设备的情况下,通常车面长度 A 略大于砂箱的外框长度,而车面宽 B 可与砂箱外框的宽度相同。车面标高根据生产工艺的操作要求来确定,一般 $H=500~600$ mm。

②输送机运行速度的确定。

$$v=\frac{nT}{60Z\eta} \quad (3.1)$$

式中 v——输送机的运行速度,m/min;
  n——每小时装上输送机的铸型数;
  T——小车节距,m;
  Z——每个小车上存放的铸型数;
  η——装载系数,对于机械化生产线取 $\eta = 0.8 \sim 0.85$。

③输送机的展开长度 L_0 及小车总数 m。铸型输送机一般由造型下芯段、浇注段、冷却段和落砂段组成,如图 3.2 所示。

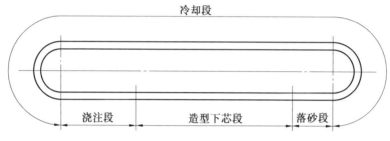

图 3.2 铸型输送机的组成

造型下芯段 L_z 主要取决于造型机的类型、数量、布置形式以及下芯方式和所需时间,一般为 30~42 m。

浇注段长度 L_j 取决于浇注机的结构尺寸和台数,若用人工单轨吊包浇注时间可以参考表 3.1 确定。

表 3.1

输送速度/(m·min^{-1})	浇注段长度/m	浇注台型式
<5	6~8	固定式
>5	8~15	移动式

冷却段长度 L_1 可根据铸件在砂型内冷却所需时间的最短时间与铸型输送机运行速度来计算。

$$L_1 = v_{max} \cdot t_{min} \quad (3.2)$$

式中 v_{max}——生产率要求输送机的最大速度,m/min;
  t_{min}——铸件在铸型内冷却所需的最短时间,min。

落砂段长度 L_s 可根据所选的落砂机组的结构及作业环境要求隔振和隔噪声的程度来适当确定。

以上各工艺段长度之和即为输送机展开后的总长度

$$L = L_z + L_j + L_1 + L_s \quad (3.3)$$

由此即确定小车的总数 m

$$m = \frac{L}{T} \quad (3.4)$$

式中　m——输送机小车总数；
　　　L——输送机展开后的总长度，m；
　　　T——小车节距，m。

最后确定输送机展开后的总长度，尚需要根据轨道的布置及牵引链的最大许可张力进行校核，其计算方法可查阅专门论述铸型输送机的有关书籍。

(2) 传动装置

输送机的传动装置如图3.1所示。工作时，经过减速的链轮5带着链条6及其上的推块7，推牵引链条上的导轮8，使输送机运动。

为了适应生产需要，输送机的运行速度 v 应在一定的范围内可调，因此传动装置常配有无级变速器，其动力通常采用双速电动机。为了避免转弯处导轨过分磨损，传动装置应设置在小车转弯段前5~6节小车处的直线段。

(3) 张紧装置

输送机的螺旋张紧装置如图3.3所示，它装设在小车牵引链张力较小的一端。在安装小车时借助张紧螺杆推移轨枕，其上的走轮轨道和导轮轨道随之移动，使牵引链产生一定初张力，以保证输送机小车运行平稳。在张紧段轨道与固定轨道之间，嵌入模型调整块，调整它即可保持上述两段轨道紧密平滑地相互衔接。

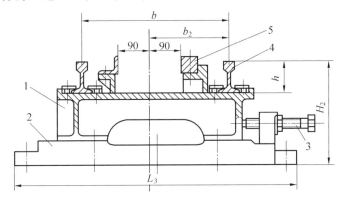

图3.3　张紧装置
1—轨枕；2—滑槽底座；3—张紧螺杆；4—走轮轨道；5—导轮轨道

(4) 轨道系统

轨道系统主要由走轮轨道、导轮轨道和轨枕组成，如图3.3所示。走轮轨道起承重作用，导轮轨道通过导轮控制小车运动轨迹。在直线段中，走轮轨道中心线与导轮轨道中心线相重合。而当小车在圆弧段行走时，导轮中心沿着半径为 R 的圆弧运动，而车体中心则是沿着径向偏离一个距离为 X 的圆弧运动，其示意情况如图3.4所示，这就将会引起走轮因超出走轮轨道面而"脱轨"。因此，在铺设圆弧段的走轮轨道时，必须以导轮轨道中心线为基准进行修正，使走轮轨道中心线沿径向相应地向内偏移 X。这个偏移的距离 X 就等于相邻两导轮中心连线所对应圆弧的弓顶至两导轮中心线的间距，即

$$X = R - \sqrt{R^2 - \left(\frac{t}{2}\right)^2} \tag{3.5}$$

式中　X——走轮轨道中心线相对于导轮轨道中心线的偏移量，mm；

R——导论轨道中心线的转弯半径,mm;

t——牵引链的节距,mm。

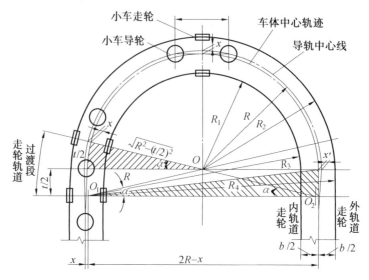

图 3.4 圆弧段走轮轨道位置修正图

因此,当走轮轨道从直线段转入圆弧段时(或由圆弧段转入直线段时),走轮轨道中心线应是一条偏移量从 0 增到 x(或从 x 减到 0)的过渡曲线,习惯上把这段走轮轨道称为过渡段。

(5)轨道的布置

水平连续式铸型输送机可以根据工艺要求敷设成各种复杂的路线,如图 3.5 所示,因此在生产中使用得很广泛。但是在这种输送机组成的造型线上,落箱、浇注、加卸压铁等工序都必须在小车运动过程中进行,这就会使实现这些工序的机械设备复杂化。所以,目前国内有的工厂将这种输送机的传动装置改成脉动的,即可使上述工序在静态下进行。

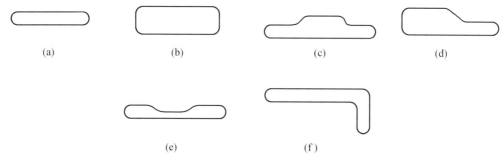

图 3.5 布置输送机常用的几种几何图形

2. 脉动式铸型输送机

脉动式铸型输送机的运动是有节奏的,可根据工艺要求,定出静止及运动的时间。每次移动是一个小车距离,且要求定位准确,以便实现下芯、合型、浇注等工序的自动化。脉动式铸型输送机可按传动分为液压传动及机械传动两类,由于液压传动具有缓冲性能好、速度易于控制、动作平稳、无噪声、结构紧凑等优点,故对于启动频繁、按严格节奏运动的脉动式铸型输送机,大多采用液压传动。

脉动式铸型输送机的张紧装置和轨道系统与水平连续式铸型输送机的基本相同(见图3.6),它的导轮之间不用牵引链条联结,而是直接装在车体上,并能对称于车体中心回转。车体中心下面设有圆销孔,供传动及定位用。工作时,传动装置的插销缸首先动作,把插销插入车体的圆销孔内,同时拔出定位销,驱动缸随即带动车体前进一个节距,待定位装置的插销插入定位销孔后,拔出驱动装置的插销,驱动缸退回原始位置,如此有节奏地往复循环,小车即脉动地前进。

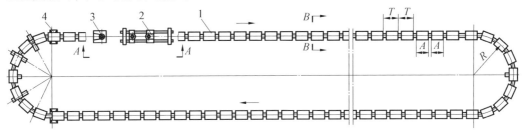

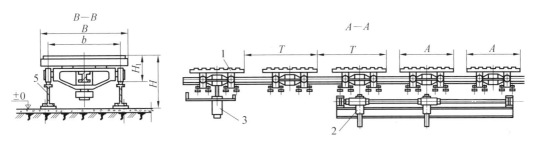

图3.6 脉动铸型输送机

1—小车;2—传动装置;3—定位装置;4—张紧装置;5—轨道系统

脉动式铸型输送机传动装置的制造和调试工作较难,对车体相互连接的尺寸精度要求较高,因此,成本高,维修工作量大。另外,启动次数频繁,因此消耗动力也较大。它的优点在于小车每次移动的距离不变,能在静态下实现下芯、合型、浇注等工序。常用于并联布线的半自动或自动化的造型生产线上。

3. 间歇式铸型输送机

间歇式铸型输送机的静止与移动是根据需要而定,是非节奏性运动。间歇式铸型输送机按传动方式可分为液压传动、机械传动以及手动。间歇式铸型输送机的特点是输送小车为分离的,互不连接。

对于机械传动的间歇式铸型输送机。输送小车布置在四条平行轨道上,每条轨道均有传动装置。在平行轨道两端有一垂直轨道,其上各有一个带有驱动装置的转运小车。每条轨道的传动装置结构与SZ-60型输送机的类似,只是把推块的节距增大,前一个推块与导轮脱离接触,过一定时间后第二个推块才与导轮接触推动小车前进,这样造成小车的间歇运动。小车之间的联结采用固定的挂钩。

与前述连续式或脉动式输送机不同,间歇式铸型输送机的线路一般都设计成非封闭的,各条线路都有单独的传动装置,线路之间采用转运机构以实现循环运输。当它的某一条线路开始运行时,转运小车必须停在此线路的两端。在运行方向前端的转运车为空载,而后端为满载。开动传动装置后,该线路上的所有小车都前进一个节距后停止。此时,前端的转运车承接一个小车成为满载,而后端的转运车放出一个小车后成为空载。之后,转运小车都作横向运动至欲运行的另一条路线两端,从而完成线路间的循环运输。

此种输送机结构简单,布线紧凑,能在静止状态下实现落箱、下芯、合型、浇注等工序,工作节奏可以灵活安排或随时任意改变。但消耗动力大,组成自动线时所需控制系统复杂,且由于工作时间不连续,使生产率不高。所以多用于输送成批生产的大尺寸铸型和多品种、中小件连续造型,间歇浇注的场合。

4. 其他铸型输送设备

除了上面介绍的几种铸型输送机之外,还有垂直式铸型输送机、步移式铸型输送机、辊式输送机、鳞板输送机、链板输送机以及钢带输送机等。其中鳞板输送机结构笨重,造价较高,但因能经受物料的冲击,不怕高温,所以常用于输送落砂后的红热铸件,以及在冲天炉配料中用于输送铁料。

3.1.2 悬挂输送机、架空轨道运输设备和起重机

1. 悬挂输送机

悬挂输送机广泛地应用在大量生产的铸造车间内。它主要用在运送型芯和清理工部运送铸件,也有用它作为小型铸件的铸型输送机,输送脱箱的铸型以便进行浇注、冷却落砂等。

(1)普通悬挂输送机

在架空轨道上,把许多承载吊具的行走滑车用链板连在一起,可以组成悬挂输送机,如图3.7所示。它配有传动装置2,使悬挂在输送机上的物件6能沿着轨道4连续地运行。悬挂式输送机不占造型工段的地面,而且可以上下曲折,便于布置,运输距离长,工作可靠。

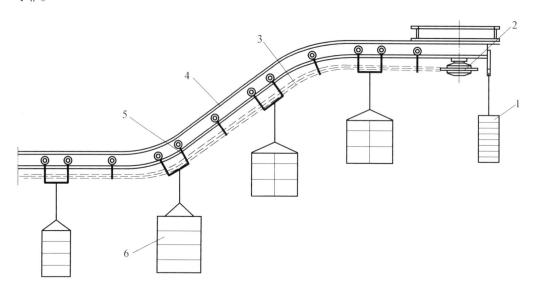

图3.7 悬挂输送机

1—垂直式张紧装置;2—传动装置;3—牵引链;4—架空轨道;5—承载吊具的滑架;6—载荷

(2) 推式悬挂输送机

普通型悬挂输送机的承载吊具的滑架和传动链条是连在一起的,在工作状态下不可分开,使得被吊运的物料只能沿着与输送机一样的封闭轨道运行,造成使用不便。为了克服普通悬挂输送机的上述缺点,并实现被输送物料的分类、储存和运输自动化,在有的铸铁车间中使用了一种推式悬挂输送机,如图 3.8 所示。它主要由起牵引作用的悬挂输送机 4 和承载吊具的载货小车 3 两部分组成,前者沿上层的牵引轨道 1 运行,后者沿下层的承载轨道 5 运行。承载吊具的小车不与牵引链连在一起,而且本身没有传动装置,它只是在悬挂输送机推进滑架 2 的拨爪推动下,才能沿承载轨道运行。

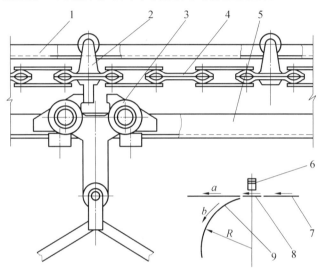

图 3.8 推式悬挂输送机
1—牵引轨道;2—推进滑架;3—承载吊具的小车;4—悬挂输送机;
5—承载轨道;6—岔道推缸;7—主线;8—岔道;9—支线

利用小车能脱离一条承载轨道进入另一承载轨道的这个特点,可以灵活地安排小车带着载荷的运行线路。在岔道处于图示位置时,小车沿箭头 b 在支线上运行,而当小车不再需要进入支线时,岔道推缸 6 推出,使承载轨道的支线 9 与主线 7 之间被切断,此后小车即沿箭头 a 所示方向运行,岔道的动作可以是自动控制的。这样就避免了在各工序间周转时人工搬运及对型芯的损坏,并减少移动着的吊具所占用的空间,使型芯的分类、贮存和运输的自动化程度大大提高。

2. 架空轨道运输设备

在造型生产线上,因为各个工序在某一固定的工作地点进行或按一定的线路工作,所以在这种情况下应用架空轨道运输设备较为有利。用钢轨或工字钢做成的架空轨道,其结构简单,可以跨车间灵活安装。在架空轨道上,可以装设不同的起重设备。常用的有气吊及电葫芦,前者是风动的起重设备,它就是一个悬挂着的气缸,其活塞杆端装有吊钩,在造型生产线上常用于吊运铸型、空砂箱等;后者则是电动设备,它在单轨上的运行以及吊钩的升降都是电动的。在造型生产线上常用之在落砂机上吊运铸型和空砂箱,而在熔化、砂处理和清理工段中,则常用来运送炉料、型砂和铸件等。

3. 起重机

在一些生产批量较小、铸件尺寸大的铸造车间中,主要运输设备是桥式起重机或旋臂起重机。在生产批量大的造型生产线上,这些起重机还用来辅助浇注、落砂等工作。

3.2 造型及制芯生产线的辅机

在自动和半自动化的造型生产线上,除了造型机外还有各种辅机,用来完成除加砂、紧实以外的其余辅助工序,这些辅机类型很多,结构各异。辅机的结构要有足够的刚度,它们在进行这些工作时必须动作迅速,运行平稳,可靠的定位和缓冲,良好的导向和密封,其零部件有较好的通用性,只有这样才能达到动作平稳准确,便于制造、维修的要求。

本节主要介绍常见的几种主要的辅机及装置。

1. 刮砂机、铣浇口机和扎气孔机

一般造型机都采用模板上带浇冒口棒和气孔针的办法来形成铸型的浇冒口和通气孔,但高压造型机及气冲造型机等所造出的铸型强度很高,采用上述方法效果不佳。另外在单机交替制作多品种砂型时,浇口与气孔的位置需要改变,这些情况下配置刮砂机、铣浇口机和扎气孔机就十分必要了。

对于中、低压的造型机,常在出箱侧装设犁形刮砂器,当造好的砂型通过其下方时即将砂刮平。对高压造型机,需装设旋转刮砂机,它是一个电动机带动的镶有数个叶片刀的转子,转子的转动方向与砂型移动方向一致,铸型通过其下时即被叶片刀将砂面削平。

铣浇口机是用高速旋转的成形刀刃切削硬度较高的砂型,做出浇口杯的形状,刀刃的旋转可用气动或电动。根据它布置在造型线的位置,如在上箱翻转前用上铣式,翻转后则用下铣式。

通气孔可用扎气孔机的气孔针扎出,但在气孔细而深时效果不佳,此时若改用气动钻代替气孔针即可满足工艺的要求。

2. 翻箱机

翻箱机的作用主要是将造好的下型翻转180°,使型腔向上。有的上型也翻转,目的是为检查砂型有无缺损、修型及翻落浮砂,然后再翻回原状。翻箱动作可以是手动或自动。

(1)手动翻箱机

手动翻箱机用人工翻转180°,可用于简单的机械化造型线中,使用它的砂箱必须要有箱把。有的工厂也把类似的一种叉形翻箱机构装设在小件脱箱造型机的震击机构两侧,砂型造完后,翻箱托叉升起拖住双面模板的转轴,这样可以减轻手工翻箱的劳动强度。

(2)自动翻箱机

自动翻箱机常采用通过式、差高式、下降式以及90°转向等翻箱方式。这种类型翻箱机通常采用了较经济的压缩空气作动力和良好的油液缓冲,使控制系统较简单,动作也较平稳。同时有的翻箱机采用了气缸中心定位夹紧,并且是对中翻转,转动惯量小,故工作十分可靠。

3. 落箱机

落箱机主要用于把已翻转的下型或已合完型的铸型平稳地放置到铸型输送机上。它的动作不多,结构也比较简单。按其落箱升降缸装设的位置、边辊道的结构和开合方式等可以组合成多种型式。

图3.9是上抓式落箱机。当砂箱进入机械手5上的边辊时,升降缸3带动滑动梁沿立柱6下降,使砂箱放在铸型输送机小车上。落箱后,机械手缸将机械手张开,接着升降缸上升,然后机械手缸使机械手合拢复位。

4. 合型机

在造型线上的各辅机中,合型机处于一个相当重要的地位,因为合型质量的优劣,直接关系到铸型乃至铸件的质量。设计合型机应满足在合型过程中,上、下砂型要对得准确;动作平稳、无冲击;动作迅速灵活,能与主机及其他辅机协调,充分发挥全线生产率。

在造型生产线上使用的合型机有静态合型机和动态合型机两类。

（1）静态合型机

静态合型机是在合型过程中,上、下砂型在水平方向没有运动。这种合型方式动作准确,容易保证质量,机器结构也较简单,目前

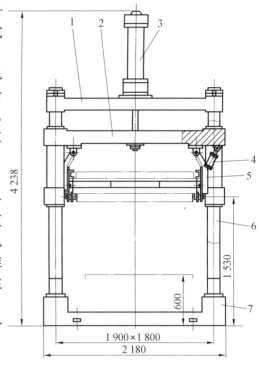

图3.9 上抓式落箱机

1—上横梁；2—滑动梁；3—升降缸；4—机械手缸；
5—机械手；6—立柱；7—底座

较普遍地被采用。静态合型可在辊道上进行,也可直接在脉动式铸型输送机上进行。前一种情况是在辊道上合好型后,再通过落箱机将已合拢的上下型放到连续式铸型输送机小车台面上。也可使合型、落箱两个工序由同一台机器来完成,通常称之为合型-落箱机。后一种情况,多用于脉动式铸型输送机上,因为可以直接在输送机小车上进行合型。这样,就不需放置单独的合型辊道和落箱机,使造型生产线的布置简化紧凑,并可克服在辊道上来回运送铸型而造成塌型和错箱的弊病,适用于型芯重而复杂的以及尺寸大的铸型。

图3.10是上抓式合型机。它有两只可以开合的上型边辊道13,在滑动梁4的两侧上方固定了两只合型销缸15,它们中心距正好等于砂箱销孔的中心距。立柱12下部装有下型边辊道10,它们浮动地支承在四颗钢球9上,在合型时,辊道连同下型可以在水平方向几毫米的范围内浮动,这样能提高精度和减小合型销的磨损。

上型进入合型机械手后,合型销缸15的合型销14立即插入上箱销孔。此时下型早已进入合型位置,合型缸1推动滑动梁4下降,合型销缸的合型销又插入下箱销孔,实现合型。直至上型边辊脱离上箱箱翼之后,合型销缸随即将合型销退出销孔,机械手张开上升复位,同时推杆推入另一个下型,并将合完型的铸型推出。采用此种合型机的铸型仍需另设箱销,否则易产生错箱。

（2）动态合型机

动态合型是指上、下砂箱在水平方向运动过程中进行合型。为了保证合型准确,合型时,上、下砂箱在水平方向的运动必须同步。

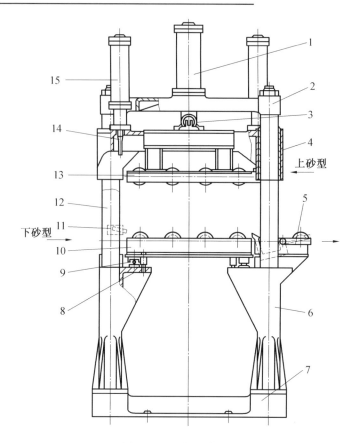

图 3.10 上抓式合型机

1—合型缸;2—上横梁;3—边辊道开合缸;4—滑动梁;5—限位器;6—支架;7—底座;8—销轴;
9—钢球;10—下型辊道;11—止回爪;12—立柱;13—上型辊道;14—合型销;15—合型销缸

动态合型由于是在运动过程中上、下两型需准确而平稳地合在一起,这就导致合型机结构复杂,且较难保证动作平稳和准确,易出故障。尽管也曾使用过不同形式的动态合型机,但均不近人意,易出故障,故目前生产中较少采用。

5. 下芯设备

目前,大多数造型生产线的下芯工作仍用手工进行,这不仅劳动强度大,而且有碍于充分发挥造型线的生产率及妨碍实现造型线自动化。且由于型芯的尺寸、形状、数量及下芯方式和位置各不相同,所以下芯工序的机械化和自动化是难以解决的问题。

(1)机械式下芯机构

它与造芯机一起成为生产线的一部分。黏土砂芯在射芯机中射好后与下芯盒一起由右边辊道送出,由芯盒换向机换向送入合芯机中,与从下箱射压造型机送来已造好的下型相合。合好后再由辊道送至自动下芯翻转机中进行翻转,翻后下型在下,芯盒在上,且黏土砂芯已落在下型中,再送至开芯盒机中,将芯盒升起与下型分开。芯盒送至空芯盒翻转机中翻转后送至射芯机处以备使用,而下型则由辊道送至合型机处等待合型。

(2)电磁式下芯机构

用油马达带动小车把造好的砂芯送入下芯机,接芯缸下降使电磁吸盘与砂芯头部的芯骨平面接触。芯骨为焊接件,接触面是事先经过加工的。给电吸引住砂芯后接芯缸上升,小车推出。气压油提升缸带着吸盘和砂芯下降,使砂芯进入型腔后断电去磁,吸盘上升复位,砂芯就留在型腔里了。

6. 压铁设备

已合型的铸型在浇注前,为了克服浇注时液体金属的抬箱力,需要加放压铁。浇注了的铸型经冷却一定时间后,需将压铁取走以备循环使用。压铁机就是造型生产线上用于加压铁、取压铁和运输压铁的设备。

(1)吊链式加卸压铁装置

此种装置常用于小件的有箱或脱箱的机械化造型线上。悬挂输送机与铸型输送机同步进行,自动地把压铁升起及加到砂型上。这种装置简单易行,但在压铁逐渐脱离铸型而上升的过程中,压铁的悬挂点滞后于铸型中心,在悬索逐渐被拉直、压铁脱离铸型的瞬间将引起摆动,直到下降时摆动仍不停止,严重影响压型准确性,甚至砸坏砂型,所以在实际生产中需要人扶持压铁。

(2)移动机械手式加卸压铁装置

图3.11所示为一种移动机械手式压铁机。它主要由结构基本相同的加、卸压铁机械手3、9和把它们连结起来的回送压铁车辊道10三部分组成。

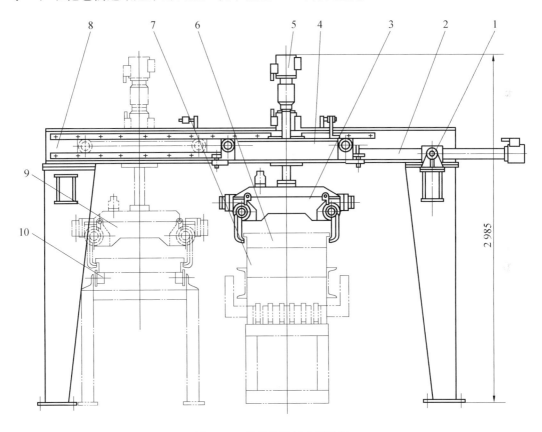

图 3.11 移动机械手式压铁机

1—铰支座;2—移动缸;3—加压铁机械手;4—移动小车;5—提升缸;6—压铁;7—铸型;
8—机架;9—卸压铁机械手;10—回送压铁辊道

工作时卸压铁机械手9从浇注冷却后的砂型上抓起压铁6,搁到辊道10上,由它将压铁一块块地依次送到加压铁机械手3下方。提升缸5下降,机械手合拢抓住压铁,提升缸升起同时移动缸2缩回,将压铁6带到铸型7上方,提升缸5下降,同时机械手张开将压铁加在铸型上,之后上升复位。移动缸伸出准备抓取下一块压铁,卸压铁机械手9的动作与之相同。

(3)带卡紧机构的砂箱

在铸钢件或大尺寸铸铁件的造型线上,由于铸型在冷却带中停留时间长,采用压铁机构已不相宜,这时可以采用特制的本身带有卡紧机构的砂箱。工作时在合型机上合完型后,4只装在机架上的小液压缸分别把位于下箱两侧的卡紧机构按"合"的方向加力,使卡环转动与上箱的凸块扣紧。而在分箱机前一个工位,则有4只液压缸反向作用使之松开。

7. 自动落砂装置

自动落砂装置指的是把铸型从砂箱中取出,并分别把空砂箱及铸型送出的装置。对于无箱造型,则仅是指待落砂的铸型由铸型输送机送出的装置。

(1)无箱铸型的落砂装置

普通无箱铸型的落砂,由于没有回送砂箱的问题,工序简单。在落砂处,用推杆将铸型由输送机上推入落砂装置即可,易于实现自动化。

(2)有箱铸型的落砂

对于有箱铸型,为了便于实现落砂自动化,在同一条生产线上应尽可能采用统一尺寸的砂箱和无箱挡的砂箱,这样可以利用捅箱机或铸型顶出机对铸型进行落砂。捅箱机是将铸型自上而下从砂箱中捅出来的装置,可以在半自动造型生产线上采用捅箱机的自动落砂装置。这种方法的优点是结构简单,噪声小,生产率高,砂箱不受振动冲击;缺点是推型时砂箱下平面与小车台面相互摩擦,不仅使铸型输送机横向受力,而且使砂箱箱口产生磨损。铸型顶出机上述落砂装置是把铸型由上而下捅到落砂机上,而为了不摔坏薄壁的铸件,以及对于需要在型砂包覆下,延长冷却时间的铸件,则最好采用铸型自下而上顶出砂箱的顶出机。

8. 其他辅助设备

造型生产线上还有很多其他的辅助设备,如分箱机和换向机等分别用来实现分箱和改变砂箱的运行方向;小车台面的清扫机及将造好的型芯和芯盒翻转的翻芯机;将烘干后的型芯分芯面磨平的磨芯机;洗涤烘芯板的清洗机,等等。

3.3 造型和制芯工段的布置及生产线

造型生产线是根据铸件生产的工艺要求,按一定的工艺流程,将选定的造型机以及相应的辅机,用适宜的运输设备、浇注设备以及落砂设备联系起来而组成的。设计与选用造型生产线,就是根据生产线的生产纲领及其要求的不同,在进行工艺分析的基础上选用造型机、辅机及其他设备,并进行生产线的合理布置。

3.3.1 造型生产线布置的原则

(1)生产线的布置要根据实际条件和具体要求来决定,切不可一味追求先进性,盲目提高机械化和自动化程度。

(2)生产线所选用的铸造工艺必须经过试验,证明是切实可行的,并经过可行性论证,应满足生产纲领要求。

(2)生产线尽量实现浇注机械化,这不仅能使铸造工人从危险和繁重的劳动中解放出来,而且能提高线的利用率。

(4)注意解决造型生产线中各工序间的生产平衡问题。发挥主要设备的最大生产能力,应使各个工序、各个工部的设备能互相配合,运输形式宜采用柔性连接,或在工序间增设缓冲环节。

(5)生产线各机械传动方式宜采用电动、液动、气动机械和油阻尼的综合传动,并有自动润滑系统,且控制系统宜采用分散控制。

(6)生产线有较高的可维修性,这意味着结构简单、耐久、配件不需要稀缺材料等。

(7)有良好的建筑适应性,占地面积小,在场内没有大的动载荷及地坑,为生产线服务的起重设备载荷不大等。

除此以外,还应尽量使能耗低,重视生态条件的改善(噪声、有害气体含量、温度条件)及注重人文工程(工人的疲劳程度、劳动的舒适程度)等。

3.3.2 简单机械化和机械化的造型生产线

1. 用连续式铸型输送机组成的造型生产线

(1)造型机成组布置的生产线

由成组布置的造型机分别造上、下箱,用单轨气吊在输送机上进行下芯、合型。浇注、落砂后的空砂箱则由辊道送回造型机旁继续使用。

(2)造型机成对布置的生产线

该线特别适用于较大一些的砂型和下芯工作量大的地方。因为它设有下芯及合型用的辊道,铸型造好后,先放在这些辊道上修型、下芯及合型,然后再吊运到铸型输送机上。空砂箱也可以放在铸型输送机上送回。

2. 用辊式输送机组成的生产线

用铸型输送机组成封闭环式的生产线,对实现连续生产是有利的,但是它要求造型与熔化相平衡。铸型输送与浇注相平衡。如果熔化不是用冲天炉连续进行,而是间歇地用电炉炼钢,或坩埚炉化铜,则有可能发生熔炼期间铸型造好没有地方放。在浇注期间却又由于输送机按一定速度循序前进而不适当地拖长浇注时间,使后浇的铸型因浇注温度过低而产生废品。在这种情况下,使用辊式输送机或辊道将有利于均衡地组织生产。另外,还有用辊道组成的造芯生产线。

3.3.3 半自动化造型生产线

1. 半自动化造型生产线布置的几点要求

(1)在满足铸造工艺要求前提下,应力求线路布置简单、通畅,占用厂房面积和空间小,基建投资少。

(2)全线辅机种类应压缩到最低限度,辅机动作少,且动作准确可靠。

(3)生产线中各个环节间应留有充分余地,构成弹性连接。

(4)生产线使用的动力种类尽量减少,控制方式也应统一,以便操作和维修。

2. 半自动造型生产线布置的类型

(1)造型机的台数

一般造型线上都设置一对造型机,分别造上、下型。在生产较大的砂型,而且产量要求不很高的情况下,也可以只用一台造型机交替造上、下型。

(2)封闭或开放式

封闭式造型生产线是采用连续式或脉动式铸型输送机组成不间断地环形流水线;开放式的造型生产线是采用间歇式铸型输送机组成直线布置的流水线。

封闭式的造型生产线和开放式的造型生产线相比有如下特点:开放式的布置对铸型来说能形成一个合适的储存段和较为灵活的冷却段,而封闭的布置较难做到;开放式布线较灵活,受车间限制小,而封闭式布线受车间限制较大;封闭式布置铸型转运少,辅机类型少,对控制系统较为有利,开放式则正相反。

(3)串联与并联

按照造型机与铸型输送机的位置不同,有两种不同的布置形式,即串联布置和并联布置。造型机可以布置在线内或线外。

串联式布线的特点是造好的上型从造型机到合型机之间的运行方向,与造型段或下芯段的铸型输送机小车运行方向平行或重叠。

(4)冷却段的结构

根据浇注后铸件要求冷却时间不同以及厂房布置的限制,生产线的冷却段布置可以有不同的结构形式,大致有单线布置、同速多排布置、异速多排布置和多排顶出布置(见图3.12)。

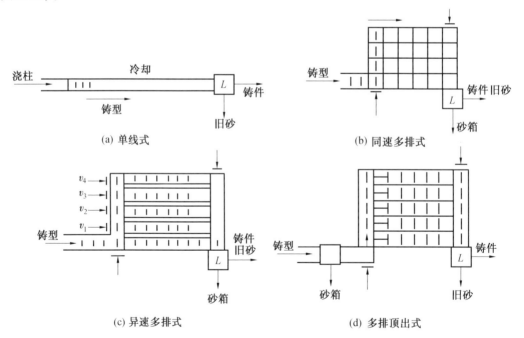

图 3.12 冷却段结构形式

第4章 熔化工部机械化设备

铸铁车间的熔化工段，从炉料准备到冲天炉配料、加料以及浇铸工作，环境恶劣，温度高，工作十分繁重。其机械化与自动化对于改善工人劳动条件，提高劳动生产率，保证铁水及铸件的质量意义很大。机械化浇注，易于控制浇注温度与浇注速度，有利于减少铸件的缺陷，提高铸件的质量。近十几年来，出现了不少半自动化及自动化的浇注设备，代替了原来的悬轨浇包，改变了浇注温度高，劳动量大的情况，而且可以降低浇注废品率，减少铁液的浪费，提高铸件的质量。现代化的铸造车间，炉料的准备采用了各种机械化的设备，冲天炉的配料和加料实现了机械化和自动化，大大的减轻了工人的劳动强度，提高了效率。电子计算机技术也开始用于冲天炉的配料工作，使得配料的成分更加准确。

4.1 备料机械

冲天炉炉料（包括生铁锭、回炉废铸铁、浇冒口、焦炭和石灰石）在加入冲天炉前都需要经过一些处理。回炉废铸件及浇冒口需要用清理滚筒清除粘附其上的砂粒；生铁锭及大块废铸件需要用压断机或落锤破碎砸成小块；焦炭要用平筛或滚筒筛过筛，筛去小块焦炭；石灰石则需要用颚式破碎机碎成为小块。

1. 生铁锭压断机

（1）偏心轴式生铁锭压断机

目前生产中采用的生铁锭压断机按其动力不同可分为机械传动偏心轴式和气锤式两种；按其结构型式可分为固定式、移动式和转盘式3种。

（2）气锤式生铁锭压断机

用压缩空气作动力的气锤式生铁锭压断机，通过气缸将锤头提起，然后在气缸推动下靠锤头快速下落的动能将生铁锭击断。

气锤式生铁锭压断机结构比偏心轴式压断机简单，操作也方便，但是噪声大，打击力小，往往需要打击多次才能将生铁锭击断。同时，生铁锭在击断时，常有小铁锤飞出，容易伤人。

2. 落锤

大的废铸件一般采用落锤破碎。落锤上的重锤通常悬挂在与滑块铰接的吊钩上。开动卷扬机，钢丝绳拉吊钩上升，将重锤提升到适当高度，当吊钩碰到挡铁，吊钩旋转，重锤自动脱钩落下，将放在砧铁上的废铸件击碎。

落锤一般设置在铸造车间的外面，以免落锤击下时的震动影响厂房。为了防止破碎的碎铁飞溅伤人，支架的周围要用木板做成防护栅。有的铸造车间的露天料场，不用卷扬机吊升重锤，而用电磁盘吸住重锤吊升到废铸件上面，放落下来，砸碎铸件。

4.2　冲天炉配料及加料的机械化

在冲天炉的配料工作过程中,用手工作业搬运及称量物料,劳动很繁重。在机械化程度比较低的车间中,有的用带着台秤的小车,在日耗柜前的铁轨上来回移动,用人工从日耗柜扒取料铁,劳动强度大。在现代化的铸造车间中,所有这些都用机械化操作完成。配料的方式,按铁料的取运及称量方法的不同,可以分为电磁配铁称配料(称量及搬运)和用固定的或移动小车称量斗配料。焦炭和石灰石则大都应用称量斗配料。

对于冲天炉配料工作,首先,从日耗柜中取出炉料,经过破碎、过筛的碎料、焦炭和石灰石等分别存放在铁料日耗柜中,配料时先要从日耗柜中取出炉料;其次进行称量,按照配料所要求的比例将各种炉料精确称量,这是保证铁水成分准确的重要条件;最后,运送至加料机的料桶或铁料翻斗。

冲天炉的加料是将配好的炉料(包括各种铁料、焦炭及石灰石)提升到装料口并装入炉中,比较常见的加料机有爬式加料机和单轨加料机两大类。

4.2.1　冲天炉配料的机械化

1. 电磁配铁称配料

(1)电磁配料秤

电磁配料秤的电瓷盘在吊车上从铁料的日耗柜中吸取铁料的过程中,用一电传感器测量所吸住铁料的质量,通过电子电位差计及控制屏,调节电瓷盘的电流使所吸的铁料等于预定所需的质量。然后有电磁盘将所吸住的铁料运到加料机去。

电磁盘是炉料仓库中常用的铁料搬运设备。它是利用电磁的力量吸住铁料,铁料在吸着状态下搬运,断电去磁则卸料。铁料的检测元件是拉力传感器。电磁盘和它吸住的铁料质量全部通过这一拉力传感器,转变成电信号,传至吊车的驾驶室的电子电位差计中,经过一个自重调零装置除去电磁盘的质量,可以直接在仪表上读出所吸铁料的质量。

电磁配铁称的配料过程要求电磁盘吸取一定质量的铁料,并不能靠给电磁盘以一定大小的激磁电流来实现。因为铁料的形状、堆积状态差异很大,而且不同的铁料导磁系数也不同,其磁阻差值很大,所以用一定大小的激磁电压,加于电磁盘上去吸同样的铁料时,吸起铁料的质量差异往往很大。为此,在实际的操作中,先使电磁盘吸料的质量多于预定值,然后将超重的铁料,一点一点地放掉直至预定值为止,这种方法称为慢放料。

慢放料的方法是先将电磁盘通电,产生强大的磁场,吸住足够多的铁料。然后将电磁盘线圈断电,使电磁盘通过一个电阻放电,这时电磁盘中的电流是按指数曲线衰减的。当磁场衰减到一定程度,电磁盘最下面的铁料就开始不受磁力的控制而下落。这时又将电磁盘通电,再产生大的磁力,将尚未落下的铁料吸住。此时若所吸的铁料仍多于预定值,可以重复上述操作,直至达到预定值。

(2)铁料翻斗及过渡料车

铁料翻斗是一种倒料装置,它是用电磁配铁称配料时的一种辅助设备,装设在冲天炉加料机的料桶上方,电磁配铁称称量完毕的各种铁料,逐个吸运卸在铁料翻斗中,然后再倒入料桶。

过渡料车与加料机的料桶不能布置在一起,而相距一定的距离时,需用过渡料车作中间运输。过渡料车的结构型式有很多,通常由电机驱动在轨道上行驶,当走到卸料位置时,限位铁将撞沟碰脱,料斗由于铁料的重心在前,自行翻转,将料卸出。

2. 称量斗配料装置

这种配料方式是将炉料装在料斗中,料斗的底部开有出料口,并有给料器将炉料送到一个称量装置中,当给了达到预定质量时,停止给料,然后将称好质量的炉料送到冲天炉加料机的料桶中。

这种配料的主要设备有料斗、给料器、称量斗或称量小车。目前焦炭和石灰石绝大多数用称量斗配料,而铁料的配料则有部分车间使用称量斗。

(1)料斗及给料器

焦炭和石灰石的料斗多用悬挂式的圆形或方形料斗。料斗用钢板焊成,支承于钢结构上。焦炭及石灰石用带式输送机或用抓斗从顶上装入料斗中,需用时从料斗的下面给出,出口处装有电磁振动给料器。

由于铁料比较笨重,而且容易搭棚,所以大都采用钢板焊接成的斜底的料斗,下面用鳞板给料器将铁料送出。为了进一步解决搭棚问题,可以在有斜底的铁料斗上,附加凸轮震击装置,或气缸驱动的震击装置,以便于消除搭棚显现。

(2)称量装置

用于冲天炉配料的装置需要满足以下条件:称量准确,以保证铁水成分准确;动作可靠,能适应铸造车间粉尘大、温度高的特点,对于称量铁料的装置,还必须能承受铁料加载时的冲击力,不致损伤机械,而且要求称量结果放应快,不致因指示摇摆动荡,拖长得出结果的时间;控制容易自动化。

另外,用作冲天炉称料的装置,大致有机械(杠杆、弹簧)称量方式及电子测量的几种方式。

4.2.2 冲天炉的加料装置

1. 爬式加料机

爬式加料机,按其结构的不同可以分为固定的、回转的及简易翻斗的等几种。另外,从加料机的料桶坑与冲天炉是不是在同一车间跨度内,可以分为短尾型和长尾型两种。在布置冲天炉及配料设备时,往往希望加料桶地坑放在炉料仓库的跨度中比较方便,这时加料机的尾部较长,属于长尾型。

2. 单轨加料机

单轨加料机有电动葫芦、活动横梁集料桶等几部分组成。料桶为双开底式,装料时,桶底关着,有配料工段推到冲天炉旁,用单轨加料机电动葫芦上的吊钩钩住,向上提升到冲天炉的装料口。开动电动葫芦将料桶从装料口深入冲天炉内,吊钩将料桶下放。由于料桶旁装有3个活动的挂钩将桶体的外缘钩住,使料桶桶体不能下降,而桶底继续下降,于是炉料卸入冲天炉内。卸料完毕,桶底上升并关上。桶体继续上升至超过挂钩的高度后,将料桶从冲天炉装料口退出。当料桶下落时,桶体的边缘与挂钩的上沿相碰,迫使挂钩向外旋转,于是空料桶可以顺利地脱出下降,直到地面上的配料处,这时摘下空料桶,换上另一个已装好炉料的料桶,就可以开始下一次加料。

这种单轨加料机,结构简单,可以用一般的电动葫芦改装而成,投资少,占用的炉后面积小;其缺点是每加一次料,需要进行许多动作,工作较繁,不易自动化,而且要求房架较高,加料平台的面积较大。

4.3 浇铸的机械化和自动化

近十几年来,浇注的机械化与自动化发展很快,出现了各种新类型的浇注机械,在一些自动化程度较高的造型生产线上,已经应用它们代替了原来的单轨吊运的浇包,改变了浇注工作温度高、劳动量大的情况,提高了浇注铸件的成品率,减少了铁水的浪费,提高了铸件的质量。本节中主要介绍这些自动化的浇注机械。

按照其工作原理不同,浇注机械可有下述几种类型。

1. 倾转式浇注机

倾转式浇注是通过倾转浇包把液体金属浇注出来。倾转式浇包的转轴可以有3种不同的位置。图4.1(a)中的浇包,转轴在重心附近,这是一般吊车浇包的结构,这种结构倾转比较省力,倾转机构轻和所需倾转转矩比较小;但在浇注过程中,为了保持包嘴与铸型间距离一定,浇包除了倾转之外,同时还必须向上提起,因此控制浇包运动的机构比较复杂。这种转轴位置用于一些早期的浇注机上,新的浇注机很少用。图4.1(b)中的浇包转轴在包嘴附近,且与金属熔液流出的方向垂直。这种方式便于包嘴对准铸型,目前有很多浇注机采用这种方式。图4.1(c)中的浇包转轴位置正通过包嘴,而且与金属熔液的流出方向一致。这种方式的包嘴容易对准铸型;转轴轴线通过包体,结构性较好;而且浇包体做成扇形,铁液的浇出量与倾转角度成正比,易于控制浇注速度与浇出量所以被一些最新的浇注机所采用。

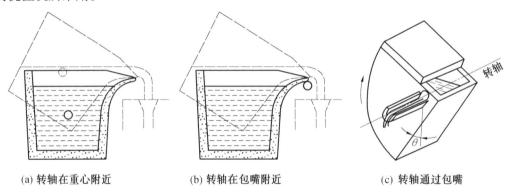

(a) 转轴在重心附近　　　　(b) 转轴在包嘴附近　　　　(c) 转轴通过包嘴

图4.1　倾转式浇包的转轴位置

倾转式浇注包的优点是结构比较简单。其缺点是包嘴通常与铸型的浇入口距离较大,浇注时不易对准;浇包需要另设撇渣装置;除扇形倾转浇包外,浇注速度不易控制。

2. 底注式浇注机

底注式浇注机如图4.2所示,所用的底注包大都是塞杆式的。与倾转式相比,由于铁液从包底浇出,避免了熔渣落入砂型浇口,有利于保证铸件质量。另外,浇注时浇包直接位于砂型上方,铁液流容易对准砂型浇口,塞杆启闭比较灵活。塞杆式浇包的关键是塞杆和浇注口的材质,要求用高耐火度的材料制造。

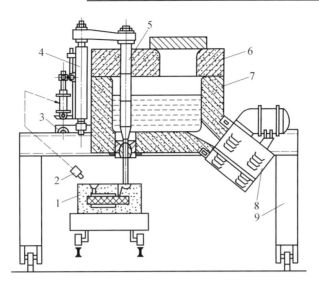

图 4.2 塞杆底注式浇注机
1—砂型；2—光电管；3—横向移动小车；4—控制塞杆的液压缸；
5—塞杆；6—浇包盖；7—浇包体；8—有芯工频炉；9—浇注机架

塞杆底注式浇注机主要用于定点自动浇注,这种浇注机的缺点是:由于包内铁液量的变化引起铁液压力头变化,使铁液浇注速度的控制比较困难。浇包内铁液的压力头高,浇注时往往对砂型产生过大的冲击力。现在有的塞杆式底注包用液压缸控制塞杆的开启度,可以控制浇注速度。

3. 气压式浇注包

气压式浇注包的原理如图 4.3 所示,中间的包室盛装铁液。浇注时由 3 通入压缩空气,包室内的液体金属因受气压的作用向浇出槽中升起,并经其下面的流出口浇入砂型。浇入槽用于补充铁液。

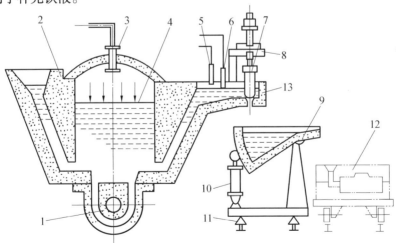

图 4.3 气压浇注包及中间浇包
1—有芯感应加热炉；2—浇入槽；3—压缩空气进口；4—包室；5—防溢电极；6—液位控制电极；7—塞杆；
8—塞杆开闭控制器；9—扇形中间浇包；10—中间浇包中专缸；11—质量传感器；12—铸型；13—浇出槽

以前,气压浇注包在浇注时充气。不浇时撤气,但充气、撤气往往需要一定时间,因此在浇注停止时,金属液流常常有断断续续的现象。现在的气压浇注包大都在浇出槽中装有塞杆,使浇注的开始和停止都能迅速实现,而且在浇注的间隙,包内不必撤压。气压式浇注包与底注式一样,可以得到撤渣干净的金属熔液;通过调节浇注气压,可以比较容易地控制浇注速度;浇包本身并没有机械运动部分,因而使用的寿命较长,检修浇包的间隔时间主要决定于保温的感应加热器熔沟的寿命。

4. 电磁泵浇注装置

感应电动机的工作原理是:在定子中沿着圆周旋转的磁场,在转子中引起感应电流,推动转子转动。如果将圆的定子摊开成平面,导线中通以交变的电流,就可以产生沿着直线方向移动的磁场,如果有导电的介质在这一移动而交变的磁场中,也将因感应而引起电流,在磁场的推动力作用下向前运动。

电磁泵就是利用这一原理,使金属熔液沿着磁场交变的方向流动进行浇注。图4.4是其原理图。金属熔液在炉膛3内,由电阻加热棒保温。浇出槽下面装有导线4。如导线4中通以交变电流,产生直线移动的磁场,这磁场就会在金属熔液中引起感应电流,产生推动力,使金属熔液向上运动,从出口流出。调节感应电流的大小,可以调节金属熔液流动的速度;改变电流的方向,可以改变金属熔液流动的方向。导线4中空,可以通水冷却。电磁泵浇注,现在主要用于铝、铜等非铁合金。其特点是容易调节浇注速度和浇注量,容易实现浇注的自动化;设备也没有机械运动部分。此外,电磁力对熔渣不起作用,所以浇注时只有金属熔液向浇出口运动,因而能保证浇入砂型的金属熔液纯净。缺点是:电功率因数很低,而且结构上用铜较多。目前电磁泵已成功地用于生产线上。

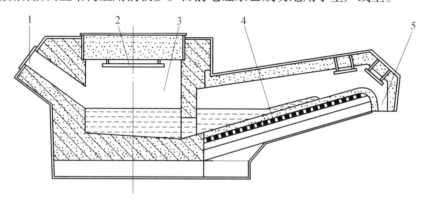

图4.4　电磁泵浇注装置的原理图
1—加料口;2—电阻加热棒;3—炉膛;4—导线;5—浇出口

4.4　浇铸自动化的相关问题

1. 浇注包的保温

机械化和自动化的浇注装置,大多需采取加热保温措施,其主要原因是:这样可以使金属熔液的温度保持恒定,减少由于浇注温度波动而引起铸件产生的废品。同时,保温包往往是金属熔液的储存包,对于电炉、坩埚等间歇出炉的情况下,在熔化和造型、浇注之间起均衡生产的作用。此外,有了保温的储存包,随时都有热的金属熔液供给浇注,生产线不会因缺乏金属熔液浇注而停机,因而可以提高造型生产线的利用率。

除了在炉衬上加一层绝热性能良好的保温层之外,浇注包的保温绝大多数要配备加热设备,使金属熔液在保温炉中不仅温度不下降,而且在必要时,还可以使它略有提高,以适应调整浇注温度的需要。对于铅、铝、铜等非铁合金,大多在保温包内装以电阻丝来加热金属熔液;铸铁和铸钢的浇注温度较高,大都用单熔沟的有芯工频炉进行加热保温。有芯工频感应加热的特点是热效率高,但是要求熔沟中必须经常有铁液,所以晚间和节日都不能将铁液全部倒出,而且仍需通电保温。它对熔沟的耐火材料的要求比较高,检修也比较费事。有的浇注包采用短线圈无芯工频保温装置,在不浇注时,可以将金属熔液全部倒出,结构和维修相对的比较简单。

2. 浇注包与砂型的对准和同步

为了避免浇注时金属熔液飞溅和浇出型外,浇注时,浇包必须与砂型浇口对准,若浇注时,砂型固定不动。例如,当铸型输送机为脉动式或步移式时,对准并不困难。不过浇注装置也必须能在生产线的纵向及横向调整移动,以适应砂型上浇口位置的变化。如果铸型输送机是连续运动的,就只能在同步运动状态下进行浇注。同步运动可以有如图4.5所示的几种布置。

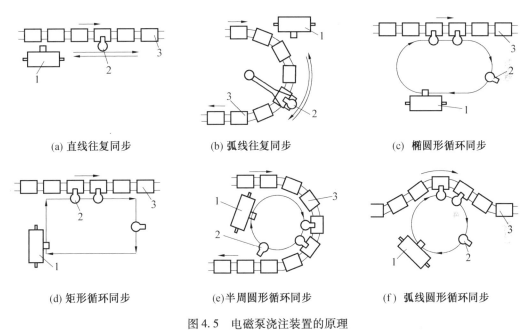

(a) 直线往复同步　　(b) 弧线往复同步　　(c) 椭圆形循环同步

(d) 矩形循环同步　　(e) 半周圆形循环同步　　(f) 弧线圆形循环同步

图 4.5　电磁泵浇注装置的原理

1——一级铁液包(或保温炉);2——二级浇包(或浇注机);3——连续式铸型输送机

3. 浇注速度的控制

浇注速度的控制,直接与浇注质量有关,是浇注自动控制的重要内容。本书所说的浇注速度是指浇包向砂型的浇口系统倾注金属熔液的速度,这与金属熔液进入型腔的工艺上的浇注速度有区别,但二者必须互相适应。通常浇包的浇注速度必须保证砂型的浇口杯中保持一定的金属液面高度,有的浇注装置对浇注速度的控制更进一步,要求浇注速度能根据铸件结构不同,按规定的程序进行调节,亦即要求在一个砂型的浇注过程中,浇注速度能按一定的规律变化,因此各种自动浇注装置都设法能控制浇注速度。

桶形倾转式浇注包的浇注速度大多是人工控制,扇形倾转式中间浇包,如图4.1(c)所示,其浇注的量与转轴的转角成比例,浇注速度比较容易控制,只要控制转轴的转角就可以。如果与凸轮机构相结合,甚至可以达到程序控制。

底注包及气压浇注包中浇出槽中金属熔液浇出的情况如图4.6所示。可见,不论是底注包还是气压浇注包,都可以用下式计算其浇注速度。

$$G = \rho g F v = k F \rho g \sqrt{2gH} \tag{4.1}$$

式中　G——质量浇注速度;

　　　F——注口的截面积;

　　　H——包内或浇出槽内金属熔液压力头高度;

　　　U——铁液出口时的线速度;

　　　ρ——铁液的密度;

　　　k——流量系数。

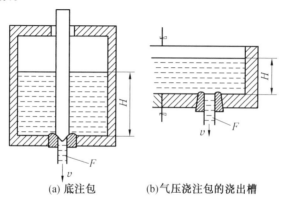

图4.6　影响底注包与气压浇注包浇注速度的有关因素

底注包在浇注过程中,随着包内金属熔液量的减少,H也逐渐变小,所以底注包的浇注速度较难控制。

气压浇注包的浇注速度控制相对比较容易,其浇出槽中金属熔液的高度H比较容易控制。图4.3中的气压浇注包,浇出槽中的液位由电极6控制,改变6的位置,可以改变浇注速度。近年来,有的气压浇注包采用光学方法控制浇注槽中的液位,以控制浇注速度。图4.7是一种用激光控制液位的原理图。激光由发生器3射向金属熔液的液面。旁边一个摄像装置可以从激光自液面的反射位置感知液面的高低。2将信号输入计算控制器6,由计算控制器6发出控制信号,一方面调节包内气压,另一方面控制塞杆升降液压缸,调节塞杆的开口大小或启闭,以控制浇注速度和浇注的启停。

4. 浇注终点或浇注量的控制

自动浇注必须准确地掌握浇注的终点或需要浇注的金属熔液量,因为如果铸型尚没有浇满就过早地停止浇注,会造成废品。相反,如果铸型已浇满还不停止浇注,不但浪费金属熔液,而且熔液飞溅,容易造成事故。

控制浇注终点或浇注定量大致有以下几种方法。

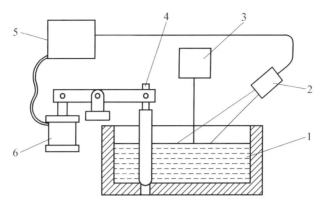

图 4.7 用激光控制浇出槽中的液位高低
1—气压包浇出槽;2—摄像装置;3—激光发生器;
4—塞杆;5—计算控制器;6—塞杆升降液压缸

(1) 质量定量法

用称量方法实现定量是现在用得较多的方法。在浇包的底下,装上质量传感器,可以测知铁液质量的变化。浇注时,当浇包连同铁液的质量减少到预定值时,质量传感器即发出信号停止浇注。质量定量方法应用于中间定量浇包更为方便。图 4.3 中的中间浇注包 9 是一个例子。9 从气压包 4 承接铁液时,质量传感器 11 指示出倒入铁液的质量。由于中间浇包质量比较轻,控制可以比较准确。

(2) 容积定量法

用控制金属熔液的体积达到定量的方法很多,如图 4.1 所示的扇形浇包,控制倾转角度,即可控制浇注速度及浇注量。又如采用容量一定的中间浇包,也是容积定量法之一。

(3) 时间定量法

当浇注速度一定时,控制浇注时间的长短就可以控制所浇金属熔液的量。例如对于气压浇包及电磁泵,很容易通过控制浇注时间达到定量浇注的目的。

(4) 用红外线探测器或光电管

这一方法如图 4.8 所示。在砂型上除浇口外另设一个冒口,对着冒口装一个红外探测器或光电管。当铸型接近浇满时,铁液沿冒口上升,红外线探测器或光电管立即发出信号,停止浇注。

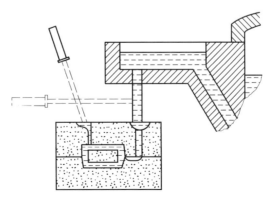

图 4.8 用红外线探测器检测铸型注满情况

红外线探测器除可以用来控制冒口中液位外，还可以用来监控铸型跑铁液情况以及浇包嘴上铁液流动情况，以控制浇注时间。

以上几种浇注定量的方法各有优缺点，应用也各有局限性。质量定量及容积定量往往可能因浇注包上结疤或包衬受侵蚀而造成定量不准。红外线探测器则可能受铸型冒口中发出的火苗的干扰，发生误动作。又如浇注过程中，若发生铸型漏铁液现象，这时质量定量法及时间定量法都可能造成浇不到，产生废品。如在这种情况下，往往再补加一些铁液就能避免产生废品。这时采用红外线探测器，就可以获得合格铸件。但如果跑铁液严重，不能自行停止，那么红外线探测器并不能自动控制停浇。

为了可靠地实行对浇注终点的控制，在一些自动浇注装置中，往往同时采用两种或3种控制方式，如既用质量定量，又用红外探测头，有的则将时间定量法与红外线探测器并用。

第5章　砂处理机械化

传统的湿型砂造型,虽然受近年来有机和其他无机黏结剂砂型发展的影响,但是以膨润土为黏结剂的湿型铸造,无论在工艺和设备方面也都有很大的进步,应用范围在迅速扩大。这主要是因为随着科学技术的发展,一方面对金属与砂型间的界面作用理解得更为深入,对湿型砂的配方和制备、型砂性能的检测与调节更为完善和有效。另一方面,近代造型方法和先进造型机械也有较大突破,制出的砂型紧实均匀,起模平稳,而且生产率高,质量优良而稳定。目前用于生产的湿型砂中回用砂占90%左右,虽然这些回用砂经过反复制备已具有一定性能,但是它在每次造型、浇注、冷却、落砂和处理过程中还会产生成分、水分和温度等许多变化。更何况由于生产的铸件不同,砂箱中的砂铁比也因而变化,又将引起回用砂成分、水分和温度变化的波动。湿型砂的成分和混制特点,以及众多工艺和生产因素的影响,就决定了湿型砂制备是一个混制难度大、影响因素多、难于检测和调节的生产过程,它不同于一般液体间或固体颗粒间的混合。

5.1　新砂的处理和制备

湿型铸件质量在很大程度上决定于湿型砂性能的均匀性和稳定性,铸件废品中有50%以上是由于型砂性能波动引起的。当前各种高紧实度、自动造型线的出现,型砂质量对铸件生产的影响更为突出。因此湿型砂的制备和质量控制,如同金属材料及其熔炼一样,对于铸造生产都是十分重要的。湿型砂是由硅砂、膨润土、水和一些附加物按一定比例制备而成的塑性混合物。膨润土是湿型砂的黏结剂,但是膨润土只有在吸附一定水分后才具有粘结性和可塑性。湿型砂中水分与膨润土的合适比例一般为30%左右,用30%的水分湿润膨润土,在砂粒表面形成薄而均匀的黏土膜,方能完成湿型砂的制备。

5.1.1　新砂烘干设备

在原砂中含有较高水分时,为了便于控制型砂中的水分,新砂需要烘干;当原砂中含有水分不高时,型砂中要求水分较高,且能有效控制型砂水分或对型砂的含水量要求不严时(如干模砂),原砂可以不经过烘干。目前用于生产的烘干设备主要有热气流烘砂、滚筒烘砂、振动沸腾烘砂等

1. 热气流烘砂

热气流烘砂是把砂的烘干和气力输送结合在一起。在吸送式气力输送中,用温度为400~500 ℃的热空气,在砂粒悬浮前进输送的过程中,使每一个砂粒与热气流充分接触,将砂中的水分蒸发得到烘干。热气流烘砂与砂的输送装置系统基本相同,只是多了一个热源装置,因此也需要有分离器、除尘装置、风机等。热风炉可用煤、焦炭、煤气和重油等作燃料。

2. 振动沸腾烘砂

振动沸腾装置是由热风系统、振动系统装置和除尘系统装置组成。热风系统是产生热气流的。风机将加热至 200～300 ℃ 的热风送进振动沸腾槽体的风箱中,穿过振动沸腾槽的很多小孔吹到砂层使砂层产生沸腾状态,砂与热气流充分接触,进行热交换,蒸发砂粒表面的水分而使砂子得到烘干。由于烘干过程中会产生大量的水蒸气和粉尘,在振动沸腾槽上装有除尘罩,废气经由除尘器排出。

3. 滚筒烘砂

滚筒烘砂是一种比较老的设备类型,虽然占地面积较大、生产率低、设备庞大、应用受到一定的限制,但它使用起来较为可靠,现在有些工厂仍然在使用。

以重油为燃料的烘干滚筒为例,实砂从进砂口落入滚筒的有螺旋状叶片部分,在这里叶片将砂分布到滚筒各单独的轴向槽,然后热气流经过槽中与砂子进行热交换,使砂子得到干燥,这种热交换的方式称为逆流式热交换。逆流式交换由于是最热的气体首先遇到烘干后的砂子,所以在气流温度非常高的情况下,容易使砂子过热,引起砂中含泥成分失去结晶水而失去其粘结性能,所以要严格控制气流的温度。

5.1.2 湿型砂制备工艺

1. 型砂的混制

转子混砂机的出现,打破了碾轮式混砂机制备湿型砂的垄断局面。不同类型的混砂机,其主要特征就在于混砂工具及其参数不同。混砂工具对机盆内的物料施以机械力,使物料在机械力的作用下运动,也是选用混砂机的依据。机械力可以是碾压力,也可以是冲击力、剪切力,机械力应适当,如过强将会引起物料发热,使混砂功率消耗增加。物料必须迅速、充分和蓬松地在水平方向和垂直方向反复运动,使物料间快速地滑动、滚动和穿插,频繁地接触、碰撞和摩擦,将物料混合均匀,使膨润土充分吸收水分,并在所有砂粒表面均匀地包覆上黏土膜。

水是最廉价、最方便的型砂成分,也是最需要调节的型砂成分,因为湿型砂只在含有适量水分,即干湿程度适宜时,才具有较好的综合性能,而这时的含水量称为调匀水。因此在湿型砂制备过程中,如何准确而迅速地判断其干湿程度并调节加水量,以便获得较好的型砂综合性能,显然是十分重要的。

2. 紧实率测定

近 20 多年来,紧实率测定已成功地用于判断型砂的干湿程度,因为尽管型砂成分不同,加水量不同,但在较好干湿程度时的紧实率都在 45% 左右。换句话说,达到同样紧实率,每种型砂所需的加水量是不同的,含水量的差异主要由型砂成分决定。因此,紧实率是制备湿型砂,使其综合性能指标达到较佳时应该控制的最终目标值,而加水量则是为达到这一目标值的调节手段。紧实率对型砂中水分特别敏感,一般情况下,加水量每增减 0.1%,紧实率将变化 3%～5%。因此在混砂时,用测定紧实率的方法调节加水量,是一种科学、方便、快捷的控制手段。

3. 加料顺序

加料顺序对混砂效率有较大影响,不容忽视。近年来提倡的合理加料顺序是:加砂后立即快速而均匀地加入所需水量的大部分(通常为 50% 以上),混合一段时间使砂粒充分润湿,然后再加入膨润土、煤粉等粉状物料。这样粉状物料很容易分布在湿润砂粒表面,避免产生黏土团,既提高混砂效率,又减少粉尘飞扬。然后边混制,边测定紧实率并调节加水量,直至达到由造型工艺确定的紧实率目标值,完成湿型砂制备。

4. 砂处理系统

湿型砂中90%左右是回用砂,因而它的制备不应仅限于在混砂机中,而应该在从落砂到砂型紧实的砂处理系统中,通过各种工艺设备和运输设备完成,因为在混砂机中没有充分时间去调整型砂在浇注、落砂过程中发生的成分、水分和温度方面的变化。在每次型砂循环中需要补充的新材料,不一定都加到混砂机中,例如,在落砂后将湿新砂加在回用砂中,既可以及早地进行混匀,又有一定的增湿冷却作用。又如加水可以在砂处理系统中分3个阶段完成,在落砂后即向回用砂均匀喷水,将其含水量提高2%,以防止粉尘飞扬,并达到一定的增湿冷却效果。在冷却机中加水,使冷却后回用砂含水量为1.5% ~ 1.8%,为在混砂机中最终调节加水量提供有利条件。最后在混砂机中加入调匀水,以达到预定的紧实率。相应地,回用砂的冷却也不是只在冷却机中完成,在砂处理系统的其他环节采取措施,也能产生一定的冷却效果。

5.2 旧砂处理设备

从落砂机下来的旧砂(也称回用砂),由于含有铸件浇冒口、铁片、铁钉和铁豆等铁磁性物质,以及芯头和碎木片等杂物,所以要经过磁分离、破碎和筛分等工序,将旧砂中的杂质去除,将大砂块破碎。对于造型生产线上用的旧砂,由于循环周期短,砂温不断升高,需进行冷却降温。有的铸造车间,为了减少新砂的加入量,提高旧砂的使用性能,还需要进行旧砂再生。

5.2.1 磁分离设备

磁分离设备按磁源分有电磁和永磁两种,这两种我国都有系列产品。电磁分离设备的型式与永磁设备相同,只是需要直流电源、铁心和线圈。永磁分离设备不需要直流电源,结构简单,可以在较高的温度下工作,磁场分布均匀,使用维修方便,目前得到广泛应用。永磁分离设备的磁源是永磁块,它是锶铁氧体($SrO \cdot 6Fe_2O_3$)用粉末冶金法制成,充磁后具有很高的剩磁值。一般的永磁块尺寸为85 mm×65 mm×18 mm,使用时根据所需的磁场强度,用环氧树脂将几个磁块粘在一起,充磁后就可以形成磁极。用永磁块制成的分离设备有永磁分离滚筒、永磁带轮、带式永磁分离机等。在回用砂处理中,将这些型式的分离设备合理布置,可以提高分离效果。

1. 永磁分离滚筒

永磁分离滚筒的工作原理如图5.1所示,磁极与磁极底板黏结后,用非磁性螺钉固定在磁轭上,磁轭则安装在轴上不动,包有橡胶保护层及胶棱的滚筒由传动装置驱动旋转。工作时,由给料机或其他工艺设备均匀地向分离滚筒供应回用砂,使砂层厚度为45 ~ 75 mm,最大可达100 mm。回用砂因惯性落于滚筒左侧,而铁磁性物料则被固定磁系吸住,由转动的滚筒及胶棱带至滚筒右侧,在脱离磁场后下落,这样就将砂与铁料分离。橡胶保护层可以使滚筒不受冲击和磨损,也能避免热砂黏附在滚筒上。胶棱的作用是迫使被磁系吸住的铁料运动。

2. 永磁带轮

永磁带轮作为带式输送机的传动滚筒,在转卸回用砂的同时进行磁分离工作。应按带式输送机的型式和规格选用永磁带轮,带式输送机的带速小于 1 m/s,砂层厚度为 100 mm 左右时,分离效果最好。永磁皮带轮的工作原理如图 5.2 所示,磁极为偶数,一般为 10 个,其中 N 极和 S 极按圆周间隔排列,沿轴向则每组极性相同。滚筒体采用非导磁性材料以避免磁短路,而磁极底板和磁轭则用导磁性好的低碳钢制成。

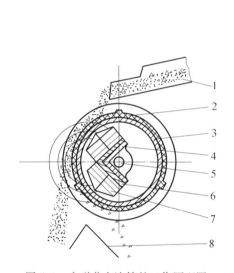 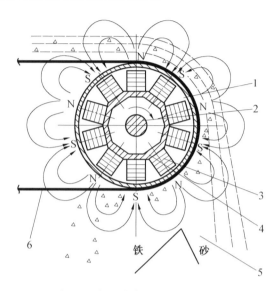

图 5.1　永磁分离滚筒的工作原理图　　　　图 5.2　永磁皮带轮的工作原理图
1—给料机;2—橡胶保护层及胶棱;3—转动滚筒;　　1—永磁带轮;2—传动轴;3—磁块组;4—磁极底板;
4—固定磁轭;5—固定轴;6—磁极底板;7—固定磁系;　　5—分料溜槽;6—输送胶带
8—分料溜槽

3. 带式永磁分离机

带式永磁分离机由一个平面永磁磁系及一个短的环形胶带机组成,它支撑或吊挂在带式输送机的上方,对输送过程中的物料进行磁分离。这种分离机的布置形式有两种,一种是与输送设备平行布置,另一种是与输送设备垂直布置(见图 5.3)。当回用砂在带式永磁分离机下面通过时,其中的铁料被磁系吸起,由带有胶棱的环形胶带拖离磁系,在废料斗上方落下。

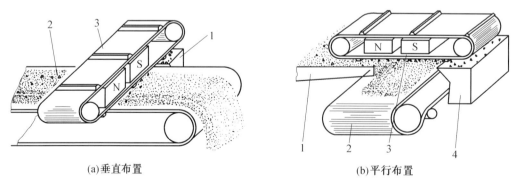

(a)垂直布置　　　　　　　　　　(b)平行布置

图 5.3　带式永磁分离机布置图
1—振动输送机;2—带式输送机;3—带式永磁分离机;4—废料斗

5.2.2 筛分设备

筛分的主要目的是筛除其中的芯块、砂块及其他非金属杂物。过筛也可以使回用砂更为松散,使成分、水分和温度更为均匀,并能排除部分粉尘。物料能否顺利过筛或过筛效率如何,与许多因素有关,其中有物料的湿度和粘性等物理性能;筛砂机的运动状态和工作参数;筛网面积、筛孔的大小和形状;物料与筛网的相对运动;进料的均匀性及料层厚度等。砂处理系统常用的筛分设备有滚筒筛和振动筛。

1. 滚筒筛

滚筒筛是由筛网构成圆形、圆锥形或六角形滚筒,绕其水平轴或倾斜轴旋转(见图5.4)。六角滚筒筛的过筛效率大于圆筒筛,因为当六角滚筒筛转动时,砂粒除平行于筛网运动外,还有从倾斜的筛网落向水平筛网时,接近于垂直筛面的运动。滚筒筛工作平稳,使用可靠,无振动,噪声小,当需要将筛砂机安装在较高的平台上时更为合适。滚筒筛的结构比较庞大,在进料和出料间的落差较高,有时会给砂处理系统的布置带来一定困难。

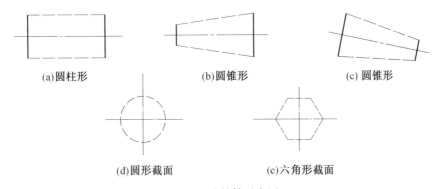

图5.4 滚筒筛示意图

2. 振动筛

砂处理系统中常用的振动筛有两种,即单轴惯性振动筛和振动电机筛(见图5.5)。单轴惯性振动筛的传动轴旋转时,装在轴两端的可调偏重产生离心惯性力,使筛体在弹簧上做周期性振动。处于筛网上的物料,由于筛网施给的惯性力被抛掷向上,然后靠自重下落过筛。因为物料的运动方向与筛网近于垂直,而且振动频率高对物料有分层作用,小颗粒在下面易于过筛,筛网也不易堵塞,因此振动筛的过筛效率高。单轴惯性振动筛结构简

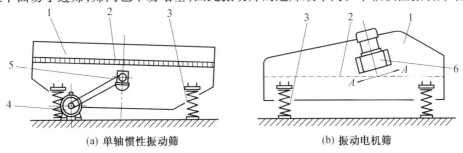

图5.5 振动筛工作原理图

1—筛体;2—筛网;3—弹簧;4—电动机;5—可调偏重;6—振动电机

单,不需要专门电动机,电动机不参振,使参振质量小,故振幅大而功率消耗少。

振动筛的高度比滚筒筛低,结构紧凑,物料落差小。它的偏重多设计成可调的,以便能按工艺要求,调节激振力的大小。

5.2.3　旧砂冷却设备

1. 回用砂冷却要求和冷却方法

回用砂的升温现象在砂铁比小、生产厚壁铸件、造型线生产率高、型砂周转快的情况下尤为严重。热的回用砂必须经过冷却降温,使进入混砂机中的回用砂温度在 49 ℃ 以下,最好低于 38 ℃。因为砂温大于 60 ℃,特别是超过 70 ℃ 时,加入的水分会立即蒸发,很难在混砂时控制水分,制备的型砂性能也不稳定。当型砂温度高于 49 ℃ 时,其紧实率、透气性、湿压强度、干压强度和砂型风干强度都会降低;型砂中的水蒸气会凝结在较冷的砂斗壁和模样上,造成砂斗挂料和模样粘砂;用高温型砂紧实的砂型,其表面水分极易散失,使型腔边角处的强度降低,导致铸件缺陷。

冷却回用砂有两种方法,一种是加大混砂量,即提高砂处理系统的砂铁比,将混制型砂的一部分送去造型,将另一部分与落砂后的热砂混合在一起,使砂温降低。砂处理系统的砂铁比愈高,则冷却效果愈好。这种方法不需要专用的冷却设备,可以提高混砂效率,但要增加型砂制备和运输、贮存能力。另一种方法是在砂处理系统中设置冷却设备,虽然目前有各种冷却装置,但普遍采用增湿冷却原理,即将水均匀地喷入热砂中,通过冷却设备使水分与热砂充分搅拌,水分吸收热量后汽化,同时吹入冷空气将水汽排走,加速冷却过程。

2. 热砂冷却设备

(1) 双盘搅拌冷却机

双盘搅拌冷却机由两个相同直径的圆盘相交组成底盘,每个底盘上都有一个搅拌器,它们的转速相同但转向相反(见图 5.6)。每个搅拌器有 5 块刮板,即内刮板、外刮板、壁刮板与两个中刮板。刮板的安装角度和高度不同,当搅拌器转动时,刮板就将物料上下、内外地翻腾搅拌。经过磁选、过筛、增湿的回用砂由加料口均匀加入,在搅拌器的作用下一面搅拌,一面按 8 字形路线在两个盘上反复运动。由鼓风机吹来的冷空气,经过变截面风箱及围圈上的进风管进入冷却机内,吹向翻动的砂层,冷风与湿热砂充分接触进行热交换,使砂冷却。含尘的湿热空气经过上部的沉降室,沉降较大的颗粒后,由排气系统排出,及时排出湿热空气也促进水分的蒸发,加速冷却过程。

回用砂的增湿可以在冷却机外或机内进行,因此双盘搅拌冷却机具有增湿、冷却和预混三重作用。

(2) 振动沸腾冷却装置

气体通过固体颗粒流动,使固体颗粒呈现出类似于流体状态,称为流态化。在铸造生产中利用流态化方法实现新砂烘干、热砂冷却和热法再生工作(见图 5.7)。当气体自下而上通过一个在多孔板上的颗粒床层,气体流速较低时,颗粒不动,这时称为固定床。当气体流速增加,颗粒开始松动,但不能自由运动,床层略有膨胀。如果流速再增加,颗粒被气体吹起并悬浮于气流中自由浮动,颗粒间相互碰撞混合,床层高度上升,床层中的颗粒不再由多孔板支持,而是全部由气体承托。这时整个床层呈现出类似流体的状态,这种状

第 5 章　砂处理机械化

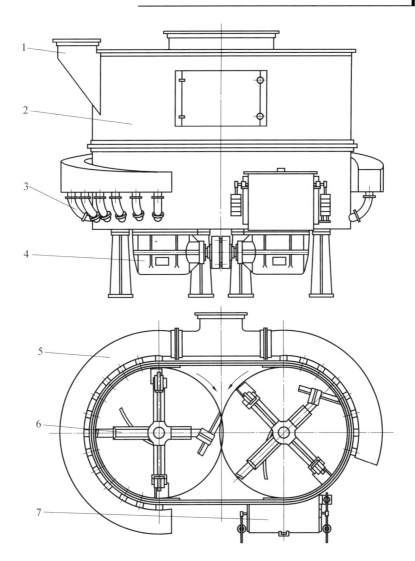

图 5.6　双盘搅拌冷却机
1—加料口；2—沉降室；3—进风口；4—减速器；5—风箱；6—搅拌器；7—卸料口

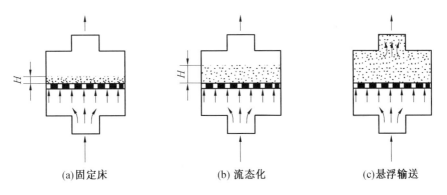

(a) 固定床　　(b) 流态化　　(c) 悬浮输送

图 5.7　液态化原理图

态的颗粒床层称为流态化床,或称沸腾床。流态化床具有明显的上界面,也有一定的密度、热导率、比热容和黏度。当气体流速再继续增加,达到某一极值时,流化床的上界面消失,颗粒分散悬浮于气流中,并被气流带走,这种状态就是气力输送。

振动沸腾装置(见图5.8)由气体沸腾和振动沸腾实现物料的流态化,它的振动槽体用多孔板隔成上下两个部分,上部通过物料,下部是风箱,气体经过风箱及多孔板使物料流态化。利用振动电机或弹性连杆机构使槽体产生直线振动,将处于多孔板上的物料不断地抛向斜上方,既将物料向前运送,又增强了气体流态化的作用,而且可以克服气体流态化可能产生的不沸腾区和局部料层被吹穿的缺点。

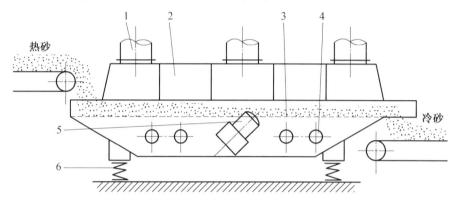

图 5.8 振动沸腾装置原理图
1—排气系统;2—槽体;3—多孔板;4—进气孔;5—振动电机;6—弹簧

(3)冷却提升机

冷却提升机兼有提升和冷却回用砂的双重作用,其工作原理如图 5.9 所示。经过磁选、增湿、筛分以后的热砂,被均匀地送入冷却提升机中。提升带是一条环形耐热橡胶带,在带上每隔 175 mm 用硫化加压法胶合上胶棱,就利用胶棱提升热砂。因为带速较高(2.0~2.5 m/s)以及调节板的挡砂作用,提升的部分砂被挡回,呈松散状态下落,另一部分砂被抛向卸料口排出。变动调节板的位置,可以调节回落砂和卸出砂的比例,以满足冷却效果和生产率要求。回用砂在提升和回落过程中,与由壳体上进入的冷空气充分接触,以对流形式换热使砂冷却。热湿空气经过冷却提升机上部排至旋风除尘器。

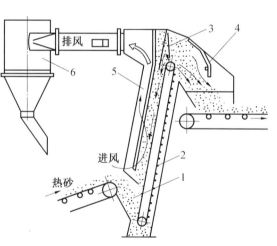

图 5.9 振动沸腾装置原理图
1—受料口;2—提升带;3—调节板;4—卸料口;
5—进排风通道;6—旋风除尘器

落到提升机底部的冷砂与送入的热砂混合,也有一定的冷却效果。冷却提升机占地面积小,对砂处理系统的布置极为有利,但是由于热砂在机中停留时间较短,冷却效果不甚理想,而且维修也不方便。

5.3 型砂处理

在铸造生产中,铸件质量的好坏与型砂有直接关系,因此,型砂处理是整个砂处理系统的中心环节,它包括混砂和松砂两道工序。对型砂处理的基本要求是:各种成分均匀;黏结剂有效地覆在砂粒表面;型砂松散无团块。

5.3.1 混砂机

目前国内外使用的混砂机归纳起来主要有碾轮式和转子式,或者分为有碾轮和无碾轮两类。以碾轮混砂机的历史最久,但以转子混砂机的设计更为合理,发展极为迅速。

1. 碾轮混砂机

碾轮混砂机至今已有 80 余年历史,其间经过几次改型和改进,但是其混砂工具仍是碾轮与刮板,工作原理如图 5.10 所示。电动机通过减速器使混砂机主轴旋转,在主轴的顶端装有十字头,两个碾轮通过碾轮袖和曲柄装在十字头侧,十字头的另外两侧固定着垂直的内刮板和外刮板。加料后,由固定的底盘和围圈构成的机盆内有一定厚度的砂层。碾轮一方面随主轴公转,一方面由于与砂层摩擦又绕碾轮轴自转,在转动过程中将处于碾轮前方的松散砂层压实。随十字头一起转动的刮板接着将压实的砂层推起、松散,并把砂送入下一个碾轮的工作区域,供碾轮再一次碾压。内刮板将砂从底盘中心向外送,外刮板将围圈附近的砂向里推,也起到一定的混合作用。

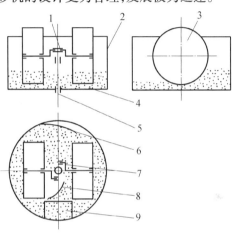

图 5.10 碾轮混砂机工作原理图
1—十字头;2—围圈;3—碾轮;4—底盘;5—主轴;
6—外刮板;7—曲柄;8—内刮板;9—卸砂门

碾轮混砂机的混砂原理是靠碾轮的重力,即碾压力压实砂层,使物料在压实过程中相对运动,互相摩擦,将湿润的黏土逐渐地包覆在砂粒表面形成黏土膜(见图 5.11)。随着铸件生产的发展,碾轮混砂机有许多重大改进,如将高刮板改为垂直的矮刮板;适当提高无砂时碾轮与底盘间隙,在不增加碾轮前进阻力的条件下,提高砂层厚度;还可以采用碾轮弹簧加压装置,如图 5.12 所示。弹簧加减压装置有如下优点。

(1)弹簧加减压装置可以在保持一定碾压力的条件下,减轻碾轮自重,从而可以适当增加碾轮宽度,扩大碾压面积;也可以提高主轴转速,加快混砂过程。

(2)碾压力随砂层厚度自动变化,加料量多或型砂强度增加,则碾压力增加;当加料量少或在卸砂时,碾压力也随之降低。这不仅符合混砂要求,而且可以减少功率消耗和刮板磨损。

2. 转子混砂机

在 20 世纪 60 年代后期,西欧一些国家开始用无碾轮的转子混砂机制备湿型砂,这在混砂机发展史上是一个重要突破。现有的转子混砂机都是盘式混砂机(见图 5.13),但有底盘转动和底盘固定的两类。采用的混砂工具有高速转子式和低速转动刮板式两种,高

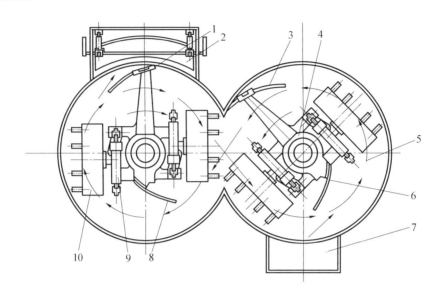

图 5.11　双盘碾轮式连续混砂机

1、3—外刮板；2—卸砂门；4—十字头；5—物料流；6、8—内刮板；7—加料口；9—弹簧加压装置；10—碾轮

速转子式混砂工具又可分为轴线固定式转子和行星转子，行星转子的工作范围大一些，但传动机构复杂，消耗的功率多。

转子混砂机的特点与常用的碾轮混砂机比较，转子混砂机具有以下特点。

（1）碾轮混砂机的碾轮对物料施以碾压力，转子混砂机的混砂工具对物料施以冲击力、剪切力和离心力，使物料处于激烈运动状态。

（2）碾轮不仅不能埋在料层中，而且要求碾轮前方的料层低一些，以免前进阻力太大。转子混砂工具只要设计合理，就可以完全埋在料层中工作，将能量全部传给物料；因而料层比同盘径碾轮混砂机高，一次加料量可以大为增加。

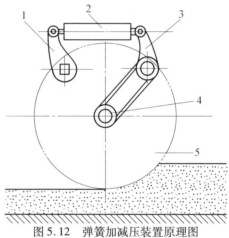

图 5.12　弹簧加减压装置原理图

1—支架；2—弹簧加减压装置；
3—曲柄；4—碾轮轴；5—碾轮

（3）碾轮混砂机主轴转速一般为 25～45 r/min，因此两块垂直刮板每分钟只能将物料推起和松散 50～90 次，混合作用不够强烈。高速转子的转速为 600 r/min 左右，使受到冲击的物料快速运动，混合速度快，混匀效果好。

（4）碾轮使物料始终处于压实和松散的交替过程，转子混砂工具则一直使物料处于松散的运动状态，这既有利于物料间穿插、碰撞和摩擦，也减轻混砂工具的运动阻力。

（5）当需要提高混砂机产量时，碾轮混砂机只能采取增加盘径的方法；转子混砂机既可增加盘径，又能提高料层厚度。因此转子混砂机用较少的盘径尺寸，能满足较多的产量要求，可以大大简化系列设计，减轻制造工作量。

（6）转子混砂机结构简单，便于维修。

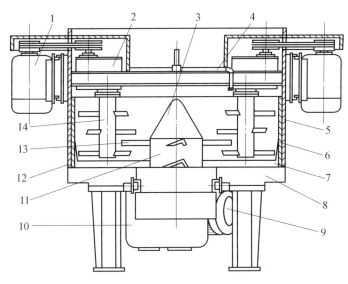

图 5.13 S1420A 型转子混砂机

1—转子电动机;2—转子减速器;3—流砂锥;4—加水装置;5—围圈;6—壁刮板;7—长刮板;
8—底盘;9—主电动机;10—减速器;11—主轴套;12—内衬圈;13—短刮板;14—混砂转子

5.3.2 松砂机

混好的型砂,要用松砂机给以松散,破碎其中的饼块,提高型砂的流动性和可塑性。特别是用碾轮式混砂机混制的型砂,松砂更有必要。松砂机的基本原理是:利用高速旋转的构件对型砂进行切割、敲打或抛击。目前国内应用的松砂机的种类很多,主要有轮式、叶片式、梳式和带式。本节以轮式松砂机为主给予简要介绍。

在砂处理系统使用比较普遍的是双轮松砂机,因为它安装在运送型砂的带式输送机上方,在运送的同时进行松砂,不存在物料通过松砂机的落差问题。双轮松砂机(见图5.14)的两个松砂轮由电动机通过 V 形胶带传动,使两轮顺着型砂运送方向旋转,松砂轮下表面距胶带为 10~15 mm,当型砂送至松砂轮处,松砂轮(见图 5.15)的棱条将型砂切割、松散并抛击到前面的松砂轮或弹簧钢丝上。经过松散后的型砂再落回胶带上被送往造型工部。松砂轮是具有两排棱条的空心轮,棱条呈八字形排列,其目的是使抛出的型砂集中在胶带中间。棱条表面堆焊硬质合金,以增强其耐磨性。双轮松砂机也可用作高紧实度造型的回用砂破碎,这时应在罩壳上增设通风除尘装置,以便于对回用砂进行冷却和除尘。双轮松砂机应按输送机的型式和规格选用,一般应装在带式输送机的水平段上。

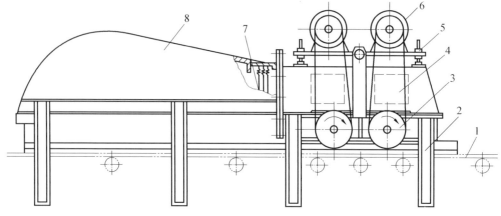

图 5.14 双轮松砂机

1—带式输送机;2—支架;3—V 形带轮;4—V 形胶带;5—张紧装置;6—电动机;7—弹簧钢丝;8—罩壳

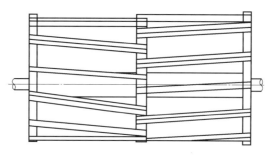

图 5.15 松砂轮

5.4 砂处理系统的运输设备和辅助装置

砂处理系统的工序多,运输量大,而且任何一个环节发生故障都会引起整个系统的停顿,迫使造型工部停产,造成重大的经济损失。因此在选用运输设备和辅助装置时,除根据工艺流程、平面布置和产量要求选定其型式和规格外,也应注意使用可靠,维修方便,并有利于环境保护。

5.4.1 砂处理系统的运输设备

1. 带式输送机

带式输送机是铸造工厂常用的运输设备,因为它具有以下优点:可以运送多种物料,如新砂、回用砂、型砂、型芯、焦碳及石灰石等;运输能力大,结构简单,工作可靠,维修方便;可以远距离输送,也可以多点卸料,功率消耗小,无振动,噪声小,安装和调整方便;在运行过程中可以进行工艺操作,如磁选、增湿、松砂或破碎等;胶带运行速度的调节比较方便。

带式输送机的缺点是爬坡能力差,用它提升物料将会占用很大面积,需要更多的支架,难于密封,容易造成环境污染。如决定选用带式输送机,要根据输送物料的特点、输送机的布置形式、卸料方式和运输量选择合理的带速,计算胶带宽度,确定电动机功率。常用的带宽为 500 mm、650 mm、800 mm、1 000 mm 和 1 200 mm;常用的带速有 0.8 m/s、

1.0 m/s、1.25 m/s;常见的布置形式如图 5.16 所示。

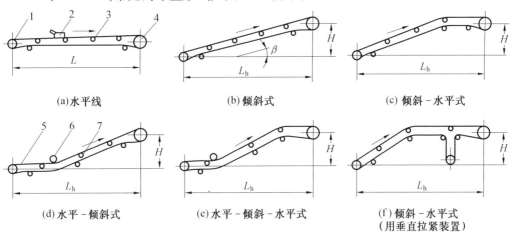

图 5.16　带式输送机的布置形式

1—改向滚筒;2—卸料器;3—上托辊;4—传动滚筒;5—胶带;6—改向压轮;7—下托辊

2. 斗式提升机

斗式提升机用于垂直提升散粒状物料,它实际上是一个垂直运行的带式输送机,在胶带上等距离地用螺栓固定着用钢板或尼龙制造的料斗。从提升机下部的加料溜槽加料,在提升机顶部靠离心惯性力和重力卸料。料斗和深斗有浅斗两种,料斗的形状应有利于装满物料,也便于卸净物料。在选择和使用斗式提升机时,应注意下述问题。

(1)运送的物料应干燥、松散,如提升回用砂,一定要经过磁选、破碎和冷却处理后,再均匀地送入加料溜槽中。

(2)为使物料直接流入料斗中,从加料溜槽底到改向滚筒的中心线,应有 3 个料斗柜,即应有 4 个料斗等待接料,加料溜槽与水平夹角应大于 60°。

(3)选用时,应根据物料的情况,选择生产率略大的型号,或者只按料斗容积的 60% 计算回用砂的提升量。

(4)为防止水汽凝结,斗式提升机的顶部应设置通风除尘装置,随时将热气和粉尘排出。

3. 螺旋输送机

螺旋输送机主要用于输送黏土粉和煤粉等粉状物料,由于它利用在密封槽体内的转动螺旋将物料向前推移,故粉尘很少外逸。为防止螺旋轴弯曲,螺旋和槽体是分段制造的,每段长约 2～3 m,然后用法兰联接。对于长螺旋轴,设有中间轴承,由于在此处螺旋中断,中间轴承又占据一定空间,所以槽体中物料的填充系数应小于 50%。螺旋输送机结构简单,外形尺寸小,便于布置,可以单点或多点卸料,如图 5.17 所示。

4. 振动输送机

振动输送机是利用槽体的定向振动,将其上面的物料不断抛起并向前运送。由于槽体用钢板制成,故振动输送机常用于输送落砂后的热砂。如果采用管状输送器,也可输送粉状物料。振动输送机属于中短距离的运输设备,在铸造厂常用的有弹性连杆式和振动电机式两种。

以双质体弹性连杆式振动输送机的工作原理为例,如图 5.18 所示。振动机的工作槽体用导向杆及主振弹簧与机架联接,机架经过隔振弹簧安装在基础上。装在机架上的电动机通过 V 形胶带与曲柄轴联接;连杆的一端与曲柄铰接,另一端经过连杆弹簧与工作槽体联接,组成弹性连杆激振系统。启动电动机,曲柄旋转使连杆往复运动,连杆通过其端部的弹簧使槽体沿导向杆所确定的方向做近似于直线的振动,这样就使槽体上的物料连续地向前运送。由于有隔振弹簧,可以减轻由于机架振动传给基础的惯性力。如果将机架直接安装在基础上,就是单质体弹性连杆式振动运输机,这时工作槽体会引起基础振动。这种输送机适于输送回用砂,也可在运输过程中进行诸如筛分、冷却或烘干等工艺操作,输送距离一般为 10~50 m。

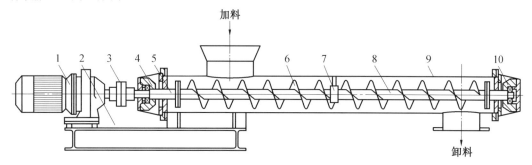

图 5.17　螺旋输送机

1—减速电动机;2—机架;3—联轴器;4—前轴承;5—前轴;6—螺旋;7—中间轴承;8—后轴;9—槽体;10—后轴承

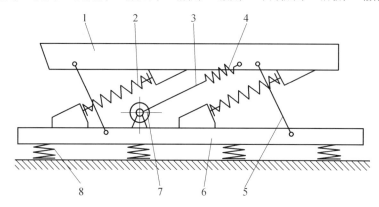

图 5.18　双质体弹簧连杆式振动输送机工作原理图

1—工作槽体;2—主振弹簧;3—连杆;4—连杆弹簧;5—导向杆;6—机架;7—曲柄;8—隔振弹簧

5.4.2　料斗、给料机、定量器和辅助设备

1. 料斗

料斗砂处理系统中的料斗按其功能分为贮料斗和中间斗,贮料斗用于贮存新砂、回用砂、型砂和废砂,以及黏土粉和煤粉。中间斗也称平衡斗,用于调节工序间物料不平衡,例如设在集中卸料设备和连续运输设备之间,或设在需要稳定而均匀地供料设备之前,它的容积比贮料斗小。贮料斗的出口可以安装闸门或给料机,中间斗的出口一定要安装给料机,以便将前面的脉动料流,经过中间斗和给料机变成连续的料流。

加料时一定要使物料均布于料斗中,最大限度地利用料斗容积,防止发生偏料现象。小料斗采用单点加料,加料点在斗中心;大料斗常用多点同时加料的方法。卸料时,物料应能总体流动,没有斗壁挂料、物料堵塞或管状流动现象,而且先加入的物料应先卸出。图5.19是几种常用的几种料斗卸料方法,应根据物料的种类和性能,以及对卸料的要求予以选择。其中腭式闸门多用于中小型料斗,料斗出口可以是方形或圆形,用气缸启闭或手动操作。

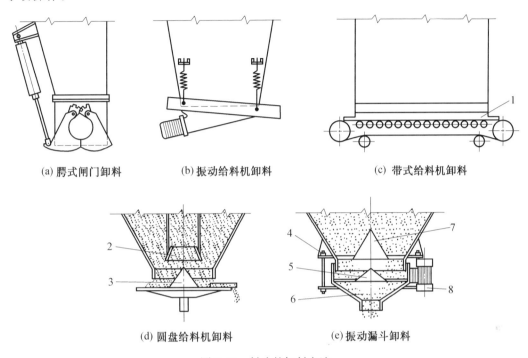

图 5.19　料斗的卸料方法

2. 给料机

给料机设置在贮料斗、中间斗的下面,启动时将斗内物料均匀送出,停运时就起闸门的作用。给料机也设置间歇卸料的设备下面,或者需要均匀供料的设备前面。许多运输设备,如带式输送机、振动输送机等都可以作为给料机使用,只是在结构和工作参数方面略有不同。

(1)振动给料机

振动给料机多用于中型料斗,一般向下倾斜10°~15°安装,以利于物料流动。与振动输送机比较,它的特点是振动频率高、振幅小、槽体刚度大。目前常用的有惯性振动给料机和电磁振动给料机,后者没有机械传动零件,不需要润滑,维修工作量小,使用方便。

(2)带式给料机

带式给料机用在有矩形出口的大型料斗下面,胶带宽度比出口宽度每边多100 mm,胶带距出口下缘为100~200 mm,这有利于物料流出,也可以在料流前方设置可调挡板,调节给料量。料斗出口两侧装有橡胶板,其下缘与胶带接触,防止物料撒落。胶带承受的物料压力很大,而且要求给料平稳,故带速较低,一般只有0.15~0.6 m/s。上托辊密集排列,节距为115~150 mm。

5.4.3 定量器

各种物料的精确定量是混制湿型砂的必要条件,加入混砂机中的料重偏差应为 ±2%,定量方法有质量定量、容积定量和时间定量。质量定量的精度高,应优先采用。

1. 杠杆式称量斗

杠杆式称量斗是将物料质量经过杠杆系统按比例缩小,最后传递给质量指示器直接显示,并发出料重信号。图5.20所示的称量斗采用多杠杆系统,前面一级杠杆 a、b 是使料斗有几个支点,这样在加料时无论料重偏向料斗那一侧,都不会对 A 点的平衡力有影响。后面的几级杠杆 c、d、e 是把作用力逐级减小,使所称料重在质量指示器的范围内。这种称量斗能陆续称量4种物料,配比灵活,称重准确,适于为混砂机定量配料。

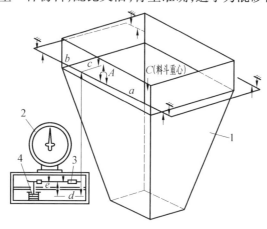

图 5.20 杠杆式称量斗
1—料斗;2—质量指示器;3—调零砝码;4—油阻尼器

2. 电子称量斗

电子称量斗的结构如图5.21所示,当用给料机向斗中加料时,料重作用于3个拉力传感器上,并输出电信号,当达到设定值时即停止给料。称量斗采用吊挂式,有一定的摆动余量,使传感器受力均匀,称量准确。向称量斗中加料应避免较大的冲击力,也不应偏料。电子称量斗输出电信号,便于接入控制系统,操作管理甚为方便。

3. 粉料称量及压送联合装置

图5.22是一个粉料称量及压送联合装置,用于称量膨润土和煤粉,然后将其压送入混砂机中。工作时,用气缸开启闸门,螺旋给料机将粉料送出并落入发送罐中,待达到预定质量时,荷重传感器发出电信号,停止螺旋给料机并关闭闸门,第一种物料即称量完毕。经过1 s延时,按同样程序再称量第二种物料。当混砂机控制系统发出加料指令时,关闭发送罐入口处的蝶阀,向发送罐及其出料口通入压缩空气,经过管道及开在混砂机围圈上的切向进料口,将粉料压入正在混合的砂流中。一台这样的装置可以为几台混砂机进行配料和压送,节约投资,减少占地面积;且用管道输送,便于布置,有利于环境保护。

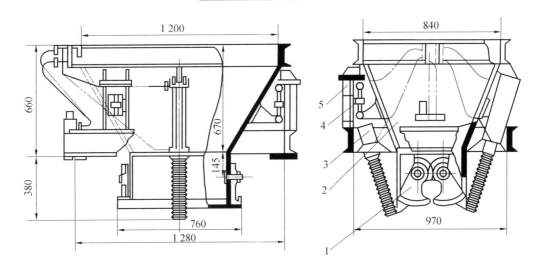

图 5.21 电子称量斗
1—闸门;2—定量斗;3—气缸;4—拉力传感器;5—支架

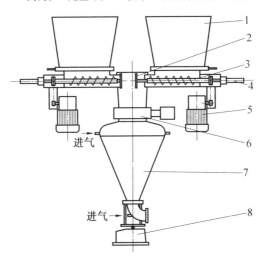

图 5.22 粉料称量及压送联合装置
1—料斗;2—闸门;3—螺旋给料机;4—气缸;
5—减速电动机;6—蝶阀;7—发送罐;8—荷重传感器

5.4.4 检测装置

1. 回用砂检测

砂处理工艺过程的检测主要包括回用砂检测、型砂性能检测和砂型质量检测。工艺过程检测的目的是保持型砂性能稳定,检验砂处理系统中各种设备和装置,以保证各种工艺操作正常运行。及时检测并严格控制型砂性能使其保持稳定,对防止气孔、夹砂、粘砂、冲砂等湿型铸造常见缺陷,对稳定铸件尺寸和提高铸件表面光洁程度,都是十分重要的。

回用砂的检测可按如下工序或工艺设备进行。

(1)定期检测落砂后的砂温和含水量变化,以便确定为防止粉尘飞扬并有一定冷却作用的第一次加水量数据。

(2) 检查筛砂机筛上物中砂块、芯块数量和筛下物中小团块的数量。型砂中如含有 5% 以上的小团块,将会影响砂型和铸件表面质量。要区分小团块中的砂块、芯块和黏土团,并分析它们产生的原因。黏土团多在混砂机中,有时也在冷却机中形成,而且在回用砂中含泥量多,膨润土补加量大,加水量多,先干混后湿混的情况下最容易发生。由于黏土团中膨润土、煤粉和水分含量高,它的形成会影响这些成分在型砂中的均匀分布,将降低混砂效率并影响型砂性能。

(3) 测定冷却机前回用砂的砂温和含水量,决定冷却用增湿水量;测定冷却后的砂温和含水量,检查冷却机工作状态。

(4) 定期检查各处除尘器的除尘效果,分析粉尘中有效成分和失效成分含量,在必要时可将有效成分高的粉尘返回到回用砂中以调节总含泥量。

2. 混砂过程的水分测定

目前在生产中常用的测定并调节混砂水分的方法有紧实率法和电测法。

(1) 紧实率法

利用紧实率调节混砂时的加水量紧实率不仅是型砂性能的重要检测项目之一,而且在混砂时可以作为调节加水量的判据。混制完毕的型砂应达到的紧实率值,根据砂型紧实方法、模样形状及其布置等工艺因素决定。混砂时使紧实率值略高一些,以补偿由混砂机运送至造型机砂斗过程中的水分损失。在混砂时测定紧实率以调节加水量,可以由操作人员完成,或者用仪器自动进行。简单的方法是操作人员及时取出砂样,用锤击式制样机立即测出紧实率,由试验得出的该种型砂的紧实率与其含水量之间的关系曲线,即可决定应补充的加水量。当然,如果条件允许,也可以采用紧实率控制仪自动调节加水量。因此,目前在型砂多种性能在线检测仪器。

(2) 电测法

调节混砂时加水量用电测法测定物料含水量和温度,按要求达到的型砂性能调节混砂时的加水量,以水分作为控制目标,也是目前常见的方法。按测定水分所用传感器的工作原理,主要有电容法和电阻法两种。因为型砂配方不同,达到综合性能指标较好时的总加水量不同,所以在使用控制仪前,应按所采用的型砂配方制备型砂,通过系列试验决定总加水量中的基本水量和剩余水量、混砂周期,以及物料温度与补偿水量之间的关系。

3. 型砂主要性能的在线检测

型砂主要性能在线检测的目的在于:快速测定型砂的主要性能,及时地调整成分,稳定型砂质量。为实现在线检测,应着重解决 3 个基本问题,即确定检测的主要型砂性能、选择检测方法和仪器、解决型砂性能与其成分间的相关关系。型砂性能日常检测的项目很多,在线检测应该选择最能反映型砂综合性能,具有代表性,又适于快速检测的主要项目。紧实率反映湿型砂的调匀程度和最适宜含水量,对水分十分敏感,可以用于调节混砂时的加水量;当紧实率一定而加水量有变化时说明型砂中载水物质的含量产生变化,而且紧实率测试方法简单、速度快。因此,型砂紧实率应该是在线检测的主要项目。

型砂性能在线检测仪有单工位和多工位之分,在多工位检测仪中又有转台式和往复式两种。图 5.23 是一种转台式型砂性能在线检测仪,在间歇转动的四工位转台上有 4 个砂样筒,当制备好的型砂在带式输送机上运送时,取样气缸的活塞杆带动取样器下降,从胶带上取样后提升,然后推样气缸动作,将砂推入松砂装置,再加到砂祥筒中。在转台转动过程中,将样筒上的多余型砂刮去,在第二工位测定紧实率。转台转至第三工位,测定抗剪强度及剪切极限变形量,至第四工位,将样筒清理干净,以便进行下一循环的检测。每一工位的最少停留时间为 10 s,测定的数据输入微处理机进行处理和贮存。

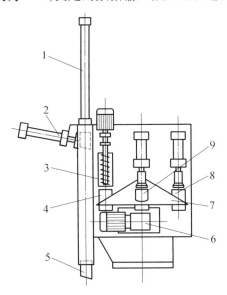

图 5.23 转台式型砂性能在线检测仪示意图
1—取样气缸;2—推样气缸;3—松砂装置;4—加砂工位;5—取样器;6—转台驱动装置;7—转台;8—抗剪强度测定工位;9—紧实率测定工位

第6章 落砂与清理机械

铸件的落砂是砂型铸造生产过程中的重要工序之一。落砂就是在铸型浇注并冷却到一定温度后,将铸型破碎,使铸型与砂箱分离,铸件与型砂分离。近年来,落砂设备虽然有了一定的发展,但它的机械化程度远远落后于造型机械化的发展。因此,如何进一步提高落砂清理的机械化与自动化程度是一项很迫切的任务。

清理属于铸件后处理工序,它包括清砂——除芯及清除铸件表面残留砂,去除浇冒口,表面清理,去除多余金属——除飞翅、浇冒口残余等,热处理,缺陷检查,修补与矫正,涂底漆。清理工序繁多,劳动量大,往往还伴有烟、尘、振动、噪声和辐射热,生产效率低,一直是铸造生产的薄弱环节。因此,落砂与清理的机械化程度仍远远落后于造型等铸件前处理工序,从而制约了整个铸造业的进步与发展。

采用新的先进的落砂与清理工艺,研制和使用高效清理机械。精化铸件,使生产出来的铸件具有最少的清理工作量。也就是说不仅要注意提高清理工作本身的机械化、自动化水平,也应从铸件生产的全局入手,改善铸件的前处理工序,以达到从根本上减少甚至消除落砂与清理的工作。

6.1 落砂机

目前,在铸造生产中普遍应用的落砂方法是振动法(撞击法),即利用铸型与落砂机之间的碰撞实现落砂。落砂机按产生振动的方法分为机械振动式和电磁振动式。机械振动式落砂机分为偏心振动式和惯性振动式,后者应用较为普遍。电磁振动式落砂机为我国首创,已在若干工厂采用。在一些高生产率的垂直分型无箱射压造型机生产线上,采用了滚筒落砂机进行铸型的落砂工作,以及有箱铸型先由捅箱机捅出后再经滚筒落砂机进行落砂。

6.1.1 振动落砂机

振动落砂法是由周期振动的落砂栅床将铸型抛起,然后铸型自由下落与栅床相碰撞。如此不断撞击,而使砂型破坏,铸件及型砂从砂箱中脱出,达到落砂的目的。

1. 偏心振动落砂机

偏心振动落砂机是机械振动落砂的一种,它的工作原理如图6.1所示。它靠一根转动的偏心轴3带动整个落砂机框架和栅格运动。偏心轴通过一对支架轴承4支承在底座的支承架10上,而轴的偏心部分通过一对框架轴承5与框架8及栅格6连在一起。当电动机1通过V带2带动偏心轴旋转时,使落砂机框架产生振动。放在栅格上的铸型不断地被抛起,然后又靠自重下落与栅格发生撞击,从而使铸型破碎,型砂经栅格孔落下运走,砂箱及铸件分别用运输设备送出。平衡重9与偏心轴相对布置,用以减轻支承轴承4所受的动载荷。

这种落砂机的主要缺点是撞击力全部由偏心轴及轴承所承受,并经由轴承传给机器的基础,因而大大降低了轴承等机件的使用寿命,并提高了对机器基础的要求。

2. 单轴惯性振动落砂机

(1) 惯性振动落砂机(非输送式)

惯性振动落砂机的工作原理如图6.2所示。落砂栅床2被弹簧4支承于机座5上,落砂栅床上装有带偏重的主轴3,当主轴旋转时,偏重产生的离心力(激振力)使落砂栅床振动,并与砂箱发生撞击而进行落砂。

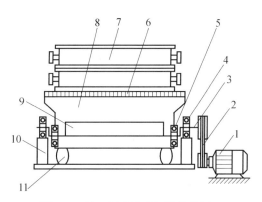

图6.1 偏心振动落砂机结构简图

1—电动机;2—V带;3—偏心轴;4—支架轴承;
5—框架轴承;6—栅格;7—铸型;8—框架;9—平衡重;
10—支承架;11—减振支承橡胶弹簧

惯性振动落砂机,由于整个落砂栅床支承在弹簧上,落砂时撞击力的一部分被弹簧吸收,主轴及其轴承所受到的冲击力减小,因此,机器的使用寿命(尤其是主轴轴承)较偏心振动式落砂机长。此外,机器基础所受到的振动减小,对基础的要求降低,当载质量越大时,这一特点越突出。因此应用较广,尤其是大型落砂机,一般均为惯性振动式。

(2) 惯性撞击式落砂机

惯性撞击式落砂机工作原理如图6.3所示。铸型放在固定支架上,下面安置惯性落砂机,靠落砂栅床的撞击而进行落砂(落砂机顶面距支架顶面间的间隙为5~8 mm)。由于载荷不是始终加在落砂机上,振幅变化的影响相对地减小了,机器对载荷变化的适应性增强了,额定载荷可以提高。

通常,在相同载荷情况下,撞击式落砂机比一般惯性式消耗功率较少。这主要是近共振区工作的落砂机可以充分利用振幅放大现象,能用较小的激振力,达到较好的落砂效果。当然,撞击式落砂机也有它不足之处,这就是振动剧烈,噪声大,对地基影响也较大。

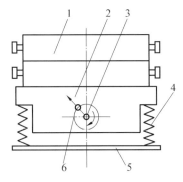

图6.2 惯性振动落砂机原理

1—铸型;2—落砂栅床;3—主轴;
4—弹簧;5—机座;6—偏重

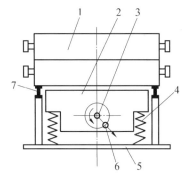

图6.3 惯性撞击式落砂机原理

1—铸型;2—落砂栅床;3—主轴;4—弹簧;
5—机座;6—偏重;7—固定支架

3. 双轴惯性振动落砂机

双轴惯性振动落砂机是利用激振器的双偏重在相向旋转时，由于水平惯性力相互抵消，只有垂直惯性力的作用，使支承在弹簧上的落砂栅床只有上下振动。如果将激振器倾斜于栅床安装，那么激振力便分解成垂直和水平两个分力，这就形成了输送式落砂机（也称落砂输送机），还可做筛砂机或输送机使用。

6.1.2 滚筒落砂机

图6.4为冷却落砂滚筒。欲落砂的铸型由铸型输送机1逐个送入滚筒落砂机4的入口，并喷适当的水，目的是增湿冷却，铸型在滚筒中一面滚动，一面进行破碎，型砂进行混合，用风机将空气由滚筒落砂机的出口处吸入，经过滚筒由滚筒入口的除尘罩排出，这样达到降温冷却及除尘效果，因此在出口处的旧砂以及铸件均得到冷却。铸件落入铸件输送机5中送往清理工部，旧砂经滚筒出口的筛孔漏入胶带输送机6上送出。

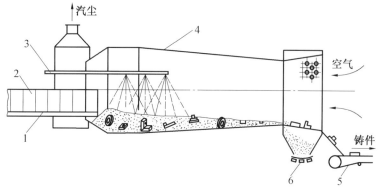

图6.4 冷却落砂滚筒工作原理

1—垂直分型无箱铸型输送机；2—铸型；3—冷却水管；4—滚筒落砂机；5—铸件输送机；6—胶带输送机

滚筒落砂机由于可以做到完全密封，所以粉尘及噪声容易控制，劳动条件好。冷却滚筒落砂机可以同时完成落砂、铸件冷却、型砂破碎及冷却等几个工艺过程，所以目前应用越来越广。落砂滚筒的缺点是薄壁铸件在滚筒落砂过程中容易撞坏。

6.2 清理机械

6.2.1 去除浇冒口机械

去除浇冒口的方法很多，应根据铸件的材质、质量和生产批量来进行选择，对于脆性金属铸件，如灰铸铁、可锻铸铁（退火前）和球墨铸铁小件，采用锤断或压断的方法。除浇冒口是简便而经济的，但断口不整齐，需进行后处理（铲或磨）。图6.5为模式浇冒口裂断机。机身3上装有两块活动颚板2，颚板之间为一液压缸4驱动的楔形板1。机身可以悬挂在单轨或单梁上，工作时将颚板插入冒口与铸件之间并使之紧密接触，开启手动阀5，高压油进入液压缸，推动模板伸出，两颚板则向左右张开。靠挤压力使冒口裂断脱离铸件。当油泵压力为30 MPa，功率7.5 kW时，张力可达180 kN。它可用于去除球墨铸铁件的冒口，最大裂断面为65 mm×47 mm。它轻便灵活，操作简单，生产率高，无环境污染，是一种值得推广的机具。

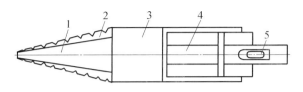

图 6.5　模式浇冒口裂断机
1—楔板；2—颚板；3—机身；4—液压缸；5—阀

图 6.6 为气动多向锤，用于去除大型铸铁件的浇冒口。它的工作部分为气缸，在其活塞杆端部装锤头，靠锤头的冲击打掉浇冒口。气缸装在一个可移动的操作机上，可以在很大的范围内作业。这台机械减轻了工人劳动强度，提高工效 10 多倍。

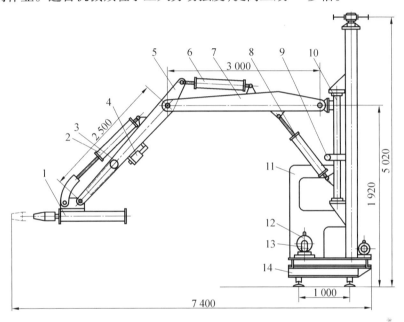

图 6.6　气动多向锤
1—工作气缸；2—变向液压油缸；3—贮气罐；4—气阀；5—小臂；6—伸缩液压油缸；7—大臂；8—升降液压油缸；9—回转液压油缸；10—转柱；11—操纵室；12—电动机；13—油泵；14—小车

采用机械加工的方法（剪、铣、锯）去除浇冒口，断口整齐，一般不需后处理，但生产效率低，刀具磨损严重，故一般只用于较软的非铁合金铸件。

对于碳素钢铸件，气割浇冒口是最有效的方法。冒口越大，这一方法的优点越显著。气割枪也可装在操作机上，工人在控制室内进行遥控操作。在此基础上，还可进一步实现程序控制或按轮廓线跟踪切割。图 6.7 为铸钢件冒口自动气割机，它有一个带转盘 2 的移动小车 1，转盘上装有立柱 3。可垂直移动的滑架 9 装在立柱内，滑架上装有横杆 10，其端部装着转臂 6，装有割枪 5 的切割器 4 随转臂 6 活动。立柱侧面是控制室 11，另一侧是电器柜。控制室上的固定架 8 是用于支承软管和电缆的。

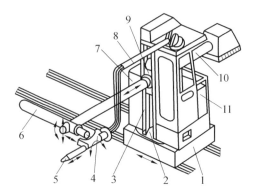

图 6.7 铸钢件冒口自动气割机
1—移动小车;2—转盘;3—立柱;4—切割器;5—割枪;6—转臂;
7—电器柜;8—固定回;9—滑架;10—横杆;11—控制室

6.2.2 打磨机械

打磨是去除铸件飞翅的主要方法,故铸件清理使用各种砂轮机。对于较厚的飞翅可采用气割(铸钢件)、等离子电弧切割(高合金钢件)或电弧气刨(铸铁件)等方法。

对于小型铸件,一般采用固定式砂轮机打磨。中型铸件,可采用悬挂式砂轮机;大型铸件则用手提式砂轮机打磨。近代出现了砂带打磨机,它的优点是可以保持恒定的磨削速度,散热好,磨具(接触轮)半径可以很小,可清理复杂铸件;更换迅速且工作安全,砂带损坏时无危险,振动小。有些小型电动砂带打磨工具,功率只有 450 W,小巧轻便,操作灵活,可清理铸件的死角。

6.2.3 表面清理机械

表面清理机械按工作原理分为抛丸、喷丸和摩擦式。

1. 抛丸清理机

抛丸清理是利用高速旋转的叶轮将弹丸抛向铸件,靠弹丸的冲击打掉铸件表面粘砂和氧化皮。抛丸清理机一般由以下几个部分组成。

(1)抛丸器

抛丸器是抛丸机械的核心部件,决定着抛丸机械的工作质量和效率。抛丸器按进丸方式分为机械进丸式和风力进丸式。图 6.8 为鼓风进丸式抛丸器。弹丸在喉管中被鼓风机送来的气流预加速后,经喷嘴送到叶片上,再由叶片进一步加速后抛出。调整喷嘴的出口位置,可以改变抛射方向。这种抛丸器的优点是减少了易损件(以喷嘴取代了分丸轮和定向套),结构简单,但增加了风机的动力消耗和设备安装面积。其抛丸量受风力限制,通常在 200 kg/min 以下。

图 6.9 为机械进丸式抛丸器,它由进丸管 4、分丸轮 3、定向套 2、装有叶片 5 的叶轮 8 和传动轴 10 组成抛射机构。这是目前使用最为广泛的一种抛丸器,抛丸量范围很宽,从每分钟几十千克到几百千克,最大已达 285 kg/min。抛射速度因叶轮直径(通常为 300 ~ 500 mm)和转速(通常为 2 000 ~ 3 000 r/min)而定,一般为 60 ~ 80 m/s。

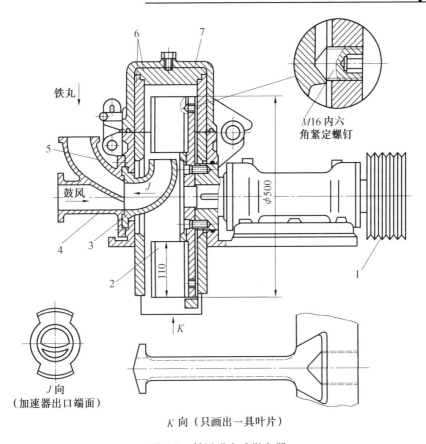

图 6.8 鼓风进丸式抛丸器
1—带轮;2—叶轮;3—喷嘴;4—喉管;5—紧固螺钉;6—护板;7—罩壳

(2) 丸砂分离器

对于铸件表面清理特别是抛丸清砂来说,它的重要性仅次于抛丸器,因为如果不能成功地进行丸砂分离(要求分离后丸中含砂量小于1%),也就无法进行有效的清理。

(3) 铸件载运装置

针对不同(形状、轮廓尺寸、质量)的铸件,不同的批量,可以采取不同的载运方式。好的载运方式应使铸件各个面,包括内表面都应受到均匀的抛打,没有死区;而且尽可能地使抛完的铸件不带走或少带走弹丸,以减少损失。

(4) 弹丸循环系统

(5) 除尘系统

(6) 外罩及控制装置

这种清理方法效果好,生产率高,劳动强度低,易自动化,因此在生产上得到了广泛的应用。其缺点是抛射方向不能任意改变,灵活性差。

2. 喷丸清理机

喷丸清理是利用压缩空气将弹丸喷射到铸件表面来实现清理。由于喷枪能在一定范围内移动,操作灵活,故可用于清理复杂铸件,特别适于清理具有复杂内腔和深孔的铸件。喷丸清理机与抛丸清理机的主要区别在于清理所使用的动力装置为喷丸器,而其他部分,如铸件载运装置、丸砂分离及输送系统、除尘系统等则基本相似。

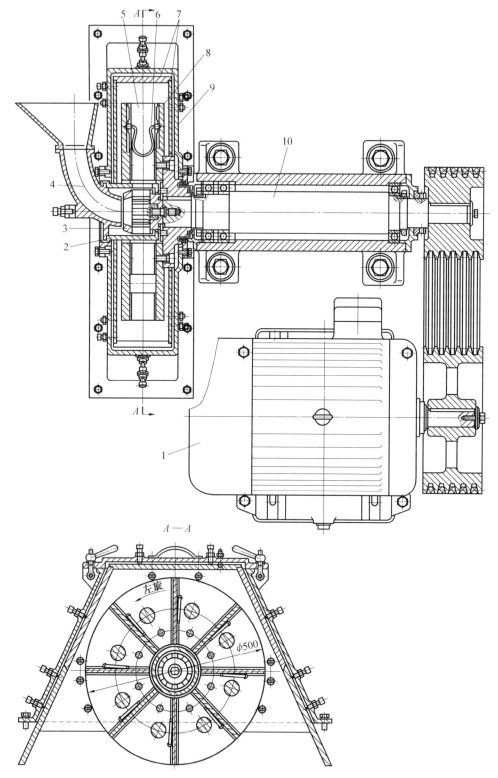

图6.9 机械进丸式抛丸器
1—电动机；2—定向套；3—分丸轮；4—进丸管；5—叶片；6—弹簧；7—护板；8—叶轮；9—罩壳；10—传动轴

喷丸器是喷丸清理机的关键装置,其工作原理如图6.10所示。弹丸由加料漏斗1及锥形阀门2加入圆筒容器3内。工作时,打开三通阀9,压缩空气进入容器,自动关闭阀门2,弹丸被压入混合室6。打开截止阀8,由管道7进入压缩空气将弹丸经胶管5、喷嘴4喷出。这种喷丸器为单室式,在补充弹丸时,必须停止工作。而双室式喷丸器则可连续工作,原理如图6.11所示,其下室4始终处在压缩空气压力作用下,而上室2则交替地处在压缩空气压力和大气压力下。当需要加丸时,三通阀处于图6.11(a)状态,上室与大气相通,上锥阀开启,下锥阀关闭,上室进丸。进丸完毕,三通阀换位(见图6.11(b)),上室通入压缩空气,上锥阀关闭,由于

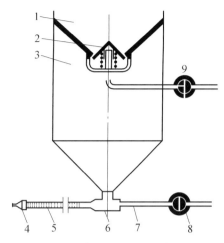

图6.10 单室式喷丸器工作原理

1—加料漏斗;2—锥形阀门;3—圆筒容器;4—喷嘴;
5—胶管;6—混合室;7—管道;8—截止阀;9—三通阀

上、下室压力相等,故下锥阀开启,弹丸由上室流入下室。这样,喷丸器可以连续工作。

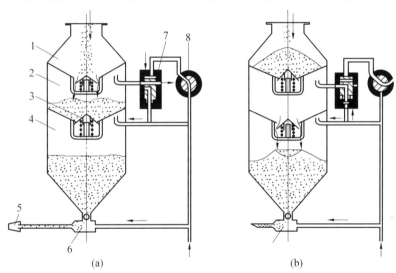

图6.11 双室式喷丸器工作原理

1—加料漏斗;2—上室;3—锥形阀;4—下室;5—喷嘴;6—混合室;7—转换阀;8—三通阀

喷丸所需压缩空气的压力取决于铸件材质、弹丸材质和粒度。一般是铸件的表面硬度越高,弹丸的密度和粒度越大,所需气压越高。当采用不同材质的弹丸时,压缩空气的工作气压可参考相关的数据进行选择。

喷嘴孔径直接关系着生产率和压缩空气消耗量。一般应不小于弹丸直径的3.5~4倍,常用孔径为4~15 mm,大者可达22 mm,用于重型铸件的清理。

喷丸消耗能量和所需动力较大,为抛丸清理的几倍到十几倍;生产率较抛丸清理低;清理时需要工人操纵喷枪,有时甚至需要工人进入清理室持枪操作,劳动条件较差;不易实现自动化,故一般用于清理复杂铸件或作为抛丸清理的补充手段。

3. 抛、喷丸联合清理机

抛、喷丸联合清理机是综合两种清理方法的优点而设计的(见图6.12)。抛丸清理生产率高,动力消耗少,以它作为主要的清理手段;喷丸操作灵活,可清理复杂铸件的内腔和深孔,作为辅助或补充手段,这样可以提高清理的质量和产量,降低清理成本。

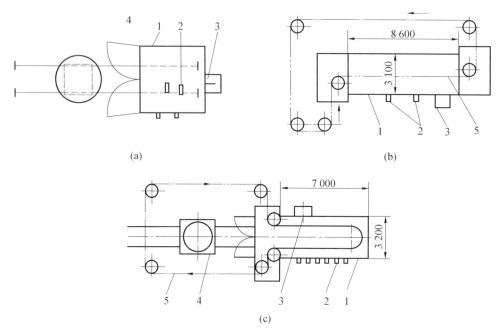

图6.12 抛、喷丸联合清理机
1—清理室;2—抛丸器;3—喷丸操作台;4—回转台车;5—悬挂式输送机

4. 摩擦式清理机

摩擦式清理机是利用铸件与铸件、铸件与星铁(多角形白口铁块)之间的摩擦和轻微撞击来实现清理的。其特点是设备结构简单,易制造,清理效果也较好,适于清理形状简单不怕碰撞的小型铸件。缺点是生产率低,噪声大,已逐渐为抛丸清理所取代。清理机械按其铸件载运方式可分为滚筒式、转台式和室式(悬挂式和台车式)。滚筒式用于清理小型铸件;转台式用于清理壁薄而又不宜翻转的中、小型铸件;悬挂式清理室用于清理中、大型铸件;台车式清理室用于清理大型和重型铸件。

(1)清理滚筒

普通清理滚筒虽然结构简单,清理效果也较好,但生产率低,机械化程度低,特别是噪声大,故已逐渐被抛丸滚筒所取代。但一些连续式清理滚筒,因其完全机械化作业,可装在清理流水线上,生产上仍有使用。图6.13为连续清理滚筒结构简图,滚筒轴线与水平倾斜,内壁焊有纵向肋条,以利铸件翻滚撞击。铸件由左端进料口进入滚筒,一面前进一面与星铁(多角形的白口铸铁块)、滚筒内壁以及相互间发生撞击、摩擦,进行清理,最后由右端出料口卸出。清掉的砂子通过滚筒中段内、外层的筛网落入下部集砂斗。星铁在出口端附近通过滚筒内层孔眼落入内外层之间,由螺旋叶片送回进口端,重新进入滚筒内层循环使用。

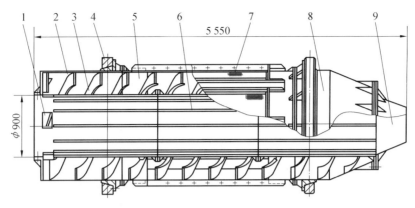

图 6.13 连续清理滚筒

1—星铁循环进口;2—滚筒前段;3—螺旋叶片;4—轮圈;5—滚筒中段;
6—肋条;7—筛网;8—滚筒后段;9—出料口

(2)振动落砂机

振动清理是将铸件和星铁(或砂轮碎块、大粒铁丸、碎瓷片等)装在一个振动容器中,由激振器带动振动,靠铸件与铸件、铸件同磨料相互摩擦和轻微撞击而达到表面清理目的。一般振动频率为每分钟数百次到一千多次,振幅为 2~3 mm。振动容器的装载系数一般为 0.75,铸件与磨料的体积比为 7∶10。星铁块度为 20~25 mm。每次清理时间为 20~30 min。此法主要用于表面质量要求比较高的小型铸件。

6.2.4 其他清理方法

1. 化学清理

对于一些特殊铸件,用常规的清理方法达不到质量要求时,可以采用化学清理,化学清理是用碱浸或酸浸铸件。

碱浸是将铸件浸入 400~500 ℃ 熔融的碱液(通常用苛性钠或苛性钾),或苛性钠的质量分数为 20%~30% 的沸水溶液中,铸件上粘砂同碱产生化学反应,即

$$2NaOH + SiO_2 = Na_2SiO_3 + H_2O$$

反应产物为水玻璃,它溶于水,故铸件上的粘砂得以清除干净。碱煮后的铸件需用热水清洗,以免腐蚀。

酸浸法则是用稀盐酸或稀硫酸浸渍铸件以清除氧化皮。

这两种清理方法与抛丸清理相比,其优点是可以保持精密铸件原来的光洁表面,可清理具有复杂内腔的铸件,例如液压阀体。缺点是清理周期长,成本高,酸、碱都有强腐蚀性,需要防护和采取防污染措施。

2. 电化学清理

将铸件浸入碱液熔池中,再通入直流电进行清理。电解液为苛性钠或 80% 苛性钠(质量分数,下同)和 20% 的苛性钾溶液,也可为 85%~95% 苛性钠和 5%~15% 的食盐组成的溶液。熔盐加热到 450~500 ℃。熔池中铸件作为阴极,池壁作为阳极。电解电压为 3~12 V,电流密度一般为 1 500~2 000 A/m² 时,处理时间为 0.5~2 h。

6.3 清理的机械化

对于具有一定批量铸件的清理,应尽可能地采用机械化清理生产线。这样可以获得较高的生产率,稳定的清理质量,较好的劳动条件和占用较少的生产面积。

随着近代机器人工业的迅速发展,在铸造厂开始使用操作机和机械手取代人工操作。它是铸造机械化,也是铸件清理机械化、自动化的发展方向,尽管从20世纪70年代初,压铸生产已开始使用机械手和机器人进行铸型喷涂、浇注和取件,以后扩展到精密铸造和砂型铸造车间,用于制壳、扎气眼、喷涂料、下芯、抓取和搬运铸件等,但从全世界机械手、机器人的使用分布上看,发展是很不平衡的。

6.3.1 操作机和机械手

操作机是手动遥控机械,是由工人操纵手柄进行工作的,其特点是机器的结构可以制作得很坚固,工作范围大。工作情况取决于工人的熟练程度。

机器人是一种具有铰接式结构(类似人类的臂和肘关节),可以独立实现(人不参与操作控制)人类机械功能的通用自动机。高级机器人还具有视觉、听觉和感觉(装有各种传感器),可以根据周围环境状况决定自己的行为。与人不同之处是它没有人类的大脑,只有起类似人类大脑作用的事先由人编好的各种程序和指令。正因为它具有模拟人类运动的铰接式结构零件结构,所以不可能做得很坚固,承受的负载有限。

机械手是介于操作机和机器人之间的一种机械。它具有像操作机那样坚固有力的工作机构,可以承受大的负载,而其控制方式又接近机器人,与机器人不同的是操作人员仍直接起控制作用。

在铸造车间常用的是操作机和机械手。起初只用在搬运或分捡铸件上,现已发展到完成各种清理工艺操作,如切割浇冒口、打磨、上底漆和检验等。采用操作机和机械手可以显著提高清理质量。例如人工操作的悬挂式砂轮机,其最大功率不超过25 kW,磨削能力为 5~10 kg/h;机械手操持的砂轮磨削机,功率可达55 kW,磨削能力可达100~150 kg/h。此外无论是操作机或机械手,都是遥控操作,操作室可以封闭起来,并通入新鲜空气。操作者避开了现场产生的粉尘与噪声危害,人身安全也有了可靠的保证。操作机和机械手按其运动方式分为4类(见图6.14),分别为直角坐标式、圆柱坐标式、球坐标和多关节式。

6.3.2 清理机械化生产线

图6.15为一小型铸铁件(35 kg以下)清理机械化生产线。带有浇冒口的热铸件由鳞板输送机1从落砂工段运来,落到倾翻式装料斗2上。待集中到一定数量后倒入冷却悬挂输送机3的吊桶内。吊桶中的铸件在悬链上经过2 h冷却到达连续清理滚筒5的进口处时,由卸料机构将其倾入旋转着的连续清理滚筒内。清出的废砂由带式输送机6,经斗式提升机10送往废砂库9。清理后的铸件从滚筒末端落到另一条鳞板输送机4上,由人工进行检查、分类堆放,送到下道工序处理。这条机械化清理生产线可完成铸件的冷却、清砂和表面清理等几道工序,布置也比较紧凑。

第6章 落砂与清理机械

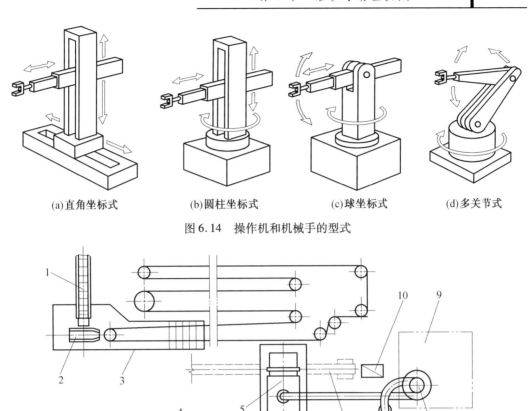

(a)直角坐标式　　(b)圆柱坐标式　　(c)球坐标式　　(d)多关节式

图 6.14　操作机和机械手的型式

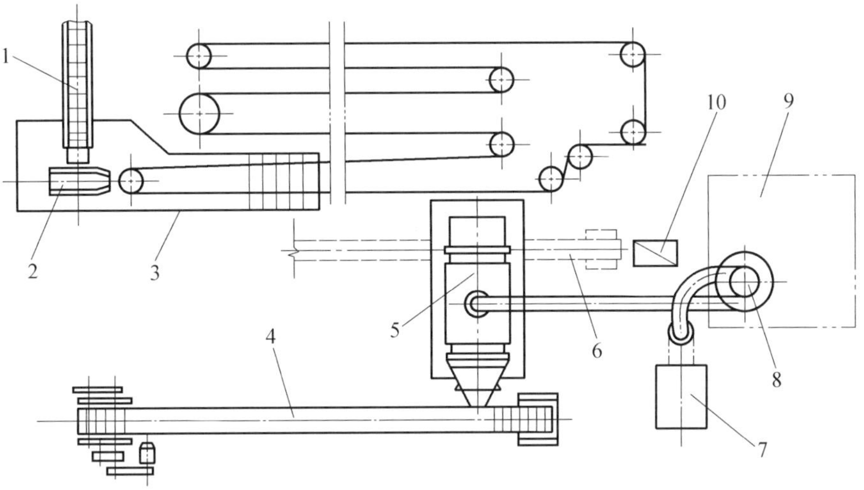

图 6.15　小型铸铁件清理机械化生产线

1、4—鳞板输送机;2—倾翻式装料斗;3—冷却悬链输送机;5—连续清理滚筒;6—废砂带式输送机;
7—自激式除尘器;8—旋风除尘器;9—废砂库;10—斗式提升机

第2篇 锻压工艺及设备

第7章 金属的塑性变形

各种钢和有色金属都具有不同程度的塑性,因而可在冷态或热态下进行压力加工。金属的压力加工是指借助各种外力的作用,使金属坯料产生塑性变形,从而获得具有一定形状、尺寸和机械性能的毛坯或零件的加工方法。通过压力加工(如锻造、冲压、拉拔、轧制等)使金属材料的外形、内部组织和结构发生变化,可消除铸造过程中晶粒粗大、不均匀、组织不致密及杂质偏析等缺陷。压力加工的实质就是塑性变形。

金属在外力作用下,首先产生弹性变形,当外力达到一定限度后,即产生塑性变形。弹性变形是在外力作用下,金属内部原子被迫离开原来的平衡位置,从而改变其相互间距离。弹性变形中原子位能升高,外力去除后,原子随即返回原来的平衡位置,弹性变形也随之消失;塑性变形是在外力作用下,金属晶粒各部分之间产生相对滑移的结果,外力去除后,塑性变形依然存在。

7.1 单晶体的塑性变形

单晶体是指原子排列方式完全一致的晶体。当单晶体金属受拉力 P 作用时,在一定晶面上可分解为垂直于晶面的正应力 σ 和平行于晶面的切应力 τ,如图 7.1 所示。在正应力 σ 作用下,晶格被拉长,当外力去除后,原子自发回到平衡位置,变形消失,产生弹性变形。若正应力 σ 增大到超过原子间的结合力时,晶体便发生断裂,如图 7.2 所示。由此可见,正应力 σ 只能使晶体产生弹性变形或断裂,而不能使晶体产生塑性变形。在逐渐增大的切应力 τ 作用下,晶体从开始产生弹性变形发展到晶体中的一部分与另一部分沿着某个特定的晶面相对移动,称为滑移。产生滑移的晶面称为滑移面,当应力消除后,原子到达一个新的平衡位置,变形被保留下来,形成塑性变形,如图 7.3 所示。

常温下,单晶体塑性变形的基本方式有两种:滑移和孪生,其中滑移是最基本、最重要的塑性变

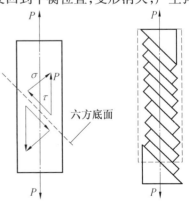

图 7.1 单晶体拉伸示意图

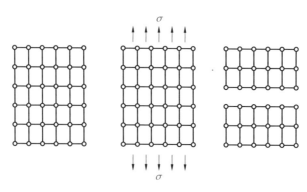

图 7.2 单晶体在正应力作用下变形图

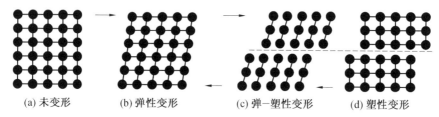

图 7.3 单晶体在切应力下变形

形方式。

晶体在晶面上发生滑移,实际上并不需要整个滑移面上的所有原子同时一起移动,即刚性滑移。近代物理学理论认为晶体内部存在许多缺陷,其类型有点缺陷、线缺陷和面缺陷三种。由于存在缺陷,使晶体内部各原子处于不稳定状态,高位能的原子很容易从一个相对平衡的位置移动到另一个位置上。位错是晶体中典型的线缺陷。

滑移变形就是通过晶体中位错的移动来完成的,如图 7.4 所示。在切应力的作用下,位错从滑移面的一侧移动到另一侧,形成一个原子间距的滑移量,因为位错移动时,只需位错中心附近的少数原子发生移动,不需要整个晶体上半部的原子相对下半部一起移动,所以它需要的临界切应力很小,这就是位错的易动性。因此,单晶体总的滑移变形量是许多位错沿移的结果。

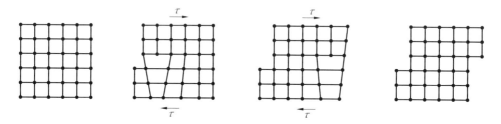

图 7.4 位错产生滑移示意图

孪生是指在切应力作用下晶体中一部分相对于另一部分沿一定晶面(孪生面)、一定晶向(孪生方向)做均匀的移动。每层晶面的移动距离与该面距孪生的距离成正比,即相邻晶面的相对位移量相等。孪生后移动与未移动区域构成镜面对称,形成孪晶。

7.2 多晶体的塑性变形

工程上使用的金属绝大部分是多晶体。多晶体中每个晶粒变形的基本方式与单晶体相同,因而,多晶体塑性变形和单晶体没本质区别;但由于多晶体材料中各个晶粒位向不同,且存在许多晶界,因此变形要比单晶体复杂得多。

晶体滑移时其临界切应力的大小主要取决于位错运动时所需克服的阻力,对单晶而言,这种阻力的大小取决于原子间结合力、晶体结构类型、位错数量等因素。对于多晶体而言,影响滑移的主要因素在于晶体中晶粒的位向及晶界对位错运动的阻碍。

1. 位向

在多晶体中,相邻晶粒间存在位向差,它们的变形很难同时进行,变形量也各不相同,当一个晶粒发生塑性变形时,如周围晶粒不发生塑性变形,则必然产生弹性变形来与之协调,从而成为该晶粒进一步塑性变形的阻力。因此,多晶体中,不同位向晶粒的滑移系取向不相同,滑移不能从一个晶粒直接延续到另一晶粒中。多晶体的变形首先从晶格位向有利于变形的晶粒内开始,滑移结果使晶粒位向发生转动,而难于继续滑移,从而促使下一批晶粒开始滑移变形。因而,多晶体的变形总是一批一批晶粒逐步发展的,从少量晶体开始逐步扩大到大量晶粒发生滑移,从不均匀变形逐步发展到较均匀变形。

2. 晶界对位错运动的阻碍

晶界是相邻晶粒的过渡区域,原子排列混乱,90%以上的晶界是大角度晶界,其结构复杂,同时也是杂质原子和各种缺陷集中的地方,当位错运动到晶界时,被此处紊乱的原子钉扎起来,滑移被迫停止,产生位错堆积,从而使位错运动阻力增大,金属变形抗力提高。金属晶粒越细,晶界越多,变形抗力越大,金属的强度就越大。

3. 多晶体塑性变形的特点

(1)各晶粒变形具有不同时性和不均匀性。

(2)各晶粒变形的相互协调性,需要5个以上的独立滑移系同时动作。由于晶界阻滞效应及取向差效应,使得多晶体作为一个连续的整体,每个晶粒处于其他晶粒的包围之中,不允许各个晶粒在任一滑移系中自由变形,否则必将造成晶界开裂。为使每一晶粒与邻近晶粒产生协调变形,Von Mises指出:晶粒应至少能在5个独立的滑移系上进行滑移。

(3)滑移的传递,必须激发相邻晶粒的位错源。

(4)多晶体的变形抗力比单晶体大,变形更不均匀。由于晶界阻滞效应及取向差效应,使多晶体的变形抗力比单晶体大,其中,取向差效应是多晶体加工硬化更主要的原因。一般说来,晶界阻滞效应只在变形早期较重要。

(5)多晶体塑性变形时,导致一些物理、化学性能的变化。

(6)密排六方系的多晶体金属与单晶体比较,前者具有明显的晶界阻滞效应和极高的加工硬化率;而在立方晶系金属中,多晶和单晶试样的应力-应变曲线就没有那么大的差别。

7.3 塑性变形对金属组织和性能的影响

金属的塑性变形由金属内多晶体的塑性变形来实现。在塑性变形过程中金属的结晶组织将发生变化,晶粒沿变形最大的方向伸长,晶格与晶粒发生扭曲,同时晶粒破碎。在变形过程中及变形后,金属的力学性能也将发生相应的变化。

金属材料在常温下进行塑性变形以后,其组织变化特征如下。

1. 晶粒沿变形最大的方向伸长、性能趋于各向异性

金属塑性变形时,外形发生变化的同时,内部晶粒形状也通常是沿着变形方向晶粒被拉长,当变形量很大时各晶粒将会被拉长成为细条状,各晶粒的某些位向趋于一致,此时,金属的性能呈一定程度的各向异性,纵向的强度和塑性远大于横向。

2. 位错密度增加,晶格扭曲,引起内应力,产生加工硬化

塑性变形后,金属内部的位错数目将随着变形量的增大而增加,使金属的强度和硬度提高,塑性和韧性下降,即产生加工硬化现象。对于不能用热处理提高强度的金属和合金,加工硬化是提高其强度、硬度和耐磨性的重要手段。

产生加工硬化的原因有两个:一方面是由于经过塑性变形晶体中的位错密度增高,位错移动所需的切应力增大。另一方面在滑移面上产生许多晶格方向混乱的微小碎晶,它们的晶界是严重的晶格畸变区,这些因素增加了滑移阻力,加大了内应力。

加工硬化是强化金属的重要方法之一,尤其是对纯金属及某些不能用热处理方法强化的合金。例如冷拔钢丝、冷卷弹簧等采用冷轧、冷拔、冷挤压等工艺,就是利用加工硬化来提高低碳钢、纯铜、防锈铝、奥氏体不锈钢等所制型材及锻压件的强度和硬度。但加工硬化也给进一步加工带来困难,且使工件在变形过程中容易产生裂纹,不利于压力加工的进行,通常采用热处理退火工序消除加工硬化,使加工能继续进行。在实际生产中可利用回复处理,可使加工硬化的金属既保持较高的强度,适当提高韧性,又降低了内应力。例如,冷拔钢丝、冷卷弹簧后,采用250~300 ℃的低温回火,就是利用回复作用,而再结晶后的金属则完全消除了加工硬化组织。

3. 产生织构

随着变形的发生,各晶粒的晶格位向也会沿着变形的方向同时发生转动,故在变形量达到一定程度时,金属中各晶粒的某些取向会大致趋于一致,这种位向趋于一致的结构称为形变织构,如图7.5所示。形变织构的形成在很多情况下是不利的,用形变织构的板材冲制筒形零件时,由于不同方向上的塑性差别很大,深冲之后,零件的边缘不齐,出现"制耳"现象,如图7.6所示。此外,由于板材在不同方向上的变形不同,会造成零件硬度和壁厚不均匀。但织构也有益处,如制造变压器铁芯的硅钢片,具有织构时可提高磁导率。

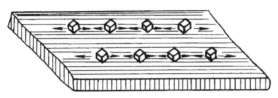

图 7.5　形变织构示意图　　　　图 7.6　制耳现象

4. 回复与再结晶

金属发生塑性变形以后处于一种不稳定的组织状态,高位能的原子有自发地回复到其低位能平衡状态的趋势,但在低温下原子活动能力较低,若对它进行适当加热,增加原子扩散能力,原子将向低能量的稳定状态转变,如图 7.7 所示。随着加热温度的提高,这一变化过程可分为回复、再结晶和晶粒长大三个阶段。

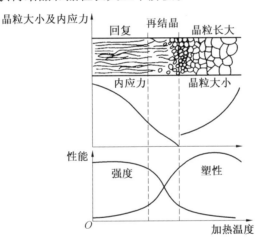

图 7.7　加热温度对冷变形金属组织性能的影响

(1)回复

回复阶段由于加热温度不同,原子扩散能力不强,通过原子的少量扩散,可消除部分晶格扭曲,降低金属的内应力。由于其显微组织无明显变化,金属的强度和塑形变化不大,这一过程称为回复。

(2)再结晶

当加热温度继续升高到某一值时,由于原子获得更多的能量,扩散能力加强,就会以某些碎晶或杂质为核心,并逐渐向周围长大,形成新的等轴晶粒,这个过程称为金属的再结晶。再结晶后,金属的强度和硬度下降,塑性升高。能够进行再结晶的最低温度称为再结晶温度。

随着温度的升高,或者是在较高的温度状态下时间延长,再结晶后的晶粒还会聚合而长大。为了加速再结晶过程,再结晶退火温度比再结晶温度高 100～200 ℃。但退火加热温度过高,保温时间过长,均会使再结晶后的细晶粒长大成粗晶粒,导致金属力学性能下降。

（3）晶粒长大

再结晶阶段刚结束时，得到的是无畸变的等轴的再结晶初始晶粒，随着加热温度的升高和保温时间的延长，晶粒之间会互相吞并而长大，这一现象称为晶粒长大或聚合再结晶。根据再结晶后晶粒长大的过程的特征，可将晶粒长大分为两种类型：一是均匀连续的长大，称为正常长大；另一种是晶粒不连续不均匀的长大，称为反常长大，或二次再结晶。

影响晶粒长大的因素主要有以下三个：

① 温度：温度越高，晶粒长大速度越快，通常在一定温度下晶粒长大到一定尺寸后就不再长大，但升高温度后，晶粒又会继续长大。

② 杂质及合金元素：一般认为，被吸附在晶界的溶质原子会降低晶界界面能，从而降低界面移动的驱动力，使晶界不易移动。

③ 第二相质点：大量实验研究表明，第二相质点对晶粒长大速度的影响与第二项质点半径和单位体积内第二项质点数量有关。第二相质点越细小，数量越多，阻碍晶粒长大的能力越强，晶粒越细小。

5．冷变形和热变形

金属在塑性变形时，由于变形温度不同，对组织和性能将产生不同的影响。金属的塑性变形分为冷变形和热变形两种。冷变形是指金属在其再结晶温度以下进行塑性变形，因此，变形程度不宜过大，以避免制件破裂。冷受形能使金属获得较小的表面粗糙度并使金属强化。

热变形是指金属在其再结晶温度以上进行塑性变形。热变形时，变形抗力低，可用较小的能量获得较大的变形量，并可获得具有较高力学性能的再结晶组织。但热变形时金属表面易产生氧化，产品表面粗糙度较大，尺寸精度较低。

6．产生纤维组织

金属在外力作用下发生塑性变形时，晶粒沿变形方向伸长，分布在晶界上的夹杂物也沿着金属的变形方向被拉长或压扁，成为条状。在再结晶时，金属晶粒恢复为等轴晶粒，而夹杂物依然呈条状保留了下来，这样就形成了纤维组织，也称为锻造流线。纤维组织形成后，金属力学性能将出现方向性，即在平行纤维组织的方向上，材料的抗拉强度提高，而在垂直纤维组织的方向上，材料的抗剪强度提高。

另外，纤维组织很稳定，用热处理或其他方法均难以消除，只能再通过锻造方法使金属在不同的方向上变形，才能改变纤维组织的方向和分布。

在一般情况下增加锻造比，可使金属组织细密化，提高锻件的力学性能，但锻造比增加到一定值时，由于纤维组织的形成，将导致各向异性。因此，选择合适的锻造比是很重要的。一般以轧材作为坯料锻时，取 1.1～1.3，碳素钢钢锭取 2～3，合金结构钢钢锭取 3～4，某些合金工具钢应选择较大的锻造比，以击碎极大的碳化物并使其均匀分布，如高速钢取 5～12。

由于纤维组织对力学性能的影响，特别是对冲击韧性的影响，在设计和制造易受冲击载荷的零件时，必须考虑纤维组织的方向，使零件工作时正应力方向与纤维组织方向一致，切应力方向与纤维组织方向垂直；而且使纤维组织的分布与零件的外形轮廓相符合，而不被切断。

图 7.8 是用不同方法制造螺栓的纤维组织分布情况。当采用棒料直接用切削加工方

第8章 压力加工及其工艺

8.1 压力加工概述

压力加工方法主要包括：轧制、挤压、拉拔、自由锻造、模型锻造和板料冲压，前三种方法以生产原材料为主，后三种方法以生产毛坯为主，如图8.1所示。

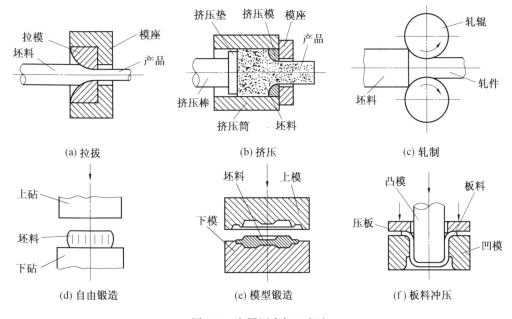

图8.1 金属压力加工方法

（1）轧制。使金属坯料通过回转轧辊的孔隙，以产生连续变形的加工方法。主要应用于生产钢板、无缝钢管及各种型钢。

（2）挤压。是将置于模腔中的金属坯料从挤压模的模孔中挤出而变形的加工方法。主要应用于生产低碳钢、有色金属及其合金的型材、管材等。

（3）拉拔。将金属坯料从拉拔模的模孔中拉出而变形的方法。主要应用于拉制金属丝和薄壁管。

（4）自由锻造。使金属坯料在上下砧铁间承受冲击力或压力，以产生变形的方法。主要应用于单件小批量生产力学性能高、形状简单的零件毛坯，是制造大型锻件的唯一方法。

（5）模型锻造。使金属坯料在锻模模腔内承受冲击力或压力，以产生变形的方法。应用于生产成批大量的形状较复杂的中、小型模锻件。

（6）板料冲压。使金属板料在冲模间受压，以产生切离或变形的加工方法。主要应用于生产成批大量的形状复杂的薄板件、仪表件、中空零件或汽车覆盖件等。

法制造螺栓时,其头部与杆部的纤维组织不连贯而被切断,切应力顺着纤维组织方向,故质量较差,如图7.8(a)所示;当采用局部镦粗法制造螺栓时,纤维组织不被切断,纤维组织方向也较为合理,故质量较好,如图7.8(b)所示。

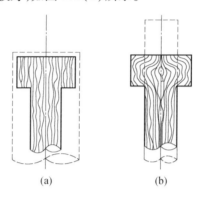

图7.8 螺栓的纤维组织分布情况

压力加工在汽车、船舶、冶金等多个行业中以及国防工业中均得到了广泛应用。在机械制造业中,凡是承受重载荷的机器零件,常需用锻造的方法来制造毛坯,再经过切削加工而成。金属压力加工如此得到广泛应用,是由于与其他方法相比,其具有以下特点:

(1) 生产率高。大多数压力加工方法都是使得金属连续变形,且变形速率很快,故生产率高,如采用多工位冷镦工艺生产内六角螺钉,生产率比切削加工提高 400 倍以上,材料利用率是切削加工 3 倍以上。

(2) 力学性能好。经塑性变形后,可获得细晶组织,结构致密,使其力学性能提高,因而,承受重载荷的零件一般都采用锻件做毛坯。近年来,采用形变热处理的方法,可同时获得相变强化和形变强化,进一步提高零件的力学性能。

(3) 节省金属。由于提高了金属的力学性能,在同样受力和工作的条件下,可缩减零件的截面尺寸,减轻重量。另一方面,压力加工是依靠塑性变形重新分配坯料体积而进行成型,与切削等其他方法相比,可减少零件制造过程中的金属消耗。

此外,压力加工与铸造等其他加工方法相比也有其不足之处,例如难以获得形状较为复杂的零件等。

8.2 压力加工理论基础

8.2.1 金属的纤维组织及锻造比

在热变形过程中,材料内部的夹杂物及其他非基体物质,沿着塑性变形方向所形成的流线组织,称为纤维组织。

纤维组织的明显程度与锻造比有关,锻造比是指拔长前坯料的横截面积与拔长后坯料的横截面积之比,即用拔长时的变形程度来衡量,表达式为

$$Y = \frac{F_0}{F}$$

式中 Y——锻造比;
F_0——拔长前坯料的横截面积;
F——拔长后坯料的横截面积。

锻造比的大小影响锻件质量和其力学性能。通常情况下,增加锻造比有利于改善金属的组织和力学性能,一般来说 $Y=2\sim5$ 时,在变形金属中开始形成纤维组织,纵向(顺纤维方向)的强度、塑性和韧性增高,横向(垂直纤维方向)同类性能下降,机械性能出现各向异性;$Y>5$ 时,钢料的组织细密化程度已接近极限,力学性能不再提高,各向异性则进一步增加。因此,选择合适的锻造比十分重要。

纤维组织的稳定性很高,不会因热处理而改变,采用其他方法也无法消除,只能通过合理的锻造方法来改变纤维组织在零件中的分布方向和形状。因而,在设计和制造零件时,必须考虑纤维组织的合理分布,充分发挥其纵向性能高的优势,限制横向性能差的劣势。设计原则是:使零件工作时承受的最大正应力与纤维方向一致,最大切应力与纤维方向垂直,并尽可能使纤维方向沿零件的轮廓分布而不被切断。图 8.2 为生产齿轮时的纤维分布图。

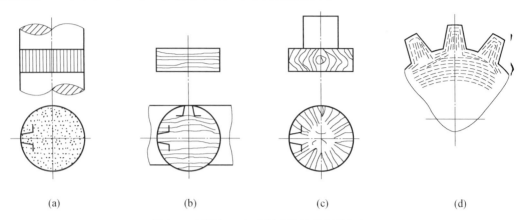

(a)   (b)   (c)   (d)

图 8.2   不同加工方法制成齿轮的纤维组织

图 8.2(d)所示纤维组织分布合理,齿轮的使用寿命最高,材料消耗最少;图 8.2(c)所示次之;图 8.2(a)所示是采用轧制棒料经切削加工而成,受力时齿根处产生的正应力垂直于纤维,性能最差;而图 8.2(b)中所示顺纤维方向的齿根处正应力与纤维方向重合,质量好,但垂直方向的质量较差。

8.2.2 金属的锻造性能

金属的锻造性能(又称可锻性)是衡量材料经受压力加工难易程度的工艺性能,它包括塑性和变形抗力两个因素。塑性高,变形抗力小,则锻造性能好;反之,锻造性能差。

1. 影响金属锻造性能的因素

(1)金属的本质

①化学成分的影响。一般来说,纯金属的锻造性能优于合金的锻造性能。合金元素的含量越多,成分越复杂,则金属的锻造性能越差,碳素钢中含碳量增加使其锻造性能降低。因此,低碳钢的锻造性能比高碳钢好,碳素钢的锻造性能比合金钢好,低合金钢的锻造性能比高合金钢好。

②组织结构的影响。相同成分的金属在形成不同的组织结构时,其锻造性能有很大差别。固溶体组织具有良好的锻造性能,因而锻造时常常将钢加热至奥氏体状态。合金中化合物的增加会使其锻造性能迅速下降,金属在单相状态下的锻造性能优于多相状态,因为多相状态下各相的塑性不同,变形不均匀会引起内应力,甚至开裂。细晶组织的锻造性能优于粗晶组织,因而锻造时要控制加热温度,避免晶粒长大。

(2)变形条件

①温度。变形温度对材料的塑性和变形抗力影响很大。一般而言,随着温度的升高,原子的动能增加,原子间的吸引力削弱,减少了滑移所需要的力,从而使塑性提高,变形抗力减小,改善了金属的锻造性能。热变形的变形抗力通常只有冷变形的 1/15~1/10,故在生产中得到广泛应用。

金属的加热应控制在一定的温度范围内,否则会产生"过热"和"过烧"两种加热缺陷。过热是指由于加热温度过高或高温下保温时间过长而引起晶粒粗大的现象。过热组织可通过正火使晶粒细化,以恢复其锻造性能。过烧是指加热温度过高,接近金属的熔点时,使晶界出现氧化或熔化的现象。过烧组织的晶粒非常粗大,且晶界的氧化破坏了晶粒间的结合,使金属完全失去锻造性能,是一种无可挽回的加热缺陷。

锻造时,必须合理地控制锻造温度范围,即始锻温度与终锻温度之间的温度间隔。始锻温度是指金属开始锻造时的温度,一般为锻造时所允许的最高加热温度;终锻温度是指金属停止锻造时的温度。在锻造过程中,随着温度的降低,工件材料的变形能力下降,变形抗力增大,下降至终锻温度时,必须停止锻造,重新加热,以保证材料具有足够的塑性和防止锻裂。

确定锻造温度范围的理论依据主要是合金状态图。碳素钢的始锻温度应在固相线AE以下150~250 ℃,终锻温度为800 ℃左右,如图8.3所示。亚共析钢的终锻温度虽处于两相区,但仍具有足够的塑性和较小的变形抗力;对于过共析钢,在两相区停锻,是为了击碎沿晶界分布的网状二次渗碳体。常用钢材的锻造温度范围如表8.1所示。

表8.1 常用金属的锻造温度范围

合金种类	牌号	始锻温度/℃	终锻温度/℃
碳钢	15,25	1250	800
	40,45	1200	800
	T9,T10,T12	1 100	700
不锈钢	1Cr13,2Cr13	1 150	750
	1Cr18Ni9Ti	1 180	850
结构钢	20Cr,40Cr	1 200	800
	20CrMnTi,30Mn2	1 200	800
工具钢	9SiCr	1 100	800
	Cr12	1 080	850
黄铜	H68	830	700
硬铝合金	LY1,LY11,LY12	470	380
紫铜	T1~T4	950	800

②速度。变形速度指单位时间内材料的变形程度,与锻造性能的关系如图8.4所示。

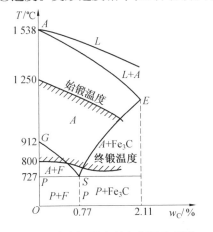

图8.3 碳素钢锻造温度范围示意图

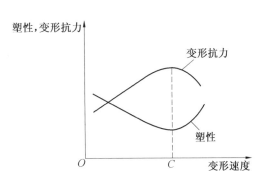

图8.4 变形速度对塑性及变形抗力的影响

变形速度有一个临界值 C。低于临界值 C 时，随变形速度增加，金属的变形抗力增加，塑性减小。当高于临界值 C 时，由于塑性变形产生的热效应加快了再结晶过程，使金属的塑性提高，变形抗力减小，锻造性能得以改善。高速锤锻造便是利用这一原理来改善金属的锻造性能的。

③应力状态。变形方法不同，在金属中产生的应力状态也不同，即使采用同一种变形方式，金属内部不同位置的应力状态也可能不同。例如金属在挤压时，表现出较高的塑性和较大的变形抗力；拉拔时两向受压，一向受拉表现出较低的塑性和较小的变形抗力；平砧镦粗时，坯料内部处于三向压应力状态，但侧表面层在水平方向却处于拉应力状态，因而在工件侧表面容易产生垂直方向的裂纹，如图8.5所示。

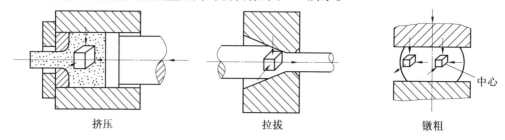

图8.5　金属变形时的应力状态

在选择变形方法时，对于塑性好的金属，变形时出现拉应力是有利的，可减少变形时的能量消耗，而对于塑性差的金属材料，应避免在拉应力状态下变形，尽量采用三向压应力下变形。如有些合金拉拔成丝较困难，但采用挤压却容易加工成线材便是这个道理。另外，坯料的表面状况对材料的塑性也有影响，特别在冷变形时尤为显著。坯料表面粗糙，或有刻痕、微裂纹和粗大夹杂物等，都会在变形过程中产生应力集中而引起开裂，因此加工前应对坯料进行清理和消除缺陷。

2. 常用合金锻造特点

各种钢材、铝、铜合金都可以锻造加工。其中，Q195、Q235、10、15、20、35、45、50钢等中低碳钢、20Cr、铜及铜合金、铝及铝合金等锻造性能较好。

(1) 合金钢

与碳钢比较，合金钢具有综合力学性能高、淬透性和热稳定性好等优点，但钢中由于合金元素的加入，其内部组织复杂、缺陷多、塑性差、变形抗力大、锻造性能较差。因此，锻造时必须严格控制工艺过程，以保证锻件的质量。

首先，选择坯料时，表面不允许有裂纹存在，以防锻造中裂纹扩展造成锻件报废，并且为了消除坯料的残余应力和均匀内部组织，锻前需进行退火。

其次，合金钢的导热性比碳钢差，如果高温装炉，快速加热，必然会产生较大的热应力，致使金属坯料开裂。因此，应先加热至800℃保温，然后再加热到始锻温度，即采用低温装炉及缓慢升温。

另外，与碳钢相比较，合金钢的始锻温度低，终锻温度高。这是由于一方面合金钢成分复杂，加热温度偏高时，金属基体晶粒将快速长大，分布于晶粒间的低熔点物质熔化，容易出现过热或过烧缺陷，因此，合金钢的始锻温度较低；另一方面合金钢的再结晶温度高、再结晶速度慢、塑性差、变形抗力大、易断裂，故其终锻温度较高。

因此，合金钢的锻造温度范围较窄，一般只有100~200 ℃，增加了锻造过程的困难，必须注意以下几点：

①控制变形量。始锻和终锻时应使变形量小，中间过程变形量加大。因为合金钢内部缺陷较多，在始锻时，若变形量过大，易使缺陷扩展，造成锻件开裂报废。终锻前，金属塑性低，变形抗力增大，锻造时变形量大也将导致锻件报废。而在锻造过程中间阶段如果变形量过小，则达不到所需的变形程度，不能很好地改变锻件内部的组织结构，难以获得良好的力学性能。

②增大锻造比。合金钢钢锭内部缺陷多，某些特殊钢种，钢中粗大的碳化物较多，且偏析严重，影响了锻件的力学性能。增大锻造比，能击碎网状或块状碳化物，可以消除钢中缺陷，细化碳化物并使其均匀分布。

③保证温度、变形均匀。合金钢锻造时要经常翻转坯料，尽量使一个位置不要连续受力，送进量要适当均匀，而且锻前应将砧铁预热，以使变形及温度均匀，防止产生锻裂现象。

④锻后缓冷。合金钢锻造结束后，应及时采取工艺措施保证锻件缓慢冷却。例如，锻后将锻件放入灰坑或干砂坑中冷却，或放入炉中随炉冷却。这是因为合金钢的导热性差，塑性低，且终锻温度较高，锻后如果快速冷却，会因热应力和组织应力过大而导致锻件出现裂纹。

(2)有色金属

①铝合金。几乎所有锻造用铝合金（变形铝合金）都有较好的塑性，可锻造成各种形状的锻件，但是铝合金的流动性差，在金属流动量相同的情况下，比低碳钢需多消耗约30%的能量。铝合金的锻造温度范围窄，一般为150 ℃左右，导热性好，应事先将所用锻造工具预热至250~300 ℃。操作时，要经常翻转，动作迅速，开始时要轻击，随后逐渐加大变形量时，则应重打。铝合金的流动性差，模锻时容易裂模，要求锻模内表面粗糙度 Ra 在 $0.8~\mu m$ 以下，并采用润滑剂。

②钛合金。钛合金是飞机、宇航工业常用的有色金属材料。钛合金可锻造成各种形状的锻件，钛合金的可锻性要比合金钢差，其塑性随着温度的升高而增大，若在1 000~1 200 ℃下锻造，变形程度可达80%以上。但随着变形温度下降，变形抗力急剧增大。因此，操作时动作要快，尽量减少热损失。锻造温度：α钛为850~1 050 ℃，α+β钛为750~1 150 ℃，β钛为900~1 050 ℃。因为钛合金的流动性比钢差，所以，模锻时模腔的圆角半径应设计大些，而且钛合金的黏模现象比较严重，要求模腔表面粗糙度要达到 $Ra=0.2~0.4~\mu m$。

8.2.3 金属的变形规律

对于依靠金属的塑性变形而进行的压力加工技术而言，只有掌握其变形规律，才能合理制订工艺规程，正确使用工具和掌握操作技术，达到预期的变形效果。本节主要介绍金属变形规律的两个基本定律：体积不变定律和最小阻力定律。

1. 体积不变定律

体积不变定律指金属坯料变形前后的体积恒定的规律。金属塑性变形过程实际上是通过金属流动而使坯料体积进行再分配的过程，因而遵循体积不变定律。但是，坯料在变形过程中,其体积总会有一些减小,例如钢锭在锻造时可消除内部的微裂纹、疏松等缺陷,使金属的密度提高,不过这种体积变化量极其微小,可以忽略不计。

2. 最小阻力定律

最小阻力定律是指金属变形时,首先向阻力最小的方向流动。一般而言,金属内某一质点流动阻力最小的方向是通过该质点向金属变形部分的周边所作的法线方向。例如方形或长方形截面则分成4个区域,分别朝垂直于4个边的方向流动,最后逐渐变成圆形或椭圆形,而圆形截面的金属却朝径向流动,如图8.6所示。由此可知,圆形截面金属在各个方向上的流动最均匀,因而,镦粗时总是先把坯料锻成圆柱体再进行。

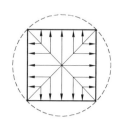
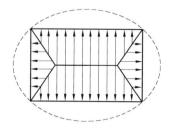
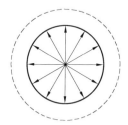

图8.6 不同截面金属的流动情况

第9章 自由锻造

9.1 自由锻造设备

常用的自由锻造设备有:空气锤、蒸汽-空气锤和水压机。

空气锤由自身携带的电动机直接驱动,锤击能量小,只能锻造100 kg以下的小型锻件。

蒸汽-空气锤主要由汽缸、机架、锤头、锤杆、砧座及操作系统所组成,如图9.1所示。通过操纵手柄控制滑阀,使蒸汽或压缩空气进入汽缸上、下腔,推动活塞上、下往复运动,以实现锤头的连续打击动作。蒸汽-空气锤可以锻造中型或较大型锻件。

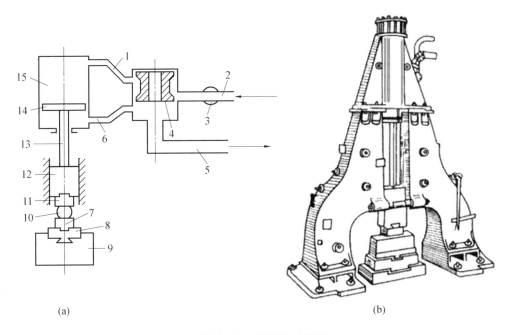

图9.1 蒸汽-空气锤结构示意图

1—上气道;2—进气道;3—节气阀;4—滑阀;5—排气管;6—下气道;7—下砧;8—砧垫;9—砧座;10—坯料;11—上砧;12—锤头;13—锤杆;14—活塞;15—工作缸

水压机主要由立柱、横梁、工作缸、回程缸和操作系统所组成,如图9.2所示。依靠工作缸通入高压水(20~40 MPa)推动工作柱塞带动活动横梁和上砧向下运动,对坯料进行锻压。回程时,高压水通入回程缸,通过回程柱塞和回程拉杆将活动横梁拉起。水压机工作时的变形速度较慢,有利于改善坯料的锻造性能,一般用于碳钢、合金钢等大型锻件的单件小批量生产。

自由锻所用工具和设备简单、通用性好、工艺灵活、成本低、锻件的质量可以从数十克到几百吨,对于大型锻件如轧辊、发电机转子、主轴、汽轮机叶轮、大型多拐曲轴等,大多采用自由锻方法成形。因此,自由锻在重型机械制造中占有重要地位。但是,自由锻件也有其自身缺点,比如精度低、加工余量大、生产率低,主要用于单件、小批量生产等。

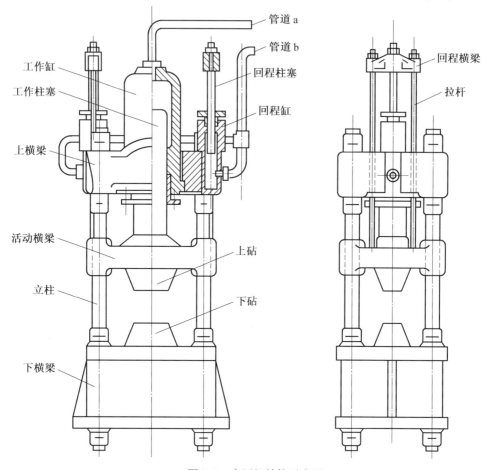

图9.2 水压机结构示意图

9.2 自由锻基本工序

自由锻工序分为基本工序、辅助工序和修整工序。基本工序有镦粗、拔长、冲孔、扩孔、弯曲、切割、错移和扭转;辅助工序有压钳口、倒棱和压痕等;修整工序有校正、滚圆、平整等。

1. 镦粗

镦粗是减小坯料高度以增大其横截面积的工序。常用来锻制盘类锻件,使其具有较好的纤维分布,或作为冲孔前的准备工序,以减小冲孔深度,亦可用以提高下一步拔长的锻造比,提高锻件机械性能,减少各向异性。镦粗是自由锻最基本的工序,不仅一些锻件(如饼块锻件、空心锻件)必须采用镦粗成型,在其他锻造工序(如拔长、冲孔等)中也都包含镦粗因素。因此,了解镦粗时的变形规律,对掌握锻造工艺具有重要意义。

常用的镦粗方法有平砧镦粗、带尾镦粗、局部镦粗、展平镦粗,如图9.3所示。为避免镦弯,镦粗部分的坯料高度应不大于其直径的2.5倍。局部镦粗可直接用棒料进行,也可用较大棒料经拔出杆部后进行。

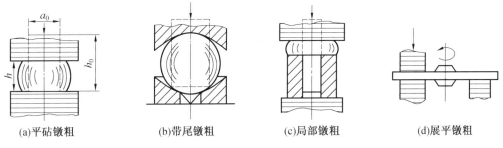

(a)平砧镦粗 (b)带尾镦粗 (c)局部镦粗 (d)展平镦粗

图9.3 常用镦粗方法示意图

在镦粗变形过程中,坯料沿轴向受压缩,但各部分受力不尽相同,受上下砧摩擦力的部分,变形不大。当变形程度较大时,可能沿圆周表面产生纵向裂纹。对于塑性不好的材料,可在球面砧或模子中进行镦粗,以改善其应力状态。一般镦粗时,由于模具与坯料间接触面的摩擦应力场的作用,使坯料内的应力场和应变场很不均匀。

用平砧镦粗圆柱坯料时,随着高度的减小,金属不断向四周流动。由于坯料和工具之间存在摩擦,镦粗后坯料的侧表面将变成鼓形,同时造成坯料内部变形分布不均。通过采用网格法的镦粗实验可以看到(图9.4),根据镦粗后网格的变形程度大小,沿坯料对称面可分为三个变形区。

区域Ⅰ:由于摩擦影响最大,该区变形十分困难,称为"难变形区"。

区域Ⅱ:不但受摩擦的影响较小,应力状态也有利于变形,因此该区变形程度最大,称为"大变形区"。

区域Ⅲ:其变形程度介于区域Ⅰ与区域Ⅱ之间,称为"小变形区"。因鼓形部分存在切向拉应力,容易引起表面产生纵向裂纹。

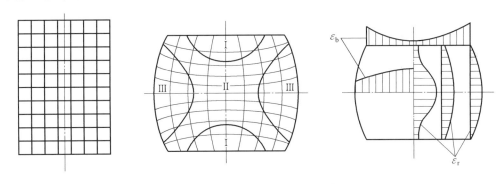

图9.4 圆柱坯料镦粗时的变形分布图

坯料镦粗时的主要质量问题有:侧表面易产生纵向或呈45°方向的裂纹;坯料镦粗后,上下端常保留铸态组织;高坯料镦粗时由于失稳而弯曲等。镦粗时产生这种变形不均匀的原因主要是工具与坯料端面之间摩擦力的影响,这种摩擦力使金属变形困难,使变形所需的单位压力增高。从高度方向看,中间部分Ⅱ区受到的影响小。上下两端Ⅰ区受到的影响大。在接触面上,中心处的金属流动还受到外层金属的阻碍,故越靠近中心部分受到的流动阻力越大,变形越困难。

产生变形不均匀的原因除工具与毛坯接触面的摩擦影响外,温度不均也是一个很重要的因素,上下端金属(Ⅰ区)由于与工具接触,造成温度降低快,变形抗力大,故较中间处(Ⅱ区)的金属变形困难。

由于以上原因,使第Ⅰ区金属的变形温度低,变形程度小,故镦粗锭料时此区铸态组织不易破碎和再结晶,结果容易保留部分铸态组织。而第Ⅱ区由于变形程度大和温度高,铸态组织被破碎和再结晶充分,形成具有细小等轴晶粒的变形组织,消除了铸态组织的疏松和缩孔等缺陷。

由上述可见,镦粗时的侧表面裂纹和内部组织不均匀都是由于变形不均匀引起的,其原因是表面摩擦和温度降低。因此,为保证内部组织均匀和防止侧表面裂纹产生,应当采取合适的变形方法以改善或消除引起变形不均匀的因素。通常采取的措施有:

(1)使用润滑剂和预热工具

为降低工具与坯料接触面的摩擦力,镦粗低塑性材料时采用玻璃粉、玻璃棉和石墨粉等润滑剂,为防止变形金属很快地冷却,镦粗用的工具应预热至200~300 ℃。

(2)采用凹形毛坯

锻造低塑性材料的大型锻件时,镦粗前将坯料压成凹形,可明显提高镦粗时允许的变形程度。这是因为凹形坯料镦粗时,沿径向产生压应力分量,对侧表面的纵向开裂起阻止作用,如图9.5和图9.6所示。

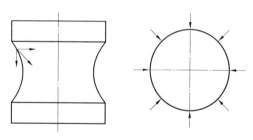

图9.5 凹形坯料镦粗时的受力情况

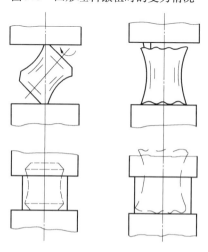

图9.6 凹形坯料镦粗情况

(3) 采用软金属垫

热镦粗较大型的低塑性锻件时,在工具和锻件之间放置一块不低于坯料温度的软金属垫板(一般采用碳素钢),使锻件不直接受到工具的作用(见图9.7)。由于软垫的变形抗力较低,优先变形并拉着锻件径向流动,结果锻件的侧面内凹。当继续镦粗时,软垫直径增大,厚度变薄,温度降低,变形抗力增大,镦粗变形便集中到锻件上,使侧面内凹消失,呈现圆柱形。再继续镦粗时,可获得程度不大的鼓形。

(4) 采用铆镦、叠镦和套环内镦粗

①铆镦。就是预先将坯料端部局部成型,再重击镦粗把内凹部分镦出。

②叠镦。叠镦是将两件锻件叠起来镦粗,形成鼓形(图9.8),然后翻转锻件继续镦粗消除鼓形。叠镦不仅能使变形均匀,而且能显著地降低变形抗力。这种方法主要用于扁平的圆盘锻件。

③在套环内镦粗。这种镦粗方法是在坯料的外圈加一个碳钢外套,靠套环的径向压力来减小坯料的切向拉应力,镦粗后将外套去掉。

上述成型措施均是造成坯料沿侧表面有压应力分量产生,因此产生裂纹的倾向显著降低;又由于坯料上、下端面部分也有了较大的变形,故不再保留铸态组织。

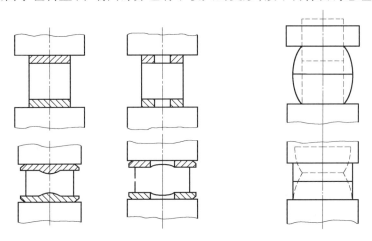

图9.7 软金属垫镦粗   图9.8 叠起镦粗

镦粗时要注意以下事项:

(1) 为防止镦粗时产生纵向弯曲,圆柱体坯料高度与直径之比不应超过2.5,在2~2.2的范围内更好。对于平行六面体,其高度和较小基边之比应小于3.5。镦粗前坯料端面应平整,并与轴线垂直。

镦粗前压料加热温度应均匀,镦粗时要把坯料围绕着它的轴线不断地转动,坯料发生弯曲时必须立即校正。

(2) 镦粗时每次的压缩量应小于材料塑性允许的范围。如果镦粗后进一步拔长时,应考虑到拔长的可能性,即不要镦粗太矮。禁止在终锻温度以下镦粗。

(3) 为减小镦粗所需的打击力,坯料应加热到该种材料所允许的最高温度。

(4) 镦粗时坯料高度应与设备空间尺寸相适应。在锤上镦粗时,应使

$$H_{锤} - H_0 \geq 0.25 H_{锤}$$

式中 $H_{锤}$——锤头的最大行程;

H_0——坯料的原始高度。

在水压机上镦粗时,应使
$$H_水 - H_0 \geqslant 100 \text{ mm}$$
式中 $H_水$——水压机工作区间的最大距离;
  H_0——坯料的原始高度。

2. 拔长

拔长是通过逐次送进和反复转动坯料进行压缩变形,所以它是耗时最多的一个工序,因此,在研究拔长时金属的变形和流动特点时,还应分析影响拔长生产率的问题,从而确定合理的工艺参数和工艺方法。

拔长是减小坯料横截面以增大其长度的工序,常用以锻制轴、杆类锻件。常用的拔长方法有:平砧拔长、心轴拔长、心轴扩孔等,如图9.9所示。平砧拔长是垂直于坯料轴线方向进行压缩,使坯料的横截面逐渐变小,而其长度逐渐增加。每次压缩时,坯料既增长又增宽。为提高拔长效率,即保证每次压缩中增长大而增宽小,根据金属流动规律,需采用较小的送进量。

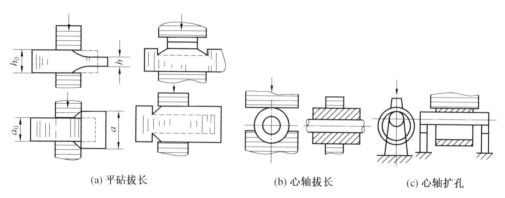

(a) 平砧拔长　　(b) 心轴拔长　　(c) 心轴扩孔

图9.9 常用拔长方法示意图

平砧拔长时,无论坯料原始截面形状以及最后所需的截面形状如何,总是先锻方,拔长至一定尺寸时,再锻成所需形状,因为方截面可使用较大的压缩量,拉拔效果较好。

芯轴拔长是减小空心毛坯外径和壁厚,增加长度的工序的方法,芯轴拔长时,坯料先经镦粗、冲孔,再套在心轴上进行拔长,以减小壁厚、增加长度。常用来锻制空心轴、套筒类锻件。

芯轴扩孔是减小空心毛坯的壁厚,增加内径和外径的工序方法。芯轴扩孔时,坯料先经过镦粗、冲孔,再套在心轴上,心轴搁于支架上,坯料在心轴和上砧间进行压缩,并不断转动,以减小壁厚,增加周长,常用以锻制圆环类锻件。

拔长还可分为矩形截面坯料的拔长、圆截面坯料的拔长和空心坯料的拔长三类。

(1) 矩形截面坯料的拔长

拔长是在长坯料上进行局部压缩,如图9.10所示,其变形区的变形和流动与镦粗相近,但因为它的镦粗变形受到两端不变形金属的限制,因而又区别于自由镦粗。下面先分析拔长时宏观尺寸变化的情况。

送进长度与宽度之比,称为进料比。矩形截面坯料拔长,当相对送进量较小时,金属多沿轴向流动,轴向的变形程度 ε_a 较大,横向变形程度 ε_a 较小,随着进料比不断增大,ε_l 逐渐减小,ε_a 逐渐增大,变化情况如图9.11所示。

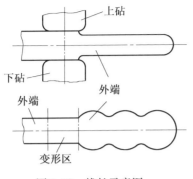
图 9.10 拔长示意图

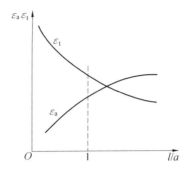
图 9.11 轴向横向随进料比变化情况

图 9.11 中可看出,在进料比等于 1 时,$\varepsilon_t > \varepsilon_a$,即拔长时沿横向流动的金属量小于沿轴向流动的金属量。而在自由镦粗时,沿轴向和横向流动的金属相等。显然,拔长时,由于两端不变形金属的作用,阻止了变形区金属的横向流动。

矩形截面坯料拔长时的生产率:将截面积为 A_0 的坯料拔长到截面积为 A_n 的锻件所需的时间主要取决于总的压缩(或送进)次数,总的压缩次数 N 等于沿坯料长度上各遍压缩所需送进次数的总和。总的压缩次数与每次的变形程度及进料比有关。要提高拔长时的生产效率必须正确地选择相对压缩程度和进料比。

(2)圆截面坯料的拔长

用平砧拔长圆截面坯料,当压下量较小时,接触面较窄较长,沿横向阻力最小,所以金属横向流动多,轴向流动少,显然,拔长的效率很低。

用平砧采用小压缩量拔长圆截面坯料时,不仅生产效率低,而且易在锻件内部产生纵向裂纹,如图 9.12 所示。

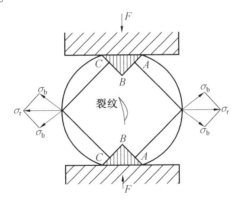
图 9.12 量圆截面受力情况

分析原因如下:

工具与金属接触时,首先是线接触,然后逐渐扩大,接触面附近的金属受到的压应力大,故这个区(ABC 区)首先变形,但是 ABC 区很快成为难变形区。其原因是,随着接触面的增加,工具的摩擦影响增大,而且温度降低较快,故变形抗力增加,因此,ABC 区就好像一个刚性楔子。

继续压缩时,通过 AB、BC 面沿着与其垂直的方向,将应力 σ_b 传给坯料的其他部分,于是坯料中心部分便受到合力 σ_r 的作用。

从另一方面看,由于作用力在坯料中沿高度方向分散地分布,上、下端的压应力 F 大,于是变形主要集中在上、下部分,且金属主要沿横向流动,结果对轴心部分金属产生附加拉应力。

上述分析的附加拉应力和合力 σ_r 的方向是一致的,均对轴心部分生产拉应力。在此拉应力的作用下,使坯料中心部分原有的孔隙、微裂纹继续发展和扩大。当拉应力的数值大于金属当时的强度极限时,金属就开始破坏,产生纵向裂纹。

3. 冲孔

冲孔是在坯料上冲出透孔或不透孔的工序。常用的冲孔方法有实心冲子冲孔、空心冲子冲孔和板料冲孔,如图 9.13 所示。实心冲子冲孔时,冲头下部的金属被挤向四周,坯料外形有畸变。但由于冲孔连皮厚度不大,故金属损耗较小。冲孔前需将坯料镦粗,使外径达冲子直径的 2.5~3 倍。

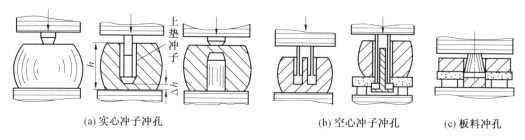

(a) 实心冲子冲孔　　(b) 空心冲子冲孔　　(c) 板料冲孔

图 9.13　常用冲孔方法示意图

空心冲子冲孔用于冲制直径 400 mm 以上的大孔,对锭料而言,此法可将质量较差的心部金属除去。

板料冲孔用于厚度较小的坯料,坯料走样较小,而金属损耗较大。

4. 扩孔

减小空心坯料壁厚而增加其内外径的锻造工序称为扩孔。常用的扩孔方法有冲子扩孔(图 9.14)和芯轴扩孔(图 9.15)。

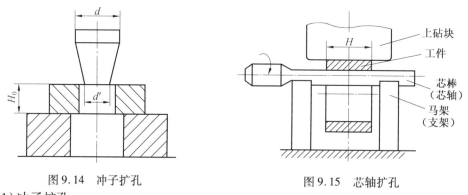

图 9.14　冲子扩孔　　　　图 9.15　芯轴扩孔

(1) 冲子扩孔

冲子扩孔时,坯料径向受压应力、切向受拉应力、轴向受力很小。坯料尺寸的相应变化是壁厚减薄,内、外径扩大,高度有较小变化。

冲子扩孔所需的作用力较小,这是由于冲子的斜角较小,较小的轴向作用力可产生较大的径向分力,并在坯料内产生数值更大的切向拉应力。

由于冲子扩孔时坯料切向受拉应力,容易胀裂,故每次扩孔量不宜太大。

冲子扩孔时锻件的壁厚受多方面因素的影响,例如,坯料壁厚不等时,将首先在壁薄处变形;如果原始壁厚相等,但坯料各处温度不同,则首先在温度较高处变形;如果坯料上某处有微裂纹等缺陷,则将在此处引起开裂。总之,冲子扩孔时,变形首先在薄弱处发生。因此,冲子扩孔时,如控制不当可能引起壁厚差较大。但是如果正确利用上述因素的影响规律也可能获得良好的效果。例如,扩孔前将坯料的薄壁处水冷一下,以提高此处的变形抗力,将有助于减小扩孔后的壁厚差。

扩孔前坯料的高度尺寸计算式为:

$$H_0 = 1.05H$$

式中　H_0——扩孔前坯料高度;

　　　H——锻件高度。

(2) 芯轴扩孔

芯轴扩孔时,变形区金属沿切向和宽度(高度)方向流动。这时除宽度(高度)方向的流动受到外端的限制外,切向的流动也受到限制。外端对变形区金属切向流动阻力的大小与相对壁厚(t/d)有关,相对壁厚越大,阻力也越大。

芯轴扩孔时变形区金属主要沿切向流动。在扩孔的同时增大内、外径,其原因如下:

① 变形区沿切向的长度远小于宽度(即锻件的高度)。

② 芯轴扩孔的锻件一般壁较薄,故外端对变形区金属切向流动的阻力远比宽度方向的小。

③ 芯轴与锻件的接触面呈弧形,有利于金属沿切向流动。

因此,芯轴扩孔时锻件尺寸的变化是壁厚减薄,内外径扩大,宽度(高度)稍有增加。由于变形区金属受三向压应力,故不易产生裂纹破坏。因此,芯轴扩孔可以锻制薄壁的锻件。

为保证壁厚均匀,锻件每次转动量和压缩量应尽可能一致。另外,为提高扩孔的效率,可以采用窄的上砧。

5. 切割

切割是将坯料切断或部分切开的工序。常用的切割方法是借助上砧和剁刀将坯料劈开,再翻转来冲掉连皮。

6. 弯曲

将坯料弯成所规定外形的锻造工序称为弯曲,这种方法可用于锻造各种弯曲类锻件,如起重吊钩、弯曲轴杆等。

坯料在弯曲时,弯曲变形区的内侧金属受压缩,可能产生折叠,外侧金属受拉伸,容易引起裂纹。而且弯曲处坯料断面形状要发生畸变(见图9.16),断面面积减小,长度略有增加。弯曲半径越小,弯曲角度越大,上述现象则越严重。

常用的弯曲方法是将坯料夹紧在上下砧之间,用大锤击弯,或用吊车拉弯。弯曲时,坯料外层将产生拉缩,使截面缩小10%~15%,应事先使弯曲处坯料具有较大的截面。

弯曲具体可分为角度弯曲和成形弯曲。角度弯曲是将毛坯弯成所需角度的锻造工序;成形弯曲是利用简单工具或胎模将坯料弯成所需角度和外形的工序。如图9.17所示。

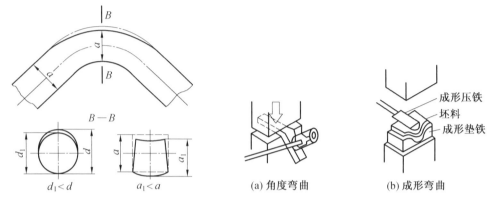

图9.16 弯曲坯料形变示意图　　图9.17 弯曲方法示意图

弯曲主要用于锻制弯曲形零件,如角尺、U形弯板等;或使锻造流线方向符合锻件的外形而不被割断,提高锻件质量,如吊钩等。

其他尚有扭转、错移等工序,主要用于曲轴的锻制。

7. 扭转

将坯料的一部分相对于另一部分绕共同轴线旋转一定角度的锻造方法称为扭转。扭转用于锻制曲轴、矫正锻件等。

8. 错移

将坯料的一部分与另一部分错开一定距离,但仍保持轴线平行的锻造方法称为错移,如锻制双拐或多拐曲轴件。

以上各工序,经合理选用、组合,便可锻制各种类型的锻件。常用锻件分类及所用锻造工序如表9.1所示。

表9.1 锻件分类及其所用锻造工序

锻件分类	锻造工序
实心圆截面光轴	拔长(镦粗及拔长),切割和锻台阶
实心方截面光杆及阶梯杆	拔长(镦粗及拔长),切割和锻台阶、冲孔
单拐及多拐曲轴	拔长(镦粗及拔长),错移、锻台阶、切割和扭转
空心光环及阶梯环	拔长(镦粗及拔长),冲孔、在心轴上扩孔
空心筒	拔长(镦粗及拔长),冲孔、在心轴上拔长
弯曲件	拔长、弯曲

9.3 自由锻工艺规程及锻件结构

9.3.1 工艺制定流程

自由锻工艺规程是指导锻件生产、管理和质量检验的依据。其主要内容和步骤如下:

1. 绘制锻件图

锻件图是在零件图的基础上,考虑切削加工余量、锻件公差、工艺余块等所绘制的图样。

(1)敷料(余块)

为简化锻件形状而增加的那部分金属称为敷料(或余块)。零件上不能锻出的部分,或虽能锻出,但从经济上考虑不合理的部分均应简化,如某些台阶、凹槽、小孔、斜面、锥面等(见图9.18)。因此,锻件的形状和尺寸均与零件不同,需在锻件图上用双点划线画出零件形状,并在锻件尺寸的下面用括号标注零件尺寸。

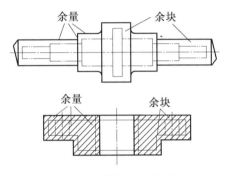

图9.18 锻件余量及余块

(2)加工余量

自由锻件的精度及表面质量较差,表面应留有供机械加工的一部分金属,即机械加工余量,又称锻件余量(见图9.18)。余量的大小主要取决于零件形状、尺寸、加工精度及表面粗糙度的要求,其数值的确定可查阅锻工手册。

(3)锻造公差

由于锻件的实际尺寸不可能达到公称尺寸,因此允许有一定的误差。为了限制其误差,经常给出其公差,称为锻造公差,其数值约为加工余量的1/4~1/3。

确定了加工余量、公差和余块后,便可绘出锻件图。锻件图的外形用粗实线表示,零件的外形用双点划线表示。锻件的基本尺寸与公差标注在尺寸线上面,零件的尺寸标注在尺寸线下面的括号内,如图9.19所示。

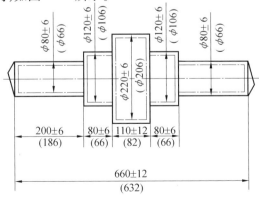

图9.19 锻件图表示方法

2. 选择锻造工序

确定锻造工序的依据是锻件的形状、尺寸、技术要求和生产数量等。各类自由锻件的基本工序方案如表 9.2 所示。

表 9.2 自由锻件分类及基本工序

类 别	图 例	工序方案	实 例
轴杆类	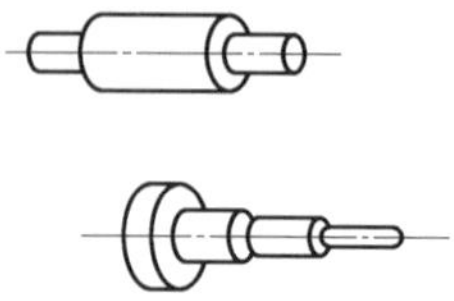	拔长 镦粗-拔长(增大锻造比) 局部镦粗-拔长(截面相差较大的阶梯轴)	传动轴、主轴、连杆类零件
饼块类	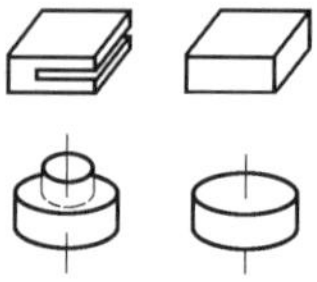	镦粗或局部镦粗	圆盘、齿轮、模块、锤头等
空心类	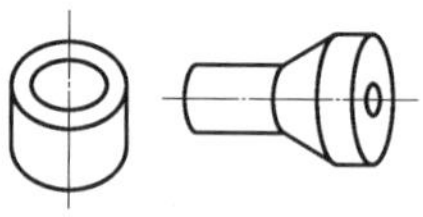	镦粗-冲孔 镦粗-冲孔-扩孔 镦粗-冲孔-芯轴拔长	圆环、法兰、齿圈、套筒、空心轴等
弯曲类		轴杆类锻件工序-弯曲	吊钩、弯杆、轴瓦盖等
曲轴类	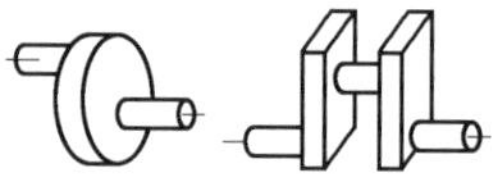	拔长-错移(单拐曲轴) 拔长-错移-扭转	曲轴、偏心轴
复杂形状件	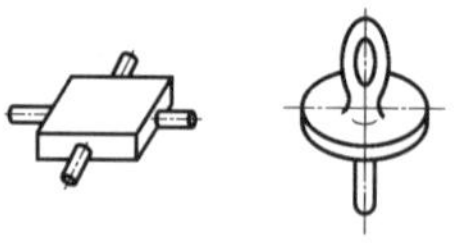	前几类锻件工序的组合	阀杆、叉杆、十字轴、吊环等

3. 确定坯料质量和尺寸

坯料有铸锭和型材两种,前者用于大、中型锻件,后者用于中、小型锻件。

坯料的质量 $m_{坯}$ 为锻件的质量 $m_{锻}$ 与锻造时的各种损耗质量 $m_{损}$(如加热时的烧损质量、冲孔时芯料的质量和锻造过程中切除的料头质量等)之和,即

$$m_{坯} = m_{锻} + m_{损}$$

坯料尺寸依据锻造工序和变形程度(锻造比)来确定。

采用拔长方法锻造时

$$F_{坯} \geq YF_{锻}$$

式中 $F_{坯}$——坯料最大横截面积;

$F_{锻}$——锻件最大横截面积;

Y——拔长时的锻造比。

对于碳素钢钢锭,Y 一般为 2.5～3;对于合金结构钢钢锭,Y 一般为 3～4。

平砧镦粗时,为避免产生纵向弯曲现象和下料困难,坯料的高径比应大于 1.25,但不得超过 2.5。由于坯料的质量已知,可计算出坯料的体积,再确定坯料的截面尺寸(直径或边长),最后确定坯料的长度。

4. 选择锻造设备

应根据坯料的种类、质量以及锻造基本工序、设备的锻造能力等因素,并结合工厂现有设备条件综合确定锻造设备。

9.3.2 自由锻工艺实例

【实例 9.1】 六角螺母锻造,其过程如表 9.3 所示。

表 9.3 六角螺母锻造过程

加热火次	工序名称	简图	工具	备注
	下料	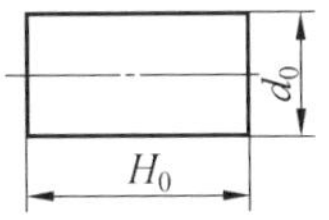	锯或锯床	
1	镦粗	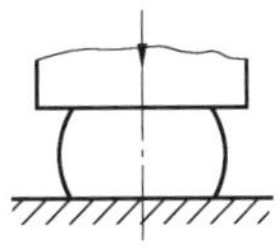	尖嘴钳	
2	冲孔	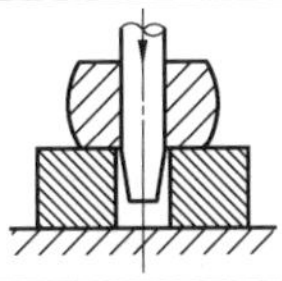	尖嘴钳;冲子;漏盘;抱钳	
	锻六角	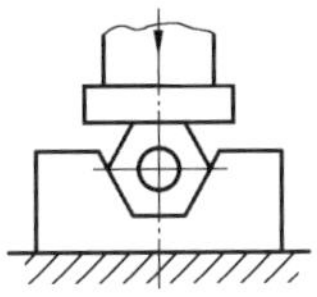	圆嘴钳;芯棒;六角槽垫;平锤;样板	用芯棒插入孔中锻,第一面转 60°锻,第二面再转 60°锻,第三面如此类推
3	罩圆倒角			
	修光	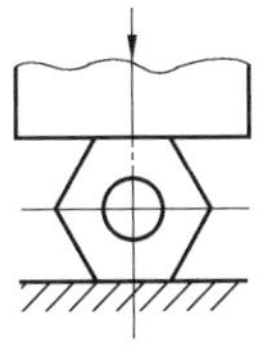	芯棒;平锤	修光温度可略低于 800 ℃

【实例 9.2】 带法兰传动轴的自由锻造工艺,如表 9.4 所示。坯料规格:$\Phi 90 \times 150$,锻件材质 Q235 钢,工艺类别为机器自由锻造。

表9.4 法兰轴自由锻工艺流程

序号	操作内容	使用工具	简图
1	压肩	夹钳 压肩摔子	(尺寸:61)
2	拔长一端	夹钳	(φ53)
3	局部镦粗法兰	漏盘	(33)
4	侧面摔圆	夹钳 摔圆摔子	(φ108)
5	拔长至所需长度	夹钳	(88)
6	修光、校正	夹钳 钢板尺	(φ38,378)

【实例9.3】 齿轮坯自由锻工艺流程,如图9.20所示。

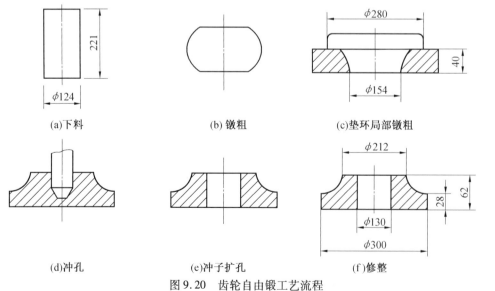

图9.20 齿轮自由锻工艺流程

9.3.3 自由锻件结构

在设计自由锻件时,不仅从锻件强度和结构外观的角度考虑,还必须要考虑到自由锻造设备和工具特点,尽量使锻件具有比较简单的、对称的和主要由平面或圆柱面组成的结构,这样锻造起来经济、方便,否则会造成难以锻造或者锻造困难,耗费工时和成本。

图 9.21 列出了自由锻件合理和不合理设计的示意图。

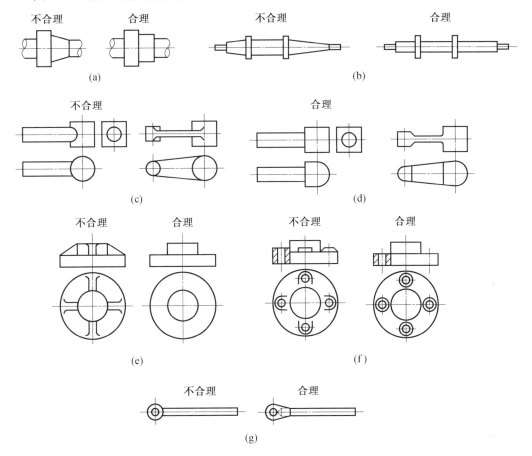

图 9.21 自由锻件合理与不合理设计示意图

从图 9.21 中可以看出,图(a)、(b)将过渡部分的圆锥体改为圆柱,这样加工方便,降低成本;图(c)中圆柱体与圆柱体交接处的锻造很困难,因而改成平面与圆柱体交接;图(d)和(e)表示为了增加强度而设计的加强筋和表面凸台是难以用自由锻造方法获得的,应改成比较简单的直角或平面形状;图(f)表示设计横截面有急剧变化或形状复杂的零件时,易分成几个部分,使某一部分都能简单地锻出,然后组合成整体。

第10章 模型锻造

模型锻造是金属在外力作用下产生塑性变形并充满模膛而获得锻件的方法。与自由锻相比,模锻生产率高,操作简单,容易实现机械化和自动化;由于有模具引导金属流动,锻件的形状可以较复杂;模锻件尺寸精度高,机械加工余量小,锻件的纤维组织分布更为合理,可进一步提高零件的使用寿命。但模锻设备投资大,锻模成本高,生产准备周期长,且模锻件的质量受到模锻设备吨位的限制,因而只是适用于中、小型锻件的批量和大量生产。典型模锻件如图10.1所示。

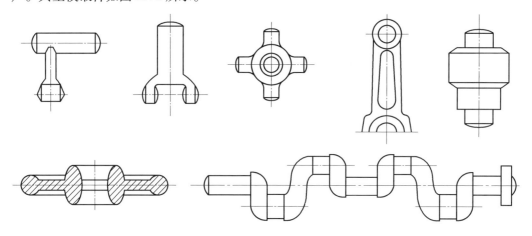

图10.1 典型模锻件示意图

锻模一般由上模和下模组成,下模固定在砧座(或工作台上,模固定在锤头(或压力机的滑块)上,并同锤头一起作上、下运动。坯料置于下模膛,当上、下模膛合拢时,坯料受锤击(或压力)变形充满模膛,最后获得与模膛形状一致的模锻件。锻件从模膛中取出,多数带有飞边,还需用切边模切除飞边,切边时可能引起锻件变形,又需要进行校正。

10.1 锻模的各类模膛

锻模模膛按其作用可分为模锻模膛和制坯模膛两大类。

1. 模锻模膛

模锻模膛包括终锻模膛和预锻模膛。

终锻模膛是锻件最终成型的模膛。模膛尺寸应为模锻件图的相应尺寸加上1%~1.5%的收缩量。模膛分模面周围有飞边槽,起阻流、缓冲和调节金属量以保证终锻成型、尺寸精度等作用。

预锻模膛是当锻件形状较复杂时,须经过预锻,以保证终锻成型饱满,延长模膛使用寿命。预锻模膛的形状、尺寸与终锻模膛相近,但具有较大的斜度和圆角,没有飞边槽。

2. 制坯模膛

为使坯料具有与锻件相适应的截面变化和形状,复杂形状的锻件多需预先制坯。

镦粗平台:置于锻模一角,对于圆盘类锻件,用来将坯料镦粗,然后再放入终锻模膛完成终锻。

拔长模膛:用来减少坯料某部分横截面积并增加其长度。操作时须送进并翻转。

滚压模膛:用来减小坯料某部分横截面积以增大另一部分横截面积。坯料可直接或先经拔长而送入滚压模膛,操作时须不断翻转。

弯曲模膛:用来使坯料某部分弯曲变形。

切断模膛:它是在上模与下模的角上组成一对切口,用来切下已锻好的锻件。

形状简单的锻件,在锻模上只需一个终锻模膛;形状复杂的锻件,根据需要可在锻模安排多个模膛。

10.2 模型锻造分类及工艺设备

常用模锻设备有模锻锤、热模锻压力机、平锻机和摩擦压力机等,按所用设备的类型不同,模型锻造可分为锤上模锻、压力机上模锻等。

10.2.1 锤上模锻

锤上模锻所用的设备有蒸汽空气模锻锤、无砧座模锻锤和高速锤等。工厂一般主要采用蒸汽空气模锻锤。其工作原理与蒸汽空气自由锻锤基本相同。但由于模锻时受力大,锻件精度要求高,故模锻设备的刚性好,导向精度高。锤头与导轨之间的间隙比自由锻锤小,以保证上、下模对准。机架直接与砧座相连,以便提高打击刚度和冲击效率。模锻锤的吨位一般为 1~16 t。

1. 锻模结构

锻模由带有燕尾的上模和下模组成。燕尾和斜楔配合分别安装在锤头和模座上,键槽与键配合,起定位作用,防止锻模前后移动。锁扣与上模凹入的部分配合,防止锤击时上、下模产生错移。

锻模模膛可分为制坯模膛和模锻模膛两大类,如表 10.1 所示。为使坯料形状逐步接近锻件形状,对于形状较为复杂的锻件,应该确保金属变形均匀、纤维合理分布和金属顺利充满模膛,须设计制坯模膛。当坯料在制坯模膛内锻成接近锻件的形状后,再放入模锻模膛进行终锻。根据制坯工步不同,制坯模膛又可分为拔长、滚压(或滚挤)、弯曲、切断模膛等。模锻模膛包括预锻模膛和终锻模膛。终锻模膛是锻件最终成形所在的模膛,其尺寸、形状与锻件完全吻合,但模膛四周设置有飞边槽,锻件终锻成形后还须在切边压力机上切去飞边。预锻模膛是为了保证终锻成形时锻件的质量和减少终锻模膛的磨损而设置的,模膛周边无飞边槽。

表 10.1　锻模模膛分类及用途

类别	模膛名称	简图	用途
制坯模膛	拔长模膛	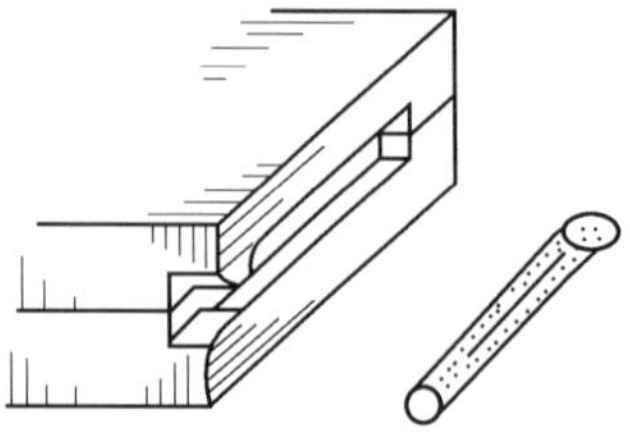	减小坯料某部分的横截面积,增加其长度,兼有去除氧化皮的作用。主要用于长轴类锻件制坯
	滚压模膛	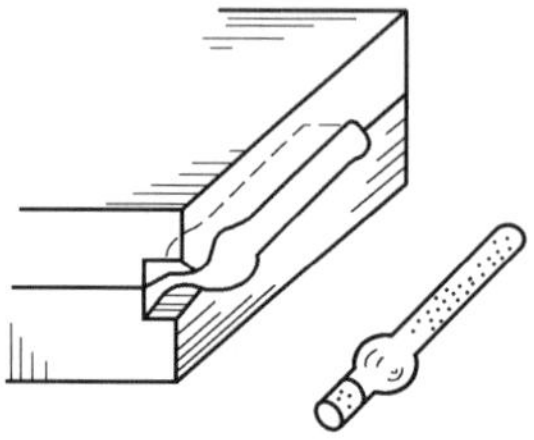	减小坯料某部分的横截面积,增大另一部分的横截面积,使坯料沿轴线的形状更接近锻件。主要用于某些变截面长轴类锻件的制坯
	弯曲模膛	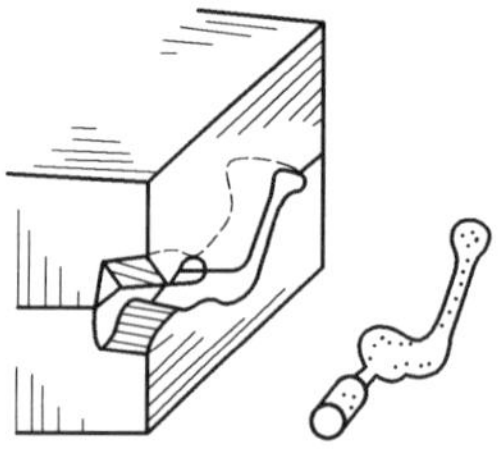	改变坯料轴线形状,以符合锻件水平投影形状。主要用于具有弯曲轴线的锻件的制坯
	切断模膛	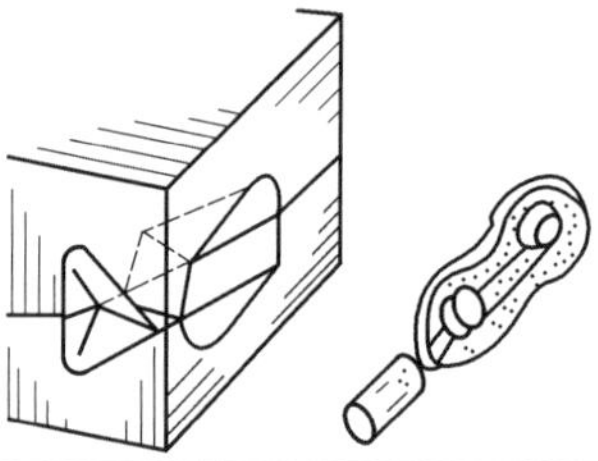	当一块坯料锻造两个或多个锻件时,将已锻好的锻件从坯料上切下
模锻模膛	预锻模膛	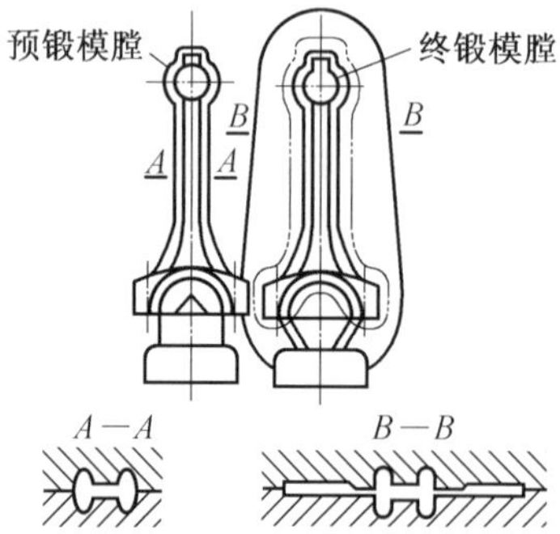	获得与终锻相近的形状,以利于锻件在终锻模膛中清晰成形,提高锻件质量,并减小终锻模膛的磨损,延长其使用寿命。主要用于形状复杂的锻件
	终锻模膛		最终获得所需形状和尺寸的锻件。飞边槽的作用是增加坯料成形时所受到的三向压应力作用,促使金属充满模膛和容纳多余金属

2. 模锻工艺规程的制定

模锻工艺规程包括绘制模锻件图、确定模锻工序步骤、计算坯料、选择设备吨位及确定修整工序等。

(1) 绘制模锻件图

锻件图是锻造生产的基本技术文件,是设计和制造锻模、计算坯料和检查锻件的依据,其中模锻件的敷料、加工余量和锻造公差与自由锻件的相同,但由于模锻时金属坯料是在锻模中成型的,模锻件的尺寸较精确,所需敷料少,加工余量和锻造公差均较自由锻件的小,具体数值的确定可参考锻工手册。另外,在绘制模锻件图时,还应该考虑下列内容:

① 选择分模面。分模面是指上、下模在锻件上的分界面,一般按以下原则确定。

a. 应保证锻件从模腔中顺利取出,故分模面一般应选取在锻件最大尺寸的截面上;

b. 应使分模面处上、下模腔外形一致,便于发现在模锻过程中出现的上、下模间错移,图 10.2 中 c—c 面不符合要求;

c. 应使模腔浅而宽,以利于金属充满模腔;

d. 应保证锻件上所加余块最少。

根据上述原则,图 10.2 中所示 d—d 面作分模面最为合适。

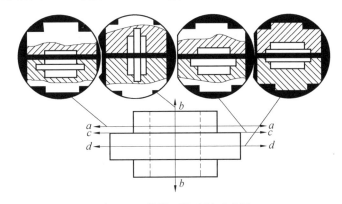

图 10.2 分模面的选择示意图

a—a 取不出锻件;b—b 模腔深、余块多;c—c 不易发现错模;d—d 合理分模面

② 确定加工余量、公差、余块和连皮。模锻件的加工余量一般为 1~4 mm;公差一般取 ±(0.3~3) mm。具体可查阅相关手册确定。模锻件均为批量生产,应尽量减少或不加余块,但直径小于 30 mm 的孔一般不予锻出。模锻时不能直接锻出通孔,在该部位留有一层较薄的金属,称为连皮,在锻造后与飞边一同切除。

③ 确定模锻斜度和圆角半径。模锻件平行于锤击方向的侧面,应设计成一定斜度,以便顺利取出锻件。外斜度 α(锻件外壁上的斜度)值一般取 5~10°,内斜度 β(锻件内壁上的斜度)值一般取 7~15°。模锻件所有转角处均应设计成圆角,以便使金属在模腔内易于流动,保持金属纤维的连续性,提高锻件质量和模具寿命。一般外圆角半径 r 取 1.5~12 mm,内圆角半径 R 取 (3~4)r。

(2) 确定模锻工序步骤

确定模锻工序步骤的主要依据是锻件的形状和尺寸。模锻件按其外形可分为盘类锻件和轴(杆)类锻件。

盘类锻件终锻时,金属沿高度、宽度及长度方向均产生流动。这类锻件的变形工序步骤通常是镦粗制坯和终锻成型。形状简单的盘类零件,可只用终锻成型工序。

轴(杆)类锻件的长度与宽度(直径)相差较大,锻造过程中锤击方向与坯料轴线垂直。终锻时,金属沿高度、宽度方向流动,长度方向流动不显著,制造时需采用拔长、滚压等工序制坯。对于形状复杂的锻件,还需选用预锻工序,最后在终锻模膛中模锻成型。

(3)设备吨位选择

锻锤吨位可根据锻件重量和形状,查阅锻工手册。锻锤吨位一般为 75~160 kN。

(4)确定修整工序

终锻只是完成了锻件最主要的成型过程,成型后尚需经过切边、冲孔、校正、热处理、清理等修整工序,才能得到合格的锻件。对于精度和表面粗糙度要求严格的锻件,还要进行精压。

①切边和冲孔。切边是切除锻件分模面四周的飞边,如图 10.3(a)所示。冲孔是冲去锻件上的冲孔连皮,如图 10.3(b)所示。切边模和冲孔模均由凸模(冲头)和凹模组成。切边时,锻件放在凹模内孔的刃口上,凹模的内孔形状与锻件和分模面上的轮廓一致。凹模的刃口起剪切作用,凸模只起推压作用。冲孔时则相反,冲孔时凹模起支承作用,而带刃口的凸模起剪切作用。

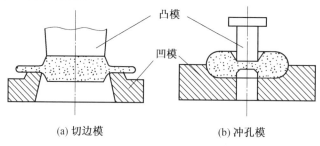

图 10.3 切边和冲孔模示意图

切边与冲孔在压力机上进行,分为热切(冲)和冷切(冲)。热切(冲)是利用模锻后的余热立即进行切边和冲孔,其特点是所需切断力小,锻件塑性好,不易产生裂纹,但容易产生变形;冷切(冲)则在室温下进行,劳动条件好,生产率高,变形小,模具易调整,但所需设备吨位大,锻件易产生理纹。较大的锻件和高碳钢、高合金钢锻件常采用热切;中碳钢和低合金钢的小型锻件常采用冷切。

②校正。在模锻、切边、冲孔及其他工序中,由于冷却不均、局部受力等原因而引起锻件产生变形,如果超出允许范围,则在切边、冲孔后需进行校正。校正分为热校正和冷校正,热校正一般用于大型锻件、高合金锻件和容易在切边和冲孔时变形的复杂锻件;冷校正作为模锻生产的最后工序,一般安排在热处理和清理工序之后,用于结构钢的中小型锻件和容易在冷切边、冷冲孔及热处理和清理中变形的锻件。校正可在终锻模膛或专门的校正模内进行。

③热处理。为了消除模锻件的过热组织或加工硬化组织,提高模锻件的力学性能,一般采用正火或退火对模锻件进行热处理。

④清理。模锻或热处理后的模锻件还需进行表面处理,去除在生产过程中形成的氧化皮、所沾油污和残余毛刺等,以提高模锻件的表面质量,改善模锻件的切削加工性能。

⑤精压。这是一种提高锻件精度和降低表面粗糙度的加工方法,通常在校正后进行。精压在精压机上进行,也可在摩擦压力机上进行,精压分为平面精压和整体精压,如

图 10.4 所示。平面精压主要用来获得模锻件某些平行平面间的精确尺寸;整体精压主要用来提高模锻件所有尺寸的精度,减小锻件质量差别。

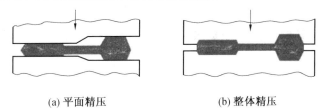

(a) 平面精压　　　　　　　(b) 整体精压

图 10.4　精压示意图

3. 变形工步的选择

根据锻件图的复杂程度确定变形工步,然后根据已确定的工步设计制坯模膛、预锻和终锻模膛。表 10.2 为锤上模锻件分类和变形工步示例。

表 10.2　锤上模锻件分类和变形工步示例

分类	示　例	主 要 变 形 工 步
盘类	原毛坯　镦粗　终锻	镦粗(预锻)、终锻
直轴类	原毛坯　镦粗　滚挤 预锻　终锻	拔长、滚压(预锻)、终锻
弯轴类	原毛坯　拔长 弯曲　终锻	拔长、滚压、弯曲(预锻)、终锻

续表 10.2

分类	示 例	主要变形工步
叉类	原毛坯　滚挤 预锻　终锻	拔长、滚压、预锻、终锻
枝芽类	原毛坯　滚挤 成形　终锻	拔长、滚压、成形(预锻)、终锻

锤上模锻是我国目前应用最多的一种模锻方法,其工作时振动和噪声大,蒸汽效率低,难以实现较高程度的操作机械化,而且完成一个变形工步需要多次锤击,生产率相对较低,故在大批量生产中有逐渐被压力机上模锻取代的趋势。

10.2.2 曲柄压力机上模锻

曲柄压力机结构如图 10.5 所示。电动机通过带轮和齿轮副的传动,带动曲柄连杆机构运动,从而使滑块作上下往复运动。锻模分别安装在滑块下端和工作台上。

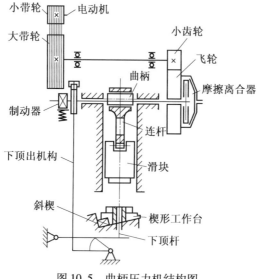

图 10.5 曲柄压力机结构图

相比于锤上模锻,曲柄压力机上模锻主要有以下特点:

(1)变形力为静压力,坯料的变形速度较低,对于成形低塑性材料较为有利,如可在曲柄压力机上成形耐热合金和镁合金等。

(2)锻造时滑块行程不变,坯料变形在一次行程内完成,生产率高。

(3)滑块运动精度高,并设有上下顶出装置,能使锻件自动脱模,便于实现机械化和自动化。

(4)滑块行程和压力不能随意调节,不宜进行拔长、滚挤等操作。

(5)设备复杂、费用高,适用于大批量生产。

10.2.3 平锻机上模锻

平锻机相当于卧式曲柄压力机,如图10.6所示。它没有工作台,锻模由固定凹模、活动凹模和凸模三部分组成,具有两个相互垂直的分模面。当活动凹模与固定凹模合模时,便夹紧坯料,主滑块带动凸模进行模锻成形。平锻机上模锻有以下主要的特点:

(1)可锻造出曲柄压力机所不能锻造的长杆类锻件,并能锻出通孔。

(2)锻模有两个分模面,可以锻出其他设备上无法成形的侧面带有凸台和凹槽的锻件。锻件无飞边,精度高。

(3)平锻机上模锻是一种高效率、高质量、容易实现机械化和自动化的模锻方法。

(4)平锻机造价高、投资大,仅适用于大批量生产。

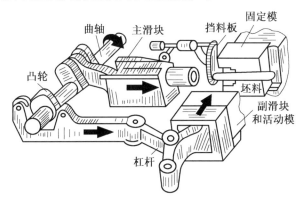

图10.6 平锻机外观图

10.2.4 摩擦压力机上模锻

摩擦压力机是靠飞轮旋转所积蓄的能量转化为金属的变形能而进行锻造的。电动机经带轮、摩擦盘、飞轮和螺杆带动滑块作上下往复运动,操纵机构控制左右摩擦盘分别与飞轮接触,利用摩擦力改变飞轮转向,如图10.7所示。

摩擦压力机的行程速度介于模锻锤和曲柄压力机之间,滑块行程和打击能量均可自由调节,坯料在一个模膛内可以多次锤击,能够完成镦粗、成形、弯曲、预锻等成形工序和校正、精整等后续工序。

摩擦压力机具有以下特点:

(1)摩擦压力机构造简单,投资费用少,工艺适应性广。

（2）传动效率低，一般只能进行单模腔模锻，广泛用于中批量生产的小型模锻件以及某些低塑性合金锻件。

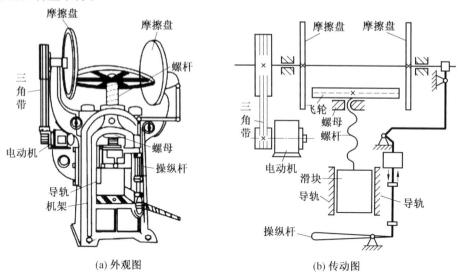

图 10.7 摩擦压力机

10.2.5 胎模锻造

胎模锻造是在自由锻设备上使用胎模来生产锻件的方法。通常用自由锻方法使坯料初步成形，然后在胎模内终锻成形。胎模锻造的特点介于自由锻与锤上模锻之间，与自由锻相比，胎模锻的生产率高，锻件质量好，且锻件尺寸精度较高，所用敷料少，加工余量小，锻模简单，生产准备周期短，成本低；与模锻相比，胎模锻不需用昂贵的模锻设备，工艺操作灵活，可以局部成型，胎模制造简单，但工人劳动强度较大，尺寸精度较低，生产率不够高。胎模锻主要用于中、小批量的小型锻件的生产。

胎模的结构形式很多，常用胎模结构主要有扣模、筒模、合模。

扣模由上下扣组成，或只有下扣，上扣由锻锤的上砧铁代替，锻造时，工件不转动，主要用于非回转体锻件的局部或整体成型，如图 10.8 所示。

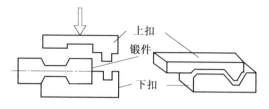

图 10.8 扣模结构示意图

筒模也称套模，又分为开式筒模和闭式筒模，主要用于齿轮、法兰盘等回转体盘类锻件的生产。形状简单的锻件，只用一个筒模就可生产，如图 10.9 所示；而形状复杂的锻件，则需要用组合筒模，如图 10.10 所示。

合模属于成型模，由上模和下模两部分组成，如图 10.11 所示。为防止上下模间错移，模具上设有导销、导套或导锁等导向定位装置，在模腔四周设飞边槽。合模的通用性

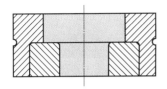 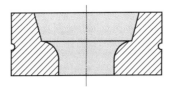 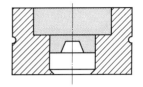

图 10.9　简单锻件的筒模

强,适用于各种锻件,尤其是形状复杂的连杆、叉形等非回转体控件的成型。

胎模锻造的生产工艺过程包括制定工艺规程、胎模制造、备料、加热、锻制及后续工序等。其中在胎模锻造工艺规程制定中,分模面可灵活选取,数量不限于一个,并且在不同工序中可以选取不同的分模面,以便于制造胎模和使锻件成型。

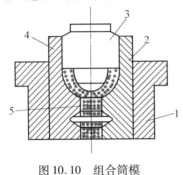 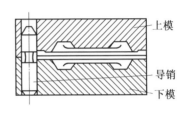

图 10.10　组合筒模　　　　　　　　　图 10.11　合模

1—筒模;2—右半模;3—冲头;4—左半模;5—锻件

10.2.6　精密模锻

精密模锻是在普通锻造设备上锻造出高精度锻件的方法,其主要特点是使用两套不同精度的锻模。先使用普通锻模锻造,留有 0.1～1.2 mm 的精锻余量,然后切下飞边并进行酸洗,再使用高精度锻模直接锻造出满足精度要求的产品零件。例如在摩擦压力机和曲柄压力机上精锻锥齿轮、汽轮机叶片等形状复杂的零件。在精密模锻过程中,要采用无氧化和少氧化的加热方法。

精密模锻精度高,其锻件不须切削加工或只进行微量加工便可投入使用,是一种先进的锻造方法。但由于模具制造复杂,对坯料尺寸和加热质量要求较高,只适宜于大批量生产。

10.2.7　开式模锻

为获得图 10.12(a)所示的锻件,将坯料放在孔板间进行镦挤(图 10.12(b)),使金属挤入孔内。坯料内各处的金属由于受力情况不同分别向两个方向流动,即沿径向流入两垫环的空隙处和沿轴向流入垫环的孔内。在坯料内每一瞬间都有一个流动的分界面,分界面的位置取决于沿两个方向流动的阻力大小。因此,为使较多的金属流入孔内,必须增加沿径向外流的阻力,于是人们在实践中改进了工具,将孔板改为模具(图 10.12(c))。这样,除了垂直方向的模壁引起阻力外,由于飞边部分减薄,径向阻力增大,保证了金属流孔内充满模膛。最后,多余的金属由飞边处流出,即是开式模锻。开式模锻时,金属变形流动过程如图 10.13 所示,由图中可看出模锻变形过程可以分为三个阶段:第Ⅰ阶段是由开始模压到金属与模具侧壁接触为止;第Ⅰ阶段结束到金属充满模腔为止是第Ⅱ阶段;金属充满模腔后,多余金属由桥口流出,此为第Ⅲ阶段。

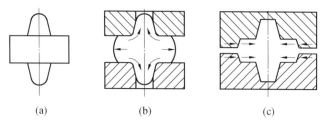

图 10.12 孔板间镦粗和开式模锻

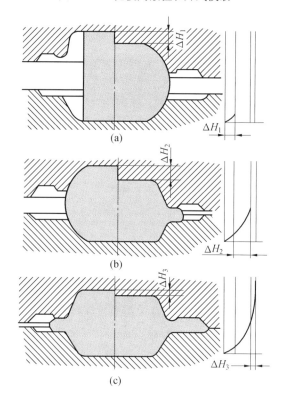

图 10.13 开式模锻金属流动的三个阶段

1. 开式模锻各阶段的应力应变分析

第Ⅰ阶段,是由开始模压到金属与模具侧壁接触为止,这阶段如同孔板间镦粗(在没有孔腔时相当于自由镦粗),由于金属流动没有受到模壁的阻碍,此阶段变形力最小。

第Ⅱ阶段,金属有两个流动方向,金属一方面充填模腔,一方面由桥口处流出形成飞边,并逐渐减薄。这时由于模壁阻力,特别是飞边桥口部分的阻力(当阻力足够大时)作用,迫使金属充满模腔。由于这一阶段金属向两个方向流动的阻力都很大,处于明显的三向压应力状态,变形抗力迅速增大。

第Ⅲ阶段,主要是将多余金属排入飞边。此时变形仅发生在分模面附近的一个碟型区域内,其他部位则处于弹性状态。此阶段由于飞边厚度进一步减薄和冷却等关系,多余金属由桥口流出时的阻力很大,使变形抗力急剧增大。

2. 开式模锻时影响金属变形流动的主要因素

从开式模锻变形金属流动过程可以看出,变形金属的具体流动情况主要取决于各流动方向上阻力间的关系。开式模锻时影响金属变形流动的主要因素有:模膛的结构,飞边槽的尺寸和位置,坯料的形状和尺寸,温度不均引起的各部分金属变形抗力的差异,设备工作速度。

(1)模膛结构的影响

从模膛结构看,使金属以镦粗方式比以挤入方式更容易充填模膛。除此而外,模膛的阻力与下列因素有关:

①变形金属与模壁的摩擦系数;
②模壁斜度;
③孔口圆角半径;
④模膛的宽度与深度;
⑤模具温度。

孔壁加工的表面光滑和润滑较好时,摩擦阻力小,有利于金属充满模膛。模膛制成一定的斜度是为了模锻后锻件易于从模膛内取出,但是模壁斜度对金属充填模膛是不利的。因为金属充填模膛的过程实质上是一个变截面的挤压过程,当模壁斜度越大时,所需的挤压力也越大。

模具孔口的圆角半径对金属流动的影响很大,当半径很小时,金属质点要拐一个很大的角度再流入孔内,需消耗较多的能量,故不易充满模膛;而当半径很小时,还可能产生折迭和切断金属纤维,同时此处温度升高较快,模具容易被压塌。半径太大,增加金属消耗和机械加工量。总的看来,从保证锻件质量出发,圆角半径半径应适当。

(2)飞边槽的影响

常见的飞边槽型式如图 10.14 所示,它包括桥口和仓部。桥口的主要作用是阻止金属外流,迫使金属充满模膛;另外,使飞边厚度减薄,以便于切除。仓部的作用是容纳多余的金属,以免金属流到分模面上,影响上下模打靠。设计飞边槽,主要是确定桥口的高度和宽度。桥口阻止金属外流的作用是由于沿上下接触面摩擦阻力作用的结果。这一摩擦阻力的大小为 $2b\tau_s$(设摩擦力达最大时等于 τ_s)。由该摩擦力在桥口处引起的径向压应力(或称桥口阻力)为

$$\sigma_1 = 2b\tau_s/h_飞 = b\sigma_s/h_飞$$

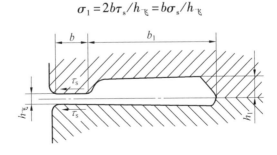

图 10.14 飞边槽结构

从保证金属充满模膛出发,希望桥口阻力大一些。但是若过大,变形抗力将会很大,可能造成上下模不能打靠等。因此阻力的大小应取得适当,应当根据模膛充满的难易程

度来确定。如对于图 10.15 所示的锻件,因金属容易充满模膛,$b/h_飞$ 应取小一些。对挤入成型的锻件,金属较难充满模膛,$b/h_飞$ 应取大一些。

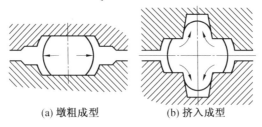

(a) 墩粗成型　　(b) 挤入成型

图 10.15　金属充膛模式

(3)设备工作速度的影响

设备工作速度高时,金属变形流动的速度也快,这将使摩擦系数有所降低。同时,金属流动的惯性和变形热效应等都有助于充填模膛。例如,在高速锤上模锻时,由于变形金属具有很高的流动速度,变形金属容易充填模膛,可以锻出厚度为 1～1.5 mm 的薄肋;相比而言,在模锻锤上一般是 1.5～2 mm;而压力机上,则是 2～4 mm。

10.2.8　闭式模锻

闭式模锻也称无飞边模锻,即在成型过程中模膛是封闭的,分模面间隙是常数。其优点是:

①减少飞边材料损耗,飞边金属约为锻件重量的 10%～50%,平均约为 30%;

②节省切边设备;

③有利于金属充满模膛,有利于进行精密模锻;

④闭式模锻时金属处于明显的三向压应力状态,有利于低塑性材料的成型。

闭式模锻能够正常进行的必要条件主要是:

①坯料体积准确;

②坯料形状合理并能在模膛内准确定位;

③有简便的取料措施或顶料机构;

④能够较准确地控制打击能量或模压力。

以上条件,使闭式模锻的应用受到一定限制。

闭式模锻的变形过程如图 10.16 所示。变形三个阶段为:基本成型阶段、充满阶段、纵向飞边形成阶段。

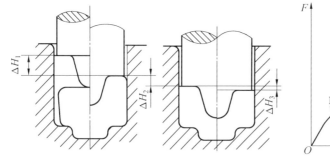

图 10.16　闭式模锻变形过程

第Ⅰ阶段——基本成型阶段:第Ⅰ阶段由开始变形至金属基本充满模膛,此阶段变形量最大,但变形力的增加相对较慢。根据锻件和坯料的情况,金属在此阶段的变形流动可能是镦粗成型、挤入成型或者是冲孔成型。

第Ⅱ阶段——充满阶段:第Ⅰ阶段结束到金属完全充满模膛为止。此阶段结束时的变形力比第Ⅰ阶段末可增大 2~3 倍,但变形量 ΔH_2 却很小。

无论在第Ⅰ阶段以什么方式成型,在第Ⅱ阶段的变形情况都是类似的,此阶段开始时,坯料端部的锥形区和坯料中心区都处于三向(或接近三向)等压应力状态,不发生塑性,图 10.17 所示。坯料的变形区位于未充满处附近的两个刚性区之间(图中阴影处),并且随着变形过程的进行逐渐缩小,最后消失。

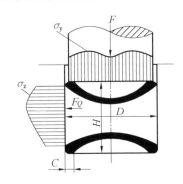

图 10.17　充满阶段变形特点

第Ⅲ阶段——纵向飞边形成阶段:此时坯料基本上已成为不变形的刚性体,只有在极大的模压力作用下,或在足够的打击能量作用下,才能使端部的金属产生变形流动,形成纵向飞边。飞边的厚度越薄、高度越大,模膛侧壁的压应力也越大。这样大的压应力容易使模膛迅速损坏。

这个阶段的变形对闭式模锻有害无益,是不希望出现的。它不仅影响模具寿命,而且容易产生过大的纵向飞边,清除比较困难。

由上述分析可以看出:

(1)闭式模锻变形过程宜在第Ⅱ阶段末结束,即在形成纵向飞边之前结束,允许在分模面处有少量充不满或仅形成很矮的纵向飞边。

(2)模壁的受力情况与锻件的 H/D 有关,H/D 越小,模壁受力状况越好。

(3)坯料体积的精确性对锻件尺寸和是否出现纵向飞边有重要影响。

(4)打击能量或模压力是否合适影响闭式模锻的成型情况。

(5)坯料形状尺寸和在模膛中的位置对金属分布的均匀性有重要影响。坯料形状不合适和定位不正确,将可能使锻件一边已产生飞边而另一边尚未充满。生产中,整体都变形的坯料。一般以外形定位,而仅局部变形的坯料则以不变形部位定位。为防止模锻过程中产生纵向弯曲引起偏心流动,对局部镦粗成型的坯料。应使变形部分的高径比 $H_0/D_0<1.4$;对冲孔成型的坯料,一般使 $H_0/D_0<0.9~1.1$。

第11章 塑性加工新技术及发展

近年来,塑性加工领域的新设备、新工艺、新技术层出不穷,已从过去的单一材料成形扩展为复合材料成型;由金属材料成形扩展到陶瓷、塑料等非金属材料成型;从常态成形扩展到超塑性成形,等等。因此,本章作简要介绍。

11.1 现代塑性加工技术

1. 超塑成形

超塑性实际上是材料在特定条件下所表现出的异常高延伸率的能力,即在低变形速率和一定的变形温度(约为其熔点的一半),以及一定的晶粒度(一般为 $0.2\sim5~\mu m$)下,其延伸率可大于100%甚至超过1 000%。

超塑性金属的变形特性近似于高温玻璃或高温聚合物,在比常规变形低得多的载荷下,可以成形出高质量、高精度的薄壁、薄腹板、高筋件和其他复杂件,特别适宜于变形力大,塑性低,在常规成形条件下较难成形的金属材料(如钛合金、镁合金、镍合金、合金钢等)。近年来,还发现金属间化合物、复合材料和陶瓷经细晶处理后也有超塑性,从而为这些高性能、难加工材料的成形开辟了新途径。

(1) 超塑性模锻

超塑性模锻与常规模锻的主要区别在于工艺参数不同和具有一套能够使模具和变形材料在成形过程中保持恒温的加热装置,通常采用感应加热和电阻加热。如采用普通热模锻成形高温合金及钛合金时,机械加工损耗量高达80%。但采用超塑性模锻,其损耗可降低一半以上。超塑性模锻工艺参数如表11.1所示。

表11.1 普通模锻和超塑性模锻工艺参数对比

模锻工艺参数	普通模锻	超塑性模锻
毛坯加热温度/℃	940	940
模具加热温度/℃	480	940
变形速度/(mm·s^{-1})	12.7~42.3	0.002 5
平均单位压力/(N·mm^{-2})	50.0~58.3	11.7
模锻工步次数	4	1

(2) 超塑性无模拉拔

它是利用感应线圈局部加热,使材料处于超塑性变形温度时而进行拉拔的工艺方法(图11.1)。连续加热时,可生产等断面制品;断续加热并控制拉拔速度与感应线圈移动速度,可生产不等断面制品。加工精度可达±0.012 mm。主要用于管材、棒材的二次成形及断面形状简单的制品。

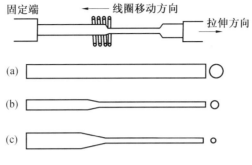

第 11 章　塑性加工新技术及发展

（3）超塑性气压胀形

它是利用凹模或凸模的形状,把板料和模具加热到一定温度后,再向模具内通入压缩空气,使板料紧贴在凹模或凸模上,以此获得所需制件。气压胀形主要用于厚度为 0.4～4 mm 的钛合金、铝合金和双相不锈钢薄板的成形。

（4）SPF/DB（超塑性胀形与扩散连接复合工艺）

SPF/DB 工艺是先将板坯胀形至所需形状,而后通过局部扩散连接使其结合在一起。对于多层板结构,须先进行扩散连接,而后气胀成夹层结构。该工艺可生产外形复杂的结构件,并能简化装配工序,主要用于成形钛合金与铝合金的夹层结构件,已成功地用于飞机和卫星一类航空、航天器结构件的制造。图 11.2 为夹层结构的 SPF/DB 过程,图 11.3 为 SPF/DB 零件。

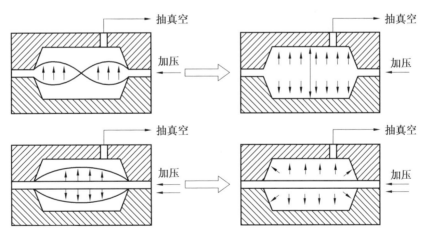

图 11.2　夹层结构的 SPF/DB 过程示意图

2. 回转成形

回转成形过程是局部变形的连续累积过程,其生产率高、设备吨位小、应用范围较大。目前较为成熟的几种回转成形新工艺如下所述。

（1）辊锻

坯料纵向通过辊锻机上的一对装有圆弧形模块且相对旋转的轧辊时,受压变形而形成锻件,如图 11.4 所示。其特点是:设备吨位小、尺寸稳定、精度和效率高、材料消耗少、

图 11.3　SPF/DB 零件图

劳动条件好。适于长杆类件的大批量生产(如汽轮机叶片等),也可为其他模锻件制坯。

（2）横斜轧

圆柱形坯料在两个同向旋转、带有楔形模具的轧辊作用下旋转并受压变形,当轧辊转一周时,形成一个锻件,如图11.5 所示。横斜轧生产率高,模具寿命高,节省材料,易于实现机械化操作,劳动条件好。适于轴类零件的大批量生产(如汽车、摩托车上的轴类件等),也可用于其他轴类模锻件的制坯。

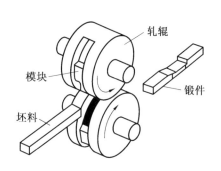

图 11.4　辊锻示意图

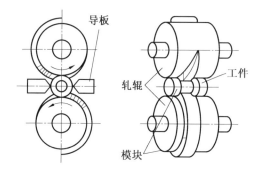

图 11.5　横斜轧示意图

（3）斜轧

圆柱形坯料在两个同向旋转且轴心线呈一定角度的轧辊作用下,在旋转的同时作直线运动,在不同孔形的轧辊作用下,局部连续成形为所需毛坯或零件,如图 11.6 所示。斜轧生产率高,模具寿命高,节省材料,易于实现机械化操作,劳动条件好,广泛用于生产钢球、轴承滚子、麻花钻头和空心轴类零件或毛坯。

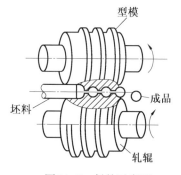

图 11.6　斜轧示意图

（4）摆辗

坯料在有摆角的上模旋转挤压下,连续局部变形,高度减小,直径增大,形成盘状或局部盘状锻件,如图 11.7 所示。摆辗设备吨位小,产品质量高,劳动条件好。适于制造薄盘形锻件,如铣刀片、汽车半轴等。

（5）旋压

坯料随芯模旋转或旋压工具绕坯料与芯模旋转,旋压工具相对芯模进给,坯料受压产生连续逐点变形,从而完成工件加工,如图 11.8 所示。旋压特点是变形力小,模具费用低,可批量生产筒形、卷边等旋转体工件,以及形状复杂或高强度难变形材料,如薄壁食品罐等。

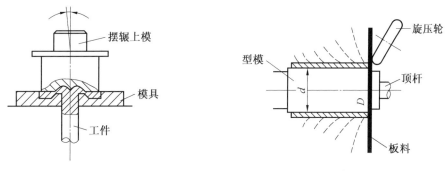

图 11.7　摆辗示意图　　　　　　　　图 11.8　旋压示意图

3. 粉末锻造

粉末锻造是指将粉末烧结的预成形坯经加热后,在闭式锻模中锻造成零件的工艺方法。粉末锻造具有尺寸精度高,组织结构均匀,且无成分偏析等特点,可以锻造难变形的高温铸造合金,在许多领域中得到应用,特别是在汽车制造工业,例如汽车发动机中的齿轮和连杆,动平衡性能要求高,材质要求均布,最适宜采用粉末锻造生产。具体工艺过程如图 11.9 所示。

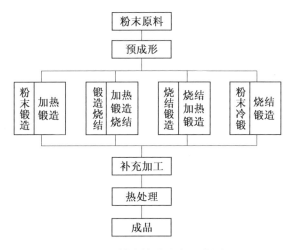

图 11.9　粉末锻造基本工艺图

常用的粉末锻造方法有粉末锻造、烧结锻造、锻造烧结和粉末冷锻。近年来,新的工艺方法不断涌现,如球团锻造法、粉末热等静压法、粉末准等静压法、粉末等温锻、粉末热挤压、粉末连续挤压、粉末轧制、粉末爆炸成形、粉末喷雾等。图 11.10 所示为粉末喷雾锻造工艺过程。它是采用高速氩气喷射金属液流,使雾化的粉末直接沉积到预成形模具中。沉积的预成形坯密度很高,相对密度可近达 100%。将预成形坯从雾化室中取出,加热至锻造温度进行锻造,然后送至切边压力机切边即获得成品锻件。该方法可进行喷射轧制、喷射挤压等,主要适合于生产大型锻件。

粉末锻造是在粉末冶金和精密模锻工艺基础上发展起来的新技术。它可以有效地提

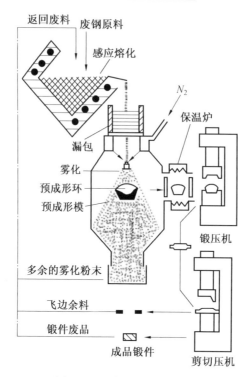

图 11.10　喷雾锻造工艺图

高粉末冶金制品的密度,从而提高其力学性能,扩大了粉末冶金制品的应用范围,具有如下特点:

(1)能按照需要的化学成分配制粉末,且模锻出的锻件具有精度高、组织结构均匀、无成分偏析等特点。

(2)合理设计预成型坯的形状和尺寸,准确控制其质量,锻压时采用闭合模锻,锻件没有毛边,提高了材料利用率。

(3)可以锻造一般认为不可锻造的金属或合金,如难变形的高温铸造合金通过粉末锻造制成型状复杂的制品。

4. 精密模锻

精密模锻是在一般的模锻设备上锻制出形状复杂、精度高的锻件的一种先进模锻工艺。具有如下工艺特点。

(1)精密模锻对坯料要求严格,与普通模锻相比,精密模锻对坯料的要求高,不但要求坯料的尺寸和重量精确,而且要求表面质量高,表面要消除氧化皮、脱碳层等缺陷。

(2)采用优质、高精度的锻模,精锻模膛的精度比锻件精度高两级,而且一定有导柱导套结构,以保证合模准确性。为排除模膛中的气体,减少金属的流动阻力,更好地充满模膛,在凹模上开有排气小孔。

(3)采用优质润滑剂,以改善金属的流动性和减小模膛表面的磨损。锻造黑色金属常用油剂石墨润滑剂。

(4)采用精度高、刚性大的模锻设备,如曲柄压力机、液压螺旋压力机、高速锤等。

因为精密模锻的工序成本比普通模锻工序成本高,它主要靠减少后续的机械加工来降低成本,所以精密模锻较多地应用于形状复杂、使用性能高和难于机械加工成型的中、小型零件的大批量生产,如发动机连杆、汽车及拖拉机的直锥齿轮、飞机操纵杆、涡轮机叶片等。

5. 高能率成形

高能率成形是利用炸药或电装置在极短时间内释放出来的高能量而使金属变形的成形方法。其成形原理、所用设备及模具等,均与常规塑性加工工艺不同。高能率成形包括爆炸成形、电液成形和电磁成形。

(1)爆炸成形

利用爆炸物质(炸药、火药等)在爆炸瞬间释放出巨大的化学能,通过周围介质(空气或水)的作用,使金属毛坯贴合模具而成形,如图11.11所示。爆炸成形特点是,无须使用冲压设备,模具和工装制造简单,生产周期短,成本低,适于大型零件成形;可以对板料进行拉深、翻边、胀形、校形、弯曲、扩口、压花纹等;还可进行爆炸焊接、表面强化、管件结构的装配、粉末压制等。

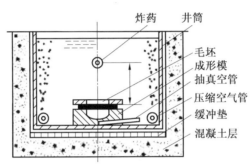

图 11.11 简易爆炸成形装置图

(2)电液成形

借助于液体中两电极之间的强电流脉冲放电所产生的高能冲击波及液流冲击,使金属板料成形,如图11.12所示。其特点是,能量易于控制,成形过程稳定,操作方便,生产率高,易于实现机械化和自动化。但受设备容量限制,不能像爆炸成形那样灵活地改变药量以适应各种形状零件的成形要求。目前仅限于中小型零件(500 mm 以下)的中小批量生产。主要用于板料及管材的拉深、胀形、翻边、校正、冲裁等。

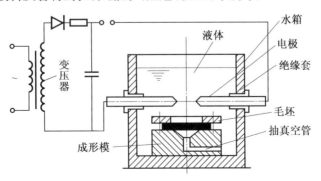

图 11.12 电液成形装置基本回路

(3) 电磁成形

原理是利用电流通过线圈时产生的磁场力,使毛坯产生塑性变形,如图 11.13 所示。成形的电器装置设备通用性强,只须改变电器元件参数及模具类型便可完成多种加工工序。设备无运动部件,维修简单;能量易于控制,成形过程稳定,便于实现机械化和自动化。主要用于成形导电性能良好的金属板料及中小型零件,如平板毛坯压印、管零件加工、校形、连接装配、复合材料及难成形材料的加工等。

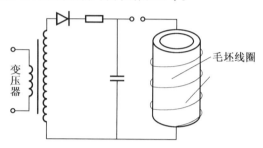

图 11.13　电磁成形装置基本回路

6. 半固态金属成形

半固态成形技术(Semi-Solid Metal Forming or Semi-Solid Metal Process,SSM)起源于 20 世纪 70 年代,其基本概念、理论和技术在美国麻省理工学院 Flemings 教授等的努力下逐步创立。半固态成形技术的基本原理在于:通过搅拌或加热等方法在液相线附近获得具有非树枝晶状组织的半固态浆(坯)料,并通过加压的方式,使其在不同形状的型腔内凝固成形。

半固态金属加工技术是 21 世纪前沿性金属加工技术。半固态金属加工是金属在凝固过程中,进行强烈搅拌或通过控制凝固条件,抑制树枝晶生长或破碎所生成的树枝晶,形成具有等轴、均匀、细小的初生相,均匀分布于液相中的悬浮半固态浆料,这种浆料在外力作用下,固相率达到 60% 时仍具有较好的流动性。利用压铸、挤压、模锻等常规工艺进行加工成形,也可以用其他特殊的成形方法加工零件。这种既非完全液态又非完全固态的金属浆料加工成形的方法,就称为半固态金属加工技术。获得半固态金属浆料的常用方法如图 11.14 所示,其加工工艺如图 11.15 所示。

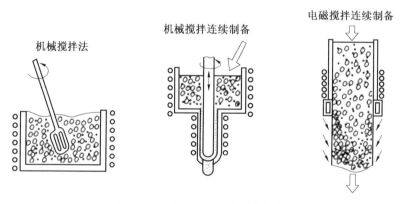

图 11.14　半固态金属浆料获得方法

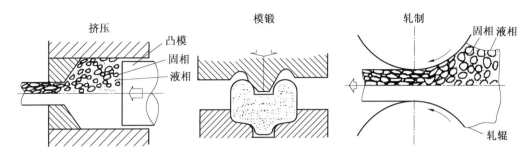

图 11.15 半固态金属加工工艺

金属材料从固态向液态或从液态向固态转变过程中,均经历着半固态。三个阶段中,材料呈现出不同特性,由此产生了液态成型、塑性成型和半固态成型。液态成型利用液态金属呈现出的良好流动性,塑性成型则利用固态金属呈现的较好塑性流动型,而半固态成型利用了半固态金属固液共存所呈现的特性即流变性和触变性。由此可见,半固态成型技术具有三个特征,一是被加工材料的状态是固液混合物,而不是纯液体或纯固体;二是加工温度范围在合金固相线温度和液相线温度之间;三是材料中的固相是非枝晶形态,而不是常见的树枝晶。表 11.2 简要介绍了半固态成型的特性及其潜在的工业应用价值。

表 11.2 半固态成型技术的特性

特　　性	潜在工业应用价值
液固混合共存	①减少凝固潜热,降低铸型的热蚀,可用于高速零件、高熔点合金成型以及高速连铸 ②减少凝固收缩,减少缩孔,降低偏析,细化晶粒,可进行后续热处理
流动应力比固态金属低	①变形抗力非常小,可成型复杂零件,提高零件成型速度,缩短加工周期,提高材料利用率,降低成本 ②可实现连续形状的高速成型
黏度比液态金属高且容易控制	①充型平稳,减少气体卷入和氧化,改善材料加工性能 ②减少粘模倾向,可进行更高速的零件成型,改善零件表面光洁度,易实现自动化
易混入异种材料	制备复合材料及成型

由表 11.2 可知,半固态成型技术打破了液态成型和塑性成型的瓶颈,综合了液态成型和塑性成型的优点,广泛拓展了液态成型和塑性成型的应用范围,显著提高了成型精度和效率,有着巨大的工业应用潜力。

与普通成形方法相比,半固态金属成形有许多优点:

①应用范围广,适用于铸造、锻压等多种成形工艺,并为复合材料的制备和成形提供了有利条件。

②SSM 充型平稳,成形温度低,凝固收缩小,制件质量好。

③工艺简单,成本低,变形力小,节约能源。

④半固态金属成形技术可用于汽车、电子、电器、运动器材等零部件的生产,也可在飞机、导弹、火箭、兵器工业上得到应用。目前,该工艺在美国、意大利、瑞士、法国、日本等国家已进入工业应用阶段。

目前,半固态成型技术按其工艺方案主要可分流变成型和触变成型两大类,如图11.16所示。

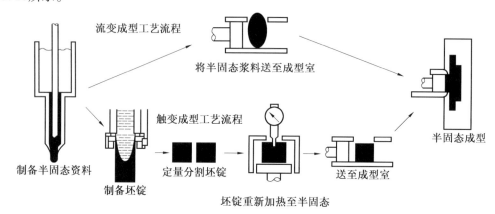

图 11.16 半固态成型工艺方案示意图

(1)流变成型

在金属凝固过程中,通过施加搅拌或扰动、或改变金属的热状态、或加入晶粒细化剂等手段,改变合金熔体的凝固行为,获得一种液态金属母液中均匀地悬浮一定球状初生固相的固-液混合物(半固态浆料),并利用此浆料直接成型加工的方法。

流变成型工艺中,半固态浆料中固相颗粒的尺寸和形状与冷却速度、搅拌方法、搅拌速度等显著相关,并且易于维持在低固相分数状态,通过搅拌可用于凝固区间小甚至共晶合金或纯金属。流变成型在半固态发展初期就被认为是最具发展潜力的工艺过程,它具有工艺流程短、设备简单、节省能源、适用合金不受限制等特点,是未来金属半固态成型的一个重要发展方向。但是由于半固态金属浆料的保存和输送很不方便,严重制约这种成型方法的实际应用。

(2)触变成型

获得半固态浆料后,将其进一步凝固成坯料(通常采用连铸工艺),根据需要将坯料切分,然后把切分的坯料重新加热至固-液两相区形成半固态坯料,利用这种半固态坯料进行加工成型的方法。

触变成型工艺中,半固态浆料中固相粒子由母材晶粒未熔化的部分构成,颗粒尺寸与形状依赖于母材,并且易于维持在高固相状态,适合用于凝固区间大的合金。与流变成型相比,触变成型解决了半固态浆料制备与成型设备相衔接的问题,易于实现自动化操作。因此,触变成型工艺已成功实现了工业应用,目前国外已形成了一定的商业生产规模。但是,随着触变成型工艺的不断推广和应用,其主要缺陷也逐渐暴露出来:浆料制备成本高、设备投资大、坯料的成分和微观结构的不均匀性、浆料制备过程控制难度大等,成为制约触变成型工艺发展的主要瓶颈,也成为近年来半固态成型技术的研究重点。

7. 无模多点成型

无模多点成型就是将柔性多点成型技术和计算机技术结合为一体的先进制造技术。

该技术利用多点成型装备的柔性与数字化制造特点，无需换模就可以实现不同曲面的成型，从而实现无模、快速、低成本生产。

该技术将整体模具离散为一系列规则排列的、高度可调的基本体，利用计算机控制基本体群形成上下成型面，通过对各基本体运动的实时控制，自由地构造出成型面，实现板材的三维曲面成型。

多点成型过程一般可分为调形、压边及成型三个过程。在成型前，计算机根据成型零件的 CAD 数据或图纸，通过对成型工件的有限元力学计算、数据分析、工件材料参数、曲面造型并经过调整基本体目标位置，形成工件的曲面形状。成型过程中基本体的相对位置是不变的，与普通模具一样使用。

无模多点成型具有如下特点：

（1）取代传统的整体模具实现无模成型，节省模具设计、制造、调试所需的人力、物力和财力，显著缩短产品生产周期，降低生产成本，成型的产品精度高、质量好，并且显著提高生产效率。

（2）通过基本体调整，实时控制变形曲面，随意改变板材的变形路径和受力状态，提高材料成型极限，实现难加工材料的塑性变形，优化变形路径，扩大加工范围。

（3）可以反复成型，消除材料内部的残余应力，可实现小回弹或无回弹成型，从而保证工件的成型精度。

（4）可以采用分段成型，利用小设备连续逐次成型超过设备工作台尺寸数倍的大型工件。

（5）可以通过计算机辅助完成曲面造型、工艺计算、压力机控制、工件测试等整个过程，易于实现自动化，工作效率高，劳动强度小，极大地改善了劳动者作业环境。

无模多点成型技术日趋成熟，已经在航空、航天、汽车、化工、医学以及城市建筑等很多领域内得到应用，例如飞机蒙皮的拉形、建筑结构件与装饰件、高速列车流线型车头覆盖件、船体外板及人脑颅骨修复体等产品的成型。而且它特别适合于曲面板制品的多品种小批量生产及新产品的试制，所加工的零件尺寸越大，其优越性越突出。

鸟巢建筑工程中应用了多点成型技术是建筑领域中较典型的应用实例。该建筑的跨度达 300 多米、高度达 50 多米，采用大量的弯扭形钢结构件焊接成箱形构件组，不同部位的弯曲与扭曲程度各不相同，其变形量不同，因此各个部位的回弹量也不一样，如果使用模具就要制作数千套不同的模具来进行压制。而利用弯扭形钢板数字化成型的多点成型装置，不仅节约了高额的模具费用，极大地提高了成型效率，还显著提高了成型精度。

多点成型技术在医学工程中也取得了很好的效果。人脑颅骨受损伤后，需要进行颅骨修补手术，目前较常用的方法是在颅骨缺损处植入用钛合金网板成型的颅骨修复体。因每个人的头部形状与大小都不一样，而且颅骨缺损部位也有区别，利用颅骨修复体的多点数字化成型技术，在手术前按照患者的头形与手术部位成型钛合金网板，已经应用于很多城市的大型医院。

8. 板料液压成型技术

（1）原理

板材的液压成型就是在凹模中充满液体，利用凸模（带动板料）进入凹模时建立反向液压的成型方法。由于反向液压的作用，使板料与凸模紧紧贴合，保证板料与凸模之间的摩擦力,缓和了板料在凸模圆角处的径向应力,预防了拉裂缺陷的产生,提高了传力区的承载能力;在板料与凹模表面间形成的流体润滑,摩擦减小,油液保护作用使得成型零件表面无划伤,同时使法兰变形所需的径向应力减小。这种工艺改善了板料成型过程中的受力状态,可显著提高零件的极限变形程度,因此可以用来成型深筒、深盒以及复杂曲面零件。

(2)特点

①由于液压压力的作用,板料与凸模之间的摩擦力得以保持,增强了凸模圆角区板料的承载能力,提高了成型极限,减少了成型次数。

②液压室中的液体压力作用使得板料紧紧贴在凸模上,液体在凹模上表面和板料下表面之间形成流体润滑,减少零件表面划伤,零件质量好,尺寸精度高,壁厚分布均匀。

③在曲面零件成型时,由于成型板料下面的反向液压作用消除了曲面零件等在凹模孔内的悬空区,使坯料紧贴在凸模上,有效控制了材料内皱等缺陷的发生。

④带有内凹的复杂曲面零件,只需尺寸精度高的凸模和内口轮廓简单的凹模,因此减少了模具加工量,降低了模具的费用。

(3)应用

液压成型技术经过二十年来的发展,受到各个领域的普遍重视,已经大量应用到航空、航天、汽车以及家用电器制造中。航空、航天中有许多变形程度高、需要多次拉深才能完成的零件,比如整流罩等带有复杂型面的筒形件、锥形件等;汽车上带有复杂型面、局部需要凹模与凸模压靠才能成型的零件,比如汽车灯反光罩等;一些常规成型中不容易调试的模具以及已产生起皱、破裂缺陷的零件;日常生活中的许多厨房用品,例如不锈钢餐具、容器、盆等较深的零件产品。

9. 渐进成型

金属板料渐进成型技术是将复杂的三维形状分解成一系列等高线层,成型工具沿等高线运动,在二维层面上进行塑性加工。

(1)成型工艺及过程

渐进成型系统包括成型工具、导向装置、芯模和机床基体,其加工过程如图11.17所示。成型工具在数控系统的控制下进行运动,芯模起支撑板料的作用。成型时,首先将被加工板料置于一个通用芯模上,在托板四周用压板夹紧板料,该托板可沿导柱上下滑动;其次,将该装置固定在三轴联动的数控成型机上,加工时,成型工具在指定位置,按设定压下量对板料施加压力;然后根据系统指令,以第一层轮廓等高线轨迹运动,对板料进行渐进塑性加工。完成第一层轮廓以后,成

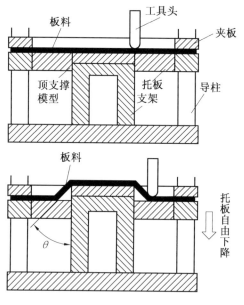

图11.17 渐进成型过程示意图

型工具压下设定的高度,按第二层轮廓要求运动,如此重复,直到整个工件成型完成。

渐进成型技术工艺过程包括建立三维模型、制定工艺规划、分层切片处理、加工路径

规划、生成 NC 代码、成型、后处理等。

(2) 成型特点

金属板料渐进成型是一种柔性加工工艺,不需要专用模具,突破了传统的板料塑性加工概念,涉及力学、塑性成型技术、数控技术、计算机技术、CAD/CAM 和摩擦学等,具有理论研究意义和广阔的应用前景,适合于多种、小批量和新产品试制。

金属板料渐进成型方法从建模到加工都可采用数字技术,不需制作模具,节省了大量资金和时间,并且与传统工艺相比,能加工出曲面更复杂、成型极限更高的成型件,加工精度和表面质量均较好。

11.2 现代塑性加工技术的发展趋势

1. 柔性成形工艺及柔性加工系统(FMS)

柔性加工是指适应产品多变而工装变化很少的方法,如高内压成形(HIPV)、黏性介质压力成形(VPF)、无模液压成形、数控增量成形及多点成形等。柔性加工系统包括自动化加工系统、物料输送系统及计算机信息系统三大部分。可以自动完成从零件设计、工艺制订、物料输送、零件加工直至工件输出的全过程。锻压生产的 FMS,特别是板材成形的 FMS 技术已相当成熟。美国、日本、德国、意大利等国已生产出成套的板材 FMS 设备,目前已向计算机集成制造系统(CIMS)方向发展。

2. 增加设备的柔性

以汽车覆盖件拉深为例,传统方法是采用刚性压边圈,很难成形深度较大的覆盖件,如果压边力在成形过程中可以调节,则可生产各种复杂拉深件。目前已开发出多方位联动,或分别动作的可调压力机,为新产品开发带来诸多便利。

3. 发展省力的成形技术

主要是降低材料的流动应力和接触面积。如采用半固态金属成形、超塑成形、旋压、摆动碾压、复合材料的浸渗挤压等方法。

4. 精密塑性成形技术或与其他工艺交叉运用

精密塑性成形可分为净形成形及近净形成形,均具有节约材料和节省后续机加工量的优点。与其他工艺交叉运用更具有广泛的应用前景,如图 11.18 所示的双合金离心叶轮,便是将精密锻造正交相变的 ALPHA-2(Ti3Al)毛坯与钛铝合金焊接在一起而制成的。

图 11.18 离心叶轮外观示意图

5. 成形过程的数值模拟及模具 CAD/CAM

成形过程的数值模拟已由纯学术研究逐步走向实用化。以汽车覆盖件为例,在成形过程中易发生起皱开裂等难以预料的问题,以前数值模拟仅作为模具设计时的参考数据,目前,美国通用汽车公司已将车身冲压过程的数值模拟,作为新产品投产的必经工序,并已逐步实现针对不同用途的模具分别建立 CAD/CAM 系统,实现无纸加工。

第3篇 焊接方法及设备

焊接作为一种实现金属材料永久性连接的方法,被广泛地应用于国民经济生产各个部门,已成为现代机械制造业中不可缺少的加工工艺方法。而且,随着国民经济的发展,其应用领域还将不断地被拓宽。焊接方法发展到今天,其数量已不下几十种,电弧焊、电阻焊是焊接方法的两种基本形式,在各类焊接方法的应用量中居主要地位,本篇主要介绍电弧焊、电阻焊方法及设备的基本原理、特点、使用方法、适用的范围等。

第12章 焊接电弧基础

电弧焊是利用电弧作为焊接热源的熔焊方法,焊接电弧能有效而简便地把电能转变为焊接过程所需的热能和机械能,实现对焊丝、被焊工件的加热熔化,达到焊接的目的。电弧的这种能量转换和利用是电弧焊的基础,电弧焊方法是目前应用最为广泛的一类焊接方法。本章主要讨论电弧焊物理基础、焊丝加热、熔化的基本特性,熔滴过渡的基本形式及产生条件,熔滴过渡中的飞溅形式及影响因素,控制熔滴过渡的方法,焊缝成形特点和规律,焊缝成形缺陷的形成原因及其改善措施。

12.1 焊接电弧的物理本质

把碳或钨棒制成的电极如图 12.1 所示的那样水平相对放置,串联一电阻并接一直流电源,使两电极接触一下再拉开,则两电极之间便产生了电弧。因此,电弧并不是一般的燃烧现象。电弧实质是在一定条件下电荷通过两电极间气体空间的一种导电过程,或者说是一种气体放电现象,借助这种特殊的气体放电过程,电能转换为热能、机械能和光能。焊接主要是利用其热能和机械能来达到连接金属的目的。

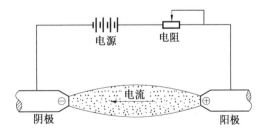

图 12.1 电弧的示意图

1. 气体放电的基本概念

自然界中任何物质都是由原子组成的,原子是由带负电的电子和原子核组成的,原子核又由带正电的质子和中性的中子组成。电子按一定规律分布在原子核外各电子层上并围绕原子核高速旋转。金属和非金属原子结构的不同之处主要是金属原子核最外层上的电子数很少(一般只有1~2个,少数有3~4个)。因此这些电子与原子核的吸引力(结合力)就较弱,容易脱离自己的轨道,成为自由电子,大量的自由电子组成电子云(或电子气),所以在金属两端加上微小电压,自由电子便会定向运动,形成电流。金属导电时导电部分的电流与电压之间的关系,遵循欧姆定律 $I=U/R$。

气体导电时,其导电部分即电弧的电流与电压之间的关系并不遵循欧姆定律,而是一个很复杂的关系,如图12.2所示。随着导电区间和导电条件的不同,其导电机构呈现两种不同的放电形式。

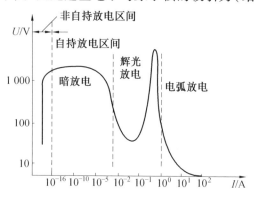

图12.2 气体的伏安特性

(1)非自持放电

在较小的电流区间,气体导电所需要的带电粒子不能通过导电过程本身产生,而需要外加措施来制造带电粒子,而且一旦外加措施撤除,放电即停止,这种气体导电现象称为非自持放电。

(2)自持放电

当电流大于一定数值时,气体导电过程本身就可以产生维持导电所需要的带电粒子。这种气体放电只在开始时需要外加措施制造带电粒子,进行诱发引燃,一旦放电开始,取消外加诱发措施,放电过程仍可以继续。放电过程自身能够产生维持放电所需要的带电粒子,这种放电程过程称为自持放电。

因放电机构、电流数值的不同,自持放电区间的放电特性也有显著的差异,又可分为暗放电、辉光放电和电弧放电3种基本形式。

在3种放电形式中电弧放电具有电压最低、电流最大、温度最高、发光最强等特点。

2. 电弧中带电粒子的产生过程

电弧中的带电粒子主要是指电子、正离子和负离子,这些带电粒子主要依靠电弧气体空间的电离和电极的电子发射两个物理过程所产生,同时伴随着解离、激励、扩散、复合、负离子的产生等一些其他过程。

(1)解离

两电极之间的气体与其他一切物质一样,都是由原子或分子组成,而分子由原子组成。当气体受到外加能量(如外加电场、光辐射、加热等)作用时,气体分子热运动加剧。当能量足够大时,由多原子构成的气体分子就会分解为原子,这个过程称为解离。解离所需的最低外加能量称为解离能。

(2)电离

在一定外加能量条件下中性气体分子或原子分离为正离子和电子的现象称为电离。

原子是由带正电核的原子核和带有负电荷的电子组成的,电子按照一定的轨道环绕原子核运动。在常态下,原子核所带的正电荷与核外电子所带的负电荷相等,因此,原子呈中性。但是,如果进一步增大外加能量,就会使中性原子发生电离或激励。

(3) 激励

常态下的中性气体粒子内部的原子核与电子构成一个稳定系统,当受外来能量作用失去电子而产生电离是这个稳定系统被破坏的一种可能结果。也存在另一种可能的结果,即当中性粒子受外来能量作用其能量还不足以使电子完全脱离气体原子或分子,但可能使电子从较低的能级转移到较高的能级时,中性粒子内部的稳定状态也被破坏,这种状态称为激励。

使中性气体粒子激励所需要的最低外加能量称为最低激励能,若以伏为单位来表示则称最低激励电压。激励电压数值低于该元素电离电压数值。

任何中性粒子在接受外界一定数值能量的条件下,会产生电离与激励,外加能量可以通过不同方式将能量传递给自由运动的气体粒子。从本质讲只有两种传递能量途径,一种是碰撞,另一种是光辐射。

3. 电离种类

电弧中气体粒子的电离因外加能量种类的不同而分为3类。

(1) 热电离

高温条件下气体粒子受热的作用产生的电离,称为热电离。

气体的温度越高,气体粒子的运动速度越高,动能越大。由于气体粒子的热运动是无规则的,粒子之间将发生频繁碰撞,如果粒子的动能足够大,就会引起气体粒子的激励或电离。因此热电离实际上是粒子之间的碰撞而产生的电离过程。

(2) 电场作用电离

在电场力作用下,带电粒子受电场影响做定向运动,正、负带电粒子在电场中定向运动的方向相反,且电场对带电粒子的运动起加速作用,电能转换为带电粒子的动能。这些粒子与中性粒子碰撞而使之电离,这种电离称为电场作用下的电离。

(3) 光电离

中性气体粒子接受光辐射作用而产生的电离现象,称为光电离。并不是所有的光辐射都可发生电离,只有当接受的光辐射波长小于临界波长时,中性气体粒子才可直接被电离,所以光电离是产生带电粒子的次要途径。

4. 电子发射

电弧中导电的带电粒子除依靠电离产生外,还可从金属电极表面发射出来。当阴极金属表面接受一定外加能量作用时,会使电极内的电子冲破约束,飞向电弧空间,这种现象称为电子发射。

使一个电子由金属表面飞出所需要的最低外加能量称为逸出功(W_w),单位是电子伏(eV)。通常也以逸出电压U_w(V)来表示逸出功的大小。

根据外加能量形式不同,电子发射分为热发射、电场发射、光发射和粒子碰撞发射。

(1) 热发射

金属表面承受热作用而产生电子发射现象称为热发射。电子发射将从金属表面带走热量而对金属表面产生冷却作用。

(2) 电场发射

当金属表面空间存在一定强度的正电场时,金属内的电子受此电场静电库仑力的作用,当此力达到一定程度时,电子可飞出金属表面,这种现象称电场发射。

(3) 光发射

当金属表面接受光辐射时,也可使金属表面自由电子能量增加,冲破金属表面的制约飞到金属外面来,这种现象称光发射。

(4) 粒子碰撞发射

高速运动的粒子(电子或离子)碰撞金属表面时,将能量传给金属表面的电子,使其能量增加而跑出金属表面,这种现象称为粒子碰撞发射。

12.2 焊接电弧各区域的导电机构

1. 焊接电弧的区域组成

当两电极之间产生电弧放电时,在电弧长度方向的电场强度并不是均匀的,实际测量得到沿弧长方向的电压分布如图12.3所示。由图可以看到电弧是由3个电场强度不同的区域构成。

(1) 电弧阳极附近的区域为阳极区,其电压 U_A 称为阳极电压降,阳极区在电弧长度方向的尺寸为 $10^{-2} \sim 10^{-3}$ cm。

(2) 电弧阴极附近的区域为阴极区,其电压 U_K 称为阴极电压降,阴极区在电弧长度方向的尺寸为 $10^{-5} \sim 10^{-6}$ cm。

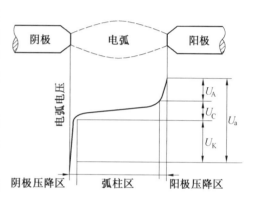

图 12.3 焊接电弧各区的电压分布

(3) 电弧中间部分为弧柱区,其电压 U_C 称为弧柱电压降。

因此电弧电压等于阴极电压 U_K、弧柱电压 U_C、阳极电压 U_A 之和,即

$$U_a = U_K + U_C + U_A$$

2. 弧柱区的导电机构

弧柱的温度一般较高,因气体种类、电弧压缩程度和电流大小不同,为 5 000 ~ 50 000 K,故弧柱气体粒子将产生以热电离为主的电离现象,使部分中性气体粒子电离为电子和正离子。这些带电粒子大部分在外加电压作用下,正离子向阴极方向运动,而电子向阳极方向运动,从而形成电子流和正离子流,所以弧柱可以看成是导通电流的导体。

3. 阴极区的导电机构

电弧燃烧时为维持电弧稳定,阴极区的任务是向弧柱区提供所需要的电子流,电子流来自阴极的电子发射,同时接受由弧柱送来的正离子流,正离子流由弧柱区和阴极区自身气体的电离提供,以满足电弧导电需要。阴极区提供的电子流与阴极材料种类、电流大小、气体介质等因素有关。

由于具体情况的不同,阴极区的导电机构主要有如下两类。

(1) 热发射型阴极区导电机构

当阴极采用 W、C 等高熔点材料,且电流较大时,由于阴极区可达到很高温度,弧柱区所需要的电子流主要依靠阴极热发射来提供,这样的阴极区称为热发射型阴极区。

(2) 电场发射型阴极导电机构

当阴极材料为 W、C 且电流较小时,或阴极材料采用熔点较低的 Al、Cu、Fe 时,阴极表面温度受材料沸点或条件的限制不能升得很高,只是在阴极的局部区域具有导电的有利条件,因此,阴极的导电面积显著减小,在这些局部阴极表面出现电流密度很高的阴极斑点(电流密度达 $5×(10^5 \sim 10^7)$ A/cm²)。但阴极温度不可能高于沸点,在较低的温度下不可能产生较强的热发射,以产生所需要的电子流。事实上当阴极温度降低时,它不可能单依靠热发射所产生的电子流来供应弧柱对电子流的需要。

当单靠阴极热发射不能提供足够数量的电子时,则在靠近阴极的区域,正负电荷的平衡关系将受到破坏,正负电荷数量不等,电子数量不足,产生过剩的正离子堆积,如图 12.4 所示,此处的空间将表现正电性。这样在阴极前面形成由局部较高的电场强度造成的阴极压降区,其间形成的电压称为阴极压降。

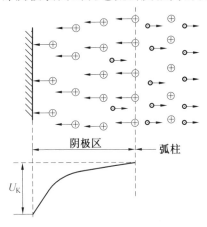

图 12.4 阴极区空间电场形成示意图

4. 阳极区的导电机构

阳极区的导电机构比阴极区要简单得多,为了维持电弧导电,阳极区的任务是接受由弧柱过来的 $0.999I$ 的电子流和向弧柱提供 $0.001I$ 的正离子流,阳极接受电子流过程比较简单也容易理解,每一个电子到达阳极时将向阳极释放相当于逸出功 U_W 的能量。但阳极向弧柱提供 $0.001I$ 的正离子流的情况不像接受电子那样简单,因为阳极通常不能直接发射正离子,正离子是由依靠阳极区来提供。阳极区提供正离子可能的机构有以下两种。

(1) 阳极区电场作用下的电离

当电弧导电时,由于阳极不发射正离子,弧柱所要求的 $0.001I$ 正离子流不能从阳极得到补充,阳极前面的电子数必将大于正离子数,造成阳极前面电子的堆积,形成负的空间电荷与空间电场,如图 12.5 所示。使阳极与弧柱之间形成一个负电性区,这就是所谓的阳极区。阳极区的电压降称为阳极压降 U_A。只要弧柱的正离子得不到补充,阳极区的电子数与正离子数的差值就继续增大,则

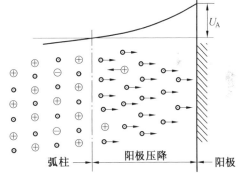

图 12.5 阳极压降形成示意图

U_A 继续增加。从弧柱来的电子通过阳极区将被加速,其动能增加。随着空间负电荷的积累,U_A 达到一定程度时,使电子进入阳极区后获得足够的动能,使它在阳极区内与中性粒子碰撞产生电离,直到这种碰撞电离生成足以满足弧柱要求的正离子时,U_A 不再继续增大而保持稳定。碰撞电离生成的电子与弧柱来的电子一起进入阳极,阳极表面的电流完全由电子流组成。在这种情况下,阳极区电压降较大,$U_A > U_I$(U_I 为气体介质的电离电压)。阳极区的长度为 $10^{-2} \sim 10^{-3}$ cm,当电弧电流较小时,阳极区的导电常常属于这种机构。

(2) 阳极区的热电离

当电流密度较大,阳极的温度很高,甚至阳极材料发生蒸发时,靠近阳极前面的空间也被加热到很高的温度。当电流密度增加到一定程度时,聚积在这里的金属蒸气将产生热电离,通过这种热电离生成正离子供弧柱需要,生成的电子奔向阳极。由于在这里主要是靠热电离生成正离子,不是靠 U_A 来增加电子动能以产生碰撞电离,所以 U_A 可以较低。随着电流密度的增加,阳极区热量继续增加,当弧柱所需要的 $0.001I$ 的正离子流完全由这种阳极区热电离来提供时,则 U_A 可以降到零。

许多实验证明,大电流熔化极焊接及大电流钨极氩弧焊时,U_A 皆很小,甚至接近零。

12.3 焊接电弧的静特性

1. 焊接电弧静特性曲线变化特征

焊接电弧的静特性是指稳定状态下焊接电弧的焊接电流和电弧电压特性。静特性曲线是在某一电弧长度数值下,在稳定的保护介质和电极条件下(还应包括其他稳定条件),改变焊接电流数值,在电弧达到稳定燃烧状态时所对应的电弧电压曲线,所反映的是一定条件下的电弧电压变化特征。各种工艺因素使电弧静特性曲线有不同的数值,但都有如图12.6那样的趋势,当焊接电流在很大的范围变化时,静特性曲线呈U形,称为U

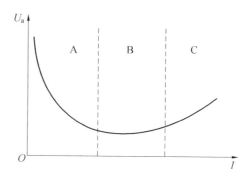

图 12.6 焊接电弧的静特性

形特性。焊接电弧静特性曲线一般呈现3个区段的变化特点,分别称为下降特性区(负阻特性区)、平特性区、上升特性区。3个特性区段的特点主要和电弧自身形态、所处环境、电弧产热与散热平衡等电弧自身性质有关。

电弧静特性曲线的3个变化区段,并不是在各种电弧中都能够表现出来,主要受电弧形态和电极条件的影响较大。

2. 影响电弧静特性及电弧电压的因素

(1) 电弧长度的影响

电弧长度改变时,主要是弧柱长度发生变化,整个弧柱的压降 EL(L 为弧柱长度)增加时,电弧电压增加,电弧静特性曲线的位置将提高。电流一定时,电弧电压随弧长的增加而增加,熔化极和钨极都有类似的情况。

(2) 周围气体种类的影响

气体介质对电弧静特性的影响,是通过对弧柱电场强度的影响表现出来的。有两方面原因:一是气体电离能不同,二是气体物理性能不同,第二个原因往往是主要的。气体的导热系数、解离程度及解离能等对电弧电压都有决定性的影响。双原子气体的分解吸热以及导热系数大的气体对电弧冷却作用的加强,即热损失的增加,使电弧单位长度上要求有较大的 IE 与之平衡,使电弧电压升高。

(3) 周围气体介质压力的影响

其他参数不变,气体介质压力的变化将引起电弧电压的变化,即引起电弧静特性的变化。气体压力增加,意味着气体粒子密度的增加,气体粒子通过散乱运动从电弧带走的总热量增加,因此,气体压力越大,冷却作用就越强,弧压就越升高。

12.4 焊接电弧的产热及温度分布

对于电弧焊,可以把电弧看作一个电能向热能转换的元件,由于电弧的3个组成部分(弧柱,阴极区、阳极区)导电机构不同,决定了电弧这3部分产热机构的不同,但每个部分热量都是由电能转换而产生。

1. 焊接电弧的产热机构

焊接电弧是一个能量输出很强的导体,其能量通过电弧转换,由于电弧是由弧柱、阴极区、阳极区3个部分组成,因此焊接电弧总的能量来自这3个组成部分,总的能量 P 可表示为

$$P = P_K + P_C + P_A = IU_K + IU_C + IU_A$$

焊接电源通过电弧将电能转换为热能、机械能、光能、磁能等,其中,热能占总能量的绝大部分,它以对流、辐射、传导的形式传送给周围的介质;光能、机械能、磁能在能量转换过程中,对焊接过程产生着不同的影响。因此,当焊接电弧燃烧时,由焊接电源提供的能量主要是转变成热能,并向外部耗散。

(1) 弧柱的产热机构

弧柱的导电主要是靠电子在电场作用下的定向运动来实现的,正离子流在整个电流中占极小的比例,但它的存在却保证了弧柱空间呈中性,弧柱电压降可以很小,通过的电流可以很大。弧柱的电子运动有以下两种方式。

① 一部分是与正离子(或中性粒子)碰撞过程的散乱运动,散乱运动的动能就是电子的热能,这部分能量占电子总能量的大部分,在弧柱中外加电能大部分将转变为热能。

② 另一部分是电子沿电场方向定向运动。单位弧柱长度的电能为 IE,代表了弧柱产热能量的大小,它将与弧柱的热损失相平衡。弧柱的热损失中对流损失约占80%以上;传导损失约为10%;辐射(包括光辐射)损失约为10%。

弧柱的产热情况不像固态导体那样,只要电流一定,其产热量也就一定。当电流一定时弧柱产热量将因热损失大小而自行调整,由于气体质量、导热性能、解离程度的不同,电弧在不同气氛中燃烧时热损失也不相同,使弧柱部分的电场强度也不相同。

(2) 阴极区的产热机构

一般情况下阴极区是由电子与正离子两种带电粒子所构成。这两种带电粒子在阴极区不断产生、消失和运动,同时伴随着能量的转变与传递。由于阴极区的长度很小,只有 $10^{-6} \sim 10^{-7}$ mm,所以阴极区产热量直接影响焊丝的熔化或焊缝熔深。弧柱中只有 $0.001I$ 的正离子流,其数量相对整个电流是很少的,一般认为它对阴极区产热影响较小。影响阴极区能量状态的带电粒子,全部在阴极区产生,最后由阴极区提供足够数量的电子进入弧柱,实现电弧放电过程,因此可以从这些电子在阴极区的能量平衡过程来分析阴极区的产热。阴极区提供的电子流与总电流相近,因此阴极区能量结构组成如下。

①电子在阴极压降的作用下跑出阴极并受到加速作用,获得的总能量为 IU_K,这是在阴极区由电能转换热能的主要来源。

②电子从阴极表面逸出时,克服阴极表面的束缚而消耗能量为 IU_W,这部分能量对阴极有冷却作用。

③电子流离开阴极区进入弧柱区时,它具有与弧柱温度相应的热能,电子流离开阴极区时带走这部分能量为 IU_T。

根据上述分析,电子流离开阴极区时阴极区获得的总能量为

$$P_K = I(U_K - U_W - U_T) \tag{12.1}$$

式中 P_K——阴极区的总能量;

U_K——阴极区压降;

U_W——逸出电压;

U_T——弧柱温度的等效电压。

式(12.1)为阴极的产热表达式。阴极区产热量主要用于阴极的加热和阴极区的散热损失,焊接过程中直接加热、熔化焊丝或工件的热量主要由这部分能量提供。

(3)阳极区的产热机构

阳极区向弧柱输送的正离子流只占总电流的0.001,所以可以忽略正离子流对阳极能量变化的影响,认为阳极区的电流等于电子流,只考虑接受电子流的能量转换。电子到达阳极时将带给阳极如下3部分能量。

①电子经阳极压降区被 U_A 加速而获得的动能 IU_A。

②电子发射时从阴极吸收的逸出功又传给阳极,这部分能量为 IU_W。

③从弧柱带来的与弧柱温度相对应的热能 IU_T。

因此阳极上的总能量为

$$P_A = I(U_A + U_W + U_T) \tag{12.2}$$

式中 P_A——阳极接受的总能量;

U_A——阳极区压降。

上式为阳极产热表达式。阳极产生的热量主要用于阳极为焊丝或工件时的加热、熔化和散热损失上,这也是焊接过程中可以直接利用的能量。

一般电弧焊接过程中,弧柱的热量只能有很少一部分热量通过辐射传给焊条和工件。当电流较大有等离子流产生时,等离子流将把弧柱的一部分热量带到工件,增加工件的热量。

2. 焊接电弧的热效率及能量密度

电弧焊时通过焊接电弧将电能转换为热能,利用这种热能来加热、熔化焊条与工件。对于熔化极电弧焊方法,焊接过程中焊条(或焊丝)熔化,熔滴把加热和熔化焊丝的热量带给熔池;对于非熔化极电弧焊方法,如钨极氩弧焊,电极不熔化,母材只利用一部分电弧的热量,如果用 Q_0 表示电弧热量的总功率,则为

$$Q_0 = IU_a$$

设 Q 为加热工件和焊丝的有效功率,则

$$Q = \eta Q_0$$

式中,η 为电弧热效率系数。它与焊接方法、焊接规范、周围条件等有关。

$(1-\eta)Q_0$。这部分电弧功率将消耗在辐射、对流等热损失上。

当焊接电弧电压升高时电弧弧柱长度增加,则弧柱热量的辐射、对流等热损失增加。在其他条件不变的情况下,各种电弧焊方法的热效率系数随电弧电压的升高而降低。采用一定焊接热源来加热熔化工件时,单位有效面积上的热功率称为能量密度,单位为 W/cm^2。能量密度大时,则可更有效地将热源的有效功率用于加热熔化金属并减小热影响区达到焊接目的。电弧的能量密度为 $10^2 \sim 10^4$ W/cm^2,气焊火焰的能量密度为 $1 \sim 10$ W/cm^2,激光、电子束的能量密度目前已达到 $10^6 \sim 10^7$ W/cm^2。

3. 焊接电弧的温度分布

焊接电弧轴向的温度分布、能量密度分布与电流密度分布情况如图12.7所示。

因为电极温度的升高受到电极材料导热性能、熔点和沸点限制,温度的轴向分布并不与能量密度分布相对应,而是与能量平衡的总结果相对应,实际是弧柱的温度较高,而两个电极上温度较低。

一般情况下阴极与阳极的温度低于电极材料的沸点,阳极的温度往往高于阴极的温度。铝阴极与阳极的温度高,可能是由于在铝的表面有氧化铝存在对测量温度有影响。

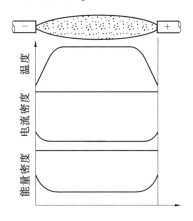

图12.7 电弧温度、电流密度和能量密度的轴向分布

弧柱的温度受电极材料、气体介质、电流大小、弧柱压缩程度等因素的影响。

如果电弧中无金属蒸气,由于氩气的电离能较高,电弧的电离度下降,则电场强度提高。当电极材料大量蒸发时,由于金属蒸气的电离能显著小于Ar,故电弧电离度增加,温度降低。如焊条药皮中含有易电离的K、Na等稳弧剂,电弧中有K、Na蒸气,则电弧温度较低。

焊接电流大小直接改变弧柱的能量密度,影响弧柱温度的高低。焊接电流增大,弧柱温度增加。另外,当电弧周围有高速气体流动时,如等离子弧,由于气流的冷却作用,使弧柱电场强度提高,温度上升。电弧周围气氛是多原子气体时,如 CO_2、O_2、N_2、H_2、H_2O 等,由于气体解离吸热也使电弧温度升高。

12.5 焊接电弧力及影响因素

在焊接过程中,电弧不仅是个热源而且也是一个力源。电弧产生的机械作用力与焊缝的熔深、熔池搅拌、熔滴过渡、焊缝成形等都有直接关系。如果对电弧力控制不当,它将破坏焊接过程,使焊丝金属不能过渡到熔池而形成飞溅,甚至形成焊瘤、咬肉、烧穿等缺陷。焊接电弧力主要包括电磁力、等离子流力、斑点压力、短路爆破力等。

1. 焊接电弧作用力

(1)电磁收缩力(电弧静压力)

实际上,焊接电弧不是圆柱体,而是截面直径变化的圆锥状的气态导体,如图12.8所示。因为电极直径限制了导电区的扩展,而在工件上电弧可以扩展的比较宽,所以电极前端电弧截面直径小,接近工件端电弧截面直径大。直径不同将引起压力差,从而产生由电极指向工件的推力 F_a,其方程为

$$F_a = KI^2 \lg\left(\frac{R_b}{R_a}\right) \tag{12.3}$$

式中　F_a——指向工件的推力或电弧静压力;
　　　R_a——锥形弧柱,上底面半径;
　　　R_b——锥形弧柱下底面半径。

实际上,电弧中电流密度的分布是不均匀的,特别在大电流情况下,弧柱中心区域温度很高,电导率很大,故弧柱中心电流密度高于其外缘区域。所以电弧静压力在分布上是中心轴上的压力高于周边的压力。

(2)等离子流力(电弧电磁动压力)

焊接电弧呈非等截面的近锥体,电磁收缩力在其内部各处分布不均匀,不同截面上存在压力梯度,靠近电极处的压力大,靠近工件处压力小,形成电弧静压力。电弧中的压力差使较小截面处(见图12.9中 A 点处)的高温粒子(中性粒子为主)向工件方向(见图12.9中 B 点处)流动,并有更小截面处的气体粒子补充到该截面上来,以及保护气氛不断进入电弧空间,从而形成连续不断的气流,称为等离子气流(高温特性)。到达工件表面时形成附加的一种压力,称为等离子流力。由于等离子流力是高温粒子高速流动形成的,所以也称为电弧电磁动压力。

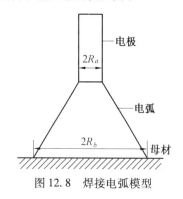

图12.8　焊接电弧模型

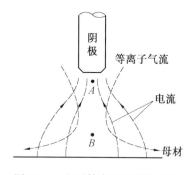

图12.9　电弧等离子气流的产生

(3)斑点力

当电极上形成斑点时,由于斑点上导电和导热的特点,在斑点上将产生斑点力,此斑点力在一定条件下将阻碍焊条熔化金属的过渡。斑点力也称斑点压力,它可由下面几种力组成。

①正离子和电子对电极的撞击力。阳极接受电子的撞击,阴极接受正离子的撞击,由于正离子的质量远远大于电子的质量,同时一般情况下阴极压降 U_k 大于阳极压降 U_A,故通常这种斑点力在阴极上表现较大,在阳极上表现较小。

②电磁收缩力。当电极上形成熔滴并出现斑点时,焊丝、熔滴及电弧中电流线都在斑点处集中,如图12.10所示。根据电磁收缩力产生的原理,电磁力的合力方向是由小断面指向大断面,所以斑点处将产生向上的电磁收缩力,阻碍熔滴下落。通常阴极斑点比阳极

斑点的收缩程度大,所以阴极斑点力也大于阳极斑点力。

③电极材料蒸发产生的反作用力。由于斑点上的电流密度很高,局部温度很高而产生强烈的蒸发,使金属蒸气以一定速度从斑点发射出来,它将施加给斑点一定的反作用力。由于阴极斑点的电流密度比阳极斑点的高,发射要更强烈,因此阴极斑点力比阳极斑点力大。

(4)爆破力

熔滴短路电弧瞬时熄灭,因短路时电流很大,短路金属液柱中电流密度很高,在金属液柱内产生很大的电磁收缩力,使缩颈变细,电阻热使金属液柱小桥温度急剧升高,使液柱汽化爆断,此爆破力可能使液体金属形成飞溅,如图12.11所示。液柱爆断后电弧重新点燃,电弧空间的气体突然受高温加热而膨胀,局部压力骤然升高,对熔池和焊丝端头的液态金属会形成较大的冲击力,严重时也会造成飞溅。

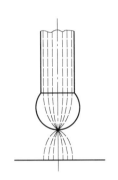

图 12.10 斑点的电磁收缩力

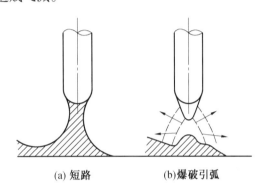

(a) 短路　　　　(b) 爆破引弧

图 12.11 熔滴短路产生的爆破力

(5)细熔滴的冲击力

用富 Ar 气体保护射流过渡焊接时,熔化金属形成连续细滴沿焊丝轴向射向熔池,每个熔滴的质量只有几十毫克,这些熔滴在等离子流力作用下,以很高的加速度(可达重力加速度的50倍以上)冲向熔池,到达熔池时其速度可达每秒几百米。这些细滴带有很大的动能,再加上电磁力及等离子流力的作用,使焊缝极易形成指状熔深。

2. 焊接电弧力的影响因素

产生及影响电弧力的因素较多,电弧形态及焊接规范参数与电弧力大小有直接关系。

(1)气体介质

由于气体种类不同,物理性能有差异。导热性强或多原子气体皆能引起弧柱收缩,导致电弧压力的增加。气体流量或电弧空间气体压力增加,也会引起电弧收缩并使电弧压力增加,同时引起斑点收缩,进一步加大了斑点压力。这将阻止熔滴过渡,使熔滴颗粒增大,过渡困难。

(2)电流和电弧电压

电流增大时电磁收缩力和等离子流皆增加,故电弧力也增大,而电弧电压升高亦即电弧长度增加时,使电弧压力降低。

(3)焊丝直径

焊丝直径越细,电流密度越大,电磁力越大,造成电弧锥形越明显,则等离子流力越大,使电弧的总压力增大。

(4)焊条(焊丝)的极性

钨极氩弧焊,当钨极接负时允许流过的电流大,阴极导电区收缩的程度大,将形成锥度较大锥形电弧,产生的锥向推力较大,电弧压力也大,反之钨极接正则形成较小的电弧压力。对熔化极气体保护焊,不仅极区的导电面积对电弧力有影响,同时要考虑熔滴过渡形式,直流正接因焊丝接负受到较大的斑点压力,使熔滴长大不能顺利过渡,不能形成很强的电磁力与等离子流力,因此电弧压力小。直流反接焊丝端部熔滴受到的斑点压力小,形成细小的熔滴,有较大的电磁力与等离子流力,电弧压力较大。

(5)钨极端部的几何形状

钨极端部的几何形状与电弧作用在熔池上的力有密切关系。钨极端头角度越小,则电弧力越大。

(6)电流的脉动

当电流以某一规律变化时,电弧压力也变化,TIG 焊时交流电弧压力低于直流正接,高于直流反接;高频钨极脉冲氩弧焊时,当脉冲电流频率高于几千赫兹以上时,在同样平均电流的条件下,由于高频电磁效应,随着电流脉冲频率的增加,电弧压力增大

12.6 焊接电弧的稳定性及其影响因素

焊接电弧的稳定性是指焊接时在选定的焊接规范条件下,电弧保持稳定燃烧的程度。当焊接电弧的稳定性好时,电弧可在长时间内连续稳定地燃烧,不产生断弧,不产生漂移和磁偏吹等现象,使焊接电流和电弧电压保持基本不变。当焊接电弧的稳定性差时,焊接电流和电弧电压波动很大,使焊接过程常常无法进行,不仅恶化焊缝外在质量,而且也大大降低焊缝的内在质量。

1. 影响焊接电弧稳定性的因素

影响焊接电弧稳定性的因素很多,除包括焊接设备本身、焊接材料、焊接规范、焊接电源的种类和极性以外,还有操作人员技术熟练程度等因素。

(1)焊接电源

焊接电源的空载电压越高,越有利于电场发射和电场电离,因此电弧的稳定性越高。此外,焊接电源的外特性还必须与焊接电弧的静特性、电弧的自动调节系统的静特性相匹配,而且还应具有合适的电源动特性,只有这样,才能使焊接电弧稳定地燃烧。

(2)焊接电流和电弧电压

大电流焊接电弧的温度要比小电流焊接的温度高,因而电弧中的热电离要比小电流焊接时强烈,能够产生更多的带电粒子,因此电弧更稳定。电弧电压增大意味着电弧长度的增大,当电弧过长时,焊接保护效果变差,电弧会发生剧烈摆动,使电弧的稳定性下降。

(3)电流的种类和极性

焊接电流可分为直流、交流和脉冲直流 3 种类型,其中,以直流电弧为最稳定,脉冲直流次之,交流电弧稳定性最差。

(4)焊剂和焊条药皮

当焊剂或焊条药皮中含有较多电离电压比较高的氟化物(如 CaF_2)、氯化物(如 KCl、NaCl)时,将使电弧气氛的电离程度降低,因而会降低电弧的稳定性。当焊剂或焊条药皮

中含有较多低电离电压的元素(如 K、Na、Ca 等)或它们的化合物时,由于较易电离,使电弧气氛中的带电粒子增多,因此可以提高电弧的稳定性,如酸性焊条药皮中常加入的长石、云母和烧结焊剂中加入的大理石($CaCO_3$)就具有这样的作用。

2. 电弧的刚直性与磁偏吹

(1)电弧的刚直性

电弧刚直性是指电弧作为一个柔软导体抵抗外界干扰,力求保持焊接电流沿电极轴向流动的性能,这种性能是由电弧自身磁场决定的。电弧的等离子流力、高速气流和周围气流的冷却作用,有助于电弧刚直性的提高。

电弧的刚直性随电流值的增大而增大。电流越大,电弧自身磁场强度越大,电弧越受拘束,电弧的刚直性也就越大。同时电弧的等离子气流、保护气气流、周围气流的冷却作用,也有助于电弧刚直性的提高。保护气种类也影响电弧的刚直性,如 CO_2、H_2、N_2、He 等气氛均有利于提高电弧刚直性。充分利用这一特性,比如高速焊时使电极向前倾斜,电弧亦随之倾斜,可以得到所希望的焊缝形状,这在实际中已有广泛应用。

(2)电弧的磁偏吹

电弧刚直性是由于电弧中流动着的电流受到其自身磁场的作用而表现出的特性,从电弧的稳定性来讲是希望得到的。然而只有电弧周围的磁场是均匀的、磁力线分布相对电弧轴线是对称的,电弧才能保持轴向对称。如果某种原因使磁力线分布的均匀性受到破坏,使电弧中的带电粒子受力不均匀,就会使电弧偏向一侧,如图 12.12 所示,这种自身磁场不对称使电弧偏离焊条轴线的现象称为电弧磁偏吹。

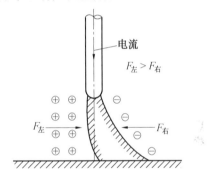

图 12.12 电弧磁偏吹起因示意图

电弧的磁偏吹总是表现为电磁力把电弧从磁力线密集的一侧推向磁力线稀疏的一侧。

电弧焊过程中因所处条件的不同,一般在如下几种情况产生磁偏吹现象。

①导线接线位置引起的磁偏吹。主要指母材接电缆线的位置,是电弧产生磁偏吹的一项常见原因。电流通过电弧流入母材(工件)后,工件中的电流也会在空间形成磁场,该磁场与电弧段中的电流所形成的磁场相互叠加,使电弧某一侧的自身磁场得到加强,从而在电弧周围形成不均匀磁力线,造成电弧出现磁偏吹,如图 12.13(a)所示。这种磁偏吹通常对焊接作业是不利的,可以通过调整焊枪(电极)角度,减小磁偏吹的程度,如图 12.13(b)所示。另外,电弧长度减小,挺直性提高,磁偏吹减弱。

②电弧附近的铁磁性物质引起的磁偏吹。电弧某一侧存在强力铁磁性物体时,电弧磁场的磁力线将较多地集中到铁磁性物体中,电弧空间另一侧的磁力线密度相对增强,磁力线分布受到破坏,电弧将产生向铁磁性物体一侧的偏吹,看上去好像铁磁性物体吸引着电弧,如图 12.14 所示。

③电弧处于工件端部时产生的磁偏吹。钢材料焊接(铁磁性物体),当电弧走到工件端部时,工件对电弧磁力线的吸引产生不对称,端部以外区域的磁力线密度相对增强,电

弧被推向工件面积较大的一侧,如图 12.15 所示。特别是坡口内部焊接时,工件一侧铁磁性物体所占体积较大,磁偏吹现象更为严重。

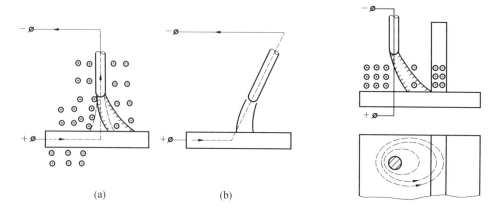

图 12.13　地线接线位置产生的磁偏吹图　　　图 12.14　电弧一侧铁磁性物体引起的磁偏吹

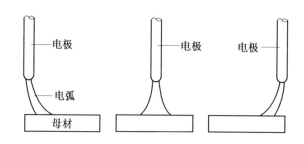

图 12.15　电弧在工件端部产生的磁偏吹

④平行电弧间的磁偏吹。两个平行电弧,根据电流方向的不同,相互间可能产生吸引或排斥,同样是电弧空间磁力线相互增强或相互减弱造成的。

焊接生产中经常遇到磁偏吹现象,磁偏吹严重时导致焊接过程不稳定,操作困难,焊缝成形不规则,可以采用下列办法消除和减少磁偏吹:可能时用交流电源代替直流电源;尽量用短弧进行焊接,电弧越短磁偏吹越小;对于长和大的工件可采用两边连接地线的方法;若工件有剩磁,焊前要消除工件的剩磁;尽量用厚皮焊条代替薄皮焊条;避免周围铁磁物质的影响。

12.7　焊丝的加热、熔化与熔滴过渡

12.7.1　焊丝的加热与熔化

1. 焊丝加热与熔化的热源

熔化极电弧焊时,焊丝主要有两方面的作用,即一方面是作为电弧焊的电极起到导通电流的作用;另一方面作为填充材料向熔池提供熔化金属并和熔化的母材一起冷却结晶而形成焊缝。焊丝的加热熔化主要靠阴极区(直流正接时)或阳极区(直流反接时)所产

生的热量及焊丝自身的电阻热,弧柱区产生的热量对焊丝熔化居次要地位。

非熔化极的填充丝电弧焊时,主要靠弧柱热来熔化焊丝。

(1)电弧热

根据第1章中电极产热机构可知,单位时间内阳极区产生的热量 P_A 和阴极区产生的热量 P_K 分别是为

$$P_A = I(U_A + U_W + U_T)$$
$$P_K = I(U_K - U_W - U_T)$$

可知,焊丝端部的产热与焊接电流成正比,并且与焊接极性、电极材料、规范参数及气体介质等因素有关。

通常在电弧焊情况下,若弧柱温度为 6 000 K 时, U_T 小于 1 V。当电流密度较大时, U_A 近似为零,故式 $P_A = I(U_A + U_W + U_T)$、$P_K = I(U_K - U_W - U_T)$ 可简化为

$$P_K = I(U_K - U_W)$$
$$P_A = IU_W$$

即阴极区和阳极区的产热主要决定于 U_K 和 U_W,焊丝接正时产热量的多少主要决定于材料的逸出功 U_W 和电流大小。在电流一定的情况下,材料的逸出功也是一个固定的数值,受其他因素的影响不大,因此,当焊丝接正时,焊丝的熔化系数是个相对固定的数值。当焊丝接负时,焊丝的加热与熔化则取决于 $U_K - U_W$,由于阴极压降 U_K 大小受很多因素影响,也就必然影响阴极产热多少及焊丝的加热与熔化情况。熔化极气体保护焊时,焊丝均为冷阴极材料,$U_K \gg U_W$,所以 $P_K > P_A$。在相同材料和相同电流情况下,焊丝为阴极的产热将比焊丝为阳极时产热多,因散热条件相同,所以焊丝接负时比焊丝接正时熔化快。

(2)电阻热

焊丝除了受电弧的加热外,在自动和半自动焊时,从焊丝与导电嘴接触点到电弧端头的一段焊丝(即焊丝伸出长度用 L_S 表示)有焊接电流流过,所产生电阻热对焊丝有预热作用,从而影响焊丝的熔化速度(见图12.16)。特别是焊丝比较细和焊丝金属的电阻系数比较大时(如不锈钢),这种影响更为明显。焊丝伸出长度的电阻热为

$$P_R = I^2 R_S$$
$$R_S = \rho L_S / S$$

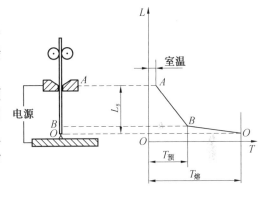

图 12.16　焊丝伸出长度的电阻热示意图

式中　R_S——L_S 段的电阻值;
　　　ρ——焊丝的电阻率;
　　　L_S——焊丝的伸出长度;
　　　S——焊丝的断面积。

因此,熔化极电弧焊时用于加热和熔化焊丝的总热量 P_m 主要由两部分组成,即

$$P_m = I(U_m + R_S)$$

式中　U_m——电弧热的等效电压,焊丝为阳极时 $U_m = U_W$;焊丝为阴极时 $U_m = U_K - U_W$。

由上式可见,加热和熔化焊丝的热量是单位时间内由电弧热和电阻热提供的能量。

2. 影响焊丝熔化速度的因素

焊丝熔化速度 v_m 通常是指单位时间内焊丝熔化的质量,以 kg/h 或 m/min 来表示。焊丝熔化系数 α_m 是单位时间内通过单位焊接电流时焊丝的熔化质量,以 g/(A·h) 来表示。由加热焊丝电弧热的表达式可知,焊丝的熔化速度与焊接条件密切相关,因此,焊接电流、电弧电压、电源极性极性、气体介质、电阻热及焊丝表面状态都将对焊丝熔化速度产生影响。

(1) 焊接电流对熔化速度的影响

随着焊接电流的增大,焊丝的电阻热与电弧热增加,焊丝的熔化速度加快。

① 对不锈钢焊丝,因不锈钢的电阻率大,伸出长度部分的电阻热不能忽略,不锈钢焊丝熔化系 α_m 因电流不同而变化,故熔化速度与电流不是直线关系。

② 对铝焊丝,因铝电阻较小,电流与熔化速度是直线关系,但斜率不同。焊丝直径越小,电流与熔化速度直线关系的斜率越大,表明焊丝熔化系数 α_m 越大。

(2) 电弧电压对熔化速度的影响

熔化极气体保护焊时,当等速送丝采用铝合金焊丝和钢焊丝进行焊接时,焊丝熔化速度与电弧电压和焊接电流的关系如下。

① 电弧电压较高时,即弧长较长时,送丝速度与熔化速度平衡,焊丝熔化速度主要决定于电流大小,电弧电压对焊丝熔化速度影响不大。

② 电弧电压较低范围内,弧长为 8~2 mm 时,当电弧长度减小时,要熔化一定数量的焊丝所需要的电流减小,弧压变小,反而使焊丝熔化速度增加,也就是说,电弧较短时焊丝的熔化系数增加。这种倾向对铝合金焊丝较明显,对钢焊丝较弱。由于在电压较低时,有熔化系数随电弧长度变化的现象,所以当电弧长度因受外界干扰发生变化时,电弧本身有恢复原来弧长的能力,一般称为电弧的固有自调节作用。对铝焊丝因其固有自调节作用很强,等速送丝时可以用恒流特性电源进行熔化极气体保护焊。

(3) 气体介质对焊丝熔化速度的影响

不同气体介质对阴极压降的大小和焊接电弧产热多少有直接影响,因此影响焊丝的熔化速度。熔化极气体保护焊时,Ar 与 CO_2 不同气体混合比的混合气体对焊丝熔化速度的影响如图 12.17 所示。焊丝为阴极时的熔化速度总是大于焊丝为阳极时的熔化速度,并因气体混合比不同而变化。焊丝为阳极时,其熔化速度基本不变。因为混合气体成分变化时,将主要引起阴极压降 U_K 的变化,使阴极产热受到 U_K 影响;而阳极产热与 U_W 有关,所以焊丝为阴极时,气体成分对焊丝熔化速度有很大的影响。另外,不同气体混合比还影响熔滴过渡形式,这也影响熔滴的加热及焊丝熔化,所以正极性时混合气体成分对焊丝熔化速度的影响呈现出一条复杂的曲线。

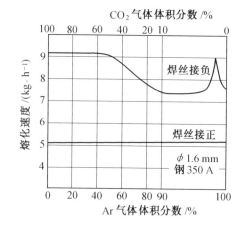

图 12.17 Ar 与 CO_2 混合比不同对不同极性焊丝熔化速度的影响

(4) 焊丝直径的对焊丝熔化速度的影响

电流一定时,焊丝直径越细,同时电流密度也越大,使焊丝熔化速度增大。

(5) 焊丝伸出长度对焊丝熔化速度的影响

其他条件一定时,焊丝伸出长度越长,电阻热越大,对焊丝起着预热作用,通过焊丝传导的热损失减少,所以焊丝熔化速度越快。

(6) 焊丝材料的对焊丝熔化速度的影响

焊丝材料不同,电阻率也不同,所产生的电阻热就不同,不锈钢电阻率较大,会加快焊丝的熔化速度,尤其是伸出长度较长时影响更为明显。如焊条电弧焊使用不锈钢焊条时,若电流较大,焊条较长,将导致焊条红热,药皮开裂,不能正常焊接,所以为避免这种现象,通常不锈钢焊条长度比一般碳钢焊条短。

12.7.2 熔滴上的作用力

焊丝或焊条端头的金属熔滴受表面张力、重力、电磁收缩力、斑点压力、等离子流力和其他力的作用。

1. 表面张力

表面张力是在焊丝端头上保持熔滴的主要作用力,由于表面张力的作用,焊丝端头的熔化金属呈现球形。

若焊丝半径为 R,这时焊丝和熔滴间的表面张力为

$$F_\sigma = 2\pi R\sigma$$

式中 σ——表面张力系数。σ 数值与材料成分、温度、气体介质等因素有关。

增加熔滴温度,会降低金属的表面张力系数,从而减小熔滴尺寸。

2. 重力

当焊丝直径较大而焊接电流较小时,在平焊位置的情况下,使熔滴脱离焊丝的力主要是重力。显然,立焊和仰焊时,重力将阻碍熔滴过渡。

3. 电磁力

熔化极焊接的情况下,电流通过焊丝—熔滴—电极斑点—弧柱之间的导体时,其截面变化,导体各部分将产生电磁力,如图12.18所示,这时产生的电磁力可分解为径向和轴向的两个分力。电流在熔滴中的流动路线可以看做圆弧形,这时电磁力对熔滴过渡的影响,可以按不同部位加以分析。在焊丝与熔滴连接的缩颈处 $a—a$ 面,形成的电磁力轴向分力 F_a 向上;$b—b$ 面形成的电磁力轴向分力 F_b 向下,将促进熔滴与焊丝断开。

在熔滴与弧柱间形成斑点,它的面积大小决定于电流线在熔滴中的流动形式。

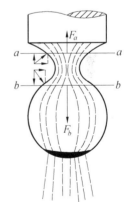

图 12.18 作用在熔滴上的电磁力

(1) 若弧根面积笼罩整个熔滴,此处的电磁力形成的合力向上,构成斑点压力的一部分促进熔滴过渡。

(2) 若弧根面积小于熔滴直径,此处的电磁力形成的合力向下,形成斑点压力的一部分会阻碍熔滴过渡,CO_2 气体保护焊时大滴状次排斥过渡就属于这种情况。由此可见,电

磁力对熔滴过渡的影响决定于电弧形态。

4. 等离子流力

从电弧的力学特点可知,自由电弧的外形通常呈圆锥形,不等断面电弧内部的电磁力是不一样的,上边的压力大,下边的压力小,形成压力差,使电弧产生轴向推力。由于该力的作用,造成从焊丝端部向工件的气体流动,形成等离子流力。

电流较大时,高速等离子流将对熔滴产生很大的推力,使之沿焊丝轴线方向运动,这种推力的大小与焊丝直径和电流大小有密切的关系。

5. 斑点压力

电极上形成斑点时,由于斑点是导电的主要通道,所以此处也是产热集中的地方。同时该处将承受电子(反接)或正离子(正接)的撞击力。又因该处电流密度很高,将使金属强烈的蒸发,金属蒸发时对金属表面产生很大的反作用力,对电极造成压力。如同时考虑电磁力的作用,使斑点压力对熔滴过渡的影响十分复杂,当斑点面积较小时(如 CO_2 气体保护焊焊接时的情况),斑点压力常常是阻碍熔滴过渡的力;而当斑点面积很大,笼罩整个熔滴时(如 MIG 焊喷射过渡的情况),斑点压力常常促进熔滴过渡。

6. 爆破力

当熔滴内部含有易挥发金属或由于冶金反应而生成气体时,都会使熔滴内部在电弧高温作用下气体积聚和膨胀而造成较大的内力,从而使熔滴爆炸而过渡。当短路过渡焊接时,在电磁力及表面张力的作用下形成缩颈,在其中流过较大电流,使小桥爆破形成熔滴过渡,同时会造成飞溅。

通过上述可以看到,影响熔滴过渡的力有五六种之多。除重力和表面张力外,电磁收缩力、等离子流力和斑点压力等都与电弧形态有关。各种力对熔滴过渡的作用,根据不同的工艺条件应做具体的分析。如重力在平焊时是促进熔滴过渡的力,而当立焊和仰焊时,重力则使过渡的金属偏离电弧的轴线方向而阻碍熔滴过渡。

在长弧时,表面张力总是阻碍熔滴从焊丝端部脱离,但当熔滴与熔池金属短路并形成液体金属过桥时,由于熔池界面很大,这时表面张力 F_σ 有助于把液体金属拉进熔池,而促进熔滴过渡;电磁力也有同样的情况,当熔滴短路使电流线呈发散形,也会促进液态小桥金属向熔池过渡。

综上所述,熔化极气体保护焊时,作用于熔滴的力对熔滴过渡的影响,应从焊缝的空间位置、熔滴过渡形式、电弧形态、采用的工艺条件及规范参数等方面进行具体的分析。

12.7.3 熔滴过渡主要形式及其特点

熔化极电弧焊中熔滴过渡现象十分复杂,当焊接规范条件变化时各种过渡形态可以相互转化,因此必须按熔滴过渡形式及电弧形态,对熔滴过渡加以分类,分别介绍各种熔滴过渡形式的特点。

1. 熔滴过渡的分类

熔化极电弧焊的熔滴过渡形式可分为自由过渡、接触过渡和渣壁过渡 3 种类型。

(1) 自由过渡

熔滴经电弧空间自由飞行,焊丝端头和熔池之间不发生直接接触,这种过渡形式称为自由过渡,有 3 种过渡形式。

①滴状过渡。根据熔滴尺寸和熔滴形态,分为大滴过渡、排斥过渡和细颗粒过渡。
②喷射过渡。因熔滴尺寸和过渡形态又分为射滴过渡、射流过渡和旋转射流过渡。
③爆破过渡。CO_2 气体保护电弧焊和焊条电弧焊中经常有爆破过渡。

(2) 接触过渡

接触过渡是熔滴通过与熔池表面接触后的过渡,有两种形式,如图 12.19 所示。

①搭桥过渡。TIG 焊时,焊丝作为填充金属,它与工件间不引燃电弧,称为搭桥过渡。搭桥过渡是指非熔化极电弧焊中外部填加焊丝的熔滴过渡情况,如图 12.19(a)所示。

②短路过渡。熔化极气体保护焊时,焊丝短路并重复引燃电弧,这种接触过渡又称为短路过渡。短路过渡主要表现在 CO_2 气体保护电弧焊中,其中在铝合金 MIG 焊亚射流过渡中也含有短路过渡成分,如图 12.19(b)所示。

(a)搭桥过渡　　　(b)短路过渡

图 12.19　接触过渡

(3) 渣壁过渡

熔滴是从熔渣的空腔壁上流下的。渣壁过渡的两种形态分别出现在埋弧焊和焊条电弧焊中。在埋弧焊中是部分熔滴沿着熔渣壳过渡,在焊条电弧焊中是部分熔滴沿药皮套筒壁过渡。

2. 滴状过渡

熔化极电弧焊时,当焊接电流较小和电弧电压较高,弧长较长时,金属熔滴不易与熔池发生短路。因焊接电流较小,弧根面积的直径小于熔滴直径,熔滴与焊丝之间的电磁力不易使熔滴形成缩颈,斑点压力又阻碍熔滴过渡。随着焊丝的熔化,熔滴长大,最后重力克服表面张力的作用,而造成大滴状熔滴过渡。当保护气体介质的条件不同时,熔滴过渡形式不同,如图 12.20 所示。

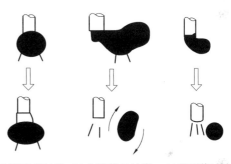

(a)大滴滴落过渡　(b)大滴排斥过渡　(c)细颗粒过渡

图 12.20　滴状过渡

(1) 大滴滴落过渡

在氩气介质中,由于电弧场强度低,弧根较扩展,且在熔滴下部弧根的分布是对称于熔滴的,因而形成大滴滴落过渡,焊接过程很少有短路现象产生,如图 12.20(a)所示。

(2) 大滴排斥过渡

CO_2 电弧时,由于 CO_2 气体高温分解吸热对电弧的冷却作用,使电弧电场强度提高,电弧收缩,电弧集中在熔滴的底部,弧根面积减小,增加斑点压力而阻碍熔滴过渡,并形成大滴状排斥过渡。熔化极气体保护焊直流正接时,由于斑点压力较大,不论用 Ar 还是 CO_2 气体保护,焊丝的熔滴过渡都有明显的大滴状排斥过渡现象,如图 12.20(b)所示。

(3) 细颗粒过渡

CO_2 气体保护电弧焊时,随着焊接电流的增,斑点面积增加,电磁力增加,熔滴过渡频率也增加,虽然电流增加使熔滴细化,熔滴尺寸一般也大于焊丝直径。当电流再增加时,它的电弧形态与熔滴过渡形式没有突然变化,这种过渡形式称为细颗粒过渡,如图12.20(c)所示。因飞溅较少,电弧稳定,焊缝成形较好,在生产中广泛应用。对 $\phi1.6$ mm 焊丝,电流 400 A 时,即为这种过渡形式。

3. 喷射过渡

氩气或富氩气体保护焊时,根据不同工艺条件,能够产生射流、射滴、亚射流等几种喷射过渡形式。

(1) 射流过渡

熔化极电弧焊在钢焊丝 MIG 焊电流较小时,电弧与熔滴状态如图12.21(a)所示,电弧近似呈圆柱状。这时电磁收缩力较小,熔滴在重力作用下呈大滴状过渡。随着焊接电流的增大,电弧阳极斑点笼罩熔滴的面积逐渐扩大,可以达到熔滴的根部,如图12.21(b)所示,这时熔滴与焊丝间形成缩颈。焊接电流全部在缩颈流过,由于缩颈电流密度很高,细颈处过热,表面将产生大量的金属蒸气,缩颈表面具备产生阳极斑点的有利条件。

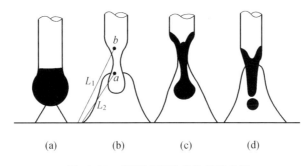

图 12.21 射流过渡形成机理示意图

这时导电通路 L_1 所消耗的能量与导电通路 L_2-a-细颈-b 上所消耗的能量相等或更小,则弧根从 a 点跳到 b 点,阳极斑点在缩颈上部出现。

跳弧之后变为如图12.21(c)所示的形状。当第一个较大熔滴脱落之后,电弧呈图12.21(d)所示的圆锥状,这就容易形成较强的等离子流,使焊丝端部的液态金属呈铅笔尖状。焊丝端部的熔滴表面张力很小,再加等离子气流的作用,焊丝端部液体金属以直径很细小的熔滴从焊丝尖端一个接一个向熔池过渡,过渡速度很快,熔滴过渡加速度可以达到重力加速度的几十倍,称这种过渡形式为射流过渡。

(2) 射滴过渡

射滴过渡是介于滴状与射流过渡之间的一种过渡形式,其工艺条件与射流过渡相似。

射滴过渡时,熔滴直径接近于焊丝直径,脱离焊丝沿焊丝轴向过渡,加速度大于重力加速度。焊丝端部的熔滴大部分或全部被弧根所笼罩,典型熔滴过渡的高速摄影照片如图12.22所示。钢焊丝脉冲焊及铝合金熔化极氩弧焊是这种过渡形式。焊钢时总是一滴一滴的过渡,而焊铝及其合金时常常是每次过渡 1~2 滴,其熔滴尺寸是越来越小,这是一种稳定过渡型式。

(3) 亚射流过渡

通常铝合金 MIG 焊时,熔滴过渡可以分为大滴状过渡、射滴过渡、短路过渡及介于短路与射滴之间的亚射滴过渡,亚射滴过渡习惯称为亚射流过渡。因其弧长较短,在电弧热

图 12.22　熔滴射滴过渡

作用下形成熔滴并长大,形成缩颈,在即将以射滴形式过渡脱离之际与熔池短路,在电磁收缩力的作用下细颈破断,并重燃电弧完成过渡。它与正常短路过渡的差别是,正常短路过渡时在熔滴与熔池接触前并未形成已达临界状态的缩颈,因此当熔滴与熔池短路时短路时间较长,短路电流很大。而亚射流过渡时短路时间极短,电流上升得不太大就使熔滴缩颈破断。因已形成缩颈短路峰值电流很小,所以破断时冲击力小而发出轻微的"啪啪"声。这种熔滴过渡形式的焊缝成形美观,焊接过程稳定,在铝合金 MIG 焊时广泛应用。

4. 短路过渡

(1)短路过渡特点

在较小电流低电压时,熔滴未长成大滴就与熔池短路,在表面张力及电磁收缩力的作用下,熔滴向母材过渡,这种过程称短路过渡。典型熔滴短路过渡的高速摄影照片如图 12.23 所示。

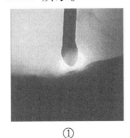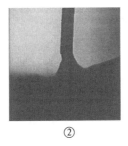

①　　　　　　　　②　　　　　　　　③　　　　　　　　④

图 12.23　熔滴短路过渡

这种过渡形式电弧稳定,飞溅较小,熔滴过渡频率高,焊缝成形较好,广泛用于薄板和全位置焊接过程。

(2)短路过渡的稳定性

为保持短路过渡焊接过程稳定进行,要求焊接电源有合适的静特性和动特性,它主要包括以下 3 个方面。

①焊丝直径和焊接规范不同时,要保证有合适的短路电流上升速度,保证短路"小桥"柔顺的断开,达到减少飞溅的目的。

②短路电流峰值 I_m 要适当的,短路过渡焊接时 $I_m = (2 \sim 3) I_a$,峰值电流值过大会引起缩颈小桥激烈的爆断造成飞溅,过小对引弧不利,甚至影响焊接过程的稳定性。

③短路过渡之后,空载电压恢复速度要快,并能及时引燃电弧,避免熄弧现象。

目前的硅整流焊接电源、可控硅焊接电源、逆变焊接电源电压恢复速度很快,都能满足短路过渡焊接对电压恢复速度的要求。

12.7.4 焊丝熔化的几个基本概念

在熔化极电弧焊过程中,为了有效评价焊接过程中焊丝金属熔化后的情况,常用到以下几个概念。

(1)熔敷效率

在电弧焊过程中,熔化后焊丝金属并没有全部过渡到焊缝中去,其中一部分要以飞溅、蒸发、氧化等形式损失掉。因此把过渡到焊缝中的焊丝金属质量与熔化使用的焊丝质量之比称为熔敷效率。用焊条焊接时,按焊条芯质量计。

熔敷效率一般可达90%左右,熔化极氩弧焊及埋弧自动焊熔敷效率要更高一些。CO_2气体保护焊和手工电弧焊有时熔敷效率只能达到80%左右,有10%~20%焊丝被氧化、飞溅和蒸发损失掉。一般情况下弧长越长电流越大,损失越大,熔敷效率越低。

(2)熔敷系数 α_y

熔敷系数指单位时间、单位焊接电流内所熔敷到焊缝上的焊丝金属质量,用 α_y 表示。

(3)熔化系数 α_m

熔化系数指单位时间、单位焊接电流内熔化焊丝金属的质量,用 α_m 表示。CO_2 气体保护焊的 α_m 比埋弧焊的高。

(4)损失系数即损失率 ψ_s

熔化系数 α_m 与熔敷系数 α_y 的差值,再除以熔化系数 α_m 就是焊丝金属的蒸发、氧化与飞溅的损失,即损失系数 ψ_s。

$$\psi_s = (\alpha_m - \alpha_y)/\alpha_m \times 100\%$$

(5)焊接飞溅

在熔化极电弧焊过程中,焊丝熔化金属大部分可过渡到熔池中,但有一部分焊丝熔化金属飞向熔池之外,飞到熔池之外的金属称为焊接飞溅。

(6)飞溅率

飞溅损失常用飞溅率来表示,把飞溅损失的金属与熔化的焊丝(或焊条)金属质量的百分比定义为飞溅率。

12.7.5 熔滴过渡的控制

一般熔化极氩弧焊是以喷射过渡为主要熔滴过渡形式,这时焊接电流一定要大于喷射过渡临界电流,才能实现稳定的焊接过程。如果焊接电流小于喷射过渡临界电流,只能实现大滴或短路过渡,大滴状过渡过程不稳,不能进行立焊和仰焊,不能满足全位置焊接的要求。短路过渡有熄弧过程,并有飞溅,因此,短路过渡焊接方法应用受到限制。为了使薄板、空间位置和热敏感材料能进行高效率的焊接,而出现了熔化极脉冲氩弧焊,它是利用周期性变化的电流进行焊接,其主要目的是控制熔滴过渡和对母材热量输入。

1. 脉冲电流控制法

焊接电流以一定的频率变化,来控制焊丝的熔化及熔滴过渡,可在较小平均电流的条件下,实现稳定的喷射过渡,控制对母材的热输入及焊缝成形,满足高质量焊接的要求。其典型脉冲电流波形及熔滴过渡形式如图12.24所示。无论用什么样的脉冲电流波形,熔化极脉冲氩弧焊的脉冲峰值电流一定要大于在此条件下射流过渡临界电流值。

选用不同脉冲电流频率和不同脉冲电流幅值,可以实现一个脉冲过渡多滴、一个脉冲过渡一滴或多个脉冲过渡一滴等形式。

一脉一滴是在脉冲持续时间或脉冲电流幅值比一脉多滴过渡形式小的时候发生的。在基值电流期间与一脉多滴过渡形式相同,进入脉冲电流阶段后,电弧形态的变化也与一脉多滴过渡形式相似。但由于脉冲电流幅值较低或持续时间较短,电弧的瞬时形态与一脉多滴过渡不同,熔滴大多数在脉冲电流结束后的基值电流初期脱落,也有的在脉冲电流后期脱落(如用正弦波脉冲电流)。焊丝端头的液态金属在脉冲电流结束之前已形

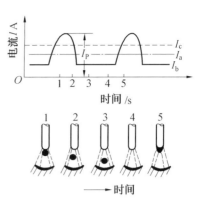

图 12.24 脉冲电流波形及熔滴过渡示意图
I_p—峰值电流;I_c—喷射过渡临界电流;
I_a—平均电流;I_b—基值电流

成缩颈,阳极斑点覆盖了熔滴的大部或全部表面。在基值电流阶段电弧烁亮区迅速消失,熔滴才在电磁收缩力、等离子流力等惯性力作用下,从焊丝脱离,此时过渡一般为球状熔滴,其直径大约与焊丝直径相同,偶尔也带有较小的细滴,焊丝端头不形成明显的铅笔尖状,熔滴过渡后焊丝端头很快收缩成半球形。熔滴脱离焊丝时加速度较小,在电弧空间过渡速度较慢,但熔滴仍沿焊丝轴线方向过渡,可用于仰焊、立焊等空间位置焊接。每一个脉冲都有熔滴过渡,再现性很好,焊接过程稳定,没有飞溅。典型一脉一滴熔滴过渡的高速摄影照片如图 12.25 所示。

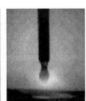

图 12.25 一脉一滴熔滴过渡

2. 合理的熔滴过渡形式的选择

总之,一个脉冲过渡一个熔滴是最佳的熔滴过渡形式,这是选择焊接参数和设计焊接设备的重要依据。

一脉一滴这种形式具有射滴过渡模式,其主要特点如下。

①一个脉冲过渡一个熔滴实现了脉冲电流对熔滴过渡的控制。

②熔滴直径大致等于焊丝直径,熔滴从电弧获取能量小,则熔滴的温度低。所以焊丝的熔化系数高。也就是提高了焊丝的熔化效率。

③熔滴的温度低,焊接烟雾少,这样,降低了合金元素的烧损,又改善了焊接环境。

④焊接飞溅小,甚至无飞溅。

⑤弧长短,电弧指向性好,适合于全位置焊接。

⑥焊缝成形良好,焊缝熔宽大,熔深较大和减弱了指状熔深的特点,焊缝余高小。

⑦扩大了 MIG/MAG 焊射流过渡的使用电流范围。从射流过渡临界电流往下一直到几十安均能实现稳定的射滴过渡。

12.8 母材熔化与焊缝成形

12.8.1 母材熔化与焊缝形成过程

在电弧热的作用下焊丝与母材被熔化,在焊件上形成一个具有一定形状和尺寸的液态熔池,随着电弧的移动熔池前端的焊件不断被熔化进入熔池中,熔池后部则不断冷却结晶形成焊缝,如图 12.26 所示。熔池的形状不仅决定了焊缝的形状,而且对焊缝的组织、力学性能和焊接质量有重要的影响。熔池的形状主要决定于电弧对熔池的作用力。接头的形式和空间位置不同,则重力和表面张力对熔池的作用也不同;焊接工艺方法和焊接参数不同,则熔池的体积和熔池的长度等都不同。平焊位置时熔池处于最稳定的位置,容易得到成形良好的焊缝。在生产中常采用焊接翻转机或焊接变位机等装置来回转或倾斜焊件,使接头处于水平或船形位置进行焊接。在空间位置焊接时,由于重力的作用有使熔池金属下淌的趋势,因此要限制熔池的尺寸或采取特殊措施控制焊缝的成形。

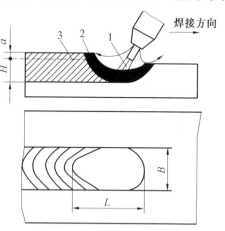

图 12.26 熔池形状与焊缝成形示意图
1—电弧;2—熔池金属;3—焊接金属
H—熔池深度;B—熔池宽度;
L—熔池长度;a—焊缝余高

焊缝的结晶过程与熔池的形状有密切的联系,因而对焊缝的组织和质量有重要的影响。焊缝结晶总是从熔池边缘处母材的原始晶粒开始,沿着熔池散热的相反方向进行,直至熔池中心与从不同方向结晶而来的晶粒相遇时为止。因此,所有的结晶晶粒方向都与熔池的池壁相垂直,如图 12.27 所示。从横截面(见图 12.27(a)、(b))上看,当成形系数过小时,焊缝的枝晶会在焊缝中心交叉,易使低熔点杂质聚集在焊缝中心而产生裂纹、气孔和夹渣等缺陷;从水平截面(见图 12.27

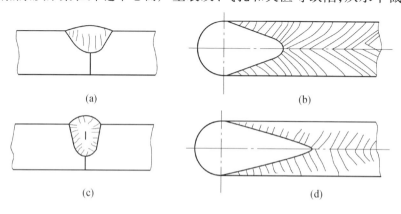

图 12.27 熔池形状对焊缝结晶的影响示意图

(c)、(d))上看,熔池尾部的形状决定了晶粒的交角,尾部越细长,两侧的晶粒在焊缝中心相交时的夹角越大,焊缝中心的杂质偏析使越严重,且产生纵向裂纹的可能性也越大。这通常发生在焊接速度过快的条件下,而当焊接速度较低,使熔池尾部呈椭圆形时,杂质的偏析程度便要轻微得多,因而产生裂纹的可能性也较小。

12.8.2 焊缝形状尺寸及其与焊缝质量的关系

焊接接头的型式很多,这里主要以对接接头、角接接头单道焊时的焊缝成形做以介绍。厚度比较小的工件,通常用单面单道焊或双面单道焊,厚度较大的可用多层多道焊。

图 12.28 是对接接头和角接接头焊缝横截面的形状尺寸。

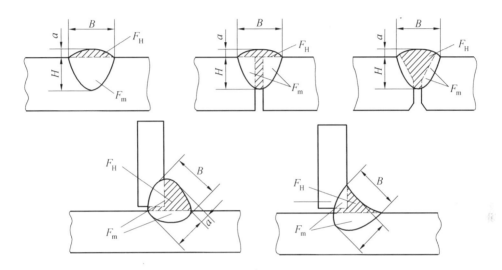

图 12.28 焊缝形状

对接接头焊缝最重要的尺寸是熔深 H,它直接影响到接头的承载能力,另一重要尺寸是焊缝宽度 B。B 与 H 之比(B/H)称为焊缝的成形系数 φ。φ 的大小会影响到熔池中的气体逸出的难易、熔池的结晶方向、焊缝中心偏析严重程度等。因此焊缝成形系数的大小要受焊缝产生裂纹和气孔的敏感性,即熔池合理冶金条件的制约,如埋弧焊焊缝的焊缝成形系数一般要求大于 1.25。堆焊时为了保证堆焊层材料的成分和高的堆焊生产率,要求焊缝熔深浅、宽度大、成形系数可达到 10。

焊缝的另一个尺寸是余高 a。余高可避免熔池金属凝固收缩时形成缺陷,也可增大焊缝截面提高承受静载荷能力。但余高过大会引起应力集中或疲劳寿命的下降,因此要限制余高的尺寸。通常,对接接头的余高 $a = 0 \sim 3$ mm 或者余高系数(B/a)大于 $4 \sim 8$。当工件的疲劳寿命是主要问题时,焊后应将余高去除。理想的角焊缝表面最好是凹形的,可在焊后除去余高,磨成凹形。

焊缝的宽度、熔深和余高确定后,基本确定了焊缝横截面的轮廓,但还不能完全确定焊缝横截面的轮廓形状。焊缝的轮廓形状可由焊缝断面的粗晶腐蚀确定,也就决定了焊缝的横截面面积。焊缝的熔合比 γ 决定于母材金属在焊缝中的横截面面积与焊缝横截面面积之比。

$$\gamma = F_m / (F_m + F_H) \tag{12.4}$$

式中　F_m——母材金属在焊缝横截面中所占面积；
　　　F_H——填充金属在焊缝横截面中所占的面积。

坡口和熔池形状改变时,熔合比将发生变化。电弧焊接中碳钢、合金钢和有色金属时,可通过改变熔合比的大小来调整焊缝的化学成分,降低裂纹的敏感性和提高焊缝的机械性能。

12.8.3　焊接参数和工艺因素对焊缝形状的影响

电弧焊的焊接工艺参数包括焊接参数和工艺因素等,不同的焊接工艺参数对焊缝成形的影响也不同。通常将对焊接质量影响较大的焊接工艺参数,如焊接电流、电弧电压、焊接速度、热输入等称为焊接参数。其他工艺参数如焊丝直径、电流种类与极性、电极和焊件倾角、保护气等称为工艺因素。此外,焊件的结构因素如坡口形状、间隙、焊件厚度等也会对焊缝成形造成一定的影响。

1. 焊接参数对焊缝成形的影响

电弧焊中焊接电流、电弧电压和焊接速度是决定焊缝尺寸的主要能量参数,焊接参数决定焊缝输入的能量,是影响焊缝成形的主要工艺参数。

(1)焊接电流对焊缝成形的影响

当其他条件不变时焊接电流增大,工件上的电弧力和热输入均增大,热源位置下移,焊缝的熔深和余高均增大,熔宽没多大变化(或略为增大),如图12.29(a)所示。

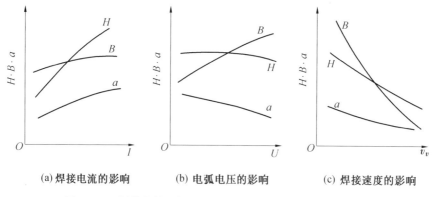

(a) 焊接电流的影响　　(b) 电弧电压的影响　　(c) 焊接速度的影响

图12.29　焊接参数对焊缝厚度 H、焊缝宽度 B 和余高 a 的影响

(2)电弧电压对焊缝成形的影响

当其他条件不变时,电弧电压增大后,电弧功率加大,工件热输入有所增大;同时弧长拉长,电弧分布半径增大,因此熔深略有减小而熔宽增大。余高减小,这是因为熔宽增大,焊丝熔化量却稍有减小,母材的熔合比则有所增大,如图12.29(b)所示。

(3)焊接速度对焊缝成形的影响

焊接速度的高低是焊接生产率高低的重要指标之一。从提高焊接生产率考虑,应提高焊接速度。因为单位长度焊缝上的焊丝金属的熔敷量与焊接速度 v 成反比,而熔宽则近似于与焊接速度 v 平方根成反比,所以焊接速度提高时线能量 q/v 减小,熔宽和熔深都减小,余高也减小,熔合比近于不变,如图12.29(c)所示。电弧焊时要保证给定的焊缝尺寸,则在提高焊接速度时要相应地提高焊接电流和电弧电压,这3个量是相互联系的。

2. 工艺因素对焊缝成形的影响

电弧焊时影响焊缝成形的工艺因素很多,如电流的种类和极性影响到工件上热输入量的大小,也影响到熔滴的过渡以及熔池表面氧化膜的去除等。钨极端部的磨尖角度和焊丝的直径及焊丝伸出长度等,影响到电弧的集中系数和电弧压力的大小,也影响到焊丝的熔化和熔滴的过渡,因此都会影响到焊缝的尺寸。还有其他工艺因素,如保护气、焊剂、焊条药皮等。

(1)电流的种类和极性

熔化极电弧焊时,直流反极性焊接熔深和熔宽都要比直流正极性大,交流电焊接时介于两者之间,这是因为工件作为阴极时析出的能量较大所致。直流正接时,焊丝为阴极,焊丝的熔化率较大。埋弧焊时极性对熔宽有较大影响,直流反接时的熔深比正接时大40%~50%。钨极氩弧焊时直流正接的熔深最大,反接最小。焊铝、镁及其合金有去除熔池表面氧化膜的问题,用交流为好,焊薄件时也可用反接。焊其他材料一般都用直流正接。

(2)钨极端部形状、焊丝直径和伸出长度

钨极的磨尖角度等对电弧的集中系数和电弧压力的影响较大,电弧越集中,电弧压力越大,形成的熔深越大,熔宽减小。

熔化极电弧焊时,如果电流不变,焊丝直径变细,则焊丝上的电流密度变大,工件表面电弧斑点移动范围减小,加热集中,因此熔深增大、熔宽减小、余高也增大。对于像埋弧焊这类焊接方法达到同样的熔深,焊丝直径越细,则所需电流越小,但与之相应的电流密度却显著提高了,即细焊丝的熔深系数大。

焊丝伸出长度加大时,焊丝电阻热增大,焊丝熔化量增多,余高增大熔深略有减小,熔合比也减小。焊丝材质电阻率越高、越细、伸出长度越大时,这种影响越大,所以,可利用加大焊丝伸出长度来提高焊丝金属的熔敷效率。为了保证得到所需焊缝尺寸,在用细焊丝,尤其是电阻率较高的不锈钢焊丝焊接时,必须限制焊丝伸出的长度。

(3)其他工艺因素

除上述工艺因素对焊缝尺寸产生影响以外,坡口尺寸和间隙大小、电极和工件的倾角、接头的空间位置等都对焊缝成形有影响。

①坡口和间隙。电弧焊焊接对接接头时一般依据板厚不留间隙、留间隙、开 V 形坡口或 U 形坡口。其他条件不变时,坡口或间隙的尺寸越大,余高越小,相当于焊缝位置下沉(见图 12.30),此时熔合比减小。因此,留间隙或开坡口可用来控制余高的大小和调整熔合比。留间隙和不留间隙开坡口相比,两者的散热条件有些不同,一般来说开坡口的结晶条件较为有利。

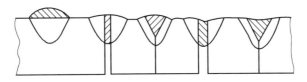

图 12.30 坡口形状对焊缝的影响

②电极(焊丝)倾角。电弧焊的焊丝倾斜时,电弧轴线也相应偏斜。焊丝前倾时,电

弧力对熔池金属向后排出的作用减弱,熔池底部的液体金属层变厚,熔深减小。所以电弧潜入工件的深度减小,电弧斑点移动范围扩大,熔宽增大,余高减小。α 角越小,这一影响越明显,如图 12.31 所示。焊丝后倾时,情况相反。

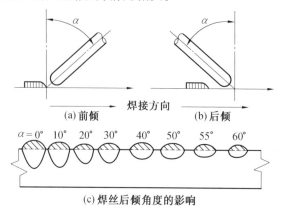

图 12.31 焊丝倾角对焊缝成形的影响

③工件倾角和焊缝的空间位置。在焊接生产实际中当遇到倾斜的工件时,电弧焊时熔池金属在重力作用下有沿斜坡下滑的倾向。

下坡焊时,这种作用阻止熔池金属排向熔池尾部,电弧不能深入加热熔池底部的金属,熔深减小,电弧斑点移动范围扩大,熔宽增大,余高减小。倾角过大会导致熔深不足和焊缝流溢。上坡焊时,重力有助于熔池金属排向熔池尾部,因而熔深大,熔宽窄,余高大。上坡角度 α>6°~12°时,余高过大,且两侧易产生咬边,如图 12.32 所示。实际焊接结构上的焊缝往往在各个空间位置,空间位置不同时,电弧焊时重力对熔池金属的影响不同,常常对焊缝的成形带来不良影响,需要采取措施来削弱这种不良影响。

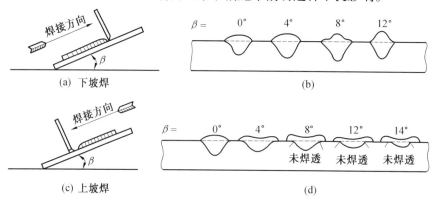

图 12.32 工件倾角对焊缝成形的影响

④工件材料和厚度。熔深与电流成正比,熔深系数 K_m 的大小还与工件的材料有关。材料的热容积越大,则单位体积金属升高同样的温度需要的热量越多,因此,熔深和熔宽都小。材料的密度越大,则熔池金属的排出越困难,熔深也减小。工件的厚度影响到工件内部热量的传导,工件越厚,熔宽和熔深都小。当熔深超出板厚的 0.6 倍时,焊缝根部出现热饱和现象而使熔深增大。

⑤焊剂、焊条药皮和保护气体。焊剂的成分不同电弧极区压降和弧柱电位梯度的大

小不同。当焊剂的密度小、颗粒度大或堆积高度小时,电弧四周的压力低,弧柱膨胀,电弧斑点移动范围大,所以熔深较小,熔宽较大,余高小。

Ar、He、N_2、CO_2 等电弧焊保护气体的成分也影响的极区压降和弧柱的电位梯度。导热系数大的气体和高温分解的多原子气体,使弧柱导电截面减小,电弧的动压力和比热流分布等都不同,这些都影响到焊缝的成形,如图 12.33 所示。

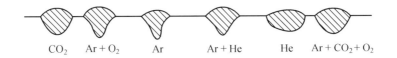

图 12.33 保护气体的成分对焊缝成形的影响

总之,影响焊缝成形的因素很多,要获得良好的焊缝成形,要根据工件的材质和厚度,接头的型式和焊缝的空间位置,以及工作条件对接头性能和焊缝的尺寸要求等,选择适宜的焊接方法和焊接规范进行焊接,否则就可能出现这样那样的焊接缺陷。

12.8.4 焊缝成形缺陷及缺陷形成的原因

电弧焊时的气孔、裂纹和夹渣等缺陷虽然和焊缝的成形(如焊缝成形系数的大小)有关,但主要受焊接过程的冶金因素和焊接热循环的影响,产生焊接缺陷的原因也比较复杂。常见的成形缺陷有未焊透、未熔合、焊穿、咬边和焊瘤等。形成这些缺陷的原因常常是坡口尺寸不合适、规范选择不当或焊丝未对准焊缝中心等。

1. 未焊透

焊接时,焊接接头根部未完全熔透的现象称为未焊透。为防止产生未焊透,应正确选择焊接参数、坡口形式及装配间隙,并确保焊丝对准焊缝中心。同时,注意坡口两侧及焊道层间的清理,使熔化金属之间及熔敷金属与母材金属之间充分熔合。

2. 未熔合

电弧焊时,焊道与母材之间或焊道与焊道之间,未能完全熔化结合的部分叫未熔合。熔池金属在电弧力作用下被排向尾部而形成沟槽。当电弧向前移动时,沟槽中又填以熔池金属,如果这时槽壁处的液态金属层已经凝固,填进来的熔池金属的热量又不足以使之再度熔化,则形成未熔合,在多数情况下熔合区内都有渣流入。高速焊时为防止这种缺陷应设法增大熔宽或者采用双弧焊等。

3. 焊穿

焊缝上形成孔的现象称为焊穿。熔化的金属从焊缝背面漏出,使焊缝正向面凹、背面凸起的现象称为塌陷。焊穿及塌陷的原因,主要是焊接电流过大、焊接速度过小或坡口间隙过大等。在气体保护电弧焊时,气体流量过大也可能导致焊穿。为防止焊穿及塌陷,应使焊接电流与焊接速度适当配合,增大焊接速度,并严格控制焊件的装配间隙。气体保护焊时,以免形成切割效应。

4. 咬边

由于焊接参数选择不当,或操作方法不正确,沿焊趾的母材部位产生的沟槽或凹陷称为咬边(或称咬肉)。咬边是电弧将焊缝边缘熔化后,没有得到填充金属的补充而留下的缺陷,咬边一方面使接头承载截面减小,强度降低;另一方面造成咬边处应力集中,接头承载后易引起裂纹。当采用大电流高速焊接或焊角焊缝时,一次焊接的焊脚尺寸过大,电压过高或焊枪角度不当,都可能产生咬边现象。腹板处于垂直位置的角焊缝焊接时,如果一次焊接的焊脚过大或者电压过高时,在腹板上也可能产生咬边。这种缺陷在焊对接接头时如果操作不当亦会产生。

5. 焊瘤

电弧焊时熔化金属流淌到焊缝以外未熔合的母材上形成金属熔瘤的现象叫焊瘤,有时也称为满溢,在焊瘤处有局部未熔合。焊瘤是由填充金属过多引起的,与间隙和坡口尺寸小、焊速低、电压小或者焊丝伸出长度大等有关。

除了上述缺陷之外,还有凹坑(焊后在焊缝表面或背面形成的低于母材表面的局部低洼部分)和塌陷(单面熔化焊时,由于焊接工艺不当,造成焊缝金属过量透过背面,使焊缝正面塌陷,背面凸起的现象)等。

在平焊时容易得到成形良好的焊缝。在空间位置焊接时,为了得到成形良好的焊缝就要根据具体的情况采取适当的控制措施。

12.8.5 焊缝成形的控制

要获得优质焊缝,良好的坡口加工制备、工件成形和装配质量是重要的条件。由于焊接过程中的收缩变形,装配时要采取相应的反变形措施。焊接时焊丝对准焊缝中心才能保证不至于因焊偏而产生种种焊接缺陷。

1. 平面内直缝的焊接

焊接直缝时没有空间位置的变化,保证沿整条焊缝装配质量也比曲面焊缝容易一些,所以选择合适的焊接规范是关键。

平焊时焊缝成形条件最好。重要的焊缝都要求根部完全焊透,这可以采用双面焊、单面多道焊或单面焊双面成形等工艺。用单面焊双面成形可降低生产成本和提高生产率。单面焊双面成形可分为自由成形和衬垫承托的强制成形两种。

(1)自由成形

自由成形时靠熔池金属的表面张力来托住熔池金属。当焊件材料一定时,厚度越大,则完全焊透所需要的电流就越大,电弧力大,同时熔池体积大,熔池金属受的重力大。表面张力如不能与电弧力和重力之和相平衡,则熔池金属会下坠甚至流出,不能双面成形。所以,自由成形的单面焊双面成形的工件厚度是有限的。

(2)衬垫承托强制成形

工件厚度大时,电弧功率也要大,此时已不能使用自由成形的办法,可采用背面加衬垫承托熔池金属的办法以获得双面成形的焊缝。

2. 曲面焊缝的焊接

实际生产中曲面焊缝中最常见的是环形焊缝和螺旋形焊缝等,它们可以在工件允许转动和焊接机头固定的条件下焊接,当工件不允许转动时,则采用焊接机头绕工件转动的全位置焊的方法进行焊接。

(1)焊接机头固定

容器焊接时,筒节和筒节或筒节和封头间的环缝,通常是在焊接机头固定工件转动的条件下进行焊接。

工件的直径和椭圆度不同,使坡口加工和装配间隙沿整条环缝不一致,再加上熔池在曲面上,所以得到成形良好的焊缝要比直焊缝困难。为了削弱曲面对熔池金属流动的不利影响,尤其是焊接外环缝或内环缝,焊丝都应逆工件旋转方向偏移一段距离,使熔池接近处于水平位置,以获得较好的成形,如图12.34所示。

(2)全位置焊接

对现场安装的构件如管子在焊接时不允许转动,此时只能采用焊枪绕工件转动的全位置焊接方法,这时焊接熔池的位置和熔池金属的受力状态在整个焊接过程中不断变化。在此条件下,即使是环

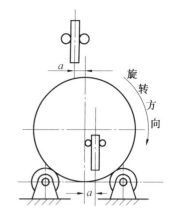

图 12.34　环缝的焊接

缝的间隙和坡口尺寸一致,要保证整条环缝的熔深和正、反面焊缝的成形符合要求也是很难达到。而实际管子的不圆和壁厚不均匀,间隙和坡口尺寸难以均匀一致,为了限制熔池金属的流动避免失去控制,熔池的体积、电弧的功率等就应受到限制,通常用小电流细直径焊丝进行焊接,或者采用脉冲焊等。壁厚稍大时多采用多层焊,多层焊时应尽可能使每层焊缝的成形均匀一致。在手工焊时,焊工可根据坡口尺寸以及空间位置等,随时改变焊条或焊枪角度、运条方法及焊接线能量参数等来控制焊缝成形。在自动焊时,通常把整个圆周按其空间位置划分成几个区的办法,在不同的区域采用不同的焊接规范,具体的规范参数值要根据实际条件通过实验确定。在焊接时,当焊枪运行至不同的空间位置时,程序控制装置将焊接规范参数自动切换到相应的预定值。

第13章 电弧焊的自动控制技术

焊接过程的自动化是提高焊接质量、降低劳动强度及提高焊接生产率的重要途径,因此,长期以来人们一直致力于该方向的研究和推广应用。电弧焊过程自动化涉及很多方面,本章主要讲述电弧焊的自动调节系统。

13.1 熔化极电弧焊的自动调节系统

熔化极电弧焊的焊接过程一般包括电弧引燃、焊接和收尾3个阶段,借助于机械和电气的方法实现上述3个阶段的焊接过程就称为自动电弧焊,熔化极电弧焊包括埋弧焊、CO_2气体保护焊、熔化极氩弧焊等。埋弧焊是自动化程度较高的一种电弧焊方法,CO_2气体保护焊和熔化极氩弧焊即可以采用自动控制方法进行焊接,也可以采用手工操作的半自动焊方法进行焊接,自动焊能实现规定的焊接工艺程序。

1. 电弧焊自动调节的必要性

焊接电流、电弧电压和焊接速度是决定焊缝输入能量的3个主要参数,为了获得稳定的焊接过程,即稳定的焊丝熔化、溶滴过渡、母材熔化和冷却结晶过程,首先必须依据焊件实际情况(材质、板厚、接头形式及焊接位置等)正确选择电弧焊参数,并在实际焊接过程中保持焊接参数的稳定。要保持焊接速度不变相对比较容易而保持焊接电流和电弧电压始终不变,则比较困难,这是因为在焊接过程中经常要受到外界各种因素的干扰而导致焊接电流和电弧电压偏离预定值。

电弧稳定燃烧时的焊接电流和电弧电压是由焊接电源的外特性曲线和电弧静特性曲线的交点决定的。如图13.1所示的O点称为电弧稳定工作点,即电弧是稳定燃烧时的焊接电流和电弧电压。但是在焊接过程中,一些外界干扰或者使电弧静特性曲线变化,或者使电源外特性曲线变化,这些都使电弧稳定工作点发生变化。干扰因素可以分为以下两类。

(1)电弧静特性发生变化的外界干扰

电弧静特性的变化将使电弧稳定工作点沿电源外特性发生波动(见图13.1中由O移到O_1)。电弧静特性是由弧长、弧柱气体成分和电极条件等决定的,因此这方面的外界干扰有:送丝速度不均匀,焊炬相对于焊缝表面距离的波动,焊剂、保护气体、母材和电极材料成分不均或有污染物等,引起的弧柱气体成分及弧柱电场强度的变化。

(2)电源外特性发生变化的外界干扰

此干扰主要包括大容量电气设备(如电阻焊机,大功率电动机等)突然启动或切断造成的电网电压波动;弧焊电源内部的电阻元件和电子器件受热后使其输出发生波动等。电源外特性发生变化也引起电弧工作点沿电弧静特性曲线发生移动,如图13.2中的O_1点所示。

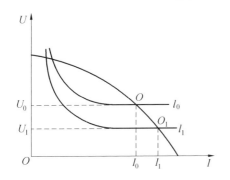 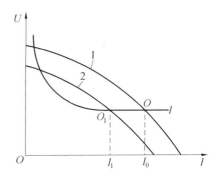

图13.1 电弧静特性变化引起的焊接参数变化
l_0, l_1——弧长

图13.2 电源外特性变化引起的焊接参数变化
1,2—电源外特性

2. 电弧焊自动调节的基本原理

一般在焊接电弧中,弧长仅为几毫米到十几毫米,弧柱电场强度依电极材料和保护条件不同一般为 10~40 V/cm,弧长产生 1~2 mm 的变化,电弧电压就会有明显的改变,而弧长产生 1~2 mm 的变化非常容易,因此,在电弧各种干扰中,弧长的变化干扰最为突出。电弧焊自动调节的目的就是克服弧长的变化产生的焊接参数的波动。

(1)手工电弧焊调节的基本原理

在手工电弧焊操作中,焊工是依靠眼睛观测电弧长度的变化,即时调整焊把送进量,以保持理想的电弧长度和熔池状态。这种人工调节作用是依靠焊工的肉眼作为一种视觉传感器和其他感觉器官对电弧和熔池的观测,大脑的分析比较(想一想弧长和熔池状况是否合适),然后指挥手臂调整运条动作来完成的,如图13.3 所示。

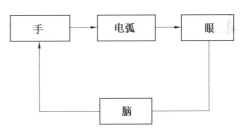

图13.3 手工电弧焊的人工调节系统

(2)电弧焊自动调节的基本原理

自动电弧焊以机械代替手工送进焊条来取代上述人工调节作用。要克服弧长的波动,自动电弧焊方法必须有相应的自动调节作用,由此可见,自动调节是机械化电弧焊方法必须包含的内容。

电弧长度是由焊丝的熔化速度和焊丝的送进速度共同决定的,焊接电弧稳定燃烧时,焊丝的熔化速度 v_m 始终等于焊丝的送进速度 v_f,处于平衡状态,电弧长度保持不变;如果焊丝的熔化速度 v_m 大于焊丝的送进速度 v_f 电弧长度逐渐拉长,直至熄灭。因此,要想使电弧稳定燃烧,并且弧长保持不变,必须使 $v_f = v_m$,这是一个必要的条件。

依据以上自动调节的基本原理,产生如下两种电弧焊自动调节系统。

①电弧自身调节系统。电弧自身调节系统的特点是:采用开环控制,送丝速度预选后在焊接过程中保持恒定不变。当弧长发生变化时,电弧的自身调节作用调整焊丝的熔化速度,使送丝速度重新等于焊丝送进速度,从而恢复电弧长度。

②电弧电压反馈调节系统。电弧电压反馈调节系统的特点是:采用闭环控制,当弧长发生波动而引起电弧电压变化时,将此变化量(或其一部分)通过电弧电压反馈调节器反馈到自动调节系统的输入端,强迫送丝速度发生改变,使送丝速度重新等于焊丝熔化速度,从而恢复电弧长度。

13.2 等速送丝调节系统

在熔化极电弧焊中,如埋弧焊一般是大功率焊接的,当电弧长度发生变化时焊接电流的变化很大。弧长增大,焊接电流就减小,焊件上的加热斑点就扩大,使能量密度降低;弧长减小,焊接电流就增大,使焊件加热斑点上的能量密度提高。

因此,焊接过程中控制弧长,是稳定焊接规范、保证焊缝质量的关键。

目前在电熔化极弧焊生产中,弧长控制方法是用等速送丝调节系统的电弧自身调节(也有称自身调节)作用和变速送丝时的电弧电压反馈自动调节系统。电弧的自身调节作用是指在焊接过程中,焊丝等速送进,利用焊接电源固有的电特性来调节焊丝熔化速度,以控制电弧长度保持不变,从而达到焊接过程的稳定。等速送丝式自动焊机就是根据这个原理制成的。下面介绍等速送丝式熔化极电弧焊接过程的工作特性及其合理应用条件。

1. 电弧自身调节系统的静特性

在熔化极电弧焊过程中焊丝的熔化速度 v_m 是正比于焊接电流 I,并随弧长(弧压)的增加(增长)而减小的,计算式为

$$v_m = k_I I - k_U U \tag{13.1}$$

式中　k_I——熔化速度随焊接电流而变化的系数,其值取决于焊丝电阻率、焊丝直径、焊丝伸出长度以及电流数值,cm/(s·A);

k_U——熔化速度随电弧电压变化的系数,其值取决于弧柱电位梯度、弧长的数值。

如果焊丝以恒定送丝速度 v_f 送给,则当焊接电弧弧长稳定时必有

$$v_f = v_m \tag{13.2}$$

式(13.2)是任何熔化极电弧系统的稳定条件方程。把式(13.1)代入式(13.2),整理后可得

$$I = \frac{v_f}{k_I} + \frac{k_U}{k_I} U \tag{13.3}$$

式(13.3)表示在给定送丝速度条件下,弧长稳定时焊接电流和电弧电压之间的关系,或者说等速送丝电弧焊的稳定条件方程,通常称为自身调节系统静特性方程或称等熔化曲线方程。曲线称自身调节系统静特性曲线或称等熔化曲线,如图13.4所示。曲线为上的每一点、每一种 I 和 U 组合条件下焊丝的熔化速度都等于给定的送丝速度,即电弧在该曲线上任一点燃烧时,$v_f = v_m$,焊接电弧处于稳定状态,曲线左边 $v_f < v_m$,曲线右边 $v_f > v_m$。而当电弧不在这一点燃烧时,$v_f \neq v_m$,焊接过程不稳定,曲线上稳定工作点,是由焊接电源外特性曲线与自电弧身调节系统静特性曲线相交形成,这一工作点也就确定电弧静特性曲线位置。

2. 电弧自身调节系统静特性特点

电弧自身调节系统静特性特点如下。

①在长弧焊条件下,电弧自身调节系统静特性曲线几乎垂直于水平坐标轴(I 轴)。说明这时 k_U 数值很小,电弧长度对熔化速度影响可以略去不计,因此系统静特性可以写为

$$I = \frac{v_f}{k_I} \tag{13.4}$$

②在短弧焊条件下,电弧自身调节系统静特性曲线斜率减小。说明短弧焊时,焊丝熔化速度随弧长缩短而有明显增大,即这时 k_U 的数值明显增大,这就是电弧固有的自身调节作用。

③其他条件不变时,送丝速度减小(增加),电弧自身调节系统静特性曲线平行向左(右)移动。

④其他条件不变时,焊丝伸出长度增加(减小)时 k_I 增加(减小),电弧自身调节系统静特性曲线向左(右)移动也十分显著。

电弧自身调节系统的上述特性决定了等速送丝自动电弧焊的一系列工艺特点。

3. 电弧自身调节系统的调节过程

由图 13.5 可见,等速送丝的自动电弧焊过程中,当焊接电弧稳定时,其工作点为 O_0,对应焊接电流和电弧电压为 I_0 和 U_0。当外界干扰使弧长突然缩短时,电弧的工作点将暂时从 O_0 点移到 O_1 点,由于

$$v_{m0} = k_I I_0 - k_U U_0$$
$$v_{m1} = k_I I_1 - k_U U_1$$
$$I_1 > I_0 \quad U_1 < U_0$$
$$v_{m1} > v_{m0} = v_f$$

于是弧长将因熔化速度表 v_m 增加而得到恢复。如果弧长缩短是在焊炬与工作表面距离不变的条件下发生的,则电弧的稳定工作点最后将回到 O_0 点,调节过程完成后系统将不带任何静态误差。当送丝速度瞬时加快或减慢一下的时候,调节过程是同样的。

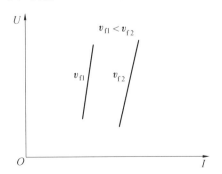

图 13.4 电弧自身调节系统静特性曲线

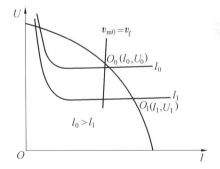

图 13.5 弧长波动时的调节过程

4. 电弧自身调节系统的调节精度

电弧自身调节系统的调节过程在焊炬与工作表面距离不变的条件下发生的,实际上弧长波动经常是由于焊炬相对高度变化而产的,这时,弧长的调节过程必然是在焊丝伸出

长度发生变化的条件下实现的。调节过程结束后的工作点,将由焊丝伸出长度变化以后的电弧自身调节系统静特性曲线和电源外特性曲线交点决定。调节过程完成以后系统将带有静态误差,如图 13.6 所示,调节精度低。调节精度即误差大小与焊丝伸出长度变化量、直径和电阻率、电源外特性曲线形状等因素有关。

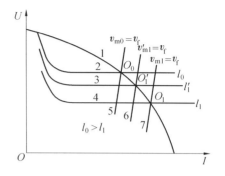

图 13.6 焊炬高度变化的系统调节精度

① 焊丝的伸出长度。调节前后的焊丝伸出长度变化量越大,系统产生的静态误差越大,调节精度越低。

② 焊丝的直径和焊丝电阻率。焊丝电阻率越大或焊丝直径越细,焊丝伸出长度的影响越大,因而产生的静态误差越大。

③ 焊接电源外特性曲线形状。如图 13.7 所示,曲线 1 为电弧静特性曲线,曲线 2 为正常焊丝伸出长度时自身调节特性曲线,曲线 3 为焊丝伸出长度伸长时自身调节系统静特性曲线,曲线 4~6 为电源外特性曲线,弧长波动时电源外特性曲线形状不同将产生不同的调节精度。

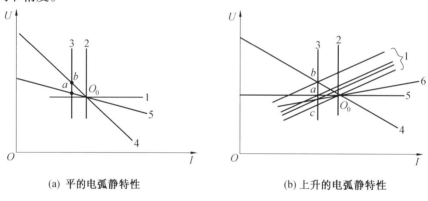

(a) 平的电弧静特性   (b) 上升的电弧静特性

图 13.7 焊炬高度波动时电弧自身调节系统的静态误差

① 当电弧静特性曲线为平的时候图(见图 13.7(a)),陡降特性电源将比缓降特性电源引起较大的电弧电压静态误差。

② 当电弧静特性曲线为上升时(见图 13.7(b)),平特性的电源将比上升的或下降特性电源引起的电弧电压静态误差小。但上升特性电源弧长的误差最小。由此可见,为了减少电弧电压及弧长的静态误差,采用缓降(电弧静特性为平时)或上升特性(电弧静特性为上升时)电源比较合理。但是在各种情况下,电源的静态误差都是相差不大的。

5. 电弧自身调节系统的调节灵敏度

在等速速丝的熔化极电弧焊过程中,弧长的波动是能够通过焊丝熔化速度自身调节作用得到补偿的,但是这一补偿也需要个时间过程。如果这个调节过程所需要的时间很长,则焊接过程稳定性仍将受到明显影响。因此只有当调节过程所需时间很短,或者说电弧自身调节作用很灵敏的时候,才能保证焊接过程的稳定性。

显然,电弧自身调节作用的灵敏度将取决于弧长波动时引起的焊丝熔化速度变化量 Δv_m 的大小。这个变化量越大,弧长恢复得就越快,调节时间越短,自身调节作用的灵敏度就越高;反之,调节作用的灵敏度就低。由式(13.1)可以知焊丝熔化速度变化量 Δv_m 取决于电流变化量 ΔI 和电压变化量 ΔU,即

$$\Delta v_m = k_I \Delta I - k_U \Delta U \quad \text{短弧焊}$$
$$\Delta v_m = k_I \Delta I \quad \text{长弧焊}$$

6. 电弧自身调节系统的调节灵敏度的影响因素

(1)焊丝直径和电流密度

当焊丝很细或电流密度足够大时,由于 k_I 很大,电弧自身调节作用就会很灵敏。因此对于一定直径的焊丝,如果电流足够大,就会有足够的灵敏度。电流不够大时,自身调节作用的灵敏度就很低。在一定的工艺条件下,每一种直径的焊丝都有一个能依靠自身调节作用保证焊接电弧过程稳定的最小电流值,等速送丝电弧焊只有在这一电流限以上应用才比较合理,或者说应在电流密度足够大时采用。

(2)电源外特性的形状

① 当电弧静特性曲线形状为平的时候,采用缓降外特性电源比陡降外特性电源能在发生同样波动时获得较大的 ΔI,即 $\Delta I_2 > \Delta I_1$,使自身调节作用比较灵敏(见图13.8(a))。

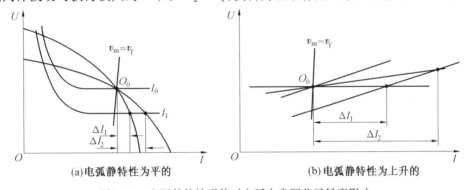

图 13.8 电源外特性形状对电弧自身调节灵敏度影响

② 当电弧工作在静特性上升段时,则采用上升特性电源(注意:上升斜率不能超过电弧静特性)比用平特性电源能获得更大的 ΔI 和电弧自身调节作用灵敏度。因此,一般(长弧焊的)等速送丝焊机均采用缓降特性,甚至平特性、上升特性的电源(见图13.8(b))。

(3)弧柱的电场强度

电场强度越大,弧长变化时电弧电压和电流变化量就越大,自身调节灵敏度就越高。但是电场强度大意味着电弧稳定性低,应该采用空载电压较高的电源。埋弧焊的弧柱电场强度较大(30~38 V/cm),采用缓降特性电源就能保证足够的自身调节灵敏度,也保证了引弧和稳弧的空载电压要求。

(4)电弧长度

在弧长很短的条件下,由于电弧固有的自调节 k_U 明显增大,即使采用垂直下降的外特性电源(恒流源),电弧自身调节作用仍然十分灵敏。因此在短弧焊条件下,等速送丝埋弧焊也可以采用陡降或垂直下降外特性电源。

12. 电弧自身调节系统熔化极电弧焊的电流、电压调整方法

在一般长弧焊条件下,电弧的自身调节系统静特性曲线为近于跟电流坐标轴垂直,而电源应该采用缓降的、平的或微升的外特性。焊接电弧的稳定工作点是由焊接电源外特性曲线和电弧自身调节系统静特性曲线交点,因此在这种焊接方法中,有以下特点。

① 焊接电流的调整将通过改变送丝速度来实现,电流的调整范围将取决于送丝速度的调整范围。

② 改变电源外特性调整电弧电压,电弧电压的调整范围则由电源外特性的调整范围确定。

③ 在实际使用中,如果要把图 13.9 中工作点 A 的电弧调整为 B 点,应该同时提高送丝速度和电源外特性,即要同时调节两只旋钮才能获得所要求的电弧工作点。这不仅很不方便,而且在实际生产中往往难以保证焊

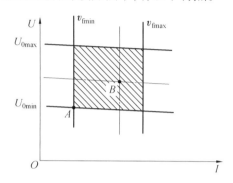

图 13.9 等速送丝熔化级电弧焊的
电流、电压调整方法

接电流和电弧电压的最佳配合,因此已经研究出能保证焊接电流和电弧电压维持最佳配合的单旋钮式自动焊机。

13.3 电弧电压反馈调节系统

电弧电压反馈自动调节方法,主要用于变速送丝系统并匹配陡降特性焊接电源的粗焊丝熔化极自动电弧焊的调节。当焊丝直径较粗时,如果仅依靠等速送丝的自身调节作用已不能保证焊接过程具有足够的稳定性,因此,发展了带有电弧电压反馈调节器的变速送丝式自动电弧焊调节系统,用于粗焊丝的焊接。

1. 电弧电压反馈调节器的工作原理

电弧电压反馈自动调节,又称为均匀调节或者强迫调节,和电弧自身调节作用的不同在于,当弧长波动而引起焊接规范偏离原来的稳定值时,是利用电弧电压作为反馈量,并通过一个专门的自动调节装置强迫送丝速度发生变化。如弧长增加,电弧电压就增大,通过电弧电压反馈作用使送丝速度立即增加,从而迫使弧长恢复到原来的长度,以保持焊接规范参数稳定。反之亦然,这是一种以电弧电压为被调量,送丝速度为操作量的闭环调节系统。

图 13.10 为晶闸管拖动系统中加入电弧电压反馈控制后构成的电弧电压调节器。电弧电压反馈控制讯号 U_a 从电位器 W_{13} 中点取出。这个反馈控制讯号跟从电位器 W_1 中点取出的给定控制讯号反极性串联后加在可控硅触发电路输入端晶体管 T_1 的基极,使晶体管 T_1 的基极电流、T_2 的集电极电流、晶闸管的导通角、送丝电动机的转子电压和转速都将正比于 U_a-U_g,因此有如下式子

$$v_f \approx k(U_a - U_g)$$

k 为调节器灵敏度,除取决于拖动系统机电结构参数,其中包括触发电路前置放大器参数外,还取决于电弧电压反馈量大小,即 W_{13} 电位器中点的调节位置。晶闸管电弧电压

调节的实际电路,可因触发电路前置放大器结构不同而略有差异,并且还加入稳定转速的自动调节环节。

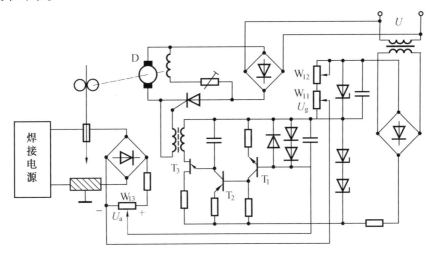

图 13.10　熔化极自动弧焊电弧电压反馈自动调节系统

2. 电弧电压反馈调节系统的静态特性

用带有电弧电压调节器的送丝系统进行自动电弧焊时,在电弧稳定的工作状态下应有

$$v_f = v_m$$
$$v_m = k_I I - k_U U$$

而电弧电压反馈调节器的静态控制特性方程为

$$v_f \approx k(U_a - U_g)$$

将上式连立后可求得

$$U_a = \frac{kU_g}{k+k_U} + \frac{k_I}{k+k_U} \tag{13.5}$$

式(13.5)称为电弧电压调节系统的静态特性,它表示变速送丝自动电弧焊接过程中稳定电弧电压与焊接电流和给定控制量之间的关系。

假定 k、k_I、k_U 为常数,则式(13.5)可看作一直线方程,并可求出

$$I_a = 0 \quad U_0 = \frac{kU_g}{k+k_U}$$

可见电弧电压调节系统静特性为一在电压坐标轴上有一截距 U_0 的直线(见图 13.11)。其斜率($\tan\beta$)和截距大小将取决于 k、k_I 和 k_U、U_g 的数值。

① 当 k 足够大时,$\tan\beta \rightarrow 0$,系统静特性曲线为接近于平行电流坐标轴的直线,焊机结构不同或改变 k 时,其斜率随之而变。

② 其他条件不变时增加 U_g,系统静特性曲线平行上移;减小 U_g,系统静性曲线平行

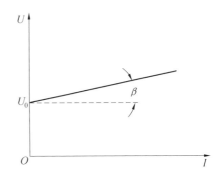

图 13.11　电弧电压反馈调节系统的静特性

下移。

③其他条件不变时,减小焊丝直径或增加焊丝伸出长度,k_I 增加 $\tan\beta$ 增加。

④焊丝材料或保护条件不同时,静特性斜率也不同。

这种调节特性也只是熔化极电弧焊系统才具有。

3. 电弧电压反馈调节系统的调节原理及调节过程

图 13.12 为弧长变化时电弧电压反馈调节过程的原理。A 为电弧电压反馈自动调节系统静特性曲线;L_0 为电弧初始稳定燃烧时的静特性曲线,曲线 2 为焊接电源外特性曲线,O_0 为以上 3 条曲线的交点。焊接过程稳定时,电弧在 O_0 点稳定燃烧时,焊丝的熔化速度等于送丝速度。当有外界干扰时使弧长突然缩短,电弧的静特性曲线由 L_0 变到 L_1,此时电弧电压也由 U_0 降到 U_1,焊接电流由 I_0 增加到 I_1,电弧的静特性曲线与电弧电压反馈自动调节系统静特性曲线 A 的交点由原来的 O_0 点变为 O_2 点。此时,由于电弧电压的突然下降,使得式 U_a-U_g 值减小,则送丝速度 $v_f \approx k(U_a-U_g)$ 也急剧减小,甚至会使焊丝上抽。此外,此时电弧的实际燃烧点由 O_0 点变到了 O_1 点,电弧的实际电流要比同样弧长的电流大得多,根据 $v_m=k_I I-k_U U$,则焊丝熔化速度加快。在上述两种原因的共同作用下,弧长便逐渐增长直到恢复原来弧长,在恢复过程中,随着电弧电压的升高,焊丝送给速度也开始回升,直到弧长恢复到预定值时,电弧又在 O_0 点稳定燃烧。

由此可见,在整个调节过程中,既有电弧电压反馈调节作用,又有电弧自身调节作用。这种双重作用的结果加快了电弧恢复速度,但由于放大系数 k 都做得足够大,所以,因电弧电压变化而使送丝速度改变,弧压反馈调节作用比电弧自身调节作用大得多。

4. 电弧电压反馈调节系统弧长波动时的调节精度及影响因素

带有电弧弧压调节器的电弧焊稳定弧长,将由系统静特性曲线 A 和电源外特性曲线交点 O_0 的电流和电压数值决定。当弧长发生突然缩短波动时,则一方面送丝速度会立刻减慢,另一方面焊丝熔化速度也会因这时电流的暂时增加而增加,两者都使弧长重新拉长到原来数值,也就是说这里电弧自身调节作用将仍对弧长恢复起辅助作用。如果弧长的波动是在焊炬相对工件高度,即焊丝伸出长度不变的条件下发生的,则最后电弧稳定工作点将回到原点 O_0,调节过程将不带有静态误差。但是如果弧长波动是因焊炬高度有变化,即在焊丝伸出长度和系统静特性有变化的条件下发生,则新的稳定工作点 O_0' 将带有静态误差,如图 13.13 所示。

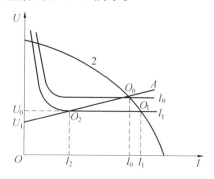

图 13.12 弧长变化时的调节过程

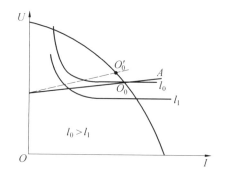

图 13.13 焊炬高度变化时的系统调节精度

影响调节精度因素主要有伸出长度变化量、焊丝直径、电流密度及焊丝的电阻率。

①焊丝伸出长度。当焊丝伸出长度增加（或减小）时，由于调节系统静特性曲线的斜率 $\tan\beta$ 增大（或减小），使电弧电压产生正偏差（或负偏差），焊接电流产生负偏差（或正偏差）。但一般变速送丝式自动电弧焊用于粗焊丝和电流密度较低的条件下，k_I 值较小，k 的数值很大，因此焊丝伸出长度对系统静特性影响不大，这时系统误差可以忽略不计。

②焊丝直径和电阻率。当其他条件不变时，减小焊丝直径或增加焊丝电阻率能使 k_I 增加，使曲线斜率 $\tan\beta$ 增大，因而系统的静态误差增大。

③焊接电源外特性。为了获得较大的电弧电压变化量以满足调节灵敏度的要求，该调节系统通常采用陡降外特性电源。当调节前后焊丝伸出长度变化时，电源的外特性越陡，焊接电流的静态误差越小，而恒流外特性电源几乎没有电流改变。

5. 电弧电压反馈调节系统的调节灵敏度

电弧电压调节系统主要用于自身调节作用不够灵敏的粗焊丝自动电弧焊。其调节灵敏度，即弧长变动时的恢复速度主要取决于弧长变动时的送丝速度的变化量 Δv_f 大小，由 $v_f \approx k(U_a - U_g)$ 可得

$$\Delta v_f = k \Delta U_a$$

由上式可知：

①电弧电压调节器的灵敏度 k 值越大，调节灵敏度越大。但由于系统中有惯性环节存在，k 过大容易发生振荡，因此 k 值不能无限增大。特别是转动惯性越大的送丝电动机，系统振荡越容易发生，灵敏度就越受限制。为了减小系统的转动惯性，提高调节灵敏度，现有的送丝电动机都已采用转动惯性特小的印刷电动机。

②弧柱电场强度越大，弧长发生改变时引起的 ΔU 增大，调节灵敏度也增大。如果采用同样的电弧电压调节器，埋弧焊比熔化极氩弧焊灵敏度高，这时调节灵敏度也增大。因此，熔化极氩弧焊时电弧电压调节器的放大倍数应更大一些。

6. 变速送丝熔化极电弧焊的电流和电压调节方法

采用电弧电压反馈调节器的变速送丝调节系统中，电弧电压调节系统静特性为接近于平行水平轴的直线，而电源外特性通常采用陡降外特性。焊接电弧稳定时的工作点是电弧电压调节系统静特性曲线和电源外特性曲线的交点，因此这种自动电弧焊接过程中，有如下特点。

①调节电源外特性主要是为调节焊接电流，电源外特性调节范围确定了焊接电流调节范围。

②调节送丝给定电压（平均送丝速度）主要是调节电弧电压，送丝速度调节范围确定了电弧电压的调节范围，如图13.14所示。

在电弧焊过程中弧长的干扰照例会同时引起焊接电流和电弧电压的波动，这里选电弧电压而不选焊接电流作为被调量，是因为对弧焊电源为陡降特性的电弧焊过程，弧长干扰所引起的电压波动要比电流波动大得多所致。

7. 两种调节系统的比较

熔化极电弧的自身调节系统和电弧电压反馈自动调节系统的特点比较如表13.1所示。由表中可以看出，这两种调节系统对焊接设备的要求、焊接参数的调节方法及适用场合是不相同的，选用时应予以注意。

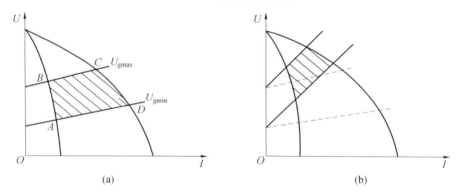

图 13.14 电弧电压自动身调节式熔化极电弧焊电压、焊接电流调节

表 13.1 两种调节系统的特点比较

比较内容	调节方法	
	电弧自身调节作用	电弧电压反馈自动调节作用
控制电路及机构	简单	复杂
采用的送丝方式	等速送丝	变速送丝
采用的电源外特性	平特性或缓降特性	陡降或垂降特性
电弧电压调节方法	改变电源外特性	改变送丝系统的给定电压
焊接电流调节方法	改变送丝速度	改变电源外特性
控制弧长恒定的效果	好	好
网路电压波动的影响	产生静态电弧电压误差	产生静态焊接电流误差
适用的焊丝直径/mm	0.8~3.0	3.0~6.0

第14章 埋 弧 焊

埋弧焊是目前广泛使用的一种生产效率较高的机械化焊接方法之一,它的全称是埋弧自动焊,又称焊剂层下自动电弧焊。它与焊条电弧焊相比,虽然灵活性差一些,但焊接质量好、效率高、成本低、劳动条件好。本章介绍埋弧焊的特点和应用范围,埋弧焊用焊丝与焊剂的配合,然后着重分析埋弧焊的冶金过程和焊接工艺,埋弧焊机的典型结构及工作原理,最后介绍几种埋弧焊的具体应用方法及其新的发展。

14.1 埋弧焊的原理和特点

1. 埋弧焊的原理

埋弧焊是电弧在焊剂层下燃烧进行焊接的方法。这种方法是利用焊丝和焊件之间燃烧的电弧产生热量,熔化焊丝、焊剂和母材而形成焊缝的。焊丝作为填充金属,而焊剂则对焊接区起保护和合金化作用。由于焊接时电弧掩埋在焊剂层下燃烧,无弧光辐射,因此被称为埋弧焊。

埋弧焊的焊接过程如图 14.1 所示。焊接时电源的两极分别接在导电嘴和焊件上,焊丝通过导电嘴与焊件接触,在焊丝周围堆敷上焊剂,然后接通焊接电源,则电流经过导电嘴、焊丝与焊件构成焊接回路。焊接时,焊机的启动、引弧、送丝、机头(或焊件)移动等过程全由焊机进行机械化控制,焊工只需按动相应的按钮即可完成工作。

当焊丝和焊件之间引燃电弧后,电弧的热量使周围的焊剂熔化形成熔渣,部分焊剂分解、蒸发成气体,气体排开熔渣形成一个气泡,电弧就在这个气泡中燃烧。连续送入电

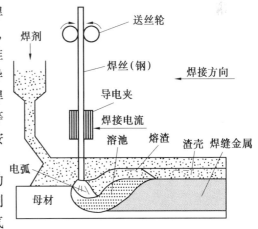

图 14.1 埋弧焊的工作原理

弧的焊丝在电弧高温作用下加热熔化,与熔化的母材混合形成金属熔池。熔池上覆盖着一层熔渣,熔渣外层是未熔化的焊剂,它们一起保护着熔池,使其与周围空气隔离,并使有碍操作的电弧光辐射不能散射出来。电弧向前移动时,电弧力将熔池中的液态金属排向后方,则熔池前方的金属就暴露在电弧的强烈辐射下而熔化,形成新的熔池,而电弧后方的熔池金属则冷却凝固成焊缝,熔渣也凝固成焊渣覆盖在焊缝表面。熔渣除了对熔池和焊缝金属起机械保护作用外,焊接过程中还与熔化金属发生冶金反应,从而影响焊缝金属的化学成分。

2. 埋弧焊的特点

与其他电弧焊方法相比,埋弧焊有如下优势。

(1)焊接生产率高

埋弧焊是经过导电嘴将焊接电流导入焊丝的,与焊条电弧焊相比,导电的焊丝长度短,其表面又无药皮包覆,不存在药皮成分受热分解的限制,所以允许使用比焊条大得多的电流,使得埋弧焊的电弧功率、熔透深度及焊丝的熔化速度都相应增大。在特定条件下,可实现 20 mm 以下钢板不开坡口一次焊透。另外,由于焊剂和熔渣的隔热作用,电弧基本上没有热的辐射散失。

(2)焊缝质量好

埋弧焊时电弧及熔池均处在焊剂与熔渣的保护之中,保护效果比焊条电弧焊好,焊缝化学成分稳定,表面成形美观,力学性能好。此外,埋弧焊时,焊接参数可通过自动调节保持稳定,焊缝质量对焊工操作技术的依赖程度可大大降低。

(3)焊接成本较低

由于埋弧焊使用的焊接电流大,可使焊件获得较大的熔深,故埋弧焊时焊件可开Ⅰ形坡口或开小角度坡口,因而既节约了因加工坡口而消耗掉的焊件金属,又减少了焊缝中焊丝的填充量。

(4)劳动条件好

由于埋弧焊实现了焊接过程的机械化,操作较简便,焊接过程中操作者只是监控焊机,因而大大减轻了焊工的劳动强度。另外,埋弧焊时,没有弧光的辐射,烟尘和有害气体也较少,所以焊工的劳动条件大为改善。

埋弧焊具有如下局限性。

(1)不适合空间位置焊缝焊接

因为采用颗粒状焊剂,而且埋弧焊的熔池也比焊条电弧焊的大得多,为保证焊剂、熔池金属和熔渣不流失,埋弧焊通常只适用于平焊或倾斜度不大的位置焊接,其他位置的埋弧焊需采用特殊措施保证焊剂能覆盖焊接区时才能进行焊接。

(2)对焊件装配质量要求高

由于电弧埋在焊剂层下,操作人员不能直接观察电弧与坡口的相对位置,当焊件装配质量不好时易焊偏而影响焊接质量。因此,埋弧焊时焊件装配必须保证接口中间隙均匀、焊件平整无错边现象。

(3)不适合薄板和短焊缝焊接

由于埋弧焊电弧的电场强度较高,焊接电流小于 100 A 时电弧稳定性不好,故不适合焊接小于 1 mm 的薄板的焊件。另外,埋弧焊机动灵活性差,一般只适合焊接长直焊缝或大圆弧焊缝。

(4)难以焊接铝、钛等氧化性强的金属及其合金

由于埋弧焊焊剂的成分主要是 MnO、SiO_2 等金属及非金属氧化物,与焊条手弧焊一样,难以用来焊接铝、钛等氧化性强的金属及其合金。

3. 埋弧焊的应用

(1)焊缝类型和焊件厚度

凡是焊缝可以保持在水平位置或倾斜度不大的焊件,不管是对接、角接和搭接接头,

都可以用埋弧焊焊接,如平板的拼接缝、圆筒形焊件的纵缝和环缝、各种焊接结构中的角缝和搭接缝等。埋弧焊可焊接的焊件厚度范围很大,除了厚度在 5 mm 以下的焊件由于容易焊穿,埋弧焊用得不多外,较厚的焊件都适于用埋弧焊焊接。目前,埋弧焊焊接的最大厚度已达 650 mm。

(2)焊接材料种类

随着焊接冶金技术和焊接材料生产技术的发展,适合埋弧焊的材料从碳素结构钢发展到低合金结构钢、不锈钢、耐热钢以及某些有色金属,如镍基合金、铜合金等。此外,埋弧焊还可在基体金属表面堆焊耐磨或耐腐蚀的合金层。铸铁因不能承受高热输入量引起的热应力,一般不能用埋弧焊焊接。铝、镁及其合金因没有适用的焊剂,目前还不能使用埋弧焊焊接。铅、锌等低熔点金属材料也不适合用埋弧焊焊接。

(3)埋弧焊适用的领域

埋弧焊是工业生产中最常用的一种自动电弧焊方法,最能发挥埋弧焊快速、高效特点的生产领域是造船、锅炉、化工容器、桥梁、起重机械及冶金机械制造等中大型金属结构和工程机械等工业制造部门,是当今焊接生产中普遍使用的焊接方法之一。

埋弧焊还在不断发展之中,如双丝埋弧焊、三丝埋弧焊、多丝埋弧焊能达到厚板一次成形;还采用带极埋弧焊,有多带极(2~3 条)埋弧焊,填丝埋弧焊、窄间隙埋弧焊可使特厚板焊接提高生产效率,降低成本;埋弧堆焊能使焊件在满足使用要求的前提下节约贵重金属或提高使用寿命。这些新的、高效率的埋弧焊方法的出现,更进一步拓展了埋弧焊的应用范围。

14.2　埋弧焊用焊接材料

1. 埋弧焊焊剂

焊剂在埋弧焊中的主要作用是造渣,以隔绝空气对熔池金属的污染,控制焊缝金属化学成分,保证焊缝金属的力学性能,防止气孔、裂纹和夹渣等焊接缺陷的产生。同时,考虑焊接工艺的需要,还要求焊剂具有良好的稳弧性能,形成的熔渣应具有合适的密度、黏度、熔点、颗粒度和透气性,以保证焊缝获得良好的成形,最后熔渣凝固形成的渣壳具有自脱渣性能。

埋弧焊的焊剂可按制造方法、用途、化学成分、化学性质以及颗粒结构等分类,目前主要是按制造方法和化学成分分类。

焊剂按制造方法分为熔炼焊剂和非熔炼焊剂,非熔炼焊剂又分为粘结焊剂(陶质焊剂)和烧结焊剂。非熔炼焊剂由于制造过程中未经高温熔炼,焊剂中加入的脱氧剂和铁合金等几乎没有损失,可以通过焊剂向焊经过渡大量合金成分,补充焊丝中合金元素的烧损,常用于焊高合金钢或进行堆焊。另外,烧结焊剂脱渣性能好,所以大厚度焊件窄间隙埋弧焊时均用烧结焊剂。

按化学成分为无锰焊剂、低锰焊剂、中锰焊剂和高锰焊剂。

按构造分为玻璃状焊剂和浮石状焊剂。

按化学特性分为酸性和碱性焊剂。

按用途分为低碳钢、低合金钢和合金钢焊剂等。

2. 焊丝

焊丝在埋弧焊中是作为填充金属的,也是焊缝金属的组成部分,所以对焊缝质量有直接影响,根据焊丝的成分和用途可将其分为碳素结构钢焊丝、合金结构钢焊丝和不锈钢焊丝3大类。随着埋弧焊所焊金属种类的增加,焊丝的品种也在增加,目前生产中已在应用高合金钢焊丝、各种有色金属焊丝和堆焊用的特殊合金焊丝等新品种焊丝。

在选择埋弧焊用焊丝时,最主要的是考虑焊丝中锰和硅的含量。无论是采用单道焊还是多道焊,应考虑焊丝向熔敷金属中过渡的 Mn、Si 对熔敷金属力学性能的影响。埋弧焊焊接低碳钢和低合金高强度钢时应选择与钢材强度相匹配的焊丝,选用的焊丝牌号有 H08A、H08E、H08C、H15Mn 等,其中以 H08A 的应用最为普遍。当焊件厚度较大或对力学性能的要求较高时,则可选用含 Mn 量较高的焊丝,如 H10Mn2;在对合金结构钢或不锈钢等合金元素含量较高的材料焊接时,则应考虑材料的化学成分和其他方面的要求。选用成分相似或性能上可满足材料要求的焊丝。

埋弧焊用焊丝与手工电弧焊焊条钢芯同属一个国家标准,即焊接用钢丝。不同牌号焊丝应分类妥善保管,不能混用。埋弧焊常用的焊丝直径有 2 mm、3 mm、4 mm、5 mm 和 6 mm。使用时,要求将焊丝表面的油、锈等清理干净,以免影响焊接质量。有些焊丝表面镀有薄铜层,可防止焊丝生锈并使导电嘴与焊丝间的导电更加可靠,提高电弧的稳定性。

3. 焊剂和焊丝的选配

埋弧焊用的焊丝,应根据所焊钢材的类别及对焊接接头性能的要求加以选择,并与适当的焊剂配合使用,欲获得高质量的埋弧焊焊接接头,正确选用焊剂是十分重要的。

① 低碳钢的焊接。选用高锰高硅型焊剂,配合 H08MnA 焊丝,或选用低锰、无锰型焊剂配 H08MnA、H10Mn2 焊丝。

② 低合金高强度钢。选用中锰中硅或低锰中硅型焊剂配合适当低合金高强度钢焊丝。

③ 耐热钢、低锰钢、耐蚀钢。选用中硅或低硅型焊剂配合相应合金钢焊丝。

④ 铁索体、奥氏体等高合金钢。选用碱度较高的熔炼焊剂或烧结、粘结焊剂,以降低合金元素的烧损及掺加较多的合金元素。

14.3 埋弧焊的冶金特点

1. 冶金过程的一般特点

埋弧焊的冶金过程,包括液态金属、液态熔渣与各种气相之间的相互作用、液态熔渣与已经凝固金属之间的作用。埋弧焊与手工电弧焊的冶金过程基本相似,但又有自己的特点。近几年来粘结焊剂也有了很大的发展,部分材料的焊接使用的粘结焊剂已取代了熔炼剂,并获得广泛应用,但国内金属材料的焊接还是使用熔炼焊剂为主,所以下述介绍主要以熔炼焊剂为对象,其冶金过程主要特点如下。

(1) 空气不易侵入焊接区

在手工电弧焊时,是利用药皮中的造气剂形成一个气罩,机械地将空气与焊接区分隔开。埋弧焊时,电弧在一层较厚的焊剂层下燃烧,部分焊剂在电弧热作用下立即熔化,形成液态熔渣和气泡,包围了整个焊接区和液态熔池,隔绝了周围的空气,产生了良好的保护作用。以低碳钢焊缝的含氮量为例来分析,焊条电弧焊(用优质药皮焊条焊接)的焊缝金属中氮的质量分数为 0.02%~0.03%,而埋弧焊焊缝金属中氮的质量分数仅为 0.002%,故埋弧焊焊缝金属的塑性良好,具有较高的致密性和纯度。

(2)冶金反应充分

埋弧焊时,由于热输入大以及焊剂的作用,不仅使熔池体积大,同时由于焊接熔池和凝固的焊缝金属被较厚的熔渣层覆盖,焊接区的冷却速度较慢,使熔池金属凝固速度减缓,所以埋弧焊时金属熔池处于液态的时间要比焊条电弧焊长几倍。这样就加强了液态金属与熔化的焊剂、熔渣之间有较多的时间进行相互作用,因而冶金反应充分,气体和夹渣易析出,不易产生气孔、夹渣等缺陷。

(3)焊缝金属的合金成分易于控制

埋弧焊接过程中可以通过焊剂或焊丝对焊缝金属进行渗合金,焊接低碳钢时,可利用焊剂中的 Si 和 Mn 的还原反应,对焊缝金属渗硅和渗锰,以保证焊缝金属应有的合金成分和力学性能。焊接合金钢时,通常利用相应的焊丝来保证焊缝金属的合金成分,因而,埋弧焊时焊缝金属的合金成分易于控制。

(4)焊缝金属纯度较高且成分均匀

埋弧焊时,焊接参数(焊接电流、电压及焊接速度)比手工焊稳定,单位时间内所熔化的金属和焊剂的数量较为固定,因而焊缝金属的化学成分稳定成分均匀。

2. 低碳钢埋弧焊熔池金属与熔渣之间的主要冶金反应

埋弧焊时的冶金反应,主要是液态金属中某一个元素被焊剂中某元素取代的反应。用高锰高硅焊剂焊接低碳钢时,焊剂中的硅和锰被还原出来过渡到焊缝中去,同时焊丝和母材中的碳却被氧化并散入大气中,由于 Si 和 Mn 的被还原,使焊剂中的氧化铁含量提高。

(1)埋弧焊时的 Si、Mn 还原反应

在低碳钢埋弧焊时,Si、Mn 是焊缝金属中最重要的合金成分,提高焊缝的含锰量会降低产生热裂缝的危险性,并能改善焊缝金属的机械性能。硅能镇净熔池,并能保证取得致密的焊缝。常用的低碳钢熔炼焊剂,如"焊剂 430"和"焊剂 431"是高锰高硅低氟焊剂,焊接低碳钢时通常与 H08 与 H08A 焊丝相配合,重要结构也可用 H08Mn 或 H08MnA 焊丝。这些焊剂的主要成分为 MnO 和 SiO_2,它们的渣系为 $MnO-SiO_2$,焊缝金属的 Si、Mn 是由金属与熔渣作用而进入焊接熔池的。

$$2Fe+SiO_2 \rightleftharpoons 2FeO+Si$$
$$Fe+MnO \rightleftharpoons FeO+Mn$$

以上两个反应方程用来表示液态金属与熔渣之间的硅锰还原反应。

(2)埋弧焊时碳的氧化烧损

低碳钢埋弧焊时,由于使用的熔炼焊剂中不含碳元素,因而碳只能从焊丝及母材进入焊接熔池。焊丝熔滴中的碳在过渡过程中发生非常剧烈的氧化反应($C+O \rightleftharpoons CO$)在熔池内也有一部分碳被氧化,其结果将使焊缝中的碳元素烧损而出现脱碳现象。若增加焊丝中碳的含量,则碳的烧损量也增大。由于碳的剧烈氧化,熔池的搅动作用增强,使熔池中的气体容易析出,这对防止焊缝产生氢气孔有作用,有利于遏制焊缝中气孔的形成。由于焊缝中碳的含量对焊缝的力学性能有很大的影响,所以碳烧损后必须补充其他强化焊缝金属的元素,才可保证焊缝力学性能的要求,这正是焊缝中 Si、Mn 元素一般都比母材高的原因。焊接低碳钢时,电弧电压的变化对碳的烧损影响不大,只有当电流减小时,碳的烧损稍增。

(3)杂质硫、磷的限制

硫、磷在金属中都是有害杂质,焊缝含硫量增加时会造成偏析形成低温共晶,使产生热裂纹的倾向增大;焊缝含磷量增加时会引起金属的冷脆性,降低其冲击韧度。因此必须限制焊接材料中硫、磷的含量并控制其过渡。低碳钢埋弧焊所用的焊丝对硫、磷有严格的限制,一般要求小于 0.040%。低碳钢埋弧焊常用的熔炼型焊剂可以在制造过程中通过冶炼限制硫、磷含量,焊剂中的硫、磷含量控制在 0.10% 以下;而用非熔炼型焊剂焊接时焊缝中的硫、磷含量则较难控制。

(4)去除熔池中氢的途径

埋弧焊时对气孔的敏感性比较大,经研究和实验证明,氢是埋弧焊时产生气孔和冷裂纹的主要原因,而防止气孔和冷裂纹的重要措施就是消除熔池中的氢。去除氢的途径主要有两条:一是杜绝氢气的来源,这就要求清除焊丝和焊件表面的水分、铁锈、油和其他污物,并按要求烘干焊剂;二是通过冶金反应去除已熔入熔池中的氢。后一种途径对于焊接冶金来说非常重要。对于高 Mn、高 Si 焊剂埋弧焊,可利用焊剂中加入的氟化物分解出的氟元素和某些氧化物中分解出的氧元素,通过高温冶金反应把氢结合成不熔于熔池的化合物 HF 和 OH 来加以去除。

根据埋弧焊的冶金过程可以知道,冶金特点主要是以下 4 方面的问题。

①通过冶金过程向焊缝补充 Si 和 Mn。

②焊接过程保证一部分碳的氧化。

③控制焊接材料减少焊缝金属中 S 和 P 的含量,防止热裂和冷裂。

④防止焊缝产生气孔。

14.4 埋弧焊的自动焊设备

1. 埋弧焊机分类

(1)按用途分类

埋弧焊机按用途分为通用焊机和专用焊机。前者可广泛用于各种结构的对接、角接,环缝和纵缝等焊接生产;后者则只能用来焊接某些特定的金属结构或焊缝,例如埋弧自动角焊机、T 形梁焊机,埋弧堆焊机等。

(2)按送丝方式分类

埋弧焊机按送丝方式分为等速送丝式和电弧电压调节式焊机。前者适用于细焊丝或高电流密度的情况;后者适用于粗焊丝或低电流密度的情况。一些新型焊机均已设计成可根据需要选择采用等速或电弧电压调节式送丝方式。

(3)按行走机构形式分类

按行走机构形式分为小车式、门架式、悬臂式 3 种。通用埋弧自动焊机大都采用小车式行走机构。如图 14.2(a)和图 14.2(c)所示的两种不同外形焊接小车的实物照片。

门架行走机构适用于某些大型结构的平板对接、角接焊缝。

 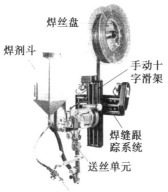 

(a)焊接小车　　　　　　　(b)焊接机头　　　　　　　(c)焊接小车

图 14.2　埋弧自动焊机焊接小车及焊接机头

悬臂式焊机适用于大型工字梁化工容器、锅炉气包等圆筒、圆球形结构的纵缝和环缝焊接。图 14.2(b)所示的是一种埋弧自动焊机机头实物照片。

(4)按焊丝数量分类

按焊丝数量分为单丝、双丝和多丝埋弧焊机。目前国内生产应用的大都是单丝埋弧焊机,使用双丝或多丝焊机是进一步提高埋弧自动焊生产率和焊缝质量的有效途径,在企业生产中正日益受到重视。焊丝截面形状大多数为圆形的,但也有采用矩形(带状电极)的专用焊机。

此外还可按焊缝成形特点分为自由成形和强制成形式。按焊接机械化程度又可分为自动和半自动式焊机。半自动焊机系指只有自动送丝,而电弧移动程序仍需手工操作的焊机。半自动埋弧焊因为工人劳动强度大,这种方法只在早期企业生产中有些应用,目前已很少采用。

2. 埋弧焊机械系统结构

埋弧焊机的机械系统包括送丝机构、焊车行走机构、机头调节机构、导电嘴、焊剂漏斗、焊丝盘等部件,通常焊机上还装有控制箱等。各种埋弧焊机不尽相同,但大同小异。

3. 埋弧焊焊接电源

埋弧自动焊可采用交流或直流焊接电源进行焊接,根据产品焊接要求及焊剂型号选择焊接电源。普通碳素钢及低合金结构钢优先考虑采用交流电源配用"焊剂 430"或"焊剂 431"。若用低锰低硅焊剂,必须选用直流电源焊接才能保证埋弧焊过程电弧的稳定性。采用直流电源时一般采用直流反极性,以获得较大熔深。

粗丝埋弧自动焊电源外特性多为下降型的,空载电压要求为 70~80 V。由于焊接电流较大,埋弧自动焊电源的额定电流一般为 700~1 000 A。常见的埋弧自动交流电源有 BX2-1000(同体式弧焊变压器,用异步电动机正反转调节电抗器空气隙改变外特性)、矩形波交流电源(如 SQW-1000 型)、弧焊逆变器;直流电源有磁放大器式弧焊整流器 ZXG-1000R、ZDG-1000R(饱和电抗器式整流型,用调节电抗器激磁电流改变外特性)、晶闸管式弧焊整流器(如 ZX5-1000 型)等,小电流埋弧焊也可采用 AX1-500 等手弧焊电源,但这时必须注意所用的电流上限不应超过按 100% 负载持续率折算的数值。

4. 控制系统

通用小车式埋弧自动焊机的控制系统包括电源外特性控制、送丝拖动控制和小车行走拖动控制及程序自动控制（其中主要是引弧和熄弧自动控制）。大型专用焊机还包括横臂升降收缩、立柱旋转、焊剂回收等控制系统。

14.5 高效埋弧焊

埋弧焊是一种传统的焊接方法，在长期的应用中，为适应工业生产发展的需要，在不断改进常规埋弧焊的基础上，又研究、发展了一些新的、高效率的埋弧焊方法。本节将介绍几种较为重要的埋弧焊新方法。

1. 附加填充金属的埋弧焊

在满足焊接接头力性能的前提下，提高熔敷速度就可以提高焊接生产率。在常规埋弧焊方法中，要提高熔敷速度，就要增大焊接电流，亦即增大电弧功率。其结果是焊接熔池变大，母材熔化量随之增加，导致焊缝化学成分发生改变，同时热影响区扩大并使接头性能恶化。

采用附加填充金属的埋弧焊，是一种既能提高熔敷速度，又不使接头性能变差的一种有效方法，这种方法使用的焊接设备和焊接工艺与普通埋弧焊基本相同。其基本做法是在坡口内预先填加一定数量的填充金属再进行埋弧焊，所加的填充金属可以是金属粉末，也可以是金属颗粒或切断的短焊丝。在常规埋弧焊中，只有 10% ~ 20% 电弧能量用于填充焊丝的熔化，其余的能量消耗于熔化焊剂和母材以及使焊接熔池的过热。因此，可以将过剩的能量用于熔化附加的填充金属，以提高焊接生产率。单丝埋弧焊时熔敷速度可提高 60% ~ 100%；深坡口焊接时，可减少焊接层数，减小热影响区，降低焊剂消耗。附加填充金属的埋弧焊接法，出于熔敷率高，稀释率低，很适宜于表面堆焊和厚壁坡口焊缝的填充层焊接。

附加填充金属的方法不仅可以提高生产率，还可以用来获得特定成分的焊缝金属。例如，在坡口中附加高铬和镍的金属粉末，配用低碳钢焊丝进行埋弧焊，可以得到不锈钢的熔敷金属。图 14.3 是附加填充金属埋弧焊的示意图，这种方法适合于平焊、角焊，一般在水平位置焊接。

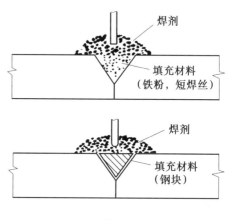

图 14.3 填充材料焊接法

2. 多丝埋弧焊

多丝埋弧焊是一种既能保证合理的焊缝成形和良好的焊接质量，又可以提高焊接生产率的有效方法。采用多丝单道埋弧焊焊接厚板时可实现一次焊透，其总的热输入量要比单丝多层焊时少，因此，多丝埋弧焊与常规埋弧焊相比具有焊接速度快、耗能省、填充金属少等优点。

多丝埋弧焊主要用于厚板的焊接，通常采用在焊件背面使用衬垫的单面焊双面成形的焊接工艺。目前生产中应用最多的是双丝埋弧焊和三丝埋弧焊。按焊丝的排列方式可分为纵列式、横列式和直列式3种。从焊缝的成形看,纵列式的焊缝深而窄,横列式的焊缝浅而宽,直列式的焊缝熔合比小。双丝埋弧焊可以合用一个焊接电源,也可以用两个独立的焊接电源。前者设备简单,但其焊接过程稳定性差(因为电弧是交替燃烧和熄灭),要单独调节每一个电弧的功率较困难;后者设备较复杂,但两个电弧都可以单独调节功率,而且还可以采用不同的电流种类和极性,焊接过程稳定,可获得更理想的焊缝成形。双丝埋弧焊应用较多的是纵列式,用这种方法焊接时,前列电弧可用足够大的电流以保证熔深;后随电弧则采用较小电流和稍高电压,主要用来改善焊缝成形。这种方法不仅可大大提高焊接速度,而且还因熔池体积大、存在时间长、冶金反应充分而使产生气孔的倾向大大减小。此外,这种方法还可通过改变焊丝之间的距离及倾角来调整焊缝形状。当焊丝间距小于35 mm时,两根焊丝在电弧作用下合并形成一个单熔池;焊丝间距大于100 mm时,两根焊丝在分列电弧作用下形成双熔池,如图14.4所示。在分列电弧中,后随电弧必须冲开已被前一电弧熔化而尚未凝固的熔渣层。这种方法适合于水平位置平板拼接的单面焊双面成形工艺。

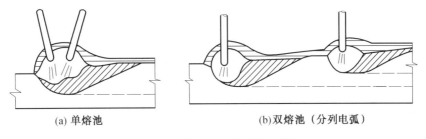

(a) 单熔池　　　　　　　　(b) 双熔池(分列电弧)

图14.4　纵列式双丝埋弧焊示意图

3. 窄间隙埋弧焊

窄间隙埋弧焊是近年来新发展起来的一种高效率的焊接方法,它主要适用于一些厚板结构的焊接,如厚壁压力容器、原子能反应堆外壳、涡轮机转子等的焊接。这些焊件壁厚较大,若采用常规埋弧焊方法,需开U形或双U形坡口,这种坡口的加工量及焊接量都很大,生产效率低且不易保证焊接质量。采用窄间隙埋弧焊时,坡口形状为简单的I形,如图14.5为窄间隙埋弧焊坡口形式,这种工艺不仅可大大减小坡口加工量,而且由于坡口截面积小,焊接时可减小焊缝的热输入和熔敷金属量,节省焊接材料和电能,并且易实现自动控制。窄间隙埋弧焊一般为单丝焊,间隙大小取决于所焊工件的厚度。当焊件厚度为50~200 mm时,间隙宽度为14~20 mm;当焊件厚度为200~350 mm时,间隙宽度为20~30 mm,焊接时可采用"中间一道"法或"两道一层"法。"两道一层"法容易保证焊缝侧壁熔合良好,得到质量优良的焊接接头,因此应用较多。由于窄间隙焊的装配间隙窄,在底层焊接时焊渣不易脱落,故需采用具有良好脱渣性的专用焊剂。另外,窄间隙埋弧焊时,需将导电嘴、焊剂喷嘴等制成窄的扁形结构。为了保证焊嘴与焊缝间隙的绝缘及焊接参数在较高的温度和长时间的焊接过程中保持恒定,铜导电嘴的外表面须涂上耐热的绝缘陶瓷层,导电嘴内部还要有水冷却系统。窄间隙埋弧焊所用的焊接电源,根据所焊材料不同,可选用交流电源,也可用直流电源。

窄间隙埋弧焊是一种高效、省时、节能的焊接方法。为进一步提高焊接质量,目前已在窄间隙埋弧焊中应用了焊接过程自动检测、焊嘴在焊接间隙内自动跟踪导向及焊丝伸出长度自动调整等技术,以保证焊丝和电弧在窄间隙中的正确位置及焊接过程的稳定。这些措施已大大扩展了窄间隙埋弧焊的应用范围。

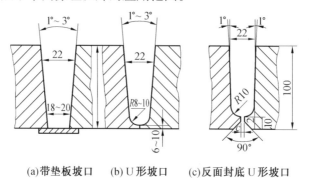

(a)带垫板坡口　(b)U 形坡口　(c)反面封底 U 形坡口

图 14.5　窄间隙埋弧焊坡口形式

第15章 钨极氩弧焊

钨极氩弧焊是采用惰性气体保护下进行的焊接,又称为 TIG 焊或 GTAW 焊接。钨极惰性气体保护焊可用于几乎所有金属及其合金的焊接,可获得高质量的焊缝。但由于其成本较高,生产率低多用于焊接铝、镁、钛、铜等有色金属及合金,以及不锈钢、耐热钢等材料。本章主要介绍钨极惰性气体保护焊的特点及应用、钨极惰性气体保护焊的电流种类与极性的选择、钨极惰性气体保护焊设备、焊接工艺等内容,并对钨极惰性气体保护焊的其他方法作简要介绍。

15.1 钨极氩弧焊原理、特点与应用

1. 钨极氩弧焊的原理

钨极氩弧焊是在惰性气体的保护下,利用钨极与焊件间产生的电弧热熔化母材和填充焊丝(也可以不加填充焊丝),形成焊缝的焊接方法,如图 15.1 所示。焊接时保护气体从焊枪的喷嘴中连续喷出,在电弧周围形成保护层隔绝空气,保护电极和焊接熔池以及临近热影响区,以形成优质的焊接接头。焊接时,用难熔金属钨或钨合金制成的电极基本上不熔化,故容易维持电弧长度的恒定。填充焊丝在电弧前方添加,当焊接薄焊件时,一般不需开坡口和填充焊丝,还可采用脉冲电流以防止烧穿焊件。焊接厚大焊件时,也可以将焊丝预热后,再添加到熔池中去,以提高熔敷速度。

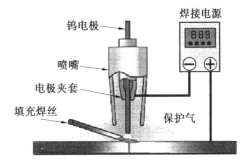

图 15.1 钨极氩弧焊的原理

氩气是惰性气体的一种。惰性气体也称为非活性气体,具有不与其他物质产生化学反应的性质,泛指氦、氩、氖等气体。TIG 焊利用这一性质,以惰性气体完全覆盖电弧和熔化金属,使电弧不受周围空气的影响及保护熔化金属不与空气中的氧、氮等发生反应。

在焊接厚板、高导热率或高熔点金属等情况下,也可采用氦气或氦氩混合气作保护气体。在焊接不锈钢、镍基合金和镍铜合金时可采用氩—氢混合气作保护气体。

2. 钨极氩弧焊的特点

(1)钨极氩弧焊的优点

①焊接过程稳定,电弧能量参数可精确控制。氩气是单原子分子,稳定性好,在高温下不分解、不吸热、热导率很小。因此,电弧的热量损失少,电弧一旦引燃,就能够稳定燃烧;另一方面,钨棒本身不会产生熔滴过渡,弧长变化干扰因素相对较少,也有助于电弧的

稳定燃烧。

②焊接质量好。氩气是一种惰性气体,它既不溶于液态金属,又不与金属起任何化学反应;而且氩的相对原子质量较大,有利于形成良好的气流隔离层,有效地阻止氧、氮等侵入焊缝金属。

③适于薄板焊接、全位置焊接以及不加衬垫的单面焊双面成形工艺。即使是用几安培的小电流,钨极氩弧仍能稳定燃烧,而且热量相对较集中,因此可以焊接厚度 0.3 mm 的薄板;采用脉冲 TIG 焊电源,还可进行全位置焊接及不加衬垫的单面焊双面成形焊接。

④焊接过程易于实现自动化。TIG 焊的电弧是明弧,焊接过程参数稳定,易于检测及控制,是理想的自动化乃至机器人化的焊接方法。

⑤焊缝区无熔渣。焊工可清除地看到熔池和焊缝成形过程,能够实现高品质焊接,得到优良焊缝。

(2) 钨极氩弧焊的缺点

①抗风能力差。TIG 焊利用气体进行保护,抗侧向风的能力较差。侧向风较小时,可降低喷嘴至工件的距离,同时增大保护气体的流量;侧向风较大时,必须采取防风措施。

②对工件清理要求较高。由于采用惰性气体进行保护,无冶金脱氧或去氢作用,为了避免气孔、裂纹等缺陷,焊前必须严格去除工件上的油污、铁锈等。

③生产率低。由于钨极的载流能力有限,尤其是交流焊时钨极的许用电流更低,致使 TIG 焊的熔透能力较低,焊接速度小,焊接生产率低。

3. 钨极氩弧焊的应用

(1) 目前钨极氩弧焊广泛应用于各种工业结构金属焊接,用于飞机制造,原子能、化工、纺织、电站锅炉工程等工业中。

(2) 由于氩气的保护,隔离了空气对熔化金属的有害作用,可焊接易氧化的有色金属及其合金(铝、镁等)、不锈钢、高温合金、钛及钛合金以及难熔的活泼性金属(如钼、铌、锆)等。

(3) 既可以焊接厚件,也可以焊接薄件;既可以对平焊位置焊缝进行焊接,也适合于对各种空间焊缝进行焊接,如仰焊、横焊、立焊、角焊缝、全位置焊缝、空间曲面焊缝等的焊接。脉冲钨极氩弧焊适宜于焊接薄板,特别适用于全位置管道对接焊。

(4) 由于钨电极的载流能力有限,电弧功率受到限制,致使焊缝熔深浅,焊接速度低,焊接效率不高,所以,钨极氩弧焊一般只适于焊接厚度小于 6 mm 的工件。对于厚度更大的工件,在开坡口的情况下采用 TIC 焊封底(打底)同样可以提高焊缝背面成形质量,因此也有广泛的应用。

15.2 钨极氩弧焊的电极材料与保护气体

1. 电极材料

铈钨电极是在纯钨材料中加入 1% ~ 2% 微放射性稀土元素铈(Ce)的氧化物(CeO_2)。铈钨是我国研究者王菊珍等最早发明的,已取得国际标准化组织焊接材料分委员会承认,并在国际上推广应用。铈钨电极在低电流条件下有着优良的起弧性能,维弧电流较小。由于钍钨极的放射性强,应用受到一定的限制。而铈钨电极是微放射性稀土元素(Ce)的氧化物,它是理想的电极材料,铈钨电极成为钍钨电极的首选替代品,目前已在我国广泛使用。

铈钨电极比钍钨电极在焊接中使用性能有如下优点。

①在相同规范下,弧束较细长,光亮带较窄,温度更集中。

②与钍钨极相比最大许用电流密度可增加5%~8%。

③电极的烧损率下降,修磨次数减少,使用寿命延长,没有辐射性。

④直流焊接时,阴极压降降低10%,比钍钨电极更容易引弧,电弧稳定性也好。

其缺点是铈钨电极并不适合于大电流条件下的应用,在这种条件下,氧化物会快速的移动到高热区,即电极焊接处的顶端,这样对氧化物的均匀度造成破坏,因而由于氧化物的均匀分布所带来的好处将不复存在。

2. 电极直径和端部形状

(1)电极直径

钨极直径要根据焊接电流值和极性来选取。表15.1示出两种极性下(含交流)电极直径与最大允许电流。同一直径下,直流反极性及交流焊接时的允许电流小于直流正极性时的数值。

表15.1 钨电极的许用电流值

钨极直径/mm	焊接电流/A			
	交 流		直流正极性	直流反极性
	W	ThW	W,ThW	W,ThW
0.5	5~15	5~20	5~20	—
1.0	10~60	15~80	15~80	—
1.6	50~100	70~150	175~150	10~20
2.4	100~160	140~235	150~250	15~30
3.2	150~210	225~325	250~400	25~40
4.0	200~275	300~425	400~500	40~55
4.8	250~350	400~525	500~800	55~80
6.4	325~475	500~700	800~1 100	80~125

(2)电极端部形状

焊接过程中根据电源极性及焊接电流值,电极端部通常加工成图15.2所示的几种形式。

直流正极性焊接,电极端部角度为30°~50°时,电弧向母材的吹力最强。多数直流正极性焊接都要求有较大的熔深,因此在焊接电流200 A以下可以采用这一电极角度。

当焊接电流超过250 A后,电极前端会产生熔化损失,因此,都是在焊接前把电极前端磨出一定尺寸的平台。大电流焊接时,电极前端具有一定尺寸的平台,对焊接结果没有不良影响。

直流反极性和交流焊接时,同一电流下,电弧对电极的热输入大于直流正极性的情况,同时电流也不是集中在阳极的某一区域,这时把电极前端形状磨成半球形最为合适。如果所使用的焊接电流处于电极最大允许电流值附近,则不论电极开始是何种形状,一旦电弧引燃,电极前端熔化,自然形成半球形。

3. 钨极氩弧焊保护气体

钨极氩弧焊(TIG)一般采用氩气(Ar)、氦气(He)、氩氦混合气体(Ar+He)或氩氢混合气体(Ar+H_2)作为保护气体。

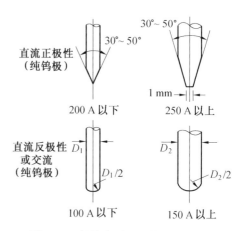

图15.2 焊接中采用的钨电极形状图

(1)氩气(Ar)

氩气是一种无色无味的单原子惰性气体,密度为空气的1.4倍,能够很好地覆盖在熔池及电弧的上方,形成良好的保护。同时,氩气电离后产生的正离子质量大,动能也大,对阴热导率,对电弧的冷却作用较小,因此电弧稳定性好,电弧电压较低。

焊接过程中通常使用瓶装氩气。氩气瓶的容积为40 L,外面涂成灰色,用绿色漆标以氩气二字。满瓶时的压力为15 MPa。氩气的纯度要求与被焊材料有关。我国生产的焊接用氩气有99.99%及99.999%两种纯度,均能满足各种材料的焊接要求。

(2)氦气(He)

氦气也是一种无色无味的单元子惰性气体,其密度较低,大约只有空气的1/7,因此焊接时所用的气体流量通常比氩气高1~2倍。

氦气的热导率较高,对电弧的冷却作用大,因此,电弧的产热功率大且集中,适合于焊接厚板、高热导率或高熔点金属、热敏感材料及高速焊。在同样的条件下,钨极氦弧焊的焊接速度比钨极氩弧焊的焊接速度高30%~40%。氦气的缺点是阴极雾化作用小,价格比氩气高得多。

焊接过程中通常使用瓶装氦气。氦气瓶的容积为40 L,外面涂成灰色,并用绿色漆标以"氦气"二字。满瓶时压力为14.7 MPa。焊接用氦气的纯度一般要求在99.8%以上。我国生产的焊接用氦气的纯度可达99.999%,能满足各种材料的焊接要求。

(3)氩氦混合气体(Ar+He)

氩弧具有电弧稳定、柔和、阴极雾化作用强、价格低廉等优点,而氦弧具有电弧温度高、熔透能力强等优点。采用氩、氦混合气体时,电弧兼具氩弧及氦弧的优点,特别适合于焊缝质量要求很高的场合。Ar+He 混合气体按 $\varphi_{He}=75\%~80\%$ 和 $\varphi_{Ar}=25\%~20\%$ 混合。

4. 填充金属材料

采用钨极氩弧焊(TIG)焊接厚板时,需要开V形坡口,并添加必要的填充金属。填充金属的主要作用是填满坡口,并调整焊缝成分,改善焊缝性能。目我国尚无专用 TIG 焊丝标准,一般选用熔化极气体保护焊用焊丝或焊接用钢丝。焊接低碳钢及低合金高强度钢时,一般按照"等强匹配"原则选择焊丝;焊接铜、铝、不锈钢时,一般按照"等成分匹配"原则选择焊丝。焊接异种金属时,如果两种金属的组织性能不同,则选用焊丝时应考虑抗裂性及碳的扩散问题;如果两种金属的组织相同,而力学性能不同,则最好选用成分介于两者之间的焊丝。铝焊丝可按照 GB10858—1989《铝及铝合金焊丝》选择合适的焊丝。铜焊丝可按照 GB9460—1988《铜及铜合金焊丝》选择合适的焊丝。

15.3 钨极氩弧焊设备组成

钨极惰性气体保护焊(TIG 焊)设备按操作方式可分为手工 TIG 设备和自动 TIG 焊设备两类;按焊接电源不同又可分为交流 TIG 焊设备、直流 TIG 焊设备以及矩形波 TIG 焊设备。下面主要以手工 TIG 焊设备为例,介绍 TIG 焊设备。

手工 TIG 焊设备的一般结构如图 15.3 所示,主要由焊接电源、焊枪、供气系统、供水系统及焊接控制装置等部分组成。自动 TIG 焊设备则还包括焊车行走机构和送丝机构。

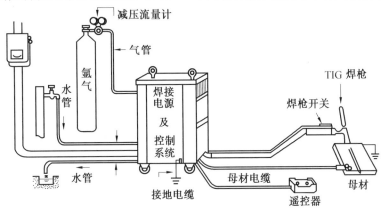

图 15.3 手工 TIG 焊设备组成

1. 钨极氩弧焊焊接电源

目前 TIG 焊设备类型很多,各有特点,按焊接电源性质分为直流氩弧焊机、交流氩弧焊机和脉冲氩弧焊机,多数为晶闸管焊接电源和场效应管、IGBT 功率晶体管、GTR 大功率晶体管控制逆变焊接电源,现在生产的新型 TIG 焊设备,控制系统等已经与焊接电源合为一体,部分先进的焊接设备已采用数字控制技术对焊接过程进行控制,如图 15.4 所示的 TIG 焊设备的实物照片。TIG 焊设备可以采用直流、交流或矩形波弧焊电源。要求弧焊电源的外特性为陡降或垂直下降,以保

图 15.4 TIG 焊设备的实物外形

证弧长变化时焊接电流的波动较小;交流电源常用动圈漏磁式弧焊变压器。近年来,在 TIG 焊中逐渐应用矩形波弧焊电源,由于它正、负半波通电时间比和电流比值均可以自由调节。因此,把它用于铝及其合金的 TIG 焊接时,在弧焊工艺上具有电弧稳定,电流过零

点时重新引弧容易,不必加稳弧器;通过调节正、负半波通电时间比,在保证阴极雾化作用的条件下增大正极性电流时间,从而可获得最佳的熔深,提高生产率和延长钨极的寿命;可不用消除直流分量装置等优点。

TIG焊机在焊接过程中,必须按照一定的程序进行。焊接开始,焊枪对准工件,按启动按钮(on),通保护气,同时加高频电压引弧,电弧引燃后,高频自动停止,随后释放开关(off),同时开始焊接。焊接结束时,再按按钮(on),进入填充坡口阶段。再释放开关(off),进入延时通气阶段。

2. 钨极氩弧焊焊枪

焊枪的功能是向电弧供电和供气,同时还应接通控制电线和向焊枪提供冷却水。

钨极棒的中心应与喷嘴中心相同,以保证保护气均匀地从喷嘴流出。钨极还应伸出气体喷嘴一定长度,它应根据工件形状与坡口特点调整到合适高度,并固定。选择焊枪的规格应根据焊接电流来决定,通常500 A为最大焊枪的额定电流。小电流时(焊接电流小于150 A)焊枪采用空冷;当焊接电流大于150 A时,由于焊接电流增大,钨极与喷嘴被加热,必须用水冷。

3. 气路、水路系统

保护气回路包括氩气瓶(或有氦气瓶)、保护气导管、减压表(含气体流量计)等。氩弧焊机通常在其内部设置电磁气阀,保护气受引弧与熄弧动作的控制而导通或阻断。

水路系统用于较大电流下的焊接对焊枪进行水冷,每种型号的焊枪都有安全使用电流,是指水冷条件下的许用电流值。目前的氩弧焊机也是在其内部设置电磁阀,控制冷却水的流通。较为先进的焊机,内部有冷却水自动循环装置,也使用独立的冷却水自动循环装置,对于电流较小的焊接,可以不进行水冷或使用空冷式焊枪。

15.4 钨极氩弧焊的引弧与稳弧方式

为了保持钨极端部的形状,防止钨极熔化造成焊缝夹钨,钨极氩弧焊一般不采用短路引弧方式,而是采用非接触式引弧,主要有高频引弧和高压脉冲引弧两种方式。

1. 高频振荡引弧

利用产生的高频高压电流击穿钨极与工件之间的气隙而引燃电弧。高频振荡器的电气原理如图15.5(a)所示

① 高频振荡器组成。开关K、高漏抗的升压变压器B_1、火花放电器P、振荡电容C_K、高频耦合升压变压器B_2。

② 工作原理。当开关K闭合时,B_1开始向电容C_K充电。当C_K两端的电压达到一定值,火花放电器P被击穿,电容C_K便通过P向B_2的一次侧放电,形成$L\text{-}C$振荡。振荡所产生的高频高压,通过B_2升压变压器,在B_2的二次侧获得一高频高压,通过耦合电容C加到焊接回路,用来击穿气隙引燃电弧。其波形如图15.5(b)所示。

③ 高频振荡器的振荡频率为$f = 1/2\pi L_k C_k$电容C_k通常取0.002 5 μF,L_k通常取0.16 μH,振荡频率为150~260 kHz。该振荡是个衰减振荡,其作用时间约为2~5 ms。当振荡消失后,B_1重新向C_k充电而重复产生振荡。实际应用时,一旦电弧引燃,则切断高频振荡器的电源。

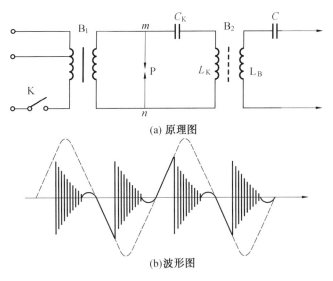

图 15.5 高频高压脉冲引弧器原理及波形图

2. 高压脉冲引弧

为了消除高频振荡器的上述缺点,现在有 TIG 焊设备(如 WSJ-500 型手工钨极交流氩弧焊机)采用了高压脉冲引弧器。高压脉冲器的电路原理如图 15.6 所示。

① 高压脉冲引弧器组成。升压变压器 T_1、整流桥 U_R,充电电阻 R_1、放电电阻 R_2、晶闸管 SCR_1,充电电容 C_1、脉冲变压器 T_2。

② 高压脉冲引弧器工作原理。升压变压器 T_1 升压后二次电压可达 800 V,经整流桥 U_R 整流后通过电阻 R_1 向电容 C_1 充电。C_1 充电电压最高可达 1 120 V,C_1 存储的这部分能量就作为

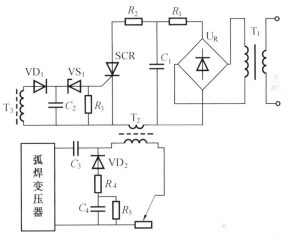

图 15.6 晶闸管高压脉冲稳弧和引弧电路

高压脉冲的能源,引弧时,由引弧脉冲产生电路产生的触发脉冲将晶闸管 SCR 触发导通。电容 C_1,将通过 R_2、SCR 向高压脉冲变压器 T_2 的一次侧放电,在 T_2 的二次侧感应出一个高压脉冲,施加在钨极与工件之间,将钨极与工件之间的气隙击穿而引燃电弧。

3. 高压脉冲稳弧

在直流钨极氩弧焊时,电弧一旦引燃便能够保证稳定燃烧。而工频交流钨极氩弧焊时,除需要引弧外还要采取稳弧措施。

对于铝及其合金这样电子发射能力很弱、材料导热性很强的金属及合金,在由正半波向负半波的过零点时会出现断弧现象,此时工件发射电子能力弱,电弧的再引燃电压高。为防止断弧,必须在这一相位加入一个稳弧脉冲。稳弧的基本原则是在铝从阳极向阴极转换、电流过零的瞬间,在工件与钨电极间施加一个高电场,可以是高频高压振荡,也可以

是高压脉冲,高压数值依据电流数值、焊接电流波形(波形过零速率)、母材状态(尺寸与散热量)而定。为使电弧燃烧更为稳定,在电流从负半波(钨电极为正、母材为负)向正半波(钨电极为负、母材为正)转换的瞬间最好也施加同样的稳弧电压,满足正半波向负半波极性转换的稳弧电压足以满足负半波向正半波的可靠转换。对于钢材料,如果采用交流焊接,母材熔深和焊接效率不如直流问题无法进行大电流焊接,故没有比较意义。

15.5 钨极氩弧焊电流的种类和极性

TIG 焊时,焊接电弧正、负极的导电和产热机构与电极材料的热物理性能有密切关系,从而对焊接工艺有显著影响。下面分别介绍采用不同电流种类和极性进行 TIC 焊的情况。

1. 直流钨极氩弧焊

直流钨极氩弧焊没有极性变化,电弧燃烧很稳定。按电源极性的不同接法,又可将直流 TIG 焊分为直流正极性法和直流反极性法两种方法。当采用直流正极性时,钨极是阴极,钨极的熔点高,在高温时电子发射能力强,电弧燃烧稳定性更好。

(1)直流反极性焊接

在钨极氩弧焊中,虽很少应用直流反极性,可是,因为它有一种去除氧化膜的作用(一般称"阴极破碎"或"阴极雾化"作用),所以对它还是要进行研究的。去除氧化膜的作用,在交流焊的反极性半波也同样存在,它是成功地焊接铝,镁及其合金的重要因素。铝、镁及其合金的表面存在一层致密难熔的氧化膜(Al_2O_3 的熔点为 2 050 ℃,而铝的熔点为658 ℃)覆盖在焊接熔池表面,如不及时清除,焊接时会造成未熔合,会使焊缝表面形成皱皮或内部产生气孔夹渣,直接影响焊缝质量。实践证明,反极性时,被焊金属表面的氧化膜在电弧的作用下可以被清除掉而获得表面光亮美观、形成良好的焊缝。这种作用就是阴极斑点有自动寻找金属氧化物的性质所决定的。因为金属氧化物逸出功小,容易发射电子,所以,氧化膜上容易形成阴极斑点并产生电弧。这种作用的关键条件是:阴极斑点的能量密度要很高和被质量很大的正离子撞击,致使氧化膜破碎。但是,直流反极性的热作用对焊接是不利的,因为,钨极氩弧焊对阳极热量多于阴极(有关资料指出:2/3 的热能产生在阳极,1/3 的热能产生在阴极)。反极性时电子轰击钨极,放出大量热量,很容易使钨极过热熔化,这时,假如要通过 125 A 焊接电流,为不使钨极熔化,就需约 6 mm 直径的钨棒。同时,由于在焊件上放出的能量不多,焊缝熔深浅而宽(见图 15.7(a)),生产率低,而且只能焊接约 3 mm 厚的铝板。所以在钨极氩弧焊中直流反极性除了焊铝、镁薄板外很少采用。

(2)直流正极性焊接

直流正极性时,工件接正极,阳极斑点没有上述条件,所以它没有去除氧化膜的作用。有人通过测定得出铝合金阳极斑点的电流密度为 200 A/cm^2,而阴极斑点的电流密度为 $10^6/cm^2$。阳极斑点的能量比阴极斑点小几百倍,同时,阳极只受到质量很小的电子撞击,因此阳极没有去除氧化膜的作用。当用氦气保护时,阴极去除氧化膜作用比用氩气弱,这是因为氦离子比氩离子轻得多。但是氩气中混入质量很轻的氢气时,去除氧化膜作用反而增强,这是因为氩气中混入氢后使阴极压降显著提高,这就促使斑点上能量密度增加。

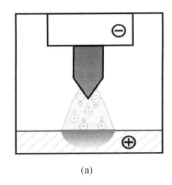 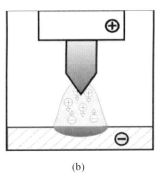

(a)   (b)

图 15.7   TIG 焊电流极性对焊缝形状的影响

除焊接铝、镁及其合金外一般均采用直流正极,因为其他金属及其合金不存在产生高熔点金属氧化物问题。采用直流正极有下列优点。

①工件为阳极,工件接受电子轰击放出的全部动能和位能(逸出功),产生大量的热,因此熔池深而窄(见图 15.7(b)),生产率高,工件的收缩和变形都小。

②钨极上接受正离子轰击时放出的能量比较小,且由于钨极在发射电子时需要付出大量的逸出功,总的来说,钨极上产生的热量比较小,因而不易过热,所以对于同一焊接电流可以采用直径较小的钨棒。例如同样通过 125 A 焊接电流选用 1.6 mm 直径的钨棒就够了,而直流反极性时需用 6 mm 直径的钨棒。

③钨棒的热发射力很强,当采用小直径钨棒时,电流密度大,有利于电弧稳定,所以,电弧稳定性也比反极性好。

总之,直流正极性优点多,应尽可能采用直流正极性。

2. 交流钨极氩弧焊

在生产实践中,焊接铝、镁及其合金时一般都采用交流电,这样在交流负极性的半波里(铝工件为阴极),阴极有去除氧化膜的作用,它可以清除熔池表面的氧化膜。在交流正极性的半波里(钨极为阴极)钨极可以得到冷却,同时可发射足够的电子,有利于电弧稳定,使两者都能兼顾,焊接过程又能顺利进行。实践证明,用交流焊接铝、镁及其合金是完全可行的,同时,又产生如下问题:一是会产生直流分量这是有害的,必须消除它;另一点是交流电源每秒钟有 100 次经过零点,必须采取稳弧措施。

在交流电弧的情况下,由于电极和母材的电、热物理性能以及几何尺寸等方面存在差异,造成在交流电两半周中的弧柱导电率、电场强度和电弧电压不对称,使电弧电流也不对称,如图 15.8 所示。

①在钨极为阴极的半周,弧柱电导率高,电场强度小,电弧电压低而电流大。

②在母材为阴极的半周中则情况恰恰相反,电弧电压高而电流小。

由于两半周的电流不对称,因而交流电弧的电流可看成是由两部分组成,一是交流电流,一是叠加在交流部分上的直流电流,这部分直流电称为直流分量。

这种交流电弧中产生直流分量的现象,称为钨极交流氩弧焊的整流作用。这种整流作用不仅在交流 TIG 焊铝时存在,凡两种电极材料物理性能差别较大时都会出现。用交流 TIG 焊焊接铜、镁等合金时,同样都有这个问题。即使用同种材料交流焊接时,由于电极与工件几何形状和散热条件的差异,也会有直流分量,只是数值很小,不影响设备正常工作而已。不难理解,如果母材与电极的电、热物理性能相差越大(如钨和铝),则上述不对称的情况越严重,直流分量也越大。反之,母材与电极的电、热物理性能相差不大,两者散热能力的差异只是由于几何尺寸不同所引起的,整流作用不明显。如熔极氩弧焊时,焊丝和工件通常用同一种材料,则上述的不对称情况就不显著,直流分量小得可以忽略不计。

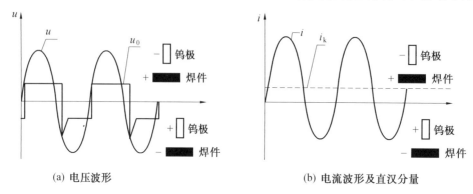

(a) 电压波形　　　　　　　　(b) 电流波形及直汉分量

图 15.8　交流 GTAW 时,电压波形和电流波形及直流分量

15.6　钨极脉冲氩弧焊

脉冲 TIG 焊是指利用变动电流进行焊接。从电流波形上看,脉冲 TIG 焊电流有如下几项参数:脉冲电流峰值 I_p(称为"脉冲峰值电流",也可直接称为"脉冲电流"),脉冲电流基值 I_b(称为"基值电流"),峰值电流时间 t_p(称为"峰值时间"),基值电流 t_b 时间"(称为"基值时间"),脉冲电流频率 f(称为"脉冲频率")以及脉冲周期 T。

按照脉冲频率高低可分成:低频脉冲 TIG 焊,其频率为 0.5~10 Hz;高频脉冲 TIG 焊,其频率为 10~30 kHz。从焊接频率范围看,由于 10 Hz~10 kHz 范围内,电弧的闪烁和噪声,刺激视觉和听觉等原因。实际生产很少应用。

1. 低频脉冲钨极氩弧焊焊接过程

TIG 焊一般采用低频频率进行焊接,低频脉冲焊由于电流变化频率很低,对电弧形态上的变化可以有非常直观的感觉,即电弧有低频闪烁现象。峰值时间内电弧燃烧强烈,弧柱扩展;基值时间内电弧暗淡,产热量降低。在熔池形成上,当每一个脉冲电流到来时,焊件上就形成一个近于圆形的熔池,在脉冲持续时间内迅速扩大;当脉冲电流过后进入基值电流期间时,熔池迅速收缩凝固,随后等待下一个脉冲的到来。由此在焊件上形成一个一个熔池凝固后相互搭接所构成的焊缝。控制脉冲频率和焊接速度及其他焊接参数,可以保证获得致密性良好、搭接量合适的焊缝,如图 15.9 所示。

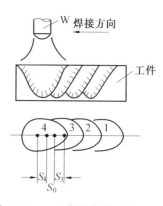

图 15.9　PTIG 焊的焊缝形成过程
S_3—形成第 3 焊点时,脉冲电流作用的区间;
S_4—形成第 4 焊点时,脉冲电流作用的区间;
S_0—基质电流作用的时间

2. 低频脉冲钨极氩弧焊工艺特点

①电弧线能量低焊。对于同等厚度的工件,可以采用较小的平均电流进行焊接,获得较低的电弧线能量,因此利用低频脉冲焊可以焊接薄板或超薄件。

②便于精确控制焊缝成形。通过脉冲规范参数的调节,可精确控制电弧能量及其分布,降低焊件热积累的影响,控制焊缝成形,易于获得均匀的熔深和焊缝根部均匀熔透,可以用于中厚板开坡口多层焊的第一道打底焊。能够控制熔池尺寸使熔化金属在任何位置均不至于因重力而流淌,很好地实现全位置焊和单面焊双面成形。

低频脉冲焊中通常没有电弧磁偏吹现象,斑点不出现飘移,焊缝熔深有一定程度的增加,熔宽也合适,焊缝形状良好。

③宜于难焊金属的焊接。脉冲电流产生更高的电弧温度和电弧力,使难熔金属迅速形成熔池。焊接过程中由于存在电流基值时间,熔池金属凝固速度快,高温停留时间短,且脉冲电流对熔池有强烈的搅拌作用,所以焊缝金属组织致密,树枝状结晶不明显,可减少热敏感材料焊接裂纹的产生。脉冲电流的各项参数在焊接中起不同的作用。通常对基值电流 I_b 的选取以保证维持电弧稳定燃烧即可(此时也称为"维弧电流")。决定电弧能量和电弧力的参数是峰值电流 I_p、峰值时间 t_p 和脉冲频率 f。根据被焊工件厚度、材料性质、所设定的焊接速度、接头形式等,采取配合调整的办法选取上述参数,获得良好的焊接工艺过成。

15.7 高效钨极氩弧焊技术

1. 热丝 TIG 焊

(1) 热丝 TIG 焊原理

传统的 TIG 焊由于其电极载流能力有限,电弧功率受到限制,焊缝熔深浅,焊接速度低。尤其是对中等厚度的焊接结构(10 mm 左右)需要开坡口和多层焊,焊接效率低的缺点更为突出。因此,很多年来许多研究都集中在如何提高 TIG 焊的焊接效率上。热丝 TIG 焊就是为克服一般 TIG 焊生产率低这一缺点而发展起来的,其原理如图 15.10 所示,在普通 TIG 焊的基础上,附加一根焊丝插入熔池,并在焊丝进入熔池之前约 10 cm 处开始,由加热电源通过导电嘴对其通电,依靠电阻热将焊丝加热至预定温度,以与钨极成 40°～60°角从电弧的后方送入熔池,完成整个焊接过程。与普通 TIG 焊相比,由于热丝 TIG 焊大大提高了热量输入,因此适合于焊接中等厚度的焊接结构,同时又保持了 TIG 焊具有高质量焊缝的特点。热丝 TIG 焊已成功地用于焊接碳钢、低合金钢、不锈钢、镍和钛等。但对于高导电性材料如铝和铜,由于电阻率小,需要很大的加热电流,造成过大的磁偏吹,影响焊接质量。

(2) 热丝 TIG 焊特点

①热丝 TIG 焊明显地提高了熔敷率,热丝 TIG 焊的熔敷速度可比普通 TIG 焊提高 2 倍,从而使焊接速度增加 3～5 倍,大大提高了生产率。由于热丝 TIG 焊熔敷效率高,焊接熔池热输入相对减少,所以焊接热影响区变窄,这对于热敏感材料焊接非常有利。

②与 MIG 焊相比,熔敷率相差不大,但是热丝 TIG 焊的送丝速度独立于焊接电流之

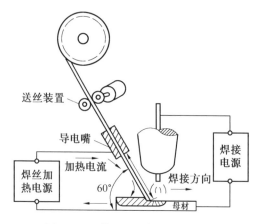

图 15.10 热丝 TIG 焊原理示意图

外,因此能够更好地控制焊缝成形。对于开坡口的焊缝,其侧壁的熔合性比 MIG 焊好得多。

③热丝 TIG 焊时,由于流过焊丝的电流所产生磁场的影响,电弧产生磁偏吹而沿焊缝做纵向偏摆,为此,用交流电源加热填充焊丝,以减少磁偏吹。在这种情况下,当加热电流不超过焊接电流的 60% 时,电弧摆动的幅度可以被限制在 30°左右。为了使焊丝加热电流不超过焊接电流的 60%,通常焊丝最大直径限为 1.2 mm。如焊丝过粗,由于电阻小,需增加加热电流,这对防止磁偏吹是不利的。

2. A-TIG 焊接技术

活性焊剂氩弧焊(A-TIG 焊)可改进 TIG 焊的焊接质量并提高其生产效率。

A-TIG 焊法的主要特征是在施焊板材的表面涂上一层很薄的活性剂(一般为 SiO_2、TiO_2、Cr_2O_3 以及卤化物的混合物),使得电弧收缩和改变熔池流态,从而大幅增加了 TIG 焊的焊接熔深,如图 15.11 所示。图 15.12 为 A-TIG 焊不同活性剂焊缝金相形貌对比。试验证明,在相同的焊接规范下,同常规的 TIG 焊相比,A-TIG 焊可以大幅度提高焊接熔深(最大可达 300%),而不增加正面焊缝宽度。

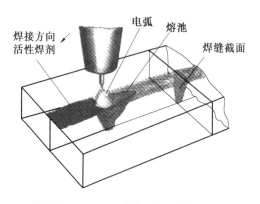

图 15.11 A-TIG 焊接过程示意图

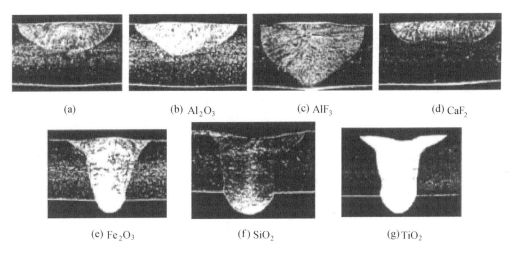

图 15.12　无活性剂 TIG 焊与 A-TIG 焊不同活性剂焊缝金相形貌对比

3. A-TIG 焊的主要特点

①A-TIG 焊对于提高焊接效率具有明显作用。在焊接参数不变的情况下,与常规 TIG 焊相比,A-TIG 焊可以提高熔深 1 倍以上(厚 12 mm 不锈钢可以单道焊 1 次焊透),而且正面焊缝宽度不增加。中等厚度的材料可以开坡口 1 次焊透;更厚的焊件可以减少焊道的层数,不仅能提高效率,而且能降低成本。

②提高焊接质量。A-TIG 焊在同等速度下小规范焊接,可以有效减少焊接变形。通过调整活性剂成分,可以改善焊缝的组织和性能。此外,钛合金活性剂焊接能够消除常规 TIG 焊所表现出的氢气孔,也可以净化焊缝(降低焊缝中的含氧量)。钛合金常规 TIG 焊时容易出现气孔,而采用活性剂焊接后,避免气孔产生。焊缝正、反面成形好。

A-TIG 焊焊缝正反面熔宽比例更趋合理,熔宽均匀稳定,由于焊接散热条件或夹具(内涨环)压紧程度不一致所导致的背面出现蛇形焊道及不均匀熔透(或非对称焊缝)的程度降低。

③操作简单、方便,成本低。A-TIG 焊使用的活性剂,在焊前涂敷到被焊工件的表面,使用普通的 TIG 焊接设备就可以进行焊接。焊后附在焊缝周围的熔渣可以简单地用刷洗的方法去除,不会对焊缝产生污染。

④适用范围广泛。目前 A-TIG 焊可以用在钛合金、不锈钢、镍基合金、铜镍合金和碳钢的焊接。A-TIG 焊还广泛的用于航空、航天、造船、汽车、锅炉等要求较高的场合。

第16章 熔化极氩弧焊

熔化极惰性气体保护焊(简称 MIG 焊)是目前常用的电弧焊方法之一。本章主要讲述熔化极惰性气体保护焊的特点和应用范围、熔滴过渡形式、保护气体种类与焊接工艺等内容,对熔化极惰性气体保护焊的其他方法也作了简要介绍。

16.1 熔化极氩弧焊原理、特点与应用

1. 熔化极氩弧焊原理

这种方法通常用氩气或氦气作为保护气,连续送进的焊丝既作为电极又作为填充金属,在焊接过程中焊丝不断熔化并过渡到熔池中去而形成焊缝。其焊接原理如图 16.1 所示。

随着熔化极氩弧焊应用的扩展,仅以 Ar 或 He 做保护气体难以满足需要,因而发展了在惰性气体中加入一定量活性气体,如 O_2、CO_2 等组成的混合气体作为保护气体的方法,通常称之为熔化极活性混合气体保护焊,简称为 MAG 焊。由于 MAG 焊无论是原理、特点还是工艺,都与 MIG 焊类似,所以将其归入 MIG 焊中一起介绍。

用 Ar 或 Ar+He,进行保护,称为 MIG(metal inter gas arc welding)焊接。

用 $Ar+O_2$、$Ar+CO_2$ 或 $Ar+O_2+CO_2$ 做保护气体则称为 MAG(metal active cas arc welding)焊接。

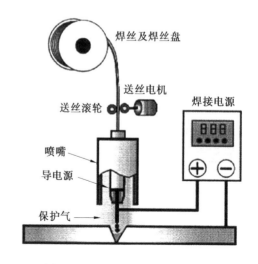

图 16.1 MIG 焊的原理示意图

2. 熔化极氩弧焊特点

与其他电弧焊方法相比,熔化极氩弧焊具有如下几方面特点。

①适用范围广。与焊条电弧焊、CO_2 电弧焊、埋弧焊相比,熔化极氩弧焊可以焊接几乎所有的金属。既可以焊接碳钢、合金钢、不锈钢,还可以焊接铝及铝合金、铜及铜合金、钛合金等容易被氧化的非铁金属。这一点与 TIG 焊、等离子弧焊一致。既可焊接薄板又可焊接中等厚度和大厚度的板材,而且可适用于任何位置的焊接。

②生产率较高、焊接变形小。与 TIG 焊相比,由于采用熔化极方式进行焊接,焊丝和电弧的电流密度大,焊丝熔化速度快,对母材的熔敷效率高,母材熔深和焊接变形都好于 TIG 焊,焊接生产率高。

③与 CO_2 气体保护电弧焊相比,熔化极氩弧焊电弧状态稳定,熔滴过渡平稳,几乎不产生飞溅,熔透也较深。

④熔化极氩弧焊一般采用直流反接焊接铝及铝合金,对母材表面的氧化膜有良好的阴极雾化清理作用。

⑤由于惰性气体本质上不与熔化金属产生冶金反应,如果保护条件稳妥,可以防止周围空气的混入,避免氧化和氮化。因此,在电极焊丝中不需要加入特殊的脱氧剂,使用与母材同等成分的焊丝即可进行焊接。

熔化极氩弧焊的电弧是明弧,焊接过程参数稳定,易于检测及控制,因此容易实现自动化。目前,大多数的弧焊机器手及机器人均采用这种焊接方法。

熔化极氩弧焊也有如下几点不足。

①由于使用氩气保护,焊接成本比 CO_2 气体保护电弧焊高,焊接生产率也低于 CO_2 气体保护电弧焊。

②MIG 焊对工件、焊丝的焊前清理要求较高,即焊接过程对油、锈等污染比较敏感故焊接准备工作要求严格。

③厚板焊接中的封底焊焊缝成形不如 TIG 焊质量好。

3. 熔化极氩弧焊应用

MIG 焊几乎可以焊接所有的金属材料,在焊接碳钢和低合金钢等黑色金属时,更多的是采用使用富氩混合气体的 MAG 焊,目前在中等厚度、大厚度铝及铝合金板材的焊接,已广泛地应用熔化极惰性气体保护焊。所焊的最薄厚度约为 1 mm,大厚度基本不受限制。

目前熔化极氩弧焊被广泛应用于汽车制造、工程机械、化工设备、矿山设备、机车车辆、船舶制造、电站锅炉等行业。由于熔化极氩弧焊焊出的焊缝内在质量和外观质量都很高,该方法已经成为焊接一些重要结构时优先选用的焊接方法之一

MIG 焊分为半自动和自动两种。自动 MIG 焊适用于较规则的纵缝、环缝及水平位置焊缝的焊接;半自动 MIG 焊大多用于定位焊、短焊缝、断续焊缝。

16.2 熔化极氩弧焊熔滴过渡

熔化极氩弧焊熔滴的过渡形态依据形成条件不同可以分为短路过渡、滴状过渡、射滴过渡、射流过渡、亚射流过渡、旋转射流过渡、脉冲过渡等。其中滴状过渡、旋转射流过渡因稳定较差实际生产中很少采用;短路过渡的焊接规范范围窄而较少应用,实际生产依据材质、焊件尺寸、焊接空间位置分别选用相应过渡方式进行焊接。

1. 短路过渡

MIG 焊熔滴短路过渡过程与 CO_2 气体保护电弧焊熔滴短路过渡是相同的,也是使用较细的焊丝在低电压、小电流下产生的一种可利用的熔滴过渡方式,区别在于 MIG 焊熔滴短路过渡是在更低的电压下进行,过渡过程稳定,飞溅少,适合空间位置焊缝的焊接或薄板高速焊接。

2. 喷射过渡

MIG 焊熔滴喷射过渡分为射滴过渡和射流过渡两种,主要用于中等厚度和大厚度板

水平对接和水平角接。

MIG焊接一般采用焊丝接正极的反极性接法,而把焊丝接负或采用交流的较少。其原因有两项,一是要充分利用电弧对母材的清理作用,另一原因是为了使熔滴细化,并且能形成平稳过渡,在这一方面,采用焊丝接正是不可缺少的条件。

3. 亚射流过渡

熔化极氩弧焊除了具有短路过渡和喷射过渡两种过渡形式外,对于铝合金焊接还有一种亚射流过渡方式。这是介于短路过渡与射滴过渡之间的一种过渡形式,电弧特征是弧长较短。对于铝合金,可视弧长为 2~8 mm,因电流大小而取不同的数值,带有短路过渡的特征,当弧长取上限值时,也有部分自由过渡(射滴)。

铝合金亚射流过渡中的短路与正常短路过渡的差别是缩颈在熔滴短路之前形成并达到临界脱落状态。短弧情况下,熔滴尺寸随着燃弧时间的增长而逐步长大,并且在焊丝与熔滴间产生缩颈,在熔滴即将以射滴形式过渡时与熔池发生短路,由于缩颈已经提前出现在焊丝与熔滴之间,在熔池金属表面张力和颈缩部位电磁收缩力作用下,缩颈快速断开,熔滴过渡到熔池中并重新引燃电弧。因此,熔滴过渡平稳,基本没有飞溅发生。

16.3 熔化极氩弧焊的自动调节系统

熔化极氩弧焊焊接时使用的焊丝直径通常较细,一般为 $\phi 0.8 \sim \phi 2.4$ mm。为了消除或减弱外界干扰对焊接弧长的影响,使焊接参数稳定,熔化极氩弧焊主要采用电弧自身调节系统和电弧固有的自身调节系统两种电弧自动调节系统。当使用 $\phi 3$ mm 以上粗焊丝焊接时,由于自身调节系统的灵敏度降低,而采用电弧电压反馈调节系统进行自动调节。

1. 电弧自身调节系统

熔化极氩弧焊时,当熔滴过渡采用短路过渡、射滴过渡、射流过渡时均采用电弧自身调节系统。电弧自身调节系统是具有较强自身调节作用的电弧,配合以等速送丝方式和平特性(恒压)焊接电源而构成的,它依靠电弧电流的变化使焊丝熔化速度变化来恢复电弧弧长。

2. 电弧固有的自身调节系统

在等速送丝的条件下,测得的铝焊丝等熔化特性曲线如图 16.2 所示。

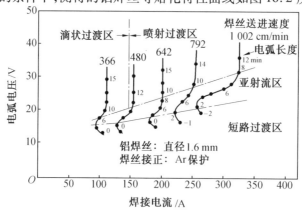

图 16.2 铝焊丝熔化特性与熔滴过渡形态间的关系

从图 16.2 中可以看到,当送丝速度一定和可视弧长为 8~10 mm 时,各条等熔化特性曲线均向左下方弯曲,并形成一个区域,这个区域就是亚射流过渡区。

电弧固有的自身调节系统,是铝合金焊丝采用亚射流熔滴过渡进行 MIG 焊时所使用的一种弧长自动调节系统。在亚射流过渡区中,焊丝熔化系数增大,这是由于可见弧长减小后,熔滴的温度降低,使得焊丝熔化不再需要很多的热量。这种现象只在高纯度惰性气体保护 MIG 焊中才能看到,特别是大电流下更为显著。在焊枪高度发生变动或出现其他干扰时,焊丝熔化系数随可见弧长的减小而增大的特性使电弧自身具有保持弧长稳定的能力,把这种特性称之为电弧固有的自身调节特性。

由于铝合金 MIG 焊亚射流过渡区存在上述焊丝熔化特点,使得可以采用等速送丝机构配用恒流特性的焊接电源进行焊接。

(1) 电弧固有的自身调节作用机理

铝合金焊丝电弧具有固有自身调节作用,首先是电弧和焊丝端头潜入熔池,可见弧长减小,在电弧的电磁轴向压力作用在熔池上形成较大的凹坑。电流越大,电磁力也越大,则电弧潜入也越深。

可见弧长减小,电弧潜入到熔池中以后,将改变焊丝的加热条件和熔滴过渡特点,所以也影响到电弧的固有自身调节作用。

在潜弧条件下,电弧的弧根不但覆盖在焊丝端头熔滴的底部,而且还包围了它的侧面,甚至熔滴上部的细颈。这时加热焊丝的热量来源除阳极斑点产热外,还有弧柱的辐射热。另外由于熔滴过渡形式的改变,熔滴在焊丝端头停留时间也不同。在电压较高的射滴过渡时,熔滴受热时间较长,所以熔滴温度较高达 1 800 ℃。而在潜弧状态下的亚射流过渡时,熔滴过渡大多依靠较高频率的瞬时短路过渡,熔滴受热时间短,所以熔滴温度仅为 1 200 ℃。而短路过渡的熔滴温度更低,接近于熔点。可见亚射流过渡时,电弧加热焊丝的热效率较高,而熔滴温度又低,则焊丝的熔化速度较高。同时还随着电弧电压(可见弧长)的降低焊丝熔化速度增大,因此铝合金亚射流过渡具有较强的电弧固有自身调节作用。

(2) 电弧固有的自身调节系统的弧长自动调节过程

电弧固有的自身调节系统,是在铝合金 MIG 焊具有的电弧固有自身调节作用的基础上采用等速送丝方式匹配垂降特性(恒流)焊接电源建立起来一种电弧自动调节系统。其电弧固有的自身调节系统的弧长调节过程如图 16.3 所示。

曲线 1 是弧焊电源的外特性曲线,曲线 2 是某一送丝速度下的焊丝等熔化特性曲线,焊接电弧稳定时电弧在该曲线上燃烧时

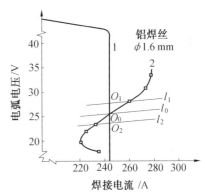

图 16.3 亚射流过渡电弧固有自身调节

焊丝熔化速度等于焊丝送给速度。两线的交点 O_0 是电弧的稳定工作点,对应的弧长为 l_0。

焊接过程中,如果某种外界干扰使电弧长度从 l_0 变化到 l_1 时,电弧工作点从 O_0 点变

到 O_1 点。由于弧焊电源是垂降外特性,焊接电流不变。但是电弧变长后,焊丝的熔化系数变小,因此,使焊丝的熔化速度减小。此时,焊丝的熔化速度小于送丝速度,因此电弧要逐渐变短,使工作点 O_1 回到 O_0 点,电弧又在 O_0 点稳定燃烧。反之,当外界干扰使弧长突然从 l_0 变到 l_2 时,同样可以很快恢复到 l_0。

亚射流过渡电弧固有的自身调节作用与电弧自身调节作用相比,其相同处是都是利用焊丝熔化速度作调节量来保持焊接弧长的稳定;不同之处是电弧自身调节系统是依靠焊接电流的改变来影响焊丝的熔化速度,而电弧固有的自身调节系统是依靠焊丝熔化系数的改变来影响焊丝的熔化速度。

亚射流过渡焊接铝合金具有如下优点。

①由于采用具有恒流特性弧焊电源进行焊接,焊接过程中弧长发生变化时,焊接电流值基本不改变,因此焊缝熔深均匀,表面成形良好。

②焊缝断面形状更趋于合理,可以避免射流过渡时出现的"指状"熔深。

③电弧长度短,抗环境干扰的能力增强。

④电弧为碟形,阴极雾化区大、焊缝起皱皮及表面形面黑粉现象比射流电弧少。

16.4 熔化极氩弧焊设备

熔化极惰性气体保护焊设备主要由焊接电源、送丝机构、焊枪、控制系统、供水供气系统等部分组成,如图 16.4 所示。

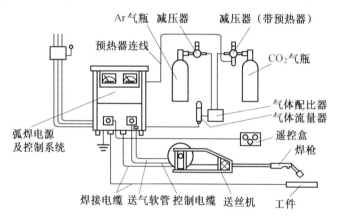

图 16.4 半自动熔化极氩弧焊设备构成

1. 焊接电源

为保证焊接过程稳定,减少飞溅,焊接电源均采用直流电源,且反接。半自动 MIG 焊时,使用细焊丝焊接,所用焊丝直径小于 2.5 mm;而自动 MIG 焊时,使用粗丝焊接,焊丝直径大于 3 mm。

(1)采用细丝及中等直径焊丝进行焊接,配备等速送丝机构和平特性或缓降特性电源,依靠电弧自身调节作用保持电弧长度的稳定。

(2)对粗丝配备变速送丝机构和陡降特性电源,依靠电弧电压反馈稳定电弧长度,但使用的较少。

(3)对铝及铝合金的焊接,还可以采取等速送丝配备恒流特性电源的方式,依据电弧固有的自身调节稳定电弧长度。熔化极脉冲氩弧焊需要配备脉冲焊接电源,具备脉冲参数的调节功能。

2. 送丝系统及焊枪

送丝系统直接影响焊接过程的稳定性。送丝系统一般由送丝机构(包括电动机、减速器、矫直轮、送丝轮、压紧轮)、送丝软管、焊丝盘等组成。

(1)平面式送丝机构

平面式送丝机构结构简单,使用与维修方便,自熔化极半自动焊机问世一直到现在,仍应用广泛。其不足之处是送丝滚轮和焊丝间接触面积较小,工作前要仔细调节压紧轮的压力。若压紧力过小,滚轮与焊丝间的摩擦力亦小,送丝阻力稍有增大,滚轮与焊丝间便打滑,致使送丝不均匀。如压紧力过大,又将在焊丝表面产生很深压痕或使焊丝变形。这种状态焊丝进入导电嘴后将产生很大送丝阻力,并且会加速导电嘴内壁的磨损。图16.5是一种平面式推丝式送丝机。

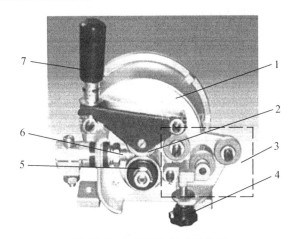

图16.5 平面式推丝式送丝机

1—减速电机;2—送丝滚轮(压紧轮);3—焊丝矫直机构;4—矫直调节旋钮;
5—送丝法轮(主动轮);6—焊丝导丝杆;7—压力调节手柄

(2)焊枪

焊枪分为半自动焊枪和自动焊枪,有气冷和水冷两种形式。对于半自动焊枪,当焊接电流小于150 A时,使用气冷式焊枪;当焊接电流大于150 A时,则使用水冷式焊枪。自动焊枪大多采用水冷。

16.5 熔化极脉冲氩弧焊

1. 熔化极脉冲氩弧焊原理

通常情况下的MIG焊多是以熔滴喷射过渡为主要焊接形式,焊接电流必须大于喷射过渡临界电流,才能实现稳定的焊接。如果焊接电流小于喷射过渡临界电流,只能出现大滴过渡或短路过渡。大滴过渡的过程稳定性差,不能进行仰焊、立焊等空间位置焊缝的焊接,而短路过渡也有规范区间窄等问题,应用的较少。为了对薄板、空间位置焊缝及热敏感性材料进行有效的焊接,发展了熔化极脉冲氩弧焊,简称"脉冲 MIG 焊",利用周期性变化的脉冲电流进行焊接,其主要目的是控制熔滴过渡和焊接热输入。

2. 熔化极脉冲氩弧焊工艺特点

(1)脉冲 MIG 焊扩大了电流的使用范围

脉冲 MIG 焊通过脉冲参数的配合,可以在较大范围内选择脉冲电流,在保证脉冲电流高于临界脉冲电流下即可以在较小平均电流(小于连续焊接时的临界电流)下实现稳定的喷射过渡。这样既可以焊接厚板,也可以焊接薄板,而薄板焊接时的母材熔透情况比短路过渡焊接好,且生产率高、焊接变形小于 TIG 焊。更有意义的是可以使用较粗的焊丝来焊接薄板,这给焊接工艺带来很大方便。首先粗丝送丝相对更为容易,对软质焊丝(铝、铜等)最为有利。其次,粗丝的挺直性好,焊丝指向不易偏摆,容易保持在焊缝中心线上。此外,粗丝的售价比细丝低,可降低焊接成本,并且比表面积小,可使产生气孔的倾向性降低。

(2)可有效控制熔滴过渡和熔池尺寸,有利于全位置焊接

在平焊位置通过脉冲参数的调整,使熔滴过渡按照所希望的方式进行。进行空间位置焊缝焊接时,由于脉冲电流大,使熔滴过渡具有更强的方向性,有利于熔滴沿电弧轴线顺利过渡到熔池中。由于脉冲平均电流小,所形成的熔池体积也会小一些,再加上脉冲加热和熔滴过渡是间断性发生的,所以熔池金属即使处于立焊位置也不至于流淌,保持了熔池状态的稳定性。

(3)可有效地控制热输入量,改善接头性能

对于热敏感性较大的材料,通过平均电流调节对母材的热输入或焊接线能量,使焊缝金属和热影响区的过热现象降低,从而使接头具有良好的品质,裂纹倾向性降低。此外,脉冲作用方式可以防止熔池出现单向性结晶,也能够提高焊缝性能。

16.6 混合气体的选择和使用

1. Ar+He

He 也是惰性气体,但它的热传导系数大,和 Ar 气相比,在相同的电弧长度下,电弧电压较高,电弧温度也比 Ar 弧高得多。钨极氦弧焊的焊接速度几乎可两倍于钨极氩弧焊,所以 He 气最大的优点是电弧温度高,母材热输入量大。

Ar 的优点是在 Ar 气中电弧燃烧非常稳定,进行熔化极焊接时焊丝金属容易呈轴向射流过渡,飞溅极小。

以 Ar 气为基体,加入一定数量的 He 可获得两者所具有的优点。

焊接大厚度铝及铝合金时,采用 Ar+He 混合气体可改善焊缝熔深、减少气孔和提高焊接生产率。He 的加入量视板厚而定,板越厚加入的 He 应越多。板厚 10~20 mm 时加入 50% 的 He,板厚大于 20 mm 后则加入 75%~90% 的 He。图 16.6 示出 Ar、Ar+He、He 这 3 种保护气的焊缝断面形状。

焊接铜及铜合金时,采用 Ar+He 混合气最显著的好处是可改善焊缝金属的润湿性,提高焊缝质量,He 占的比例一般为 50%~75%。

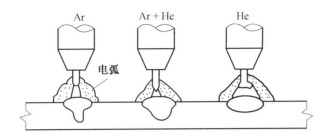

图 16.6　Ar、Ar+He、He 这三种不同保护气体下的焊缝断面形状（直流反接）

对于钛、锆等金属的焊接,用这种混合气是为了改善熔深和焊缝金属的润湿性,这时 Ar 与 He 的比例通常为 75∶25,这种比例对脉冲电弧、短路电弧、射流电弧都适用。

焊接镍基合金时,也常常采用 Ar+He 混合气,焊缝金属的润湿性及熔深比使用纯 Ar 好,加入的 He 约为 15% ~ 20%。

2. Ar+H_2

利用 Ar+H_2 混合气体的还原性,可用于焊接镍及其合金,可以抑制和消除焊缝中的 CO 气孔,但 H_2 含量必须低于 6%,否则会导致产生 H_2 气孔。

3. Ar+O_2

Ar+O_2 混合气分两种类型:一种含 O_2 量较低,为 1% ~ 5%,用于焊接不锈钢等高合金钢及级别较高的高强钢;另一种含 O_2 量较高,可达 20%,用于焊接低碳钢及低合金结构钢。用纯 Ar 焊接不锈钢时（包括焊接低碳钢及低合金钢）,存在以下问题。

(1) 液体金属的黏度及表面张力大,易产生气孔。焊缝金属的润湿性差,焊缝两侧容易形成咬边等缺陷。

(2) 电弧阴极斑点不稳定,产生阴极斑点漂移现象。电弧根部的不稳定,引起焊缝熔深和焊缝成形的不规则。

由于上述原因,熔化极焊接时,用纯 Ar 保护焊接不锈钢等金属是不合适的,通常要在 Ar 中加入一定量的 O_2,使上述问题得到改善。

实践证明,将 1% 的 O_2 加入到 Ar 中,阴极斑点漂移现象便可克服。另外,加入 O_2 后有利于金属熔滴的细化,降低了射流过渡的临界电流值。

用 Ar+O_2 混合气焊接不锈钢,经焊缝抗腐蚀试验证明:Ar 中加入微量的 O_2,对接头的抗腐蚀性能无显著影响;当 O_2 的体积分数超过 2% 时,焊缝表面氧化严重,接头质量下降。

如将混合气中 O_2 的体积分数增加到 20%,则这种强氧化气体可以用来焊接碳素钢及低合金结构钢。Ar+O_2(φ_{O_2} = 20%) 混合气焊接除有较高的生产率外,抗气孔性能比 CO_2(φ_{O_2} = 20%) 及纯 CO_2 都好,焊缝韧性也有所提高。这是因为焊缝金属的冲击韧性不取决于保护气的氧化性,而取决于焊缝金属中的含氧量。在保护气中加入适量的 O_2（如 φ_{O_2} = 5% ~ 10%）,虽然气体的氧化性提高,但焊缝金属中的含氧量和夹杂物却有所减少,故焊缝金属的冲击韧性有所提高。

用 Ar+O_2(φ_{O_2} = 20%) 混合气进行高强钢的窄间隙垂直焊（立焊）,可减少焊缝金属产生树枝状晶间裂纹的倾向。钢中含有一定量的氧时,能使硫化物变为球状或呈弥散分布。

该混合气有较强的氧化性,应配用含 Mn、Si 等脱氧元素较高的焊丝。

用纯 Ar 作保护气还有另外一个问题,就是焊缝形状为蘑菇形(亦称"指形")。纯 Ar 保护射流过渡焊接时,蘑菇形熔深最为典型,这种熔深无论对焊接哪种金属都是不希望得到的。在 Ar 中加入 CO_2(φ_{O_2} = 20%)后,熔深形状得到改善。

4. Ar+CO_2

Ar+CO_2 混合气被广泛用于焊接碳钢和低合金钢。它既具有 Ar 气的优点,如电弧稳定、飞溅少、容易获得轴向射流过渡等,又因为具有氧化性,克服了纯 Ar 气焊接时的阴极斑点漂移现象及焊缝成形不良等问题。

Ar 与 CO_2 的比例,通常为(70~80)/(30~20)。这种比例即可用于喷射过渡,也可用于短路过渡和脉冲过渡焊接。但在短路过渡电弧进行垂直焊和仰焊时,Ar 和 CO_2 的比例最好为 50:50,这样有利于控制熔池。

采用 Ar+CO_2 混合气焊接碳钢和低合金钢,虽然成本较纯 CO_2 焊高,但由于焊缝金属冲击韧性好及工艺效果好,特别是飞溅比 CO_2 焊小得多,所以应用很普遍。

为防止 CO 气孔及减少飞溅,须使用含有脱氧元素的焊丝,如 H08MnSiA 等(就气体的氧化性而言,Ar 中加入 CO_2(φ_{CO_2} = 10%)的,相当于加入 O_2(φ_{O_2} = 1%))。

另外,还可以用这种气体焊接不锈钢,但 CO_2 的比例不能超过 5%,否则焊缝金属有渗碳的可能,从而降低接头的抗腐蚀性能。

在 Ar 气中加入 CO_2 或 O_2 对焊缝金属性能的影响却不一样。随着混合气中 CO_2 含量的增加,焊缝金属冲击韧性下降。采用纯 CO_2 保护时,焊缝冲击韧性趋于最低值。

5. Ar+CO_2+O_2

试验证明,Ar(φ_{Ar} = 80%)+CO_2(φ_{CO_2} = 15%)+O_2(φ_{O_2} = 5%)混合气对于焊接低碳钢、低合金钢是最佳的。无论是焊缝成形、接头质量,还是熔滴过渡及电弧稳定性都非常满意。焊缝的断面形状如图 16.7 所示,熔深呈三角形,较之其他保护气获得的焊缝更为理想。

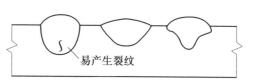

图 16.7　Ar+CO_2+O_2 混合气下的焊缝断面形状

16.7　高效熔化极气体保护焊

1. 双丝 MIG/MAG 焊

(1)双丝焊的工作原理

双丝气体保护焊是由普通单丝 MAG 焊发展而来的。这时采用两根焊丝作为电极,同时作为填充金属。它们在同一保护气体环境下,由两个独立的相互绝缘的导电嘴送出后与工件之间形成两个电弧,并形成同一熔池,如图 16.8 所示。每个电极都能独立地调节熔滴过渡和弧长,这样就可以在高速焊下实现良好的焊接工艺和优质焊接质量。

双丝焊由两个脉冲电源供电,形成两个电弧,由于都使用直流反接法,为了避免同向电弧相互吸引,而破坏电弧的稳定性,所以两个脉冲电源电流相位相差180°,为此在两个电源之间附加一个协同装置,得到如图16.9所示的脉冲电流波形。这样,两个电源的参数调节互不影响,可以连续和大范围调整。脉冲焊过程这里双丝形成同一个熔池的方法不同于以往的单丝焊的特点。双丝焊改变了电弧的加热特点,按前后串联排列的两电弧,获得了椭圆状的熔池,由于两根焊丝交替燃弧对熔池进行搅拌作用,使得熔池的温度分布更均匀,从而有效地抑制了咬边的产生,这对高速焊丝十分必要的。双丝焊的另一个特征,为了形成一个熔池,则两根焊丝距离大约为5~7 mm。由于焊丝距离很近,为防止干扰和确保电弧稳定,还应保证相位差180°,这时两个电弧交替导通,如图16.9所示。

(2)焊接工艺特点

①焊接速度快,生产率高。双丝焊改变了熔池热量的分布特点,并保持较短的电弧,有利于实现高速焊,无论是MIG焊铝,还是MAG焊钢,双丝焊均比单丝的焊速快得多,大约快1~2倍。双丝焊不但焊接速度高,而且焊丝的熔敷速度也有很大提高。

②焊接线能量低。虽然双丝焊总的电弧功率较高,但是由于焊速提高更大,总的线能量还是很低,所以减小了焊接变形和提高了焊接接头的性能。

③抑制焊接缺陷的产生。由于双丝焊的特点,使得在高速焊时不产生咬边缺陷。在双丝焊时二根焊丝均为射滴过渡形式,所以几乎没有飞溅,焊接过程十分稳定和焊缝成形好,熔滴温度较低,合金元素烧损少,特别适合于焊接铝和铝合金,铝镁合金等。

④因为焊接速度快,不宜采用手工操作,一般都是机器人焊和自动焊,同时对焊缝跟踪和焊前准备要求很高。

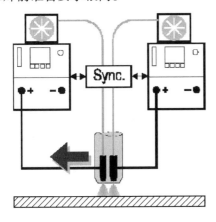

图16.8 TANDEM焊原理图

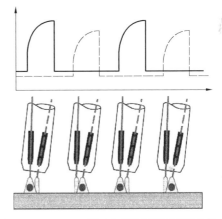

图16.9 TANDEM焊两台焊机焊接波形相位关系

(3)焊接设备组成

双丝焊接设备由两台脉冲焊接电源组成,两个电源分为主电源和从电源,二者通过协同控制设备连接。负载持续率为100%。总电流为900 A左右(每台电源均为TPS-500);两台四轮驱动机构送丝机,送丝速度达到30 m/min。焊铝时推荐使用双丝推拉丝机构,送丝速度只有22 m/min;一个协同器和一把双丝焊枪组成,如图16.10所示。

(4)双丝焊的应用

双丝焊主要应用在汽车及零部件制造业、造船、机车车辆制造、机械工程、压力容器制造和发电设备等。可对碳钢、低合金钢、不锈钢、铬合金等各种金属材料进行焊接,适用于搭接焊缝、平角焊缝、船形焊缝和对接焊缝各种接头形式。

2. 激光-电弧复合焊

激光-电弧复合焊解决了生产的高速发展时迫切需求的优质高效的焊接方法。生产中采用这种焊接工艺,可获得更高的焊接速度和良好的搭桥性能的一种理想的焊接方法。

(1) 工作原理

激光-MIG 复合焊是激光与 MIG 电弧同时作用于焊接区,通过激光与电弧的相互影响,从而产生良好的复合效应。图 16.11 描绘了激光-MIG 的基本原理。

焊接金属工件时,YAG 激光器输出的激光束能量密度约为 $10^6\ \text{W/cm}^2$。当激光束撞击材料表面上时,受热表面立即达到蒸发温度且因为流动的金属蒸气的作用,在被焊金属中产生凹坑,能得到较大的焊缝熔深比。

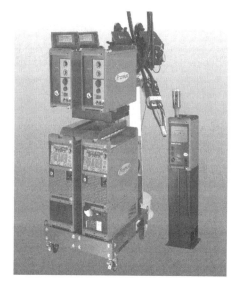

图 16.10 双丝焊电源

而 GMAW 电弧的能量密度略大于 $10^4\ \text{W/cm}^2$,它能得到较宽的焊缝,其深宽比小。从复合焊原理图(见图 16.11)上可看到激光束与电弧在待焊处的同一区域合成。两者之间相互影响,提高了能量的利用率。激光-MIG 复合焊的焊缝形态与单一能源焊缝形态的比较示于图 16.12,可见复合焊的焊接效果更好。

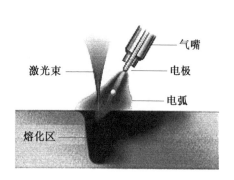

图 16.11 激光-复合焊原理图

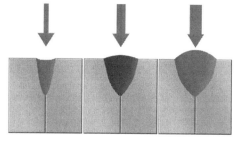

图 16.12 相同熔深的不同焊缝形状对比

激光束直径细,要求坡口装配间隙小。对焊缝跟踪精度要求高,同时尚未形成熔池时热效率很低。而激光与 MIG 电弧之间的相互作用的互补的强化,恰好可以弥补这些不足,主要反应在以下几点。

①由于与 MIG 焊复合,熔池宽度增加,降低了坡口装配要求,焊缝跟踪容易。

②MIG 焊电弧首先加热工件面形成熔池,从而能提高对激光辐射的吸收率;MIG 焊的气流也可以保护激光焊的金属蒸气;MIG 焊产生的焊丝熔化金属能够填充焊缝避免咬边。

③激光产生的等离子体增强了 MIG 电弧的引燃和电弧维弧能力,使 MIG 电弧更加稳定,取得更好的焊接效果。

(2)激光-MIG焊复合焊的特点

①焊接效率高,焊接速度可达到 9 m/min。

②焊接质量好。高能量密度与大焊速得到较低的线能量,所以可以得到窄的焊缝和热影响区。良好的焊缝组织和更好的塑性和强度。

③良好的工艺性。MIG 焊金属具有良好的搭桥性、为发挥激光焊的高能束作用效果奠定基础。

④复合焊的线能量低,变形小,有利于精密焊接和焊后整形工序。

⑤可以焊接各种金属材料。

第17章 CO_2 气体保护电弧焊

CO_2 气体保护电弧焊是20世纪50年代初期发展起来的一种焊接技术,目前已经发展成为一种重要的焊接方法。与其他电弧焊方法相比有更大的适应性、更高的效率、更好的经济性以及更容易获得优质的焊接接头。本章主要介绍 CO_2 气体保护电弧焊的特点及应用,CO_2 气体保护电弧焊冶金特点,焊接规范参数选择以及焊接设备特点等,并对其他形式的 CO_2 气体保护电弧焊作了扼要介绍。

17.1 CO_2 气体保护电弧焊的原理、特点与应用

1. CO_2 气体保护电弧焊的原理

CO_2 气体保护电弧焊是利用 CO_2 作为保护气体的熔化极电弧焊方法。这种方法以 CO_2 气体作为保护介质,使电弧及熔池与周围空气隔离,防止空气中氧、氮、氢等对熔滴和熔池金属的有害作用,从而获得优良的机械保护性能。CO_2 气体保护电弧焊的原理示意如图17.1所示。

2. CO_2 气体保护电弧焊的特点

CO_2 气体保护电弧焊与其他电弧焊相比,有以下特点。

①生产率高。焊接时焊丝的电流密度大,CO_2 电弧的穿透力强,熔深大而且焊丝的熔化率高,所以熔敷速度快,生产率可比手工焊高2~3倍。

②焊接成本低。CO_2 气体是工业生产中大量使用的一种产品,来源广,价格低。因而 CO_2 保护焊的成本只有埋弧焊和手工焊的1/2左右,具有较好的经济性。

③能耗低。CO_2 气体保护电弧焊和药皮焊条手弧焊相比,3 mm 厚低碳钢板对接焊缝,每米焊缝消耗的电能,CO_2 气体保护电弧焊

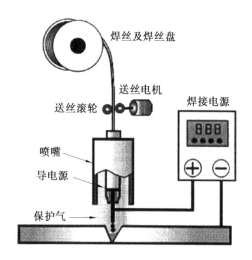

图17.1 CO_2 气体保护电弧焊的原理

焊为焊条手弧焊的2/3左右。25 mm 厚低碳钢板对接焊缝,每米焊缝消耗的电能,CO_2 气体保护电弧焊仅为焊条手弧焊的40%。所以,CO_2 气体保护电弧焊也是较好的节能焊接方法。

④适用范围广。不论何种位置都可进行焊接。薄板可焊到1 mm 左右,而且焊接薄板时,较之气焊速度快,变形小。采用多层焊厚度几乎不受限制。

⑤抗锈能力较强,焊缝含氢量低,抗裂性好。

⑥焊后不需清渣,又因是明弧,便于监视和控制,有利于实现焊接过程的机械化和自动化

CO_2 气体密度较大,并且受电弧加热后体积膨胀也较大,所以在隔离空气保护焊接熔池和电弧方面,效果良好。但是它的物理化学性质又给焊接带来一些问题。如焊接过程中有金属飞溅,焊缝外形较为粗糙,以及电弧气氛具有较强的氧化性必须采用含有脱氧剂的焊丝等。金属飞溅是 CO_2 气体保护电弧焊中较为突出的问题。不论从焊接电源,焊接材料及工艺上采用何种措施,也只能使其飞溅减少,并不能完全消除。与氩弧焊,埋弧焊等相比,这是 CO_2 气体保护电弧焊不足之处。

3. CO_2 气体保护电弧焊的应用

目前 CO_2 气体保护电弧焊在焊接设备、焊接材料、焊接工艺方面已发展到一个较高的水平,在造船、机车制造、汽车制造、石油化工、工程机械、农业机械,冶金机械,钢结构建筑等工业部门中 CO_2 气体保护电弧焊已获得了广泛的应用。

实芯焊丝 CO_2 气体保护电弧焊主要用于焊接低碳钢及低合金钢等黑色金属。对于不锈钢,焊缝金属有增碳现象,影响抗晶间腐蚀性能。因此,不宜采用实芯焊丝焊接不锈钢焊件,可选用药芯焊丝进行焊接。CO_2 气体保护电弧焊还可用于耐磨零件的堆焊、铸钢件的补焊及电铆焊等方面。

17.2　CO_2 气体保护电弧焊的冶金特性

1. 合金元素的氧化

CO_2 气体保护电弧焊时,CO_2 气体在电弧高温作用下产生如下分解反应:

$$CO_2 \rightleftharpoons \frac{1}{2}O_2 + CO$$

分解度与温度有关,因此在电弧气氛中同时有 CO_2、CO 和 O_2 存在。在高温下 O_2 进一步分解为氧原子

$$O_2 \rightleftharpoons 2O$$

所以 CO_2 气体在高温时有强烈的氧化性。

CO_2 电弧气氛可以从两个方面使 Fe 及其他合金元素氧化。

(1) 与 CO_2 直接作用

$$CO_2 + Fe \rightleftharpoons FeO + CO$$
$$2CO_2 + Si \rightleftharpoons SiO_2 + 2CO$$
$$CO_2 + Mn \rightleftharpoons MuO + CO$$

(2) 与高温分解出的原子氧作用

$$Fe + O \rightleftharpoons FeO$$
$$Si + 2O \rightleftharpoons SiO_2$$
$$Ma + O \rightleftharpoons MnO$$
$$C + O \rightleftharpoons CO$$

熔滴和熔池金属中 Fe 的浓度最大,因此 Fe 的氧化比较激烈。Si、Mn、C 的浓度虽然较低,但它们与氧的亲和力比 Fe 大,所以也有相当数量被氧化。

反应生成物(SiO_2、MnO、CO、FeO 等)中,SiO_2 和 MnO 成为杂质浮于熔池表面。

生成的 CO 气体,因具有表面性质(这时 C 的氧化反应是在液体金属的表面进行的)而逸出到气相中去,不会引起焊缝气孔,只是使 C 受到烧损。FeO 则按分配律:一部分成杂质浮于熔池表面,另一部分溶入液态金属中,并进一步与熔池及熔滴中的合金元素发生反应使其氧化。

在 CO_2 电弧中,Ni、Cr、Mo 过渡系数最高,烧损最少。Si,Mn 的过渡系数则较低,因为它们中的相当一部分要耗于熔池中的脱氧。Al、Ti、Nb 等元素的过渡系数更低,烧损比 Si、Mn 还要大。

当焊丝中碳的体积分数在 0.07% 以上时,碳会被烧损掉一部分,熔敷金属中的碳的体积分数比焊丝低,而当焊丝中碳的体积分数低于 0.07% 时,则熔敷金属中有增碳现象。焊接不锈钢,焊缝金属会因此而增碳,从而使焊缝的抗腐蚀性能降低。

溶入熔池的 FeO 与碳元素作用,产生 CO 气体。如果此气体不能析出熔池,就会在焊缝中形成气孔,反应方程为

$$FeO+C \rightleftharpoons Fe+CO$$

在焊缝溶入熔滴中的 FeO 与碳元素作用产生的 CO 气体,则在电弧高温下急剧膨胀,使熔滴爆破而引起金属飞溅。

CO_2 气体保护电弧焊中 3 个主要问题为合金元素氧化烧损、CO 气孔、飞溅。这 3 个问题都和 CO_2 气体的氧化性有关,因此必须从冶金上采取措施予以解决。但应指出,金属飞溅除和 CO_2 气体的氧化性有关外,还和其他因素有关。

2. 脱氧及焊缝金属的合金化

在 CO_2 电弧中,溶入液态金属中的 FeO 是引起气孔、飞溅的主要因素。同时,FeO 残留在焊缝金属中将使焊缝金属的含氧量增加而降低机械性能。如果能使 FeO 脱氧,并在脱氧的同时对烧损掉的合金元素给予补充,则 CO_2 气体的氧化性所带来的弊病便基本可以克服。

对 FeO 进行脱氧通常是在焊丝中(或药芯焊丝的药粉)加入一定量的脱氧剂(和氧的亲和力比 Fe 大的合金元素),使 FeO 中的 Fe 还原。完成脱氧任务,所剩余的量便作为合金元素留在焊缝中,起着提高焊缝机械性能的作用。

作为 CO_2 气体保护电弧焊用的脱氧剂,主要有 Al、Ti,Si、Mn 等合金元素。

(1)Al

Al 是最强的脱氧剂之一,因此它可以很容易地使 FeO 脱氧。在 2 273 K 以下时,它对氧的亲和力比 C 还大,所以能有效地抑制 CO 气体的产生。但是 Al 会降低焊缝金属的抗热裂缝的能力,因而焊丝中加入的 Al 不宜过多。

(2)Ti

Ti 也是强脱氧剂之一,除脱氧外它还可以在钢中起到细化晶粒的作用。另外,Ti 能与氮形成非常牢固的钛的氮化物,且不溶于钢,可以防止钢的时效。在 CO_2 气体保护电

弧焊中常将 Ti 和 Si、Mn 结合起来使用。

(3) Si

Si 也具有较强的脱氧能力,而且价廉易得,是 CO_2 气体保护电弧焊中主要的脱氧剂。但单独用 Si 脱氧时,生成的 SiO_2 熔点较高(1 983 K)颗粒又较小,不易浮出熔池,会在焊缝中形成夹渣。

(4) Mn

单独用 Mn 脱氧时,其脱氧能力较小,并且生成物 MnO 密度较大不易浮出熔池表面。Mn 除可作脱氧剂外,还能与硫化合,提高焊缝金属的抗热裂缝能力。

4 种合金元素中,单独用 Al 或 Ti 来脱氧,其效果不理想,单独用 Si 或 Mn 脱氧,其效果也不佳。实践表明,采用 Si、Mn 联合脱氧时;能得到满意的结果,可以焊出高质量的焊缝。目前国内外应用最广泛的 H08Mn2SiA 焊丝,就是采用 Si、Mn 联合脱氧的。

Si、Mn 脱氧的反应方程式为

$$2FeO + Si \rightleftharpoons 2Fe + SiO_2$$

$$FeO + Mn \rightleftharpoons Fe + MnO$$

SiO_2 和 MnO 能结合成复合化合物 $MnO \cdot SiO_2$(硅酸盐),其熔点只有 1 543 K,密度也较小(3.6 g/cm³),且能凝聚成大块,易浮出熔池,凝固后成为渣壳覆盖在焊缝表面。

试验结果表明,焊接低碳钢和低合金钢用的焊丝,一般 Si 的质量分数为 1% 左右。经过在电弧中和熔池中烧损和脱氧后,可在焊缝金属中剩下约 0.4~0.5%。焊丝中 Mn 的质量分数一般为 1%~2%。

在 CO_2 气体保护电弧焊的冶金中,碳也是一个关键元素,它和氧的亲和力比 Fe 大。为了防止气孔和减少飞溅以及降低焊缝产生裂缝的倾向,焊丝中的碳的质量分数一般都限制在 0.15% 以下。但碳是保证钢的机械强度不可缺少的元素。焊丝中碳的质量分数被限制在 0.15% 以下后,这就往往使焊缝的碳的体积分数比母材的碳的体积分数低,降低了焊缝的强度。焊接低碳钢和一般低合金钢时,依靠脱氧后剩留在焊缝中的 Si 和 Mn 已可弥补碳的损失,而使焊缝的强度得到了保证。但在焊接 30CrMnSiA 这类高强度钢时,为了补偿焊缝金属由于碳的体积分数大幅度下降,焊丝中除需要有足够的 Si、Mn 外,还要再适量添加 C、Mo、V 等强化元素。

3. 气孔问题

CO_2 气体保护电弧焊时,焊缝中可能产生的气孔主要有一氧化碳气孔、氢气孔和氮气孔。

(1) 一氧化碳气孔

产生 CO 气孔的原因,主要是熔池中的 FeO 和 C 会进行下列反应:

$$FeO + C \rightleftharpoons Fe + CO$$

如果焊丝中含有足够的脱氧元素 Si 和 Mn,以及限制焊丝中的碳的体积分数,就可以抑制上述的氧化反应,有效地防止 CO 气孔的产生。所以在 CO_2 气体保护电弧焊中,只要焊丝选择适当,产生 CO 气孔的可能性是很小的。

(2) 氢气孔

如果熔池在高温时溶入了大量氢气,成为气孔,在结晶过程中又不能充分排出,则留在焊缝金属中。

CO_2 气体的氧化性对消除 CO 气孔和飞溅方面是不利的,但在约制氢的危害方面却又是有益的,所以 CO_2 气体保护电弧焊对铁锈和水分没有埋弧焊和氩弧焊那样敏感。

(3)氮气孔

氮气的来源是空气侵入焊接区和 CO_2 气体不纯。

17.3 CO_2 气体保护电弧焊焊接材料

1. CO_2 气体

CO_2 气体是一种无色、无味的气体。在 0 ℃ 和 1.013 kPa 气压时,它的密度为空气的 1.5 倍。CO_2 有 3 种状态,液态 CO_2 是无色液体,当温度低于 -11 ℃ 时比水重;而当温度高于 -11 ℃ 时则比水轻。

容量为 40 L 的标准钢瓶可以灌 25 kg 的液态 CO_2。25 kg 液态 CO_2 约占钢瓶容积的 80%,其余 20% 左右的空间则充满汽化了的 CO_2。气瓶压力表上所指示的压力值是气体的饱和压力。只有当气瓶内液态 CO_2 已全部挥发成气体后,瓶内气体的压力才会随着 CO_2 气体的消耗而逐渐下降。

对于焊接来说,CO_2 气体中的主要有害杂质是水分和氮气。焊接用 CO_2 的纯度不应低于 99.5%,更高的标准,要求 CO_2 的纯度大于 99.8%。

2. 焊丝

CO_2 电弧中在进行低碳钢和低合金钢焊接时,为了防止气孔,减少飞溅和保证焊缝具有较高的机械性能,必须采用含有脱氧元素 Si、Mn 等的焊丝。其中 H08Mn2SiA 焊丝是 CO_2 气体保护电弧焊中应用最广泛的一种焊丝。它具有良好的工艺性能、机械性能以及抗热裂纹能力,适宜焊接低碳钢和 $\sigma_s \leq 5 \times 10^8$ Pa 的低合金钢,以及焊后热处理强度 $\sigma_b \leq 12 \times 10^6$ Pa 的低合金高强度钢。

17.4 CO_2 气体保护电弧焊工艺

在 CO_2 气体保护电弧焊中,为获得稳定的焊接过程,通常采用短路过渡和细颗粒自由飞落过渡这两种熔滴过渡形式。短路过渡焊接在我国应用最为广泛。

1. 短路过渡焊接

短路过渡焊接的特点是电压低,电流小,适合于焊接薄板及进行全位置焊接。焊接薄板时,生产率高,变形小。而且操作上容易掌握,对焊工技术水平要求不高。还由于焊接规范小,焊接过程稳定,因而在生产上易于推广和应用。短路过渡焊接主要采用 0.6~1.4 mm 细直径焊丝。随着焊丝直径增大,飞溅颗粒和飞溅数量都相应增大。实际应用中,焊丝直径最大用到 1.6 mm。直径大于 1.6 mm 的焊丝,如采用短路过渡焊接,飞溅相当严重,所以生产上很少应用。

短路过渡焊接时,主要的规范参数有电弧电压、焊接电流、焊接回路电感、焊接速度、焊丝伸出长度以及气体流量等。

(1) 电弧电压及焊接电流

电弧电压是焊接规范中关键的一个参数,它的大小决定了电弧的长短和熔滴的过渡形式,它对焊缝成形、飞溅、焊接缺陷以及焊缝的机械性能有很大的影响。实现短路过渡的条件之一是保持较短的电弧长度,所以就焊接规范而言,短路过渡的一个重要特征是低电压。

图 17.2 为 4 种直径焊丝适用的电流和电弧电压范围。规范参数选择在这个范围内,焊接的质量和焊接过程稳定性均是满意的。

(2) 焊接回路电感

进行短路过渡焊接时,焊接回路中一般要串接附加电感。串接电感的作用主要有调节短路电流增长速度 $\mathrm{d}i/\mathrm{d}t$;调节电弧燃烧时间,控制母材熔深。

(3) 焊接速度

焊接速度对焊缝成形、接头的机械性能以及气孔等缺陷的产生都有影响。随着焊接速度增大,焊缝熔宽降低,熔深及余高也有一定减少。焊接速度过快会引起焊缝两侧咬肉;焊接速度过慢则容易产生烧穿和焊缝组织粗大等缺陷。此外,焊接速度影响到焊接单位能。在焊接高强度钢等材料时,为了防止裂缝,保证焊缝金属的韧性,需要选择合适的焊接速度来控制单位能。

(4) 焊丝伸出长度

其他规范参数不变时,随着焊丝伸出长度增加,焊接电流下降,熔深亦减小。直径越细、电阻率越大的焊丝影响越大。图 17.3 为不锈钢焊丝外伸长度与焊接电流之间的关系。在半自动焊时,有时因受焊接部位的限止而使焊丝伸出长度增加,于是焊接电流和熔深都减小。此外,随着焊丝伸出长度增加,焊丝上的电阻热增大,焊丝熔化加快,从提高生产率上看这是有利的。但是当焊丝伸出长度过大时,焊丝容易发生过热而成段熔断,飞溅严重,焊接过程不稳定。同时,伸出长度增大后,喷嘴与工件间的距离亦增大,因此气保护效果变差。当然,焊丝伸出长度过小势必缩短喷嘴与工件间的距离,飞溅金属容易堵塞喷嘴。

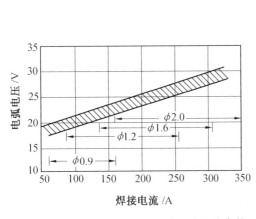

图 17.2 短路过渡焊接及中等焊接规范参数

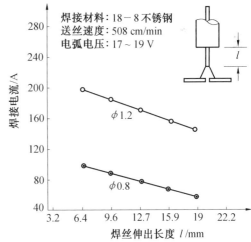

图 17.3 焊丝伸出长度对电流的影响

根据生产经验,焊丝伸出长度应为焊丝直径的 10~12 倍比较合适。一般取 10~

20 mm，一般不超过 20 mm。

(5)气体流量

细直径焊丝小规范焊接时气体流量的范围通常为 5～15 L/min。中等规范焊接时约为 20 L/min；粗丝大规范(颗粒过渡)自动焊时则为 25～50 L/min。

(6)电源极性

一般 CO_2 气体保护电弧焊都采用直流反极性。因为反极性时飞溅小，电弧稳定，成形较好，而且反极性时焊缝金属含氢量低，并且焊缝熔深大。在堆焊及焊补铸件时，则采用正极性。

在实际工作中，焊接电流、电弧电压、回路电感及焊接速度的具体数值，需通过试焊来确定。一般先根据板厚、坡口形式、焊接位置等选好焊丝直径，然后确定焊接电流。

2. 细颗粒过渡焊接工艺

在 CO_2 气体保护电弧焊中，对于一定直径焊丝，在电流增大到一定数值并配以适当的电弧电压后，焊丝金属熔滴可以较小的尺寸自由飞落形式进入熔池，这种熔滴过渡形式称之为细颗粒过渡。

细颗粒过渡焊接的特点是电弧电压比较高，焊接电流比较大。此时电弧是持续的，不发生短路熄弧的现象。焊丝的熔化金属以细滴形式进行过渡，所以电弧穿透力强，母材熔深大，适合于进行中等厚度及大厚度焊件的焊接。

细颗粒过渡大都采用较粗的焊丝。目前以 1.6 和 2.0 mm 用得最多，3～5 mm 焊丝则用得少一点。据试验，3 mm 以上的粗丝焊接，其生产率可比埋弧焊高 0.5～1 倍。

对于 1.0 mm 和 1.2 mm 细焊丝，采用细颗粒过渡焊接时，焊丝伸出长度上的电阻热相当大，容易成段发红变软，甚至熔化变成飞溅。因此对规范参数的影响比较敏感，对焊接设备的稳定性要求较高，操作时应特别注意。

常用焊丝细颗粒过渡的最低电流值和电弧电压范围如表 17.1 所示。

表 17.1 细颗粒过渡的电流和电弧电压范围

焊丝直径/mm	电流下限值/A	电弧电压/V
1.2	300	
1.6	400	
2.0	500	35～45
3.0	650	
4.0	750	

随着焊接电流增大，电弧电压须相应提高，否则电弧对熔池金属有冲刷作用，使焊缝成形恶化。适当提高电弧电压可克服这种现象，然而，电弧电压太高会显著增大飞溅。在同样的电流下，随着焊丝直径增大，电弧电压须相应降低。

17.5 CO_2 气体保护电弧焊设备

CO_2 气体保护电弧焊所用的设备有半自动 CO_2 气体保护电弧焊设备和自动 CO_2 气体保护电弧焊设备两类。对较长的直线焊缝和规则的曲线焊缝,可采用自动焊。对不规则或较短的焊缝,则采用半自动焊。在实际生产中,半自动 CO_2 气体保护电弧焊接设备由于操作灵活、方便被大量使用。半自动 CO_2 气体保护电弧焊设备由焊接电源、送丝机构、焊枪、供气系统、冷却水循环装置及控制系统等几部分组成,如图 17.4 所示。而自动 CO_2 气体保护电弧焊设备则除上述几部分外还有焊车行走机构。下面以半自动 CO_2 气体保护电弧焊机为主介绍 CO_2 气体保护电弧焊设备。

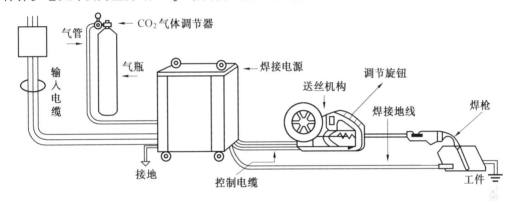

图 17.4 半自动 CO_2 气体保护电弧焊设备的构成

1. 焊接电源

由于 CO_2 电弧的静特性曲线是上升的,所以平(恒压)和下降外特性电源都可以满足电源电弧系统的稳定条件。根据不同直径焊丝 CO_2 气体保护电弧焊的焊接特点,一般细焊丝采用等速送丝式焊机,配合平特性电源。粗焊丝采用变速送丝式焊机,配合下降特性电源。CO_2 气体保护电弧焊一般采用直流电源且反极性连接。

等速送丝焊机配用平或缓降外特性电源,采用平外特性电源,有以下优点。

(1) 电弧燃烧稳定

在等速送丝条件下,平外特性电源的电弧自身调节灵敏度较高。弧长变化时引起较大的电流变化,依靠电弧自身调节作用,使电弧燃烧稳定。另外,平外特性电源,由于短路电流较大,引弧比较容易。

(2) 规范调节比较方便

可以对焊接电压和焊接电流单独地加以调节。通过改变送丝速度来调节电流,改变电源外特性来调节电压,两者之间的影响比较小。

(3) 焊接电压稳定

焊丝伸出长度变化时,产生的静态电压误差小,也就是说焊接电压基本上不受焊丝伸出长度变化的影响。

(4) 平外特性电源对防止焊丝回烧和粘丝有利

当焊接电弧回烧时,随着电弧拉长,电弧电流很快减小,使得电弧在未回烧到导电嘴前已熄灭。当焊丝粘接在工件上时,平特性电源有足够大的短路电流使粘接处爆开,从而可避免粘丝。

电源动特性是衡量焊接电源在电弧负载发生变化时,供电参数(电流及电压)的动态响应品质。良好的电源动特性是焊接过程稳定的重要保证。颗粒过渡焊接时对焊接电源的动特性没有什么要求,而短路过渡焊接时则要求焊接电源有良好的动态品质。其含义指两方面:一是要有足够大的短路电流增长速度 di/dt、短路峰值电流 I_{max} 和焊接电压恢复速度 dU/dt;二是当焊丝成分及直径不同时,短路电流增长速度 di/dt 要可调节。

2. 送丝系统及焊枪

根据使用焊丝直径的不同,送丝系统可分为等速送丝式和变速送丝式,通常焊丝直径大于等于 3 mm 时采用变速送丝方式,焊丝直径小于等于 2.4 mm 时采用等速送丝式。CO_2 气体保护电弧焊时采用的弧压反馈送丝式与埋弧焊时的设备类似。

(1)送丝系统的组成及送丝方式

送丝系统分为半自动焊送丝系统和自动焊送丝系统两类,半自动焊送丝类型较多。以半自动焊送丝系统为例,也是由送丝机构、送丝软管、焊丝盘等组成。根据送丝方式不同,半自动焊的送丝系统也包括推丝式、拉丝式和推拉丝式 3 种基本送丝方式。这几种送丝系统的共同特点是借助于一对或几对送丝滚轮压紧焊丝,将电动机的扭矩转换成送丝的轴向力。

(2)焊枪

焊枪的功用有如下几方面:向焊接区输送出保护气,通过送丝装置向焊接区送进焊丝;通过导电嘴将电流通入焊丝使之与母材产生电弧。半自动焊焊枪具有质量轻、易于进行手工操作的特点,同时能经受住电弧的高温。CO_2 气体保护电弧焊与 MIG 焊相比,其喷嘴的温度上升较小,因此更多地采用空冷式焊枪。为了进行狭窄区的焊接作业,焊枪前端常常呈弯曲型。如图 17.5 所示的鹅颈式半自动焊焊枪。焊接中的飞溅会附着在焊枪喷嘴内壁上,需要进行清理。自从 CO_2 气体保护电弧焊在生产上推广应用以来,各种防护涂料亦应运而生。施焊前将防护涂料涂刷在工件表面和喷嘴内壁,焊后可节省清理飞溅所花费的时间。国内外防护涂料的品种很多,好的涂料可达到以下效果:60% ~ 80% 的飞溅金属将不会粘连在工件和喷嘴上,即使有少量粘连上去,也能很容易去除掉;焊件焊后刷油漆时,涂料自行溶解在油漆层中;涂料也不会影响焊缝金属的机械性能。

(3)导电嘴的结构尺寸

导电嘴起到将焊接电流导入到焊丝的作用,其孔径和长度不仅关系到送丝的稳定性,而且还关系到焊丝导电的稳定性。CO_2 气体保护电弧焊时,当焊丝直径≤0.8 mm 时,导电嘴孔径一般取 $(d+0.1)$ mm;当焊丝直径≥1.0 mm 时,导电嘴孔径一般取 $d+(0.2 \sim 0.3)$ mm,长度为 20 ~ 30 mm。

3. 供气系统

CO_2 气体保护电弧焊供气系统由 CO_2 气瓶、预热减压流量器、干燥器、减压器和电磁气阀等组成。它与熔化极氩弧焊不同之处是气路中一般都要接入预热器和干燥器。

焊接过程中钢瓶内的液态 CO_2 不断地汽化成 CO_2 气体,汽化过程要吸收大量的热能。同时,钢瓶中的 CO_2 气体是高压的,约为 $(50 \sim 65) \times 10^5$ Pa,经减压阀减压后,气体体积膨胀也会使气体温度下降。为了防止 CO_2 气体中的水分在钢瓶出口处及减压表中结冰,使气路堵塞,在减压之前要将 CO_2 气体通过预热器进行预热。目前,预热器与减压流量器一般做成一体,如图 17.6 所示,预热器一般采用电热式,用电阻丝加热。采用 36 V 交流电供电,功率为 100~150 W。

图 17.5　鹅颈式半自动焊焊枪

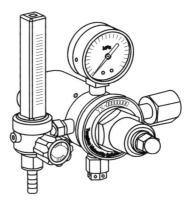

图 17.6　加热减压流量器

17.6　CO_2 气体保护电弧焊的其他方法

1. 药芯焊丝 CO_2 气体保护电弧焊

CO_2 气体作为焊接保护气体,在焊接过程中对焊接熔池起到良好的保护作用,有着突出的优点,在 CO_2 气氛中燃烧的电弧热效率高,焊丝熔化速度快,母材熔深大,生产率高。但它又有着固有的缺点,如焊接中飞溅较大、焊缝外形不良等。

采用气-渣联合保护焊接方法,可以克服 CO_2 气体保护电弧焊中的一些不足,而且兼有焊条手弧焊的一些优点。

药芯焊丝 CO_2 气体保护电弧焊的焊缝成形过程如图 17.7 所示,它有以下一些优点。

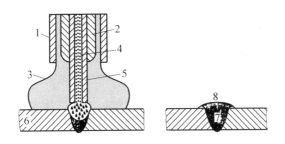

图 17.7　药芯焊丝 CO_2 气体保护电弧焊
焊缝成形示意图

1—喷嘴;2—导电嘴;3—CO_2 气体;4—药芯;
5—焊丝钢皮;6—工件焊缝金属;7—渣壳

①与焊条手弧焊相比,由于 CO_2 电弧的热效率高,加上焊接电流密度比手弧焊大(可达 100 A/mm^2),所以焊丝熔化快,生产率是焊条手弧焊的 3~5 倍。又因熔深大,焊接坡口可以比手弧焊时小,钝边高度则可以加大。在焊接角焊缝时,药芯焊丝 CO_2 气体保护

电弧焊的熔深可比手弧焊大 50% 左右,既节省了焊丝金属填充量,又可提高焊接速度。

②由于药芯成分改变了纯 CO_2 电弧气氛的物理、化学性质,因而飞溅少,且飞溅颗粒细,容易清除。同时熔池表面有熔渣覆盖,所以焊缝成形类似手弧焊,成形比用纯 CO_2 时美观。

③通过调整药芯成分可以焊接不同的钢种,而不必通过冶炼获得成分复杂的实芯焊丝。在实际生产中和堆焊研究试验更加方便。

④焊接过程中焊接熔池受到 CO_2 气体和熔渣的联合保护,所以抗气孔能力比实芯焊丝 CO_2 气体保护电弧焊强。

药芯焊丝 CO_2 气体保护电弧焊也有如下不足。

①焊接烟尘太大,影响环保和操作者健康。

②药芯焊丝粉剂易吸潮,焊丝外表容易锈蚀,应加强保管。使用前药芯焊丝必须在 250～300 ℃温度下进行烘烤,否则,粉剂中吸收的水分将会在焊缝中引起气孔。

③焊丝的外皮薄且材质软,使送丝困难,须采取特殊措施,为减轻送丝轮的压力,使用四轮双驱动送丝机。

2. CO_2 电弧点焊

(1)CO_2 电弧点焊的特点

CO_2 电弧点焊是利用在 CO_2 气体中燃烧的电弧来熔化上下金属构件,形成联接,焊接过程中焊枪不移动。由于焊丝的熔化,在上板的表面形成一个铆钉的形状,因此也称为电铆焊,如图 17.8 所示。

CO_2 电弧点焊主要用于联结薄板框架结构,在汽车制造,农业机械、化工机械等部门中有着广泛的应用。CO_2 电弧点焊与电阻点焊相比较有如下特点。

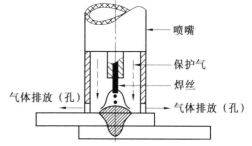

图 17.8 CO_2 电弧点焊原理

①焊接设备简单,电源功率小,无需特殊加压装置,不受焊接场所的限制,使用方便、灵活。

②焊点距离及板厚不受限制,适用性强。

③抗锈能力强,对工件表面质量要求不高。

④焊接质量好,焊点强度比电阻点焊高。

此外,电弧点焊对上下板之间的装配精度要求也不太严格。

(2)CO_2 电弧点焊接头型式及焊接规范

CO_2 电弧点焊常用的接头型式,如图 17.9 所示。水平位置 CO_2 电弧点焊板厚均在 1 mm 以下,为提高剪切强度,为防止烧穿,点焊时应加垫板。若上板厚大于 6 mm,熔透上板所需的电流又不足时,可在上板先开一个锥孔,然后再施焊(即"塞焊")。仰面位置 CO_2 电弧点焊时,为防止熔池金属下落,在规范选择上应尽量采用低电压、大电流,短时间及大的气体流量。对于垂直位置 CO_2 点焊,其焊接时间比仰焊时要更短。CO_2 电弧点焊的焊丝直径一般为 0.8～1.6 mm。CO_2 电弧点焊的工艺参数互相依赖性很强,往往改变一个参数就要求改变其他一个或几个参数。具体应用中工艺参数的设置要求通过实验来确定。

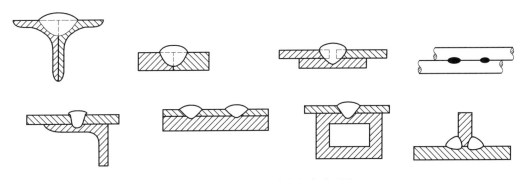

图 17.9 CO_2 电弧点焊的焊点形状

第18章 等离子弧焊接与切割

等离子弧是电弧的一种特殊形式,是自由电弧被压缩后形成的。从本质上讲,它仍然是一种气体放电的导电现象。本章重点介绍等离子弧的形成及其特性,等离子弧焊接及切割的特点、工艺及设备。

18.1 等离子弧的产生及其特性

1. 等离子弧的产生

现代物理学认为等离子体是除固体、液体、气体之外物质存在的第四种形态。它是充分电离了的气体,是由带负电的电子,带正电的正离子及部分未电离的中性的原子和分子组成。产生等离子体的方法很多。目前,焊接领域中应用的等离子弧实际上是一种压缩电弧,是在钨极氩弧焊基础上发展而来。实验证明,借助水冷铜喷嘴的外部拘束作用,使弧柱的横截面受到限制而不能自由扩大时,就可使电弧的温度、能量密度和等离子体流速都显著增大。这种通过外部拘束作用使自由电弧的弧柱被强烈压缩所形成的电弧就是通常所称的等离子弧,所以也把等离子弧称为"拘束电弧"或"压缩电弧"。

自由电弧受到外部拘束形成等离子弧后,电弧的温度、能量密度、等离子流速都显著提高,对喷嘴的热作用也会增强,因此为保证电弧拘束能力和使用安全性,等离子弧喷嘴需要采取水冷。

等离子弧按焊接电源供电方式有非转移型等离子弧即等离子焰、转移型等离子弧和混合型等离子弧。

(1) 非转移型等离子弧即等离子焰

如图18.1(a)所示,在钨电极与喷嘴内壁之间引燃等离子弧,电弧电源正负极分别接到电极和喷嘴上。由于保护气通过电弧区被加热,流出喷嘴时带出高温等离子焰流,对被加工工件进行加热,因此称为"等离子焰流"。

(2) 转移型等离子弧

如图18.1(b)所示,在喷嘴内电极与被加工工件间产生等离子弧,主电源正负极分别接到工件和电极上。由于电极到工件的距离较长,引燃电弧时,首先在电极与喷嘴内壁间引燃一个小电弧,称为"引燃弧"。电极被加热,空间温度升高,高温气流从喷嘴孔道中流出,喷射到工件表面,在电极与工件间有了高温气层,其间也含有带电粒子,随后在主电源较高的空载电压下,电弧能够自动转移到电极与工件之间燃烧,称为"主弧"或"转移弧"。主弧引燃后,通过开关切断引燃弧。

(3) 混合型等离子弧

在图18.1(c)中,当电弧引燃并形成转移弧后仍然保持引燃弧(称为"小弧")的存在,即形成两个电弧同时燃烧的局面,效果是转移弧的燃烧更为稳定。

混合型等离子弧和转移型等离子弧都需要有两套电源供电,引燃弧电源相对功率较小,一般只需要有几安培的输出。

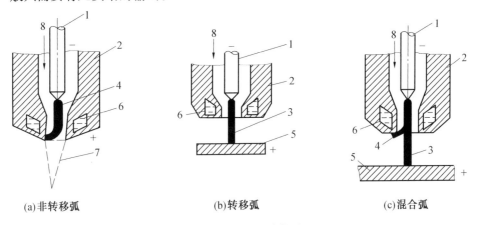

图 18.1 等离子弧的类型
1—钨极;2—喷嘴;3—转移弧;4—非转移弧;5—工件;6—冷却水;7—弧焰;8—离子气

2. 等离子弧的特性

(1) 电弧静特性

等离子弧的静态特性的含义是指一定弧长的等离子弧在稳定的工作状态时,电弧电压 U_f 与电弧电流 I_f 之间的关系称为等离子弧的静态伏安特性,简称静特性。其静特性仍然呈现 U 型特性,如图 18.2 所示,与 TIG 电弧相比,等离子弧的静态特性有如下几方面特点。

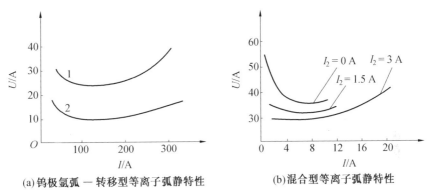

图 18.2 等离子弧静特性
1—转移型等离子弧;2—钨极氩弧;I_2—非转移弧电流

① 由于水冷喷嘴对孔道壁的拘束作用,弧柱截面积小,弧柱电场强度增大,电弧电压明显提高,从大范围电流变化看,静特性曲线中平特性区不明显,上升特性区斜率增加。

② 混合式等离子弧中的小弧电流对转移弧特性有明显影响,小弧电流值增加,有利于降低转移弧电压,这在小电流电弧(主弧)中表现最显著。

③ 拘束孔道的尺寸和形状对静特性有明显影响,喷嘴孔径越小,静特性中的平特性区间越窄,上升特性区的斜率越大,即弧柱电场强度越大。

④ 在电极腔及喷嘴孔道中流过的气体称为"工作气"或"离子气",离子气种类和流量

对弧柱电场强度有明显影响,因此,等离子弧供电电源的空载电压应按所用等离子气种类而定。

(2)热源特性

与TIG电弧相比,等离子弧在热源特性方面有如下特点。

①等离子弧温度更高,能量密度更大。普通TIG弧的最高温度为$(1.0\sim2.4)\times10^4$ K,能量密度小于10^4 W/cm^2。等离子弧温度可达$(2.4\sim5.0)\times10^4$ K,能量密度可达$10^5\sim10^6$ W/cm^2。等离子弧温度和能量密度提高使等离子弧的挺直性大为增加,普通TIG弧扩散角约为45°,等离子弧扩散角约为6°。图18.3是微束等离子弧、普通等离子弧与普通TIG弧外观对比情况。

图18.3 微束等离子弧、普通等离子弧与普通TIG弧外观对比

等离子弧温度和能量密度提高的原因有如下3点:

a.机械压缩效应。水冷喷嘴孔道对电弧的机械压缩作用,使电弧弧柱截面积减小,能量更为集中。

b.热压缩效应。喷嘴水冷作用使靠近喷嘴内壁的气体受到一定程度的冷却,其温度和电离度下降,迫使弧柱区带电粒子集中到弧柱中的高电离度区流动,这样由于冷壁而在弧柱四周产生一层电离度趋近于零的冷气膜,使弧柱有效截面积进一步减小,电流密度进一步提高。这种使弧柱温度和能量密度提高的作用称为"热压缩效应"。

c.电磁压缩效应。以上两种压缩效应的存在,在弧柱电流密度增大以后,弧柱电流线之间的电磁收缩作用也进一步增强,使弧柱温度和能量密度进一步提高。

以上3个因素中,喷嘴机械拘束是前提条件,而热压缩是最本质的原因。

②热源成分中传导和辐射热量明显增加。普通TIG电弧用于焊接时,加热工件的热量主要来源于阳极斑点热(阳极区热量),弧柱辐射和传导热仅起辅助作用。在等离子弧中,弧柱高速高温等离子体通过接触传导和辐射带给焊件的热量明显增加,甚至可能成为主要的热量来源,而阳极产热则降为次要地位。

3.等离子弧的应用

因高温、高能量密度等热源特点,等离子弧可以对各种金属材料进行焊接、堆焊、喷涂、切割等热加工。利用等离子焰流可以对某些非金属材料进行加工。等离子焊在一定厚度范围内,工件可不开坡口,不留间隙的情况下实现单面焊双面成形,电弧稳定。热量集中,热影响区小,焊接变形小,生产率高,相对其他焊接方法,等离子焊的设备投资较大,对操作要求高,难以手工操作,焊接参数精度高。

18.2 等离子弧焊接设备

按操作方式不同,等离子弧焊接设备可分为手工焊设备和自动焊设备两大类。手工等离子弧焊接设备主要由焊接电源、焊枪、程序控制系统、气路系统和水路系统等部分组成,如图 18.4 所示。自动等离子弧焊设备除上述部分外,还有焊接小车和送丝机构(焊接时需要加填充金属)。按焊接电流的大小,等离子弧焊设备可分为大电流等离子弧焊设备和微束等离子弧焊设备。

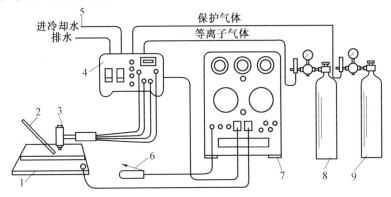

图 18.4 等离子弧焊设备组成

1—焊件;2—填充焊丝;3—焊枪;4—控制系统;5—水冷系统;6—启动开关;7—焊接电源;8、9—供气系统

18.2.1 焊接电源

1. 焊接电源特性

等离子弧的静特性曲线呈微上升状,因此钨电极等离子弧焊接电源应具有陡降特性或垂直下降特性(恒流特性)。用纯氩作为离子气时,电源空载电压需要达到 60~80 V;用氢、氩混合做离子气时,空载电压需要达到 110~120 V。

电源形式分为:直流等离子弧焊接电源,直流脉冲等离子弧焊接电源和交流等离子弧焊接电源。交流电源主要用于铝及铝合金的焊接,由于等离子弧焊接对电弧稳定性要求较高,所以交流焊接一般是使用方波电源或变极性电源。

2. 单电源工作

当焊接电流较大时一般采用转移型等离子弧焊接方式,以高频振荡引弧方式在电极与喷嘴内壁间引燃非转移弧(又称引弧、小弧),随后引导电弧转移到电极和工件间燃烧,通常可以在焊接电源正极串联一个电阻接到焊枪喷嘴上,如图 18.5(a)所示,此时可以通过接触器动作切断"非转移弧",进入正常焊接过程。

3. 双电源工作

30A 以下的小电流焊接时要采用混合型电弧工作,因为小电流电弧稳定性差,在较长的电弧通道和离子气的强烈冷却下容易熄灭,因此需要保持非转移弧的连续燃烧。一般需要采用两套独立的焊接电源分别对转移弧和非转移弧供电,如图 18.5(b)所示,非转移弧电源的空载电压为 100~150 V,而转移弧电源的空载电压为 80 V。

由于小弧电流一般都很小,喷嘴是用铜材料制成,因此小弧也可以采取弹簧压缩—回抽的办法引燃,只是设计和制造上对焊枪电极对中性要求更高。

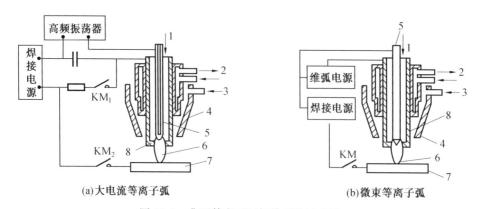

(a) 大电流等离子弧 (b) 微束等离子弧

图 18.5 典型等离子弧焊接系统示意图

1—离子气；2—冷却水；3—保护气；4—保护罩；5—电极；6—离子弧；7—工件；8—喷嘴；KM、KM_1、KM_2 接触器触点

18.2.2 等离子弧焊枪

等离子弧焊枪应保证等离子弧燃烧稳定，引弧及转弧可靠，电弧压缩性好，绝缘、通水、通气及冷却可靠，更换电极方便，喷嘴和电极对中好。焊枪主要由电极、喷嘴、中间绝缘体、保护罩、水路、气路、馈电体和上、下枪体等组成，如图 18.6 所示。使用棒状电极的焊枪，其水、电、离子气及保护气接头一般都从枪体侧面连接。镶嵌式电极的水、电、离子气及保护气接头可从焊枪顶端接入。

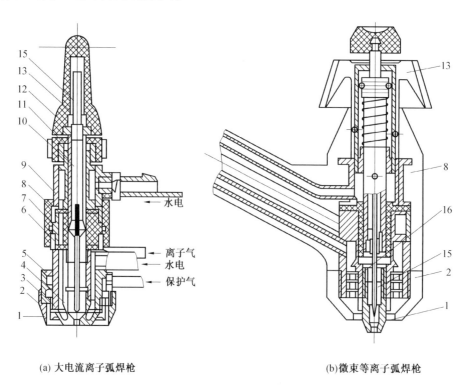

(a) 大电流离子弧焊枪 (b) 微束等离子弧焊枪

图 18.6 等离子弧焊枪

1—喷嘴；2—保护套外环；3、4、6—密封圈；5—下枪体；7—绝缘柱；8—绝缘套；9—上枪体；10—电极夹头；11—套管；12—螺帽；13—胶木套；14—钨极；15—瓷对中块；16—透气网；17—压紧螺母

18.2 等离子弧焊接设备

按操作方式不同,等离子弧焊接设备可分为手工焊设备和自动焊设备两大类。手工等离子弧焊接设备主要由焊接电源、焊枪、程序控制系统、气路系统和水路系统等部分组成,如图18.4所示。自动等离子弧焊设备除上述部分外,还有焊接小车和送丝机构(焊接时需要加填充金属)。按焊接电流的大小,等离子弧焊设备可分为大电流等离子弧焊设备和微束等离子弧焊设备。

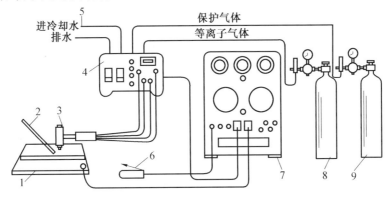

图18.4 等离子弧焊设备组成

1—焊件;2—填充焊丝;3—焊枪;4—控制系统;5—水冷系统;6—启动开关;7—焊接电源;8、9—供气系统

18.2.1 焊接电源

1. 焊接电源特性

等离子弧的静特性曲线呈微上升状,因此钨电极等离子弧焊接电源应具有陡降特性或垂直下降特性(恒流特性)。用纯氩作为离子气时,电源空载电压需要达到60~80 V;用氢、氩混合做离子气时,空载电压需要达到110~120 V。

电源形式分为:直流等离子弧焊接电源,直流脉冲等离子弧焊接电源和交流等离子弧焊接电源。交流电源主要用于铝及铝合金的焊接,由于等离子弧焊接对电弧稳定性要求较高,所以交流焊接一般是使用方波电源或变极性电源。

2. 单电源工作

当焊接电流较大时一般采用转移型等离子弧焊接方式,以高频振荡引弧方式在电极与喷嘴内壁间引燃非转移弧(又称引弧、小弧),随后引导电弧转移到电极和工件间燃烧,通常可以在焊接电源正极串联一个电阻接到焊枪喷嘴上,如图18.5(a)所示,此时可以通过接触器动作切断"非转移弧",进入正常焊接过程。

3. 双电源工作

30A以下的小电流焊接时要采用混合型电弧工作,因为小电流电弧稳定性差,在较长的电弧通道和离子气的强烈冷却下容易熄灭,因此需要保持非转移弧的连续燃烧。一般需要采用两套独立的焊接电源分别对转移弧和非转移弧供电,如图18.5(b)所示,非转移弧电源的空载电压为100~150 V,而转移弧电源的空载电压为80 V。

由于小弧电流一般都很小,喷嘴是用铜材料制成,因此小弧也可以采取弹簧压缩—回抽的办法引燃,只是设计和制造上对焊枪电极对中性要求更高。

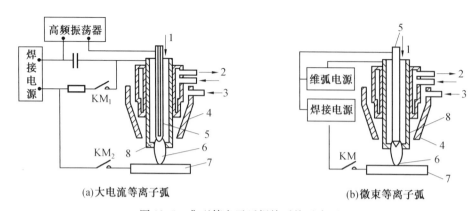

(a) 大电流等离子弧　　　　　　　(b) 微束等离子弧

图 18.5　典型等离子弧焊接系统示意图

1—离子气；2—冷却水；3—保护气；4—保护罩；5—电极；6—离子弧；7—工件；8—喷嘴；KM、KM_1、KM_2 接触器触点

18.2.2　等离子弧焊枪

等离子弧焊枪应保证等离子弧燃烧稳定，引弧及转弧可靠，电弧压缩性好，绝缘、通水、通气及冷却可靠，更换电极方便，喷嘴和电极对中好。焊枪主要由电极、喷嘴、中间绝缘体、保护罩、水路、气路、馈电体和上、下枪体等组成，如图 18.6 所示。使用棒状电极的焊枪，其水、电、离子气及保护气接头一般都从枪体侧面连接。镶嵌式电极的水、电、离子气及保护气接头可从焊枪顶端接入。

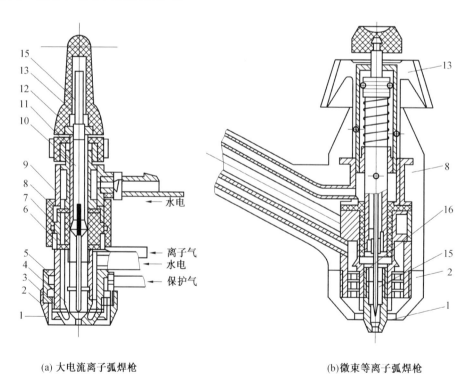

(a) 大电流离子弧焊枪　　　　　　　(b) 微束等离子弧焊枪

图 18.6　等离子弧焊枪

1—喷嘴；2—保护套外环；3、4、6—密封圈；5—下枪体；7—绝缘柱；8—绝缘套；9—上枪体；10—电极夹头；11—套管；12—螺帽；13—胶木套；14—钨极；15—瓷对中块；16—透气网；17—压紧螺母

其中图 18.6(a)的结构用于较大电流的焊接(300 A),一般称为"大电流离子弧焊接";图 18.6(b)的结构用于小电流的焊接(16 A),一般称为"微束等离子弧焊接",两者差别在于喷嘴采用直接或间接水冷。冷却水从下枪体 5 进,从上枪体 9 出。上下枪体之间有绝缘柱 7 和绝缘套 8 隔开,进出水口也是水冷电缆的接口。钨电极安置在电极夹头 10 中,电极夹头从上冷却套(上枪体)插入,通过螺帽 12 锁紧电极。离子气和保护气分两路进入下枪体。微束等离子弧焊接枪体在电极夹头上有一压紧弹簧,按下电极夹头顶部可实现接触短路回抽引弧。

等离子弧焊接采用双气路焊枪,在内腔中流动的气体称为"离子气"或"工作气",在外层气道中流动的是保护气。

18.3 等离子弧焊接

18.3.1 等离子弧焊接的基本原理及特点

等离子弧焊是借助水冷喷嘴对电弧的拘束作用,获得高能量密度的等离子弧进行焊接的方法,国际统称为 PAW(plasma arc welding)。基本原理如图 18.7 所示,按焊缝成形原理,等离子弧焊有下列 3 种基本方法:穿孔型等离子弧焊、熔透型等离子弧焊、微束等离子弧焊。此外,还有一些派生类型,如脉冲等离子弧焊、交流等离子弧焊、熔化极等离子弧焊等。

与钨极氩弧焊相比,等离子弧焊接有以下优点:

①电弧能量集中,因此焊缝深宽比大,截面积小;焊接速度快,特别是对厚度大于 3.2 mm 的材料显著;薄板焊接变形小,厚板焊接时热影响区窄。

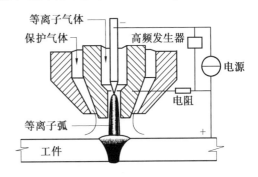

图 18.7 等离子弧焊接的基本原理

②电弧挺度好,以焊接电流 10 A 为例,等离子弧喷嘴高度(喷嘴到焊件表面的距离)达 6.4 mm,弧柱仍较挺直,而钨极氩弧焊的弧长仅能采用 0.6 mm。

③电弧的稳定性好,微束等离子弧焊接的电流小至 0.1 A 时仍能稳定燃烧。

④由于钨极内缩在喷嘴之内,钨极与焊件无接触条件,因此没有焊缝夹钨问题。

等离子弧焊接有以下不足:

①由于需要双层气流,因而使焊接过程的控制和焊枪的结构及加工复杂化。

②由于电弧的直径小,要求焊枪喷嘴轴线更准确地对准焊缝。

18.3.2 穿孔型等离子弧焊接

1. 基本特点

等离子弧把工件完全熔透并在等离子流力作用下形成一个穿透工件的小孔,熔化金属被排挤在小孔的周围,随着等离子弧在焊接方向移动,熔化金属沿电弧周围熔池壁向熔池后方流动,于是小孔也就跟着等离子弧向前移动。如图 18.8 所示穿孔现象只有在足够的能量密度下才能出现。板厚增加时所需的能量密度也增加。由于等离子弧的能量密度难以进一步提高,因此穿孔型等离子弧焊接只能在有限板厚内进行。

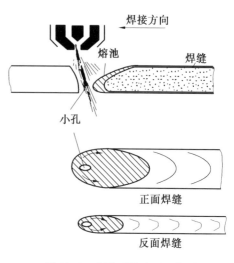

图 18.8 穿孔型等离子弧焊接

2. 参数选择

(1)离子气流量

离子气流量增加可使等离子流力和电弧穿透能力增大。

其他条件给定时,为形成穿孔需要有足够的离子气流量,但过大时不能保证焊缝成形,应根据焊接电流、焊速、喷嘴尺寸和高度等参数条件确定。采用不同种类或混合比的气体时,所需流量也是不相同的。用得最多的是氩气,焊不锈钢时可采用 Ar+He(φ_{H_2} = 5% ~ 15%),焊钛时可采用 Ar+He(φ_{He} = 50% ~ 75%),焊铜时也可采用 100% N_2 或 100% He。

(2)焊接电流

其他条件给定时,焊接电流增加,等离子弧穿透能力提高。与其他电弧焊方法相同,焊接电流是根据板厚或焊透要求首先选定的。电流过大,熔池小孔直径过大,熔池易脱落,不能形成稳定的穿孔焊接过程;电流过小,小孔直径减小或者不能形成小孔。因此在喷嘴结构尺寸确定的条件下,实现稳定穿孔焊过程的电流都有一个适宜的范围。

(3)焊接速度

其他条件给定时,焊接速度增加,焊缝热输入量减少,小孔直径减小,因此只能在一定速度范围内获得小孔焊接过程。焊速太小会造成熔池脱落,正面咬边,反面突出太多。对于给定厚度的工件,为了获得小孔焊接过程,离子气流量、焊接电流、焊接速度这 3 个参数要保持适当的匹配关系。

(4)喷嘴高度

喷嘴到焊接工件表面的距离一般取 3 ~ 5 m。距离过高会使电弧穿透能力降低,过低会使喷嘴上附着飞溅物,易形成双弧,也不利于对焊接状态的观察。

(5)保护气流量

保护气流量应与离子气有一个恰当的比例,保护气流太大会造成气流的紊乱,影响等离子弧的稳定性和保护效果。

3. 等离子弧焊接的应用

穿孔型等离子弧焊接最适用于焊接 3 ~ 8 mm 厚度不锈钢、12 mm 以下厚度的钛合金、2 ~ 6 mm 厚度的低碳钢或低合金结构钢,以及铜、黄铜、镍及镍基合金的对接缝。利用变极性等离子弧焊接电源,单面焊可以焊接 12 mm 厚度的铝及铝合金。被焊材料在上述厚度范围内可不开坡口一次焊透,并实现单面焊双面成形。为保证穿孔焊接过程的稳定性,装配间隙、错边等必须严格控制。填充焊丝可以降低对装配精度的要求,有利于防止焊穿并形成一定的焊缝余高,对更厚的板进行开坡口多层焊时,第 2 层以后可以采取对焊丝通电加热的填丝方法,对提高焊接效率有利。

18.3.3 其他形式等离子弧焊接

1. 熔入型等离子弧焊接

当离子气流量减小、穿孔效应消失时,等离子弧仍可以进行对接、角接焊。熔池形态与 TIG 焊相似,称为熔入型等离子弧焊接,可适用于薄板、多层焊缝的上面层、角焊缝焊接等,可填加焊丝或不加焊丝,优点是焊接速度比 TIG 电弧焊快。

2. 微束等离子弧焊接

15～30 A 以下的熔入型等离子弧焊接通常称为微束等离子弧焊接,已广泛地应用在设备制造业中对各种型式的接头进行焊接,如医疗设备、真空装置、薄板加工、波纹管、仪表、传感器、汽车部件、化工密封件等的焊接。可应用于大多数金属的焊接,如铝及其合金、不锈钢、康铜、铁、镍、白铜、镍银、钛、钽、锆、金等。由于喷嘴的拘束效应和小弧的存在,小电流等离子弧也十分稳定。利用这一特性,能够实现 1 A 以下电流的等离子弧焊接,已在电子产品及极薄板的焊接中得以应用。而对于普通的 TIG 电弧,要维持电流值处于 1 A 以下是很困难的。因此微束等离子弧焊接成为焊接金属薄膜的有效方法。微束等离子弧焊接应采用精密的装配夹具保证装配质量并防止焊接变形。

3. 脉冲等离子弧焊接

小孔型、熔入型及微束等离子弧焊接均可采用脉冲焊接方法,通过对热输入量的控制,提高焊接过程稳定性,保证全位置焊的焊缝成形,减小热影响区宽度和焊接变形。其对坡口精度的要求可以降低。脉冲频率一般在 15 Hz 以下。

4. 变极性等离子弧焊接

主要在铝合金的焊接中采用,特别在厚板铝合金焊接中,由于变极性电源输出的正负半波比例、幅值均可独立调节,在控制穿孔稳定性、保证单面焊双面成形上更具优势,目前的技术水平单道焊接可以一次焊透 25 mm 的铝板。

18.4　等离子弧切割原理及特点

1. 等离子弧切割原理

等离子弧切割是利用等离子弧的热能实现切割的方法。等离子弧切割的原理与氧气乙炔的切割原理有着本质的不同。氧气、乙炔切割主要是靠氧与部分金属的化合燃烧和氧气流的吹力,使燃烧的金属氧化物熔渣脱离基体而形成切口。因此氧气切割不能切割熔点高、导热性好、氧化物熔点高和黏滞性大的材料。等离子弧切割过程不是依靠氧化反应,而是靠熔化来切割工件的。等离子弧的温度高(可达 5×10^4 K),目前所有金属材料及非金属材料都能被等离子弧熔化,因而它的适用范围比氧气、乙炔切割要大得多。

2. 等离子弧切割特点

(1) 切割速度快,生产率高。它是目前常用的热切割方法中切割速度最快的。

(2) 切口质量好。等离子弧切割切口窄而平整,产生的热影响区和变形都比较小,特别是切割不锈钢时能很快通过敏化温度区间,故不会降低切口处金属的耐腐蚀性能;切割淬火倾向较大的钢材时,虽然切口处金属的硬度也会升高,甚至会出现裂纹,但由于淬硬层的深度非常小,通过焊接过程可以消除,所以切割边可直接用于装配焊接。

(3)应用面广。由于等离子弧的温度高、能量集中,所以能切割几乎各种金属材料,如不锈钢、铸铁、铝、镁、铜等。在使用非转移型等离子弧时还能切割非金属材料,如石块、耐火砖、水泥块等。

3. 等离子弧切割方法

(1)空气等离子弧切割

采用压缩空气作为离子气的等离子弧切割称为空气等离子弧切割。一方面由于空气来源广,因而切割成本低,为使等离子弧切割用于普通钢材开辟了广阔的前景;另一方面用空气作离子气时,等离子弧能量大,加之在切割过程中氧与被切割金属发生氧化反应而放热,因而切割速度快,生产率高。近年来,空气等离子弧切割发展较快,应用越来越广泛。不仅能用于普通碳钢与低合金钢的切割,也可用于切割铜、不锈钢、铝及其他材料。空气等离子弧切割特别适合切割厚度在 30 mm 以下的碳钢、低合金钢。

图 18.9 所示的为单一空气式空气等离子弧切割,它的离子气和切割气都为压缩空气,因而割枪结构简单,但压缩空气的氧化性很强,不能采用钨电极,而应采用纯铪、纯锆或其合金做成镶嵌式电极。

(2)氧等离子弧切割

采用氧气作为切割介质,可以明显地提高切割碳素钢的速度和质量。然而,由于电极尖端处的高温和纯氧化气氛会引起钨极的快速氧化,使电极只能维持很短的时间,致使氧气作为等离子弧切割气体的方法无法正常使用。到 20 世纪 70 年代初,人

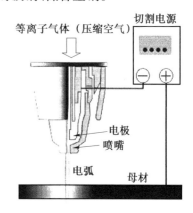

图 18.9 空气等离子弧切割

们发现了锆和铪能阻止电极在等离子弧条件下的快速氧化,使氧气等离子弧切割又成为开发的重点。该方法可以实现对所有钢材的无熔渣切割,切割速度可提高 30%。并可以使用比较小的切割电流,获得方形度好、切口上缘规则且表面更光滑的切口,切割后的材料在焊接性能和塑性加工性能等方面也有很大的改善。但是,即使是用铪制作的电极,其工作寿命仍然比较短。考虑到用该方法切割碳素钢时有良好的切口质量、较高的切割速度,以及能够降低切割总成本的情况,故较短的电极寿命已经在工程中被认为是可以接受的。目前,氧等离子弧切割已经逐渐取代了氮气等离子弧切割,成为一种先进的碳素钢切割方法。

(3)精细等离子弧切割

精细等离子弧切割的主要技术在于:①采用高电压和小的喷嘴孔径。②使用环形磁场聚焦、压缩并旋转电极上的弧根,使电弧更加稳定,并使电极的烧损均匀,寿命更长,避免了影响切割质量的偏弧问题。③利用超高速旋转的二次压缩气流,使离子弧束在长度方向更均匀,进一步降低了切口面的倾斜角,切割面倾斜角可达到 1.5°。④使用数控系统和精密的机械传动系统,保证切割路径的误差最小。⑤割枪的外喷嘴用陶瓷材料制成,能有效防止双弧产生,还可以将喷嘴高度降低,以利于提高切割能力和切口的精度。图

18.10是其枪体结构的简图。使用二次气流的双喷嘴时,还可有效地保护内喷嘴,提高了喷嘴的寿命。获得压缩程度更高和直径更细的等离子束流,并且使氧等离子切割的最大电流由过去的250 A提高到400 A以上,使每平方毫米孔径的电流由常规方法的50 A左右提高到90 A,其能量密度可达5×10^4 W/nm^2,已经接近了激光束1.0×10^5 W/nm^2,的水平。在进行切割时,其切口宽度可以很窄,切口表面更光滑,几乎无熔渣。精细等离子弧切割可以直接加工要求尺寸误差很小的零部件,甚至可以直接在薄板上切割直径接近于板厚的孔,例如,在6 mm板厚上切割高质量的8 mm的孔。

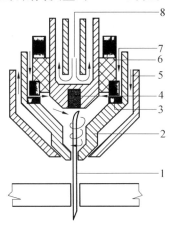

图 18.10　精细等离子弧切割
1—电弧;2—喷嘴;3—旋涡气环;4—电极;
5、8—冷却水;6—陶瓷导向环;7—空气

第19章 电阻焊

电阻焊属压焊范畴,是主要的焊接方法之一。在航空、汽车、锅炉、地铁、自行车、量具刃具、无线电器件等工业中都得到广泛应用。本章主要介绍电阻焊的实质、分类及特点,重点介绍点焊、缝焊和对焊的工艺特点及适用范围,并对电阻焊设备做简要介绍。

19.1 电阻焊的实质、分类及特点

1. 电阻焊的实质

电阻焊是焊件组合后通过电极施加压力,利用电流通过接头的接触面及邻近区域产生的电阻热进行焊接的方法。要形成一个牢固的永久性的焊接接头,两焊件间必须有足够量的共同晶粒。熔焊是利用外加热源使连接处熔化,凝固结晶而形成焊缝的,而电阻焊则利用本身的电阻热及大量塑性变形能量,形成结合面的共同晶粒而得到焊点、焊缝或对接接头。从连接的物理本质来看,二者都是靠焊件金属原子之间的结合力结合在一起的,但它们之间的热源不同,在接头形成过程中有无必要的塑性变形也不同,即实现接头牢固结合的途径不同。这便是电阻焊与一般熔化焊的异同之处。

与电弧焊相比,电阻焊的显著特点如下。

①热效率高。电弧焊是利用外部热源,而电阻焊是一种内部热源,因此,热能损失比较少,热效率较高。

②焊缝致密。一般电弧熔化焊的焊缝是在常压下凝固结晶的,而电阻焊的焊缝是在外界压力作用下结晶凝固,具有锻压的特性,所以容易避免焊缝产生缩孔、疏松和裂纹等缺陷,能获得致密的焊缝。因此,要进行电阻焊,必须有外加电源,并在连续压力作用下进行焊接,所以,焊接电源、电极压力是形成电阻焊接头的最基本条件。

电阻焊根据使用的焊接电流波形特征、接头形式和工艺特点可做如下分类,如图19.1所示。其中交流电阻焊中所使用焊接电流,低频为3~10 Hz,工频为50 Hz(或60 Hz),高频为10~500 kHz。在实际应用中,对某一电阻焊方法往往称呼其全称,如工频交流点焊、直流冲击波缝焊、电容储能对焊、直流点焊(又称次级整流点焊)等。

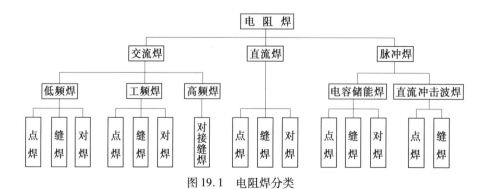

图 19.1 电阻焊分类

2. 电阻焊的特点

（1）电阻焊的优点

①焊接生产率高。通用点焊机每分钟可焊 60 焊点，若用快速点焊机则每分钟可达 500 点以上；对焊直径为 40 mm 的棒材每分钟可焊一个接头；厚度为 1~3 mm 的薄板缝焊时，其焊接速度通常为 0.5~1 mm/min，滚对焊最高焊接速度可达到 60 m/min。因此电阻焊非常适合大批量生产。

②焊接质量好。从焊接接头情况看，由于冶金过程简单，且不易受空气的有害作用，所以焊接接头的化学成分均匀，而且与母材基本一致。从焊接接头整体结构来看，由于热量集中，受热范围小，热影响区也很小，所以焊接变形不大，并且易于控制。此外，点、缝焊时由于焊点处于焊件内部，焊缝表面平整光滑，因而焊件表面质量也较好。

③焊接成本较低。电阻焊时不用焊接填充材料，一般也不用保护气体，所以在正常情况下除必需的电能消耗外，几乎没有其他能量消耗，因而焊接成本低廉。

④劳动条件较好。电阻焊时既不会产生有害气体，也没有强光辐射，所以劳动条件比较好。此外，电阻焊焊接过程简单，易于实现机械化、自动化，因而工人的劳动强度较低。

（2）电阻焊的不足

①由于焊接过程迅速，若焊接时因某些工艺因素发生波动，对焊接质量的稳定性有影响时，往往来不及进行调整；同时焊后也没有很简便的无损检验方法，所以在重要的承力结构中使用电阻焊时应该慎重。

②设备比较复杂。除了需要大功率的供电系统外，还需精度高、刚度较大的机械系统，因而设备成本较高。

③焊件的厚度、接头形式和形状受到一定程度的限制。如点、缝焊一般只适用于薄板搭接接头，厚度太大则受到设备功率的限制，而搭接接头又难免会增加材料的消耗，降低承载能力。对焊主要适用于紧凑断面的对接接头，面对薄板类零件焊接则比较困难。

3. 电阻焊的应用

虽然电阻焊接头形式受到一定限制，由于焊接质量稳定，生产率高，易于实现机械化、自动化生产，在飞机机身、汽车车身、自行车钢圈、锅炉钢管接头、轮船的锚链、洗衣机和电冰箱的壳体等的结构和零件的焊接，电阻焊仍然被广泛应用。电阻焊可焊的材料也非常广泛，不但可以焊接碳素钢、低合金钢，而且还可以焊接铝、铜等有色金属及其合金。

19.2 电阻焊的基本原理

19.2.1 电阻焊的热源及影响因素

1. 电阻焊的热源

电阻焊的热源是电流通过焊接区产生是电阻热。当焊接电流通过两电极间的金属区域——焊接区时，由于焊接区具有电阻（见图 19.2），就会析热，并在焊件内部形成热源——电阻热。

根据焦耳定律，焊接区的总析热量为

$$Q = I^2 Rt$$

式中 I——焊接电流的有效值；
R——焊接区的总电阻；
t——通过焊接电流的时间。

2. 电阻焊的影响因素

(1) 电阻对电阻焊加热的影响

焊接区的总电阻包括焊件本身电阻 R_w、焊件间接触电阻 R_c、电极与焊件间接触电阻 R_{ew}。

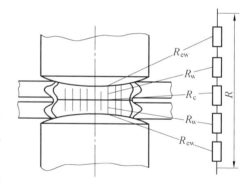

图 19.2　点焊焊接区示意图和等效电路图
R—焊接区总电阻；R_c—焊件间接触电阻；
R_{ew}—电极与焊件间接触电阻；
R_w—焊件本身电阻

①焊件本身电阻 R_w。当焊件厚度和电极一定时，焊件本身电阻 R_w 取决于它的电阻率，电阻率低的金属(如铝合金)导热性好，电阻率高的金属(如不锈钢)导热性差。铝合金焊接时产热难而散热易，不锈钢焊接时产热易而散热难。因此，后者可采用较小电流(几千安)进行焊接，前者需用很大的电流(几万安)焊接。

电阻率不仅取决于金属种类，还与温度有关。随着温度的升高，电阻率增大，并且金属熔化时的电阻率比熔化前高 1~2 倍。焊接时，随着湿度的升高，除电阻率增高使 R_w 增大外，同时由于金属的压溃强度降低，使焊件与焊件、焊件与电极间的接触面积增大，因此引起 R_w 减小。点焊低碳钢时，在上述两种相互矛盾的因素影响下，加热开始时 R_w 逐渐增大，当熔核形成时，又逐渐减小。

②焊件间接触电阻。电阻 R_c 是由以下两方面因素形成的：焊件和电极间有高电阻率的氧化膜或污物层，使电流受到较大阻碍，过厚的包化膜或污物层甚至使电流不能导通；由于焊件表面的微观不平度，使焊件只能在粗糙表面的局部形成接触点(见图 19.3)，在接触点形成电流的集中，由于电流的通路减小而增加了接触处的电阻 R_c。

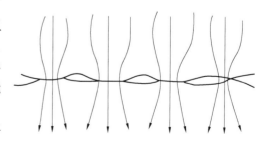

图 19.3　电流经微观粗糙表面时的电流线

电极压力增加或温度升高使金属达到塑性状态时，都会导致焊件间接触面积增加，促使接触电阻 R_c 减小。由此，当焊件表面较清洁时，接触电阻仅在通电开始时极短时间内存在，随后就会迅速减小以予消失。

③焊件与电极间电阻 R_{ew}。与 R_c 相比，由于铜合金电阻率比一般焊件低，因此 R_{ew} 比 R_c 更小，对熔核的形成影响也更小。

(2) 焊接电流对产热的影响

电流对电阻热的影响比电阻和通电时间两者都大，因此，在点焊过程中，必须严格控制焊接电流的大小。焊接时，引起电流波动的主要原因是电网电压波动和交流焊机二次回路阻抗变化。阻抗变化是由于二次回路的几何尺寸发生变化或因在二次回路中引入了不同量的磁性金属材料。对于直流焊机，二次回路阻抗的变化对焊接电流无明显影响。

此外,电流密度对产热也有显著影响。通过已焊成焊点的分流、增大电极接触面积或凸焊时凸点的尺寸等,都会降低电流密度和电阻热,从而使接头强度显著下降。

(3)通电时间对产热的影响

为保证焊点强度和熔核尺寸,焊接电流与通电时间在一定范围内可以互相补充。为了得到一定强度的焊点,可以选用大电流和短时间(强规范),也可以选用小电流和长时间(弱规范)进行焊接。选用哪一种规范进行焊接取决于金属材料的性能、焊件厚度和焊机的功率。但对于不同性能和厚度的焊件所需的焊接电流和通电时间,都有一个上下限范围,超过此限,将无法形成合格的焊接接头。

(4)电极压力对产热的影响

电极压力对两电极间总电阻 R 有显著的影响。随着电极压力的增加,R 显著降低。此时焊接电流虽略有增加,但不能抵消因 R 降低而引起的产热减小。因此,焊点强度总是随电极压力增加而降低。在增加电极压力的同时,增大焊接电流或延长通电时间,以弥补电阻减小对产热的影响,可以保证焊点强度不变。采用这种焊接工艺有利于提高焊点强度的稳定性。

(5)焊件表面状况对产热的影响

焊件表面的油污、氧化膜及其他杂质都能增加接触电阻,氧化膜过厚将使焊接电流难以导通。若接触面中仅局部导通,会使电流密度过大,从而造成飞溅或焊件表面烧损。焊件表面氧化膜不均匀还会影响各焊点加热一致性,从而影响焊点的质量,因此焊前必须仔细清理焊件的表面。

(6)电极端面形状及材料对产热的影响

由于电极端面尺寸决定电极和焊件的接触面积,从而决定电流密度的大小,电极材料的电阻率和导热性与产热和散热有密切关系,因此,电极材料和端面形状对熔核的形成有较大的影响。随着电极端部的变形与磨损,电极与焊件的接触面积将增大,使电流密度变小,焊点强度将下降。

19.2.2 焊接循环

电阻点焊和电阻凸焊的焊接循环由以下4个基本阶段组成,如图19.4所示。

(1)预压时间 t_1

从电极开始下降到焊接电流接通前的这段时间称为预压时间,这一时间是为了确保通电前电极能压紧焊件,使焊件之间紧密接触。

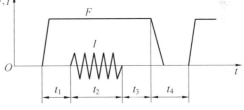

图 19.4 点焊和凸焊时的焊接循环
F—电极压力;I—焊接电流;t_1—预压时间;
t_2—通电加热时间;t_3—维持时间;t_4—休止时间

(2)通电加热时间 t_2

焊接电流通过焊件并产生焊接熔核的时间。

(3)维持时间 t_3

焊接电流被切断后电极压力仍继续保持的一段时间,在此期间,熔核冷却凝固结晶。

(4) 休止时间 t_4

休止时间是在电极开始提升到电极再次下降,准备在下一个焊点处压紧焊件的时间,只适用于焊接循环重复进行的场合。

焊接时必须在电极压力达到规定值后才能进行通电,否则会因压力过低而引起飞溅。提升必须在焊接电流切断之后进行,否则电极间将引起电火花,使电极烧损,焊件烧穿。

有时在基本循环中将下列各项中的一项或多项加于其中,可以改善接头的性能。

(1) 加大预压力,以消除厚焊件之间的间隙,使焊件能紧密接触。

(2) 用预热脉冲电流提高金属的塑性,使焊件之间紧密贴合,防止飞溅;凸焊时这样做,可以使多个凸点在通电前焊件与电极平衡接触,以保证各点加热的一致性。

(3) 加大锻压力,以使接头熔核致密,防止产生裂纹和缩孔等缺陷。

(4) 用回火或缓冷脉冲电流消除合金钢接头的淬火组织,提高接头的力学性能。

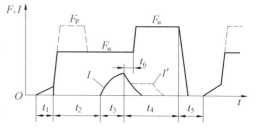

图 19.5 点焊 2A12C2 铝合金的循环过程
F_p—预压力;F_w—焊接压力;F_u—锻压力;I—焊接电流脉冲;I'—缓冲电流脉冲;t_1—电极落下时间;t_2—预压时间;t_3—通电加热时间;t_4—锻压时间;t_5—休止时间;t_6—锻压滞后时间

图 19.5 为在直流脉冲电源的焊机上焊接 2Al12CZ(LY12CZ) 铝合金的循环过程。增加的预压力和缓冷脉冲部分,在铝板厚度不超过 2 mm 时,这两部分都很少使用。图中的电极板落下时间 t_1 是为了使电极缓慢下降,不至于冲击焊件而设置的;但在电极接触焊件后,应快速提高电极压力,以保证在焊接电流接通前达到规定的值。

19.2.3 金属材料电阻焊时的焊接性

金属材料电阻焊时焊接性的评定主要依据如下。

① 材料的导热性和导电性。电阻率小而热导率大的金属焊接性较差,必须使用大功率焊接设备。

② 材料的塑性温度范围。金属(如铝合金)的塑性温度范围较小,对焊接参数的波动比较敏感,焊接性差。要使用能精确控制焊接参数的焊机进行焊接,同时要求电极的随动性要好。

③ 材料的高温强度。高温 $(0.5 \sim 0.7 T_m)$ 下的屈服强度 $\delta_{0.2}$ 的金属材料点焊时易产生裂纹、缩孔、飞溅等缺陷,焊接性较差,焊接时需使用较大的电极压力,有时还需在断电后施加大的锻压力。

④ 材料对热循环的敏感性。在焊接热循环作用下,有淬火倾向的金属易产生淬硬组织及冷裂纹;与易熔杂质容易形成低熔点共晶物的合金,易产生结晶裂纹;经冷作强化的金属易产生软化区,焊接性也比较差。焊接时为防止这些缺陷的产生,必须采取相应的工艺措施。

⑤ 高熔点、线膨胀系数大、易形成致密氧化膜的金属材料,其焊接性也比较差。

19.3 点 焊

1. 点焊接头形成过程

点焊原理和焊接接头形成过程如图 19.6 所示。上下两个焊件压紧后,电源通过电极向焊件通电加热,在焊件内部形成熔核。熔核中的液态金属发生强烈电磁搅拌作用,熔使核内的金属成分均匀化,结晶界面迅速消失,断电后在电极压力作用下凝固结晶,形成点焊接头。同时,在接头周围形成一个环状尚未达到熔化状态的塑性变形区,称为塑性环。塑性环的存在可防止液态熔核金属沿板缝向外喷溅和周围气体的入侵。

可见,点焊是在电极压力作用下,通过电阻热来熔化金属,断电后在电极压力作用下结晶而形成焊接接头的。每完成一个接头的焊接称为一个点焊循环。普通的点焊循环包括预压、通电加热、锻压和休止 4 个相互衔接的连续阶段。

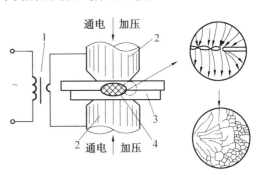

图 19.6 电阻点焊原理
1—阻焊变压器;2—电极;3—焊件;4—熔核

(1) 预压阶段

通电前的加压为预压阶段。预压的目的是使焊件间紧密接触,并使接触面上凸点处产生塑性变形,破坏表面的氧化膜,以获得稳定的接触电阻。若预压力不足,可能只有少数凸点接触,形成较大的接触电阻,产生较大的电阻热,接触处的金属很快熔化,并以火花的形式飞溅出来,严重时甚至可能烧坏焊件或电极。当焊件较厚、结构刚性较大或焊件表面质量较差时,为使焊件紧密接触,稳定焊接区电阻,可以加大预压力或在预压力阶段施加辅助电流。此时的预压力通常为正常压力的 0.5~1.5 倍,而辅助电流则为焊接电流的 1/4~1/2。

(2) 通电加热阶段

当预压力使焊件紧密接触后,即可通电焊接。当焊接参数正确时,通电加热阶段最易发生的问题是熔核金属的飞溅。产生飞溅时,溢出了熔化金属,削弱了焊点强度,从而降低了接头的力学性能;同时还会使焊件表面产生凹坑、污染工作环境,所以应力求避免飞溅的产生。

(3) 锻压阶段

此阶段也称为冷却结晶阶段。当熔核达到合适的形状与尺寸后,切断焊接电流,熔核在电极压力作用下在封闭的金属膜内进行冷却结晶。熔核结晶时不能自由收缩,用电极挤压就可使正在结晶的金属变得紧密,使之不会产生缩孔和裂纹。因此,电极压力要在焊接电流断开、熔核金属全部结晶后才能停止作用。板厚为 1~8 mm,锻压时间则应为 0.1~2.5 s。

根据生产实际,可采用多种多样的调节工艺。选用马鞍形、阶梯形等不同形式的压力循环,以满足不同的质量要求。热裂纹倾向较大的金属材料可采用附加缓冷脉冲的工艺点焊,这样可降低熔核的凝固速度,同时增加电极的压实作用,防止缩孔和裂纹的产生;经调质处理的金属材料可采用电极间热处理工艺,以改善因快速加热、冷却而引起的脆性淬火组织。

2. 点焊接头设计

点焊接头通常采用搭接和折边方式(见图 19.7)。接头由两个或两个以上等厚或不等厚度的焊件组成,应遵循如下原则设计点焊接头和结构。

(1)焊点到焊件边缘距离不宜过小。边距的最小值取决于被焊金属的种类、焊件厚度和焊接规范,对于屈服强度较高的金属、薄板或用强规范焊接时可取较小值。

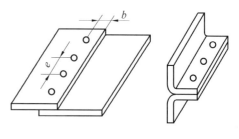

(a)搭接接头　　(b)折边接头

图 19.7　点焊接头形式

e—点距;b—边距

(2)焊件应有足够的搭接量,一般搭接量可取为边距的两倍。

(3)为限制分流,应有合适的点距,具最小值与焊件厚度、金属的导电率、表面清洁度以及熔核的直径有关。根据焊件厚度和金属材的种类焊点的点距为 8 ~ 35 mm。

(4)装配间隙尽可能小。靠压力消除间隙将消耗一部分电极压力,使实际的电极压力降低。同时,电极必须方便地抵达焊接部位,即电极的可达性要好。

3. 点焊方法与工艺

(1)点焊方法

点焊通常按电极馈电方向在一个点焊循环中所能形成的焊点数分类,如图 19.8 所示。

①双面单点焊。如图 19.8(a)所示,两个电极从焊件上、下两面接近焊件进行焊接。这种焊接方法能对焊件施加足够的电极压力,焊接电流集中通过焊接区,因而可减小焊件的受热范围,提高接头质量,应优先选用。

②单面双点焊。如图 19.8(b)所示,焊件位于两电极一侧,同时可形成两个焊点。这种方法能方便地焊接难以进行双面单点焊、尺寸大和形状复杂的焊件,能提高生产率。此外,还有利于保证焊件的一面光滑、平整、无电极压痕。但单面双点焊时,部分电流直接经焊件形成分流。为给焊接电流提供低电阻的通路,通常采用在焊件下面加铜垫板措施,使焊接电流能均匀地通过上下两焊件,熔核不发生偏移。

③单面单点焊。如图 19.8(c)所示,焊件位于两电极一侧,不形成焊点的电极采用大直径和大接触面以减小电流密度,仅起导电的作用。该方法主要用于结构上不能采用双面单点焊的工件。

④双面双点焊。如图 19.8(d)所示,两台焊接变压器分别对上、下两面的成对电极供电。

两台变压器的接线方向,应保证上、下对准电极,在焊接时间内极性相反。这样,上、下变压器的二次电压成顺向串联,形成单一的焊接回路。在一次点焊循环中,同时形成两个焊点。该方法的特点是分流小,焊接质量较好,主要用于较大厚度、质量要求较高的构件。

⑤多点焊。如图 19.8(e)所示,将焊件压紧后同时焊接多个焊点的方法。最常用的

是采用数组单面双点焊组成。在个别情况下,亦可用数组双面单点焊或双面双点焊组成。多点焊的生产效率高,在大批量生产中应用广泛。

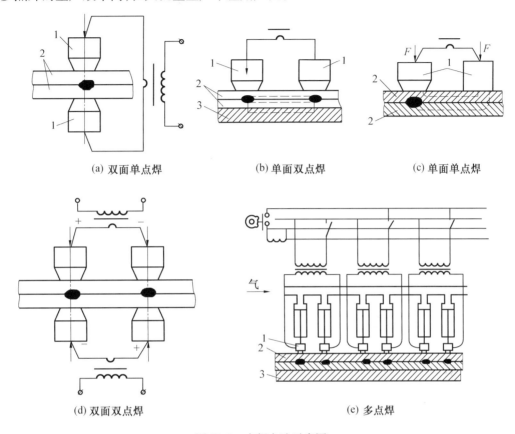

图 19.8　点焊方法示意图
1—电极;2—焊件;3—铜垫板

(2)点焊工艺

①焊前的清理。点焊机、缝焊机电流大,阻抗小,故二次侧电压低,一般不大于 10 V,个别达到 20 V 左右。焊件表面的氧化膜、油污等均属不良导体,这些因素的存在将直接影响析出热量、熔核形成及电极寿命,并导致焊接缺陷产生,降低接头强度,因此,焊前对焊件表面进行清理是十分关键、重要的工序。

目前常用的清理方法有机械清理与化学清理。各种清理方法的选择,应按产量、材料、厚度、结构形式及对表面状态的要求而定。

②点焊工艺参数的选择。点焊工艺参数主要取决于金属材料的性质、板厚、结构形式等,它主要包括焊接电流、通电时间、电极压力、电极工作端面的形状和尺寸。

焊接电流是点焊最主要的焊接参数。通电时间对接头力学性能的影响与焊接电流相似。点焊时电极压力一般为数千牛,电极压力过大或过小都会使焊点强度降低和分散性变大。电极直径增大时,由于电极与焊件接触面积增大,使电流密度减小,散热效果增强,焊接区加热程度减弱,因而熔核尺寸小,焊点强度低。

以上介绍是单一点焊参数对焊点强度的影响。点焊时,应考虑点焊焊接参数(主要是焊接电流、通电时间及电极压力)相互之间的制约关系,从而合理选择焊接参数,以求获得最佳的点焊质量。

4. 常用金属材料的点焊

(1) 低碳钢的点焊

ω_C<0.25%的低碳钢和碳当量 CE≤0.3%的低合金钢,其点焊焊接性良好,采用普通工频交流点焊机、简单焊接循环,无需特别的工艺措施,即可获得满意的焊接质量,技术要点如下。

① 焊前冷轧板表面不必清理,热轧板应去除氧化皮、铁锈。

② 建议采用强规范点焊,CE 大者会产生一定的淬硬倾向,但一般不影响使用。

③ 焊厚板大于 3 mm 时建议选用带锻压力的压力曲线,带预热脉冲电流或断续通电的多脉冲点焊方式,选用三相低频焊机焊接。

④ 低碳钢属铁磁性材料,当焊件尺寸大时应考虑分段调整焊接参数,以弥补因焊件伸入焊接回路过多而引起焊接电流的减弱。

(2) 不锈钢的点焊

不锈钢的电导率比较低,仅为低碳钢的 1/5~1/6;热导率也低,为低碳钢的 1/3,故可采用小电流和短时间来焊接。不锈钢具有较高的高温强度,必须采用较大的电极压力,以防止产生缩孔、裂纹等缺陷。

(3) 铝合金的点焊

铝合金分为冷作强化型铝合金和热处理强化型铝合金等两大类。铝合金点焊焊接性较差,尤其是热处理强化型铝合金,因此,点焊时应采取如下措施。

① 焊前必须严格清理,存放时间不宜过长,否则极易引起飞溅和熔核成形不良。

② 选用大容量的焊机,强规范进行焊接。因为铝合金的电导率和热导率较大,只有采用强规范才能产生足够的热量形成熔核。

③ 选用电导率和热导率均高的电极,加强电极对焊点的冷却作用,电极应经常修整。

④ 焊机应能提供形成马鞍形电极压力和缓升缓降的焊接电流,电极的随动性应好。

5. 点焊设备和电极

(1) 点焊设备

点焊设备由焊接变压器、加压机构、控制箱及机座等几部分组成,如图 19.9 所示。

点焊机的种类很多,可按下列特征进行分类。

① 按用途分为通用型、专用型和特殊型。

② 按安装方式分为固定式、移动式或轻便式(悬挂式)。

③ 按焊接电流波形分为交流型、低频型、电容储能型和直流型。

④ 按加压机构传动方式分为脚踏式、电动凸轮式、气式、液压式和复合式。

⑤ 按活动电极移动方式分为垂直行程式、圆弧行程式。

⑥ 按焊点数目分为单点式、双点式和多点式。

(2) 电极

① 电极材料。电极的作用是对焊件施加压力并向焊接区传输电流,因此电极材料应

满足如下要求:高的电导率和热导率,以延长电极的使用寿命,改善焊件表面受热状况。高温下的强度和硬度要高,具有良好的抗变形和抗磨损能力。高温下与焊件形成合金的倾向小,物理性能稳定,不易粘附。材料成本低,加工方便,变形或磨损后便于更换。

上述电极材料选择要求不必都满足,例如,高温下硬度高的材料导热性能都较差。电极材料主要是铜和铜合金,或钨、铂等。

②电极结构。点焊电极由端部、主体、尾部和冷却水孔4部分组成。为了满足特殊形状焊件点焊的要求,有时需要设计特殊形状的电极,如弯电极为尾部和主体刻有水槽的弯电极,目的是使冷却水流到电极的外表面,以加强电极的冷却,这种电极常用于不锈钢

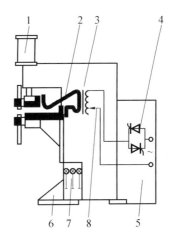

图19.9 点(凸)焊机基本组成示意图
1—加压机构;2—焊接回路;3—阻焊变压器;
4—主电力开关;5—控制器;6—机身;
7—冷却系统;8—功率调节机构

和高温合金的点焊大横断面的电极,目的是加强电极端面向水冷部分的散热。

19.4 凸 焊

凸焊是点焊变化形式的一种,它是利用零件原有型面、倒角、底面或预制的凸点焊接到另一个面积较大的零件上的电阻焊方法称为凸焊,如图19.10所示。凸焊由于是凸点接触,提高单位面积上的压力和电流,故可用较小的焊接电流进行焊接,也可采用多点凸焊,以提高生产率和减小接头变形。凸焊时使用平面电极,焊件表面平整无压痕,电极寿命长。凸焊既可在通用点焊机上进行,也可以在专用凸焊机上进行。凸焊多用于成批生产的仓口盖、筛网、管壳以及T形、十字形、平板等零件的焊接,如图19.11、19.12所示。

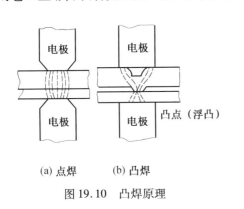

(a) 点焊　(b) 凸焊

图19.10 凸焊原理

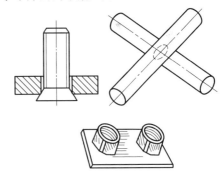

图19.11 凸焊零件示例

1. 凸焊接头形式过程

凸焊接头形成过程与点焊相似,分为预压、通电加热和冷却结晶3个连续阶段组成。

(1)预压阶段

在电极压力作用下,凸点产生变形,压力达到预定值以后,凸点高度约下降1/2以上,

因此,凸点与下板贴合面增大,不仅使焊接区的导电通路面积稳定,同时也破坏贴合面上的氧化膜,造成比点焊更为良好的物理接触。

(2)通电加热阶段

该阶段由两个过程组成,其一为凸点压溃过程,其二为成核过程。通电后,电流将集中流过凸点贴合面。当采用预热电流时,凸点的压溃较为缓慢,凸点尚未完全压平,随着焊接电流的接通,凸点才彻底被压平。凸点压溃、两板贴合后形成较大的加热区,随着加热的进行,由个别接触点的逐步熔化扩大,形成足够尺寸的熔核和塑性环。

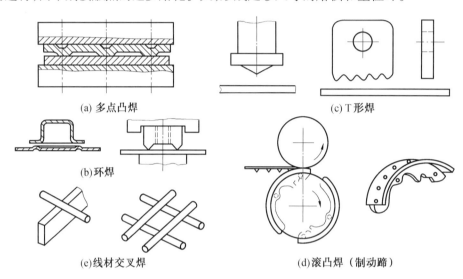

图 19.12 凸焊类型实例

(3)冷却结晶阶段

切断焊接电源,熔核在压力作用下开始冷却结晶,其过程与点焊熔核的结晶过程基本相似。

2. 凸焊接头设计

凸焊时必须预先制备凸点,其中凸点以半圆形和圆锥形应用最广。圆锥形凸点刚度大,可预防凸点过早压溃,还可减少因电流线过于密集而发生飞溅。为防止压塌的凸点金属挤压在加热不良的周围间隙内而引起电流密度的降低,也可用带溢出环形槽的凸点。

3. 凸焊焊接参数和常用金属材料的凸焊

凸点形状、尺寸确定后,焊接电流、通电时间及电极压力等参数对接头质量均有影响。其影响规律和点焊相似。应该指出的是,凸焊时电极压力对接头强度的影响比点焊时要严重得多,若电极压力过小,将使通电前凸点需变形量太小,凸点贴合面电流密度显著增大,造成严重飞溅,甚至烧穿焊件;若电极压力过大,又特使通电前凸点需变形量太大,失去凸焊意义。

低碳钢板的凸焊应用最广。镀层钢板凸焊要比点焊遇到的问题少一点。原因是电流集中于凸点,即使接触处的镀层金属首先熔化并蔓延开来,也不会像点焊那样使电流密度降低。此外,由于凸焊的平面电极接触面大,电流密度小,因此无论是镀层的粘附还是电极的变形都比较小。镀锌钢板凸焊应用较多。

4. 凸焊机

凸焊机的结构与点焊机相类似,只是凸焊一般采用平板形电极,要求活动部分灵敏,常用凸焊机型号为 TN—200—1、TR—3000。

19.5 缝 焊

1. 缝焊的特点及分类

将焊件装配成搭接或对接接头并置于两滚轮电极之间,滚轮加压焊件并转动续送电,形成一条连续焊缝(见图 19.13),缝焊可以看做连续点焊。按熔核重叠度不同,缝焊可分为滚点焊和气密缝焊,后者应用较为广泛。缝焊在汽车、拖拉机、飞机发功机、密闭容器等产品的制造中得到广泛应用。

根据滚轮电极旋转(焊件移动)与焊接电流通过(通电)的机-电配合方式,可将缝焊分为3种基本类型(见图19.14)。

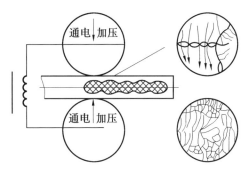

图 19.13 缝焊原理

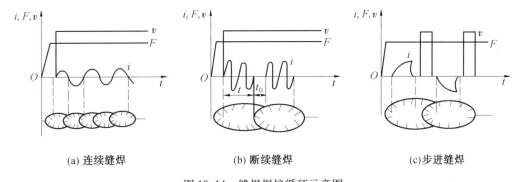

图 19.14 缝焊焊接循环示意图

v—缝焊速度;F—电极压力;t—电流脉冲时间;t_0—脉冲间隔时间

(1) 连续缝焊

连续缝焊的机-电特点为:滚轮电极连续旋转、焊件等速移动,焊接电流连续通过。每半个周波形成一个焊点(见图19.14(a))。连续缝焊设备简单,生产率高,一般焊接速度为 10~20 m/min。但焊接时滚轮电极表面和焊件表面均有强烈过热,滚轮电极磨损严重的特点,焊件表面易下凹。但这种方法所需设备和控制系统都很简单,通常在小功率焊机焊接薄板或不重要的结构中使用。

(2) 断续缝焊

断续缝焊的机-电特点为:滚轮电极连续旋转、焊件等速移动,焊接电流断续通过,每通断一次,形成一个焊点(见图19.14(b))。断续缝焊在生产中得到广泛应用,焊接电流采用工频交流或电容储能电流波形(频率可调),用以制造气密、水密和油密的黑色金属焊缝,焊接速度一般为 0.5~4.3 m/min。

(3) 步进缝焊

步进缝焊的机—电特点为:滚轮电极断续旋转、焊件相应断续移动、焊接电流在电极与焊件皆静止时通过并形成一个焊点。焊点形成后滚轮电极重新旋转,移动焊件前移一定距离(见图19.14(c))。

步进缝焊是一种高质量的焊接方法,焊接电流采用直流冲击波、三相低频和次级整流电流波形,用以制造铝合金、镁金合等的密封焊缝。步进缝焊速度一般较低,仅为0.2~0.6 m/min,缝焊广泛应用于家用电器(电冰箱壳体等)、交通运输(汽车油箱等)、及航空(火箭燃料贮箱等)业中要求密封性的接头制造上,也用来连接普通板金件。被焊材料的厚度通常为0.1~2 mm。

2. 缝焊焊接参数的选样

工频交流断续缝焊应用最广,其基本焊接循环如图19.14(b)所示。因此,缝焊的主要工艺参数有焊接电流、电流脉冲时间和脉冲间隔时间、电极压力、焊接速度和滚轮电极端面尺寸等。

①焊接电流。考虑缝焊时的分流,焊接电流应比点焊时增加15%~40%。

②电流脉冲时间和脉冲间隔时间。缝焊时,可通过电流脉冲时间来控制熔核的重叠量,因此,二者应有适当的配合。

③电极压力。电极压力对缝焊过程的影响与对点焊过程的影响相似,但考虑缝焊时电极压力作用不充分,因此,缝焊时电极压力应比点焊时增加20%~50%,具体数值视材料的高温塑性而定。

④焊接速度。焊接速度是影响缝焊过程的员重要参数之一。随着焊接速度的增加,接头强度降低。缝焊利用加大焊接电流来提高焊接速度难以达到提高焊接生产率。一股随着板厚的增加,缝焊速度必须减慢。

⑤滚轮电极端面尺寸。滚轮电极端面是缝焊时与焊件表面相接触的部分。滚轮电极直径一般为50~600 mm,常用尺寸是180~250 mm;滚轮电极端面尺寸宽度≤20 mm。为了提高滚轮电极散热效果,减小电极粘损倾向,在焊件结构尺寸允许的条件下,滚轮电极点得应尽可能大些。

对缝焊接头质量要求主要体现在接头应具有良好的密封性和耐蚀性,因此在选择焊接参数时应注意焊接参数对焊透率和重叠量的影响。上述介绍是单个参数时情况,实际各参数间是互相影响的,因此焊接时,各参数必须予以适当配合,才能获得满意的接头质量。

3. 常用金属材料的缝焊

(1) 低碳钢板的缝焊

由于低碳钢具有适度的塑性和导电性,因此,它比其他金属更易得到优质的缝焊接头,对低碳钢或其他磁性钢焊件的焊缝长度较大时,由于在焊接过程中伸入焊接回路的铁磁体断面不断变化,引起焊接回路的阻抗变化,从而导致焊接电流的变化。为防止由此造成的影响,可采取如下措施。

①分两次焊接,从中间焊至两端。

②长缝应分段施焊,用不同的焊接工艺参数焊接

③采用次级整流焊机。

④采用具有恒流控制功能的控制箱。

但不锈钢的高温强度高,需采用较大的电极压力和中等的焊接速度进行缝焊。不锈钢的线膨胀系数较低碳钢大,焊接时应注意防止焊件变形。为防止由于过热引起的碳铬化合物析出,应选择合适的缝焊焊接参数,同时加强外部水冷。

(2) 不锈钢的缝焊

不锈钢的电导率和热导率都比较低,焊接时宜采用较小的焊接电流。

(3) 铝合金的缝焊

铝合金缝焊与点焊相似,但由于铝合金电导率高、分流严重,焊接电流要比点焊时提高15%~50%,电极压力提高5%~10%,因此滚轮电极粘连更严重,应增加拆修次数;又因为缝焊时电极压力的压实作用比点焊时差,易造成裂纹、缩孔等缺陷,应降低焊接速度。重要焊件宜使用步进式缝焊,以提高焊缝的强度。

4. 缝焊设备

缝焊机的结构如图19.15所示,可按下列特征进行分类。

① 按焊件移动方向分有纵缝焊机、横缝焊机及圆缝焊机。

② 按馈电方式分有双侧缝焊机和单侧缝焊机。

③ 按滚轮电极数目分有双轮缝焊机和单轮缝焊机。

④ 按缝焊方法分有连续缝焊机、断续缝焊机和步进式缝焊机。

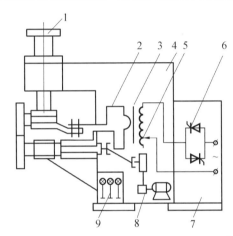

图19.15 缝焊机基本组成示意图
1—加压机构;2—焊接回路;3—阻焊变压器;
4—机身;5—功率调机构;6—主电力开关;
7—控制设备;8—传动机构;9—冷却系统

⑤ 按加压机构传动方式分有脚踏式、电动凸轮式和气压式缝焊机。

⑥ 按安装方式分有固定式缝焊机和移动式缝焊

19.6 对　　焊

对焊是利用电阻热为热源,通过在两工件整个端面加压形成接头的电阻焊方法,如图19.16所示。对焊是一种高效率、易于实现焊接过程自动化的方法,因此,在批量生产的产品中得到广泛的应用。其具体应用有焊件或毛坯的接长,环形和闭合焊件焊接,锻焊、冲焊联合结构制造,以及合理利用金属材料等。常用的对焊焊件如图19.17所示。

按通电和加压方式的不同对焊可分为电阻对焊、闪光对焊。下面重点介绍电阻对焊和闪光对焊两种方法。

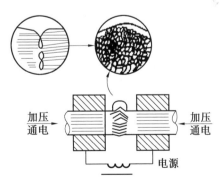

图19.16 对焊原理

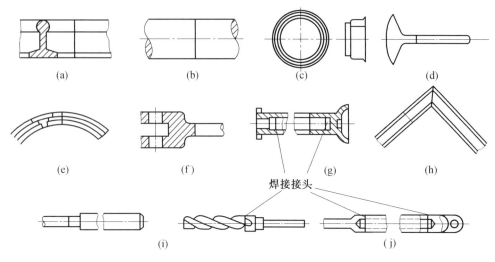

图 19.17　各种对焊接头

19.6.1　电阻对焊

电阻对焊是将焊件装配成对接接头,使其端面紧密接触,利用电阻热将焊件端面加热到塑性状态,然后迅速施加顶锻力完成焊接的方法。

1. 电阻对焊接头形成过程

电阻对焊接头形成过程(焊接循环)由预压、通电加热、顶锻等阶段组成。

（1）预压阶段

预压阶段的作用与点焊时的预压相同,只是由于焊件对口接触表面上压强小,清除表面不平和氧化膜、形成接触点的作用远不如点焊时充分。

（2）通电加热阶段

这是电阻焊过程中的主要阶段。通电加热开始时,首先是一些接触点被迅速加热、温度升高、压溃而使接触表面紧密贴合。随着通电加热的进行,接触面温度急剧升高,在压力作用下焊件发生塑性变形。

（3）顶锻阶段

顶锻有两种方式,其一是顶锻力等于焊接压力,其二是顶锻力不等于焊接压力。等压力方式加压机构简单,便于实现,但顶锻效果不如变压力效果好。变压力方式主要用于合金钢、有色金属及其合金的电阻对焊。电阻对焊的焊接循环如图 19.18 所示。

2. 电阻对焊参数的选择

电阻对焊的主要工艺参数有伸出长度、焊接电流密度(或焊接电流)、通电时间、焊接压力和顶锻压力。

（1）伸出长度。即焊件伸在夹具外的长度,又称调伸长度。

伸出长度的作用是保证必要的留量(焊件缩短量)和调节焊件的加热温度梯度。

（2）电流密度和通电时间。在电阻对焊中,电流密度和通电时间是决定焊件加热的两个重要参数,可适当相互配合。

（3）焊接压力和顶锻压力。加热过程中的压力称焊接压力,顶锻过程中所施加的压力称顶锻力。顶锻力可以等于焊接压力,也可以大于焊接压力。

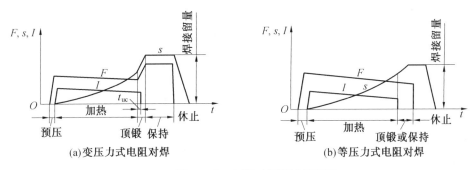

(a) 变压力式电阻对焊　　(b) 等压力式电阻对焊

图 19.18　电阻对焊焊接循环图

F—压力；I—电流；s—位移

电阻对焊的优点是操作过程简单,接头外形比较光滑匀称,毛刺较小。缺点是接头强度和冲击值低,焊前准备工作要求高。所以一般只适用于焊接小尺寸和要求不高的焊件。

19.6.2　闪光对焊

闪光对焊是将工件装配对正后,接通电源,并使焊件端面逐渐移近达到局部接触,利用电阻热加热这些接触点(产生闪光),使端面金属熔化,直至端部在一定深度范围内达到预热温度时,迅速施加顶锻力完成的焊接方法。它分为预热闪光对焊和连续闪光对焊两类,前者适用的断面为 1 000 mm² 左右的焊件,后者适用的断面为 5 000 ~ 10 000 mm² 的焊件。

1. 闪光对焊接头形成过程

连续闪光对焊有闪光和顶锻两个主要阶段；预热闪光对焊有预热、闪光和顶锻 3 个主要阶段,如图 19.19 所示。

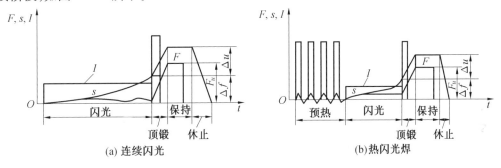

(a) 连续闪光　　(b) 热闪光焊

图 19.19　闪光对焊时全过程

I—电流；F—压力；s—位移；Δu—顶锻留量；ΔF—闪光质量；F_a—顶锻力

(1) 预热阶段

预热是在对焊机上,通过预热而将焊件端面温度提高到一合适值后,再进行闪光和顶锻,这是预热闪光对焊所特有的。预热方式有以下两种。

①电阻预热。多次将两焊件端面紧密接触、分开,接触时施加较小的挤出压力并通以预热电流。

②闪光预热。接通电源后,多次将两焊件端面轻微接触、分开,在每次接触过程中都要激起短暂的闪光。预热有降低需用功率,缩短闪光加热时间等优点,但也存在不足之

处,即带来生产效率低、过程控制复杂,过热区宽和接头质量稳定性较差等。

(2)闪光阶段

接通电源,并使两焊件端面轻微接触时,两端面间形成许多具有较大电阻的小触点,在很大电流密度的加热下瞬间熔化,在两焊件端面间形成液态金属过梁。在电磁力等作用下液体过梁截面积将减小,因而使液体过梁的电流密度进一步提高,同时由于温度上升,液态金属的电阻率也相应提高,这样在液体过梁上产生很大的电阻热,使液态金属达到蒸发状态,液态金属微滴以很大的速度从焊件间隙处喷射出来,形成火花急流(闪光)。过梁爆裂后,焊件端面上的是点被烧平,并在此处留下一薄层液态金属(亦称火口),临近火口处也被加热到一定的温度。随着焊件的连续送进,又会在其他凸点处发生新的闪光过程。经过一定时间的闪光之后,就会把焊件端部加热到一定的温度,并在端面处留下一层液态金属和氧化物,它们的流动性很好,为顶锻时挤出杂质,获得优质的焊接接头提供了条件。

(3)顶锻阶段

闪光结束后,焊件快速靠拢,并在顶锻力的作用下把液态金属和氧化物在凝固前挤出焊口,局部产生较大的塑性变形,使结合面形成共同晶粒,从而获得牢固的焊接接头。

2. 闪光对焊参数的选择

闪光对焊的主要焊接参数如下。

①伸出长度。伸出长度可按焊件截面的大小和材料的性能来选择。

②闪光留量。闪光留量即是在闪光过程中两焊件总的烧化量。它必须保证在闪光结束时焊件整个端面有一金属熔化层,同时在一定深度内达到塑性变形温度。

③闪光速度。闪光速度即在稳定闪光条件下,动夹具的进给速度,又称烧化速度。

④闪光电流密度。闪光电流密度对焊接区的加热有重要影响,它与焊接方法、材料性质和焊件断面尺寸等有关,通常在较宽的范围内变化。

⑤顶锻力。闪光对焊时,顶锻阶段施加给焊件端面上的力称顶锻力,其大小应保证能挤出接口内的液态金属,并在接头处产生一定的塑性变形。

闪光对焊工艺参数的选择应从技术条件出发,结合材料性质、断面形状和尺寸、设备条件和生产规模等因素综合考虑,一般可先确定工艺方法,然后参考推荐的有关数据及试验资料初步确定焊接参数,最后由工艺试验并结合接头性能分析予以确定。

3. 常用金属材料的闪光对焊

(1)碳素钢的闪光对焊

这类材料电阻率较高,加热时碳元素的氧化为接口提供保护性气氛,不含有生成高熔点氧化物的元素,焊接性较好。

随着钢中碳的体积分数的增加,电阻率增大,结晶温度区间、高温强度及淬硬倾向都随之增大,因而需要相应顶锻力和顶锻留量。为了减轻淬火的影响,可采用预热闪光对焊,并进行焊后热处理。

碳素钢闪光对焊时,因为氧化物熔点低于母材,顶锻时较易挤出。但在接头中会出现白带(脱碳层)而使接口软化,在采用长时间热处理后可以改善或消除脱碳区。

(2)合金钢的闪光对焊

合金钢中由于合金元素铝、铬、硅、钼等易生成高熔点的氧化物,因此焊接时应增大闪光和预锻速度,以减少其氧化。随着合金元素含量增多,合金钢的高温强度提高,焊接时应增大顶锻力。对于珠光体钢,合金元素增加,其淬火倾向也增大,一般均需提高顶锻力和有电顶锻时间,有时也需后热处理。

(3) 铝合金的闪光对焊

铝及其合金由于具有导热性好、易氧化和氧化物熔点高等特点,闪光对焊焊接性较差。当焊接参数不合适时,接头中易形成氧化物夹杂、残留铸态组织、疏松和层状撕裂等缺陷,将使接头的塑性急剧降低。一般冷作强化型铝合金、退火态的热处理强化铝合金,焊接性则较差,必须采用较高的闪光速度和强制成形顶锻模式,并且焊后要进行淬火和时效处理。铝合金推荐选用矩形波波电源闪光对焊。

闪光对焊不仅可用于棒材、管材、环形件对焊,也广泛用于焊接板材、钢轨、异种材料的刀头—刀杆、铜—铝合金等零件。同时,一些高效低耗的闪光对焊新方法,如程控降低电压闪光法、脉冲闪光法、瞬时送进速度自动控制连续闪光法、矩形波电源闪光对焊等正在得到推广,必将使闪光对焊在工业生产中发挥更大的作用。

4. 对焊设备简介

对焊机由焊接电源及控制系统、机架、导向机构、动夹具和固定夹具、送给机构、夹紧机构、顶座等部分组成,如图 19.20 所示。

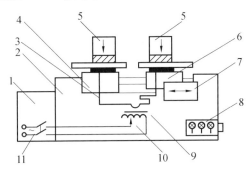

图 19.20 对焊机基本结构示意图
1—控制器;2—机身;3—焊接回路;4—固定座板;5—夹紧机构;6—活动座板;
7—送进机构;8—冷却系统;9—阻焊变压器;10—功率;11—主电力开关

第 4 篇 热处理设备

热处理是提高材料性能、挖掘材料内部潜力、使零部件质量和寿命大大增加的十分重要的一种工艺,而热处理工艺的实现需要热处理设备。近年来,随着对产品质量要求的不断提高,对热处理设备也提出了更高的要求。由于现代技术的发展,先进的热处理设备不断涌现,这些设备不仅要保证产品质量,还要节约能源、高效安全、机械化操作。本篇主要介绍热处理电阻炉、热处理浴炉及流态粒子炉、真空与等离子热处理炉、可控气氛热处理炉、热处理冷却设备和热处理辅助设备的基本原理、特点、操作方法及适用工艺等。

第 20 章 热处理设备概述

20.1 热处理设备分类

热处理设备是指用于实施热处理工艺的装备,通常把完成热处理工艺操作的设备称为主要设备。在热处理车间内还有维持热处理生产所需的燃料、电力、水、气等动力供应设备,起重运输设备和生产安全及环保设备。所以把与主要设备配套的和维持生产所需的设备称为辅助设备。热处理车间内设备的分类如表 20.1 所示。

表 20.1 热处理车间设备分类

主要设备		辅 助 设 备	
热处理炉	加热装置	清洗、清理设备	炉气氛、加热介质、渗剂制备设备
表面氧化装置	表面改性装置	起重运输机械	淬火介质循环冷却装置
表面机械强化装置	淬火冷却设备	质量检测设备	动力输送管道急辅助设备
冷处理设备	工艺参数检验、控制仪表	工具夹	防火、除尘等生产安全设备

1. 热处理主要设备

(1)热处理炉

热处理炉是指具有炉膛的热处理加热设备。因在加热过程中炉膛首先被加热,再参与对工件的热交换,所以热处理炉的加热性质属间接加热。

(2)加热装置

加热装置是指热源直接对工件加热的装置,因此其加热性质属直接加热。其加热方法可以是火焰直接喷烧工件,电流直接输入工件将其加热,在工件内产生感应电流加热工件及等离子体、激光、电子束冲击工件而加热等。

(3) 表面氧化装置

表面氧化装置是指通过化学反应在工件表面生成一层致密的氧化膜的装置,它由一系列槽子组成,通常称发蓝槽或发黑槽。

(4) 表面改性装置

表面改性装置主要有气相沉积和离子注入等。气相沉积装置是指通过在气相中的物理、化学过程,在工件表面上沉积金属或化合物涂层的装置。离子注入是把氮、金属等的离子注入材料表面。这类工艺方法不同于传统的通过加热和冷却发生相变而强化金属的热处理方法,是现代新兴的一种改善金属表面性能的方法。

(5) 表面机械强化装置

表面机械强化装置是指利用金属丸抛击、压力辊压、施加预应力等方法,使工件形成表面压应力或预应力状态的装置,常见的有抛丸机和辊压机等。

(6) 淬火冷却设备

淬火冷却设备是指用于热处理淬火冷却的装置,有各种冷却介质的淬火槽、喷射式淬火装置和压力淬火机等。

(7) 冷处理设备

冷处理设备是指用于将热处理件冷却到 0 ℃ 以下的设备。常用的装置有冷冻机、干冰冷却装置和液氮冷却装置。

(8) 工艺参数检测、控制仪表

工艺参数检测、控制仪表,通常是指对温度、流量、压力等参数的检测、指示和控制仪表。随着计算机控制技术的应用,使对热处理工艺参数控制的概念发生了根本性的变化,除常规的工艺参数控制外,还有工艺过程静态和动态控制、生产过程机电一体化控制、计算机模拟仿真等。计算机的控制成为工艺过程和设备运行的指挥中心。

2. 热处理辅助设备

(1) 清洗和清理设备

清洗和清理设备是指对热处理前、后工件清洗或清理的设备。常用的清洗设备有碱水溶液、磷酸水溶液、有机溶剂(氯乙烯、二氯乙烷等)的清洗槽和清洗机以及配合真空、超声波的清洗装置。清理设备有化学法的酸洗设备,机械法的清理滚筒、喷砂机和抛丸机,燃烧法的脱脂炉等。

(2) 炉气氛、加热介质、渗剂制备设备

①热处理气氛生成设备,有由可燃物形成吸热式和放热式气氛,从空气中提取 N_2,由液氨分解或燃烧制备 H_2 和 N_2 气氛,有机液分解气氛和制 H_2 等设备。

②加热介质制备设备,主要有盐浴炉用盐、流态化粒子及油的储存、筛选、混料等装置。

③渗剂制备设备,主要有化学热处理用的固体、液体、气体渗剂,防工件加热氧化涂料,增强工件对辐射热吸收率的涂料等的储存、混料和再生设备。

④淬火介质循环冷却装置,是指为维持淬火介质温度而设置的淬火介质循环冷却的装置,主要包括储液槽、泵、冷却器和过滤器等。

⑤车间起重运输设备,是指用于车间内工件运输、设备维修吊装的机械设备,有时也

用于工件装出炉的吊装。此类机械设备主要有车间起重机、运输工件的车辆、传输工件的辊道和传送链等。

⑥质量检测设备,是指对热处理件进行质量检测的设备。此类设备范围很广,有金相组织、力学性能、工件尺寸、缺陷探伤和残余应力等检测设备。

⑦动力输送管路及辅助设备,是指提供给热处理设备的电力、燃料、压缩空气、蒸气、水等动力的管路系统和附属的装置,主要有管路系统、风机、泵、储气囊及储液罐等。

⑧防火除尘等生产安全设备,是指防治热处理生产造成的粉尘、废气、废液的装置、预防和处理火灾、爆炸事故的装置,主要有抽风机、废气裂化炉、废液反应槽及防火喷雾器等。

20.2 热处理炉的分类、特性和编号

1. 热处理炉的分类

为满足各种热处理件、各类热处理工艺和不同生产批量的需要,热处理炉有很多类型和规格。按照热源不同可以分为:电阻炉、燃料炉、煤气炉、煤炉、油炉;按照工作温度可以分为:高温炉(>1 000 ℃)、中温炉(650～1 000 ℃)、低温炉(<650 ℃);按照工艺用途可以分为:退火炉、淬火炉、回火炉、渗碳炉、渗氮炉;按照炉膛形式可以分为:井式炉、罩式炉、转底式炉、贯通式炉、管式炉;按照作业方式可以分为:间歇式炉、连续式炉、脉动式炉;按照使用介质可以分为:空气介质炉、真空炉、火焰炉、盐浴炉、油浴炉、铅浴炉、流态化炉、可控气氛炉;按照控制方式可以分为:计算机仿真控制炉、工艺过程控制炉、温度控制炉;按照机械型式可以分为:台车式炉、振底式炉、升降底式炉、辊底式炉、推杆式炉、输送带式炉、步进式炉,等等。

2. 热处理炉的主要特性

热处理炉的种类很多,但其基本组成和特性是由几个主要组成部分和特性参数所限定的。

(1)温度

炉子温度决定了炉子的传热特性。由于辐射与 T^4 成正比,所以高温炉的结构应设计成辐射传热型,其主要特征是电热元件应该能够直接辐射加热工件。低温炉主要依靠对流传热,其炉子结构应有强烈的气流循环。

(2)热源

电加热的热处理炉,因电热元件容易在炉内安装和控制,所以有较高的温度、均匀度和精度。煤气和油加热的热处理炉直接利用能源,比电热炉有较高能源利用率。煤气加热炉和油加热炉也能实现计算机控制。炉子的温度控制精度也可满足热处理工艺要求。燃煤加热的热处理炉,控温精度低、热效率低、CO_2 排放量大,所以其应用将受限制,仅应用于技术要求不严格的热处理生产。

(3)炉膛结构与炉衬材料

炉膛是热处理炉的主体,是炉衬包围的空间。对它们的基本要求是,在炉膛内形成均匀的温度场,对被加热件有较高的传热效果,较少的积蓄热和散热量。炉衬材料和结构向轻质化、纤维化、复合结构、预制结构、不定型材料浇注以及喷涂增强辐射涂料的方向发展。

(4)燃烧装置和电热元件

燃烧装置和电热元件是炉子的主要部件。对燃烧装置的基本要求是,使燃料充分燃烧,达到所需的温度和所需的气氛状态,形成高辐射或强对流的火焰,满足热处理工艺要求,有较高的热效率和较轻的环境污染。燃烧装置的种类很多,目前发展较好的有:高热效率的蓄热式烧嘴、燃烧器、辐射管和计算机控制燃烧。热处理炉所用的电热元件,主要是电阻丝(或带)制成的元件或辐射管。在低温浴炉中多用管状加热元件,在可控气氛炉中多数用辐射管,在高温炉中主要用碳化硅、二硅化钼、镧铬氧化物质和石墨质电热元件。电热元件、燃烧装置的合理布置以及组织好火焰流向或热风循环是提高炉子温度均匀度和热效率最重要的手段。

(5)炉气氛

实现热处理保护加热和气氛碳势控制是我国热处理长期的战略任务。热处理炉气氛状态有如下几类。

①空气气氛,是一种结构最简单的炉型。工件在该炉内高于560 ℃以上加热时会氧化脱碳。

②火焰气氛,是燃料炉燃烧产物气氛。燃烧产物的组成主要是 CO_2、H_2 和 N_2。还可能有过剩的 O_2 或未完全燃烧的 CO。火焰气氛的性质主要是氧化性,只有当 CO 量较多时才为弱氧化性或弱还原性。

③可控气氛,是人们特意加入炉内的气氛,主要是控制碳势、氮势或气氛还原性。按可控气氛的性质分类主要有以下几种。

a. 中性气氛,主要是 N_2,在 N_2 基础上附加其他组分,形成氮基气氛,其性质随附加剂的性质而变化。

b. 还原性气氛,主要是 H_2,H_2 密度小、黏度低、热导率高、还原性强,因此它有热容量小、流动状态好、温度均匀度高的优点。

c. 含碳气氛,由碳氢化合物裂化或不完全燃烧而成,有吸热式和放热式两大类,此气氛可在热处理炉外或炉内生成。

d. 浴态介质,常用的浴态介质有盐浴、铅浴和油浴。其性质是中性,有时在中性盐浴基础上加其他物质,形成具有相应物质特性的盐浴,如含碳、含氮和含硼等盐浴。

e. 真空状态,低于 101.325 kPa 的稀薄气体状态均称真空态。在高真空状态下热处理有提高产品质量和保护环境的双重作用,是热处理设备发展的主要方向之一。

(6)作业方式

热处理设备按作业方式分间歇式作业炉和连续式作业炉两大类。

间歇式作业炉一般为单一炉膛结构,工件成批装出料,在炉内固定位置上周期地完成一个工序的操作。简单型的间歇式作业炉有空气介质的箱式炉、井式炉等,其结构简单,但其生产的产品的稳定性、再现性、同一性都很差。近代,在间歇式简单炉型基础上,配备了传动机械、可控气氛、计算机控制等装置,使炉子的特性发生了质的变化。如密封式箱式炉,它可完成高质量的淬火、渗碳等功能,还可与清洗、回火等设备组成柔性生产线。真空间歇式炉还被发展成在一个炉膛工位上完成加热、冷却、回火等一个完整的热处理操作程序的生产模式。

连续式作业炉的炉膛为贯通式,多为直线贯通,亦有环形贯通,其操作程序是工件顺序地通过炉膛,热处理工艺规程是沿炉膛长度方向设置的,运行长度则为工艺时间。因此,每一个工件(或料盘)在炉内运行过程中都同样准确地执行同一个工艺程序,可获得同一性的品质。

(7)工件在炉内的传送机械

热处理炉的机械化状态是炉子先进程度的重要标志之一,各种型式的输送机械几乎都被应用于热处理炉。选择炉内工件传送机械应考虑:该机械是否与热处理件的形状、尺寸或料盘相适应;是采用连续式还是脉动式传送;工件与机械相对运动状态是相对静止还是相对运动的;工件支持点(或面)的接触状态;该机械与上下工序机械的衔接方式;该机械(包括料盘)是一直停留在炉内,还是反复进出炉,周期地被加热和冷却;传动机械的可靠性和使用寿命;调整工艺的灵活性等,这些因素对提高产品质量和节能都有重大影响。

(8)控制方式

热处理炉的控制包括控制范围、控制方法和控制装置。控制范围包括:对温度、压力、流量及气氛等工艺参数控制,传动机械控制,工艺过程控制和预测产品质量控制。由于计算机控制技术的应用,控制方法和装置正进入一个新时代,从单纯参数控制,向用可编程控制器控制生产过程和计算机模拟仿真的方向发展。

3. 热处理炉的编号

我国国标 GB10057.4—1988"电热设备基本技术条件,间接电阻炉",对热处理炉进行了分类和编号,如表20.2所示。

表 20.2 热处理炉的编号

类别代号	类别名称	类别代号	类别名称	类别代号	类别名称
RB	罩式炉	RL	流态粒子炉	RZ	振底式炉
RC	传送带式炉	RM	多用炉	ZC	真空淬火炉
RD	电烘炉	RN	气体渗碳炉	ZR	真空热处理和钎焊炉
RF	强迫对流井式炉	RQ	井式气体渗碳炉	SG	实验用坩埚炉
RG	滚筒炉	RT	台车式炉	SK	实验用管式炉
RJ	自然对流井式炉	RX	箱式炉	SX	实验用箱式炉
RK	坑式炉	RY	电浴炉	SY	实验用油浴炉

20.3 加热装置的类别和特性

1. 感应加热装置

热处理感应加热装置一般由感应电源、感应器、淬火机床和感应加热生产线组成。

(1)感应电源

感应电源的主要参数是频率和功率。现阶段我国的感应电源是新、旧型并存。旧式的高频和超音频电源,其主体是一个大功率电子振荡器,通过它把 50 Hz 工频电流转换为 100~500 Hz 的高频和 30~50 kHz 的超音频,其主要缺点是变频效率低、振荡器的寿命短。旧式的中频电源是一种机式中频发电机,主要的缺点是效率低、设备费高。上述两类电源都将逐渐被晶体管式的中、高频电源所替代。晶体管式的晶闸管中频电源是利用晶闸管元件把 50 Hz 工频三相交流电变换成单相中频交流电,其特点是效率高、控制灵便。新型的全固态高频电源,采用新型电力电子器件静电感应晶体管(SIT)使装置全固态化,具有转换效率高、工作电压低、操作安全、使用寿命长和可省去高压整流变压器的优点,但设备费较高。50 Hz 工业频率电源是一个工业变压器,无需变频装置,其设备简单、输出功率大,应用于大型工件表面淬火或透热;其主要缺点是加热速度低、加热效率也较低。

(2)感应器

感应加热只有通过感应器才能实现。感应器的结构和尺寸随工件的特性和电源频率而异,感应器严重地影响工件感应热处理的质量和热效率。

(3)感应淬火机床

感应淬火机床使感应热处理机械化,并便于准确控制工艺参数。它有普通型和专用型两种,专用机床是依据某一工件的热处理要求而设计的。

(4)感应加热生产线

现代的生产组织常把感应热处理放在机械加工线上组成生产线,这时感应加热装置是专用的成套设备,包括感应电源、多工位淬火机床、设备冷却和淬火介质循环系统、感应器、感应回火、工件校正变形装置以及计算机控制系统。

2. 火焰加热装置

火焰加热装置是以乙炔或其他可燃气为燃料的加热装置,一般由乙炔发生器、喷焰器和淬火机床组成。火焰温度可高达 2 000 ~ 3 000 ℃。这种加热装置设备简单,生产成本低廉。其缺点是温度等工艺参数较难控制,通常应用于单件和就地大件生产。

3. 电阻加热装置

电阻加热装置由电源变压器、通电夹头和机床组成。两电极夹头夹持在欲加热件部位的两端,通以低压大电流,将该部位工件加热。夹头的结构有固定型和滑动型。有的装置利用两个滚轮代替夹头,两滚轮紧压工件,平行滚动,将滚轮间的工件加热。这种加热装置结构简单、热效率高,广泛应用于钢丝、钢管通电加热。

4. 接触电阻加热装置

接触电阻加热装置是由电源变压器、可移动的接触滚轮和淬火机床组成。其操作是将变压器两端各连接滚轮,作为电极的两极,滚轮在工件表面上滚动,在接触面上产生局部电阻而发热,将此接触部位的工件加热,随后依靠工件自身导热冷却淬火。这种装置结构简单,多应用于类似机床导轨等大型件表面淬火,因工艺参数难于控制,应用很少。

5. 电解液加热装置

电解液加热装置由直流电源、电解液槽、工件夹持装置组成。被加热的工件连接电源阴极,浸入电极液槽中,槽体接电源阳极,通电发生电解,电解时在工件表面上形成氢气膜,此膜因电阻值高而发热,将工件加热。此装置一般应用于形状简单的小工件的局部加热,如气门顶杆端部加热淬火。对有锐角的工件易造成过热,此装置应用不多。

6. 等离子加热装置

等离子加热装置由真空容器、工作台、产生等离子体的气源及供排气管路和控制电路组成。工件在真空容器内的工作台上,连接电源阴极,容器连接电源阳极。控制电路使在低真空中的气体电离,产生等离子,等离子又在电场作用下高速冲击工件,将其动能转化为热能,加热工件。此装置主要用做渗氮等化学热处理,其优点是等离子体本身就是渗剂的离子,如 N^+,N^+在冲击工件时,溅射掉工件表面的钝化膜,并渗入工件内,有较高的渗速和较致密的渗层。

7. 激光加热装置

激光加热装置由激光器、导光系统、工作台和控制系统组成。高能密度的激光束在工件上扫描,将工件加热,随后工件自行冷却淬火。此装置生产率高、加热速度快、工件淬火后有较高硬度,主要应用于齿轮、气缸套、导轨等工件淬火。

8. 电子束加热装置

电子束加热装置由电子束发生器、扫描系统、低真空工作室和控制系统组成。高速的电子束流扫描轰击放置在真空室内工作台上的工件,将其加热,随后工件自行冷却淬火。

20.4 气相沉积装置的类别和特性

1. 气相沉积装置

气相沉积装置有化学气相沉积装置(CVD)、等离子体化学气相沉积装置(PCVD)和物理气相沉积装置(PVD)3类。

(1)化学气相沉积装置

该装置由气源系统、反应沉积室、抽气系统和尾气处理系统组成。气源(例如 $TiCl$、H_2、和 N_2)进入 900~1 200 ℃ 的反应沉积室内,发生化学反应,随即在工件表面沉积反应产物(例如 TiN)。

(2)等离子体化学气相沉积装置

该装置由气源系统、离子沉积反应室和抽气系统组成。原料气进入离子沉积真空室后,在电场作用下电离,形成等离子体(氮离子、氢离子、钛离子等),等离子轰击连接阴极的工件,将其加热,并将离子体间的反应产物(例如 TiN)沉积在工件表面上。

(3)物理气相沉积装置

该装置根据沉积物获得方法又分为真空蒸镀装置、离子镀膜装置和溅射镀膜装置等。

2. 离子束装置

此装置应用于材料改性的技术是离子注入。它是从金属蒸发真空弧等离子源中引出离子,经加速后获得高能量的离子束,而后进入磁分析器纯化,再经二维偏转扫描器使离子束注入工件材料表面,而使其强化之。目前已应用于刀具、模具、轴承等方面。

20.5 热处理设备的技术经济指标

为评价电热设备产品质量,我国原机械工业部制定了 JB/DQ5368.1~28b《电热产品质量分等》标准,它提出了评价电热设备质量水平和使用价值的内容和方法。下边以热处理炉为例介绍此标准的一些规定。

1. 功能参数

(1)炉子热效率,指加热工件的有效热量占炉子总耗热量的百分数,常用来衡量炉子热能利用率的大小。

(2)炉温均匀度,指炉子在试验温度下处于热稳定状态时炉内温度的均匀程度,通常指在空炉时、在有效工作区内、在规定的各测温点上所测得的最高和最低温度分别与控制点上所测得的温度差。炉温均匀度是保证热处理工艺质量最重要的技术指标。

(3)空炉升温时间,通常指在额定电压(额定功率)下把一台经过烘干的、没有装炉料的电阻炉,从冷态加热到额定温度所需的时间。

(4)空载功率,指没有装炉料的电阻炉升温至额定温度并已达到热稳定态后的功率消耗,包括这个阶段炉体蓄热和散失到周围空间的能量。

(5)炉外壁表面温升,指电阻炉在额定温度下的热稳定状态时,炉体外表面指定范围内任意点的温度与环境温度的差。

(6)炉温控制精度,指电阻炉在试验温度下的热稳定状态时控温点温度的稳定程度。

2. 运行性能

(1)炉内气氛,指炉内气氛的成分,一般分为自然气氛(空气)、控制气氛(成分可控制在预定范围内的气氛)、保护气氛(炉内用来保护炉料使之在加热时避免或减少氧化和脱碳的气氛)及真空(炉膛内低于 101.325 kPa 的气体状态)。

(2)最大装载量,间歇作业炉设计时规定的每一炉最多能装载的炉料的质量,包括随被加热工件或材料同时进炉的料筐、料盘或夹具等的质量。

(3)工艺适应性,一般指满足热处理工艺的程度、产品品质和重现性。

(4)自动化程度,指炉子和工艺过程控制的等级,如是否计算机控制。

3. 可靠性和寿命

(1)平均无故障工作时间。

(2)易损件寿命。

(3)大修期。

4. 结构

(1)热影响,指炉子受热构件出现扭曲、变形、开裂、下垂及烧蚀等现象,影响炉子正常运行的状态和使用期。

(2)造型与外观,指结构造型宏观状态、零件加工精细度、表面状态和色泽协调状态。

(3)操作维修便利性,指维修劳动强度、操作维修方便程度和维修时间。

(4)工艺性,指结构设计合理性综合加工工艺性和选用材料合理性。

(5)标准化系数,指选用标准件的程度。

5. 配套性

(1)成套水平,指满足工艺操作配套装置的完整程度,如机械、气氛、控制等。

(2)技术文件齐全性,指产品说明书、配套件说明书、合格证和出厂检验数据等的完善程度。

6. 安全卫生

(1)安全防护,指符合电热设备安全要求的程度。

(2)公害污染,指产生有害气体和粉尘的程度,以及防治的水平。

7. 用户评价

用户评价指使用可靠性,用户使用后对该产品的综合评价。

第21章 热处理设备常用材料及基础构件

热处理设备常用的材料,包括筑炉墙的耐火材料、保温材料,炉壳用金属材料,电热元件所需的电热材料,炉子地基材料,炉用耐热钢材以及炉内气体管路、淬火系统、水冷系统、真空系统等所需的各种标准设备。本章将重点介绍耐火材料、保温材料以及炉内构件用材料的种类及性能。

21.1 耐火材料

一般热处理炉,炉衬基本上由耐火层、保温层组成,炉子耐火层直接承受炉内高温并应具有一定机械强度,能够抵抗炉内介质或熔渣的破坏作用,以便保持炉膛形状和尺寸。因此,将能够抵抗高温并承受在高温下所产生的物理、化学作用的材料,统称为耐火材料。

1. 耐火材料的技术性能指标

(1) 耐火度

耐火度是耐火材料抵抗高温作用的性能,表示材料受热后软化到一定程度时的温度。按耐火度的不同,可将耐火材料分为以下几种。

① 普通耐火材料:耐火度为 1 580 ~ 1 770 ℃。

② 高级耐火材料:耐火度为 1 770 ~ 2 000 ℃。

③ 特级耐火材料:耐火度为 2 000 ℃以上。

耐火材料的耐火度主要决定于成分和材料中易熔杂质,如 FeO 和 Na_2O 等含量。耐火度不是熔点,并不代表耐火材料实际使用温度,因为在高温荷重下耐火材料的软化温度要降低。耐火材料的实际使用温度,一般比材料的耐火度低。

(2) 高温结构强度——荷重软化点

高温结构强度用荷重软化点来评价。荷重软化开始点是指在一定压力(196 kPa,轻质的为 98 kPa)条件下,以一定的升温速度加热,测出样品开始变形(0.6%)时的温度。实验证明试样一般承受的压力不超过 2 kg/cm²,在这个压力下按一定的加热速度升温测试试样开始变形的温度成为荷重软化开始点。当试样变形达4%或40%的温度,称为荷重软化4%或40%软化点。耐火材料的高温结构强度主要决定于化学成分和体积密度。耐火材料的使用温度必须低于其荷重软化点。

(3) 高温化学稳定性

高温化学稳定性是指耐火材料在高温下抵抗熔渣、熔盐、金属氧化物及炉内气氛等的化学作用和物理作用的性能。

高温化学稳定性常用抗渣性来评定,它取决于组成物的化学性质及其物理结构。

(4) 热震稳定性(耐急冷急热性)

热震稳定性是指材料对急冷急热的温度反复变化,其抵抗破坏和剥落的能力。测定方法是将试样加热至850 ℃,然后在流动的冷水中冷却,反复进行直至破碎或剥落至其质量损失20%为止,其所经历次数作为耐火制品的热震稳定性指标。

轻质耐火制品热震稳定性的测定,是将标准砖加热至1 000 ℃,在静止空气中冷却,反复进行,直至砖体的质量损失20%的加热(冷却)次数,作为热震稳定性指标。

耐急冷急热性与制品的物理性能、形状和大小等因素有关。

(5)高温体积稳定性

高温体积稳定性是指耐火材料在高温下长期使用时,化学成分发生变化,产生再结晶和进一步烧结现象,所产生的不可逆残余收缩或膨胀。通常用热膨胀系数和重烧线收缩来表示。一般要求耐火制品的体积变化不得超过0.5%~1%。

(6)密度

密度是包括全部气孔(开口气孔、闭口气孔、连通气孔)在内的单位体积耐火制品的质量(g/cm^3 或 kg/cm^3)。此外,还有比热容、热导率和电绝缘等特征指标。

2. 热处理炉常用的耐火材料

热处理炉常用耐火材料有黏土砖、高铝砖、轻质耐火黏土砖、硅酸铝耐火纤维、耐火混凝土及各种耐火纤维等。

(1)黏土砖

黏土砖的主要成分是:Al_2O_3($\omega_{Al_2O_3}$ = 30% ~ 48%),SiO_2(ω_{SiO_2} = 50% ~ 60%),其余为各种金属氧化物等,属弱酸性,荷重软化点为1 350 ℃,耐急冷急热性好,原料来源广泛,是最常用的耐火材料。可用于砌筑炉顶、炉底、炉墙及燃烧室等。

(2)高铝砖

高铝砖是含 Al_2O_3 48%以上的耐火制品,其余为 SiO_2 和少量的其他氧化物杂质。高铝砖由高铝矾土、硅线石、天然或人造刚玉、工业氧化铝等经配料、混合、成形等工序,最后经高温焙烧而成。

高铝砖具有耐火度高、高温结构强度较好和化学稳定性好等优点,其缺点是热稳定性较低,重烧收缩较大,价格较贵。多用于高温热处理炉及电阻丝或电阻带的搁砖、热电偶导管、马弗炉的炉芯等。

(3)轻质耐火黏土砖与超轻质耐火黏土砖

轻质耐火黏土砖是指各种质量轻、密度小、气孔率高、热导率低的耐火砖,一般是黏土砖,也有高铝砖。其成分与一般黏土砖和高铝砖相同,但因制造方法不同,其气孔率很高,体积密度很小,轻质黏土砖为 0.4 ~ 1.3 g/cm^3,超轻质黏土砖可小于 0.3 ~ 0.4 g/cm^3,因此保温性好(传热损失小)、热容量小(炉子的蓄热损失小)。但是,高温强度低、高温化学稳定性差。在高温结构强度和耐火度满足要求的情况下,应尽可能选用轻质黏土砖。

(4)碳化硅耐火制品

碳化硅耐火制品主要化学成分是 SiC,其耐火度高。高温结构强度高,抗磨性、耐急热性好,导热性及导电性好。根据其制造工艺的不同,可用做高温炉的电热元件、马弗炉的马弗罐、高温炉的炉底板、各种炉窑的隔焰板、燃烧室内衬及热交换器等。

(5)耐火纤维

耐火纤维是一种新型的耐火材料,也称陶瓷纤维,兼有耐火和保温作用。根据原料不同有硅酸铝、石英、氧化铝和石墨耐火纤维等,具有耐高温、热导率低、密度小、比热容小、耐急冷急热性好、绝缘性能好、化学稳定性好、耐压能力差的特点，可制成毡、板、带、绳、毯、线等形状的制品。纤维毡可用机械固定或黏结剂粘贴固定于炉墙上，也可制成预制块或预制板或夹于两层耐火材料中间使用。常用玻璃质硅酸铝耐火纤维为非晶质，包括普通硅酸铝纤维、高纯硅酸铝纤维、合格硅酸铝纤维。一般热处理炉用硅酸铝纤维，真空炉、热压炉和气氛炉使用石墨纤维。耐火纤维的缺点是受制造工艺和设备的限制，某些气氛对耐火纤维有腐蚀作用，影响了它的使用范围。

(6) 耐火混凝土

耐火混凝土是以一定粒度的矾土熟料为骨料，细粉状矾土熟料为掺合料加水，按一定比例混合，用水泥胶结、成型、硬化后得到的耐火材料。其优点是可以浇捣成整体炉衬，便于制造复杂构件，修炉和砌炉的速度快，炉子寿命长，成本低。缺点是耐火度低于耐火砖。根据所用的胶结材料(水泥)不同，耐火混凝土可分为硅酸盐耐火混凝土、铝酸盐耐火混凝土、磷酸盐耐火混凝土和水玻璃耐火混凝土等。热处理常用铝酸盐耐火混凝土和磷酸盐耐火混凝土。

(7) 耐火泥

耐火泥应接近于砌体成分，具有一定耐火度和化学稳定性。耐火泥由质量分数为 20%~40% 的耐火黏土生料和质量分数为 60%~80% 的耐火黏土熟料粉组成。用水或稀释水玻璃调和后，用于砌炉时填塞砖缝，保证炉子强度和气密性，生料量越多，则强度越低。为减少炉子热传导引起的热损失，提高炉子的热效率，耐火层外需砌一层保温材料。保温材料具有体积密度小、气孔率高、热容量小、热导率小等特点。

21.2 保温材料

为了减少炉墙向外散热，要在耐火层外砌筑或填加一层保温材料。保温材料的主要性能特点是：热导率小、体积密度小、体积比热容小等。

热处理设备中经常使用的保温材料有：硅藻土、矿渣棉、蛭石、石棉、岩棉、膨胀珍珠岩以及超轻质耐火砖等。它们常以散料或制成制品使用，近些年来新炉型不提倡使用散料。

(1) 硅藻土

硅藻土主要成分为非晶体 SiO_2，并含有少量黏土杂质，呈白色、黄色、灰色或粉红色。具有很好的保温性能，最高使用温度为 900~950 ℃。硅藻土是有机藻类腐败形成的天然疏松多孔物质，大多数制成硅藻土砖使用，也可散状使用。

(2) 矿渣棉

矿渣棉是用高压蒸气将熔融的冶金矿渣喷射成雾状后，迅速在空气中冷却而制成人造矿物纤维。呈白色或暗灰色，其特点是体积密度轻，导热系数小，为不可燃物，堆积或受振动后密度增加，热导率增大。易被压碎而降低保温性能，使用温度不超过 700 ℃。

(3) 蛭石

蛭石又称为黑云母或金云母，具有一般云母外形，易于剥成薄片，其大致成分是 SiO_2、Al_2O_3、MgO、CaO。蛭石内含有 5%~10% 的化合水，受热后其中的水分急剧蒸发，体积膨胀而成膨胀蛭石。其熔点为 1 300~1 370 ℃，体积密度和热导率均很小，因而保温性能良好。使用时可以直接填入炉壳和炉衬之间，也可胶结成各种形状的保温制品使用，最高使用温度可达 1 000 ℃。

(4)石棉

石棉是一种纤维结构矿物,主要成分是 $3MgO \cdot 2SiO_2 \cdot 2H_2O$。其熔点高于 1 500 ℃,但使用温度不超过 500 ℃,因为 500 ℃ 开始失去结晶水,使强度降低,700~800 ℃ 时会粉化。常加工成石棉绳、石棉板、石棉布等形状使用。石棉板是石棉和粘结材料制成的板材,其烧失量不应大于 18%,含水量不应超过 30%(质量分数),石棉板的密度为 900~1 000 kg/m^3。

(5)岩棉

岩棉是以精选的玄武岩(或辉绿岩)为主要原料,经高温熔融等工艺制成的人造无机纤维,在岩棉中加入粘接剂和防尘油,经加工制成岩棉制品。

(6)膨胀珍珠岩

膨胀珍珠岩是由火山喷发的酸性岩浆急剧冷却的产物。其体积密度小,热导率小,使用温度可达 1 000 ℃,是一种很好的保温材料。既可散料使用,又可制成不同形状的砖使用。制品主要有板、管等制品,是一种质轻保温性能好的保温材料。

(7)硅酸钙绝热板

硅酸钙绝热板,不含石棉、耐高温、密度小、比强度高,是一种良好的保温材料。

21.3 炉用金属材料

炉用金属材料分为炉外用金属材料和炉内用耐热钢(炉底板、炉罐、坩埚、导轨、料盘以及传送带、炉内受力构件和紧固件等)。因炉内构件是在高温下工作,承受一定载荷,并受高温介质的化学腐蚀。要求具有良好的抗高温氧化性和高温强度,所以要用耐热钢来制造。

(1)普通金属材料

普通金属材料用做炉子的外壳和构架,如 Q235A 钢板、角钢、工字钢、槽钢等。

(2)炉用耐热钢

炉用耐热钢是指在高 450 ℃ 条件下工作,并具有足够的强度、抗氧化、耐腐蚀性能和长期的组织稳定性的钢种,耐热钢包括热强钢和抗氧化钢。热强钢在高温条件下具有足够的强度并有一定的抗氧化性能的钢种。常用的热强钢有珠光体热强钢、马氏体热强钢和奥氏体热强钢。抗氧化钢在高温下能保持良好的化学稳定性,因能抵抗氧化和介质的腐蚀而不起皮,故又称为耐热不起皮钢。常用的抗氧化钢有铁素体抗氧化钢和奥氏体抗氧化钢。还有一类含镍量很高的耐热钢,在高温下有很高的热强性能和更好的抗氧化性能。

20 世纪 50 年代,热处理炉的耐热钢大多采用 3Cr8Ni25Si2、1Cr25Ni20Si2 等高镍铬钢。60 年代后普遍使用不含镍或少含镍的,常用的有铬锰氮系耐热钢,这类钢具有较好的抗氧化性、抗渗碳性和耐急冷急热性,成本也较低,但加工性不好,焊接性差。此外,在生产实际中还有使用 Cr24Al2Si 铸钢、中硅球墨铸铁和高铝铸铁等。80 年代使用一种含镍少的优质耐热钢 3Cr24Ni7SiN 和 3Cr24Ni7SiNRe 稀土耐热钢(简称 24-7NRe),这种钢性能超过 3Cr8Ni25Si2,具有高温强度好、塑性好、抗氧化性好、组织稳定、耐硫化作用好、能耐温度急剧变化、时效脆性较 2Cr25Ni20Si2 小,同时还具有较好的铸造性、焊接性和加工性。由于 Cr、Ni 消耗较多,近年来开始使用 Fe-Al-Mn 系和 Fe-Cr-Mn-N 系耐热钢。

21.4 电热材料

电热材料是制造电热体的材料,电热体是电阻炉的关键部件,正确地选用电热体材料,对电阻炉的加热性能和使用寿命都有极其重要的意义。电热体材料应具备下列技术要求。

(1) 良好的高温力学性能和化学稳定性。电热体的温度比炉膛温度高出 100~150 ℃,长期在高温条件下工作,必须具备高的耐热性和高温强度,并且保证在高温下变形小、不断裂、抗氧化,与耐火材料不发生化学反应。

(2) 较大的电阻率、较小的电阻温度系数、较小的膨胀系数。

(3) 良好的机械加工性能。

(4) 良好的抗蚀性。

电热体材料分为金属和非金属两大类。

1. 金属电热元件

(1) 金属电热元件分类

常用的金属电热材料有镍铬合金和铁铬铝合金,在真空中和保护气氛中也使用钼、钨和钽。镍铬合金分二元合金和三元合金两种,二元合金基本是镍和铬,三元合金是镍铬铁合金。

经常使用的镍铬合金有 0Cr23Ni13、0Cr25Ni20、Cr15Ni60、Cr20Ni80、Cr20Ni80Ti3、Cr23Ni18 等。镍铬合金在空气中加热后,表面形成一层较硬的 Cr_2O_3 保护膜并紧附在合金基体上,熔点比合金基体高,能经受交替性的加热和冷却,抗蚀能力强,具有较高的高温强度,且经高温加热后其机械性能不发生很大变化,具有良好的塑性和焊接性,易拉丝和绕制,便于返修,很适用于难于安装和维修电热元件的电阻炉。由于 Ni 与 N 的亲和力小于 Fe,这类材料在氮化气氛中比较稳定,但在含 S 的气氛中,元件表层会形成硫化物,在含 CO 的气氛中长期加热,氧化膜会破坏,发生渗碳,使表层的熔点降低,导致裂纹形成甚至熔断,因而,在这种气氛中,使用温度应适当降低。此外,这类材料的价格较高,电阻率较小而温度系数较大。

经常使用的铁铬铝合金有 Cr13Al14、Cr17Al5、0Cr25Al5、0Cr24Al6RE、0Cr13Al6Mo2、Cr23Al6CoZr 等,其金相组织为铁素体。这类材料的表面上除形成 Cr_2O_3 外,在空气中加热后表面还形成一层 Al_2O_3 保护膜。合金中 Cr、Al 含量越高,耐氧化能力和电阻率亦越大。这类材料与镍铬系相比,有较高的抗氧化性和抗 S 气氛侵蚀的能力,电阻率较大而电阻温度系数较低,可用于较高温度。主要缺点是塑性较差,经高温加热后,晶粒十分粗大,性脆,难于维修,高温强度较低,易塌陷。在渗碳气氛中长期工作,氧化膜会被破坏而发生渗碳,使用寿命会降低。为此最好预先或定期在空气介质中加热,以形成致密氧化膜,延长其使用寿命。这类材料价格低廉,在热处理电阻炉中应用最广。

钼的纯度在 99.8% 左右,呈银灰色,坚韧,耐高温。高温时力学性能好,电阻率低,电阻温度系数大。为使电热元件功率稳定,必须安装调压器。钼易氧化,在空气中 200 ℃ 保持金属光泽,300 ℃呈钢灰色,400 ℃呈微黄色,600 ℃在金属表面形成粘附的黑色氧化膜,在 300~700 ℃时是稳定的 MoO_2,700 ℃以上生成 MoO_3 升华。在真空中超过 1 800 ℃后亦会迅速挥发。同时在高温下长期工作晶粒会变粗、性质变脆。钼常以细丝缠绕在炉管上使用,表面常覆盖一层纯 Al_2O_3 粉。所以炉管应用高纯 Al_2O_3 制成,避免采用 SiO_2 制品。因钼在高温下会与 Si 和 SiO_2 发生反应,钼在渗碳气氛中亦会渗碳而变脆,电阻率增大。

钨的熔点比铝高,硬度大,高温力学性能好,电阻率小,电阻温度系数大,加热过程中必须使用调压器。钨在空气中常温时较稳定,500 ℃以上开始氧化,1 200 ℃开始挥发;在干氢中稳定,在湿氢中 1 400 ℃以下稳定;在煤气中 1 300 ℃表面生成碳化物,钨适宜在氢气、氮气中加热,也适于在真空中工作,2 000 ℃以上钨与氮将生成氮化钨。

钽的熔点 2 900 ℃,最高使用温度 2 500 ℃,电阻率比铝、钨高,电阻温度系数大,加热过程中必须用调压器。钽适合在氢、氮气体中工作,在真空中小于等于 $1.33×10^{-2}$ Pa 及温度低于 2 200 ℃以下工作。在空气中 400 ℃开始氧化,600 ℃剧烈氧化,在氮气中变脆。钽的加工性能好,可制成各种形状,焊接需在真空中或保护气氛中进行。

(2)金属电热元件结构

金属电热元件材料通常轧制成线材和带材,有的也可铸成异形截面,线材和带材可弯成螺旋线、波形线和波形带等形状。螺旋线可安装在炉墙的搁砖上、炉底的沟槽内和炉顶的弧形槽里,也可装在耐火材料制作的套管上;波形线和波形带多悬挂在炉墙上,也可安装在搁砖上或炉底沟槽内,波形带还可装在炉顶的 T 形槽里。

(3)电热元件的固定

在炉墙上安装电热元件有多种固定方式。波形线和波形带是用耐热合金钩或陶瓷钉固定在炉墙上,螺旋状电热元件则放在搁砖上并用砌在炉墙内的耐热合金钩钩住。安装在炉顶的电热元件一般安装在炉顶的耐火砖沟槽内,螺旋状电热元件还可绕在悬挂于炉顶的陶瓷管上,炉底电热元件均放在耐火砖砌的沟槽内。

(4)电热元件的连接

电热元件之间和电热元件与引出棒之间用焊接方法连接;引出棒与金属炉架之间用连接装置连接;引出棒与电缆之间则通过接线板连接。

2.非金属电热元件

(1)碳化硅电热元件

碳化硅电热元件一般做成棒状和管状,是碳化硅的再结晶制品,熔点为 2 227 ℃,硬度大,较脆,耐高温,变形小,耐急冷急热性能好,有良好的化学稳定性,与酸类物质不起作用。在高温下对碱、碱金属及低熔点的酸盐起作用,对二氧化碳及一氧化碳作用缓慢。在 650 ℃左右的空气中开始氧化,与水蒸气强烈氧化,与氢接触会变脆,因此当炉内含有水分时,升温中应打开炉门,使其排出。另外还有较大的电阻系数,使用过程中易老化使电阻变大,炉温度 1 400 ℃时可连续工作 2 000 h 左右,多用于高温电阻炉。为使炉子温度稳定,通常要采用调压变压器。

(2) 硅钼电热元件

硅钼电热元件是用粉末冶金方法制成。在炉内高温下加热时,与空气接触表面生成一层 SiO_2 氧化膜,该膜耐氧化、抗腐蚀性好,适用的工作温度为 1 200～1 650 ℃。硅钼元件室温时硬脆,抗冲击韧度低,抗弯、抗拉强度较好;1 350 ℃ 以上会变软,有延伸性,耐急冷急热性好,冷却后恢复脆性;在 400～800 ℃ 范围内会发生低温氧化,致使元件毁坏,应避免在此温度范围内使用。

硅钼电热元件适于在空气、氮及惰性气体中使用。还原性气氛氢能破坏其保护膜,但可在 1 350 ℃ 以下的温度中使用。应避免在含硫和氯的气体中工作。

使用硅钼电热元件的电炉,炉膛材料宜选用酸性或中性的耐火材料,避免选用碱性的耐火材料。

(3) 碳系电热元件

石墨、碳粒和各种碳质制品都属于碳系电热元件。碳与氧的亲和力很强,故常用在中性气氛或真空中,其中应用最多的是石墨电热元件。

常用石墨电热元件可以分别用普通石墨、优质石墨、高强石墨、高纯石墨和碳纤维强化碳等制成。石墨电热元件能耐高温、机械加工性能好,易于切割。常温下强度比金属低,但可随温度升高而增强,到 1 700～1 800 ℃ 时其强度超过所有的氧化材料和金属材料。温度不超过 3 000 ℃ 时几何尺寸稳定,到达 3 600 ℃ 时开始升华。石墨电热元件与其他元件相比,其密度、比热容、热胀系数均较小,而电阻率、热导率、单位表面功率则较高,并且价格低廉。石墨电热元件一般制成管状和带状使用,石墨带由高纯碳材料制成,常用聚丙烯腈碳纱经石墨化处理,然后编制而成,其性能优于一般纱布。石墨带质地柔软,高温性能稳定,常用做真空炉的电热元件。

以碳粒作为电热元件时,通常将碳粒填充在沟槽内或圆筒中,这时的电阻为碳粒本身的电阻与粒子间的接触电阻之和。

3. 红外电热元件

红外电热元件通电后,元件表面辐射出波长 2.5～50 μm 的红外线,在电磁波谱图中大部分处于远红外范围,此种光线被物体吸收后有极强的热效应。

金属材料对红外线的吸收随着温度的升高而增加,随着波长的增大而减少。材料表面粗糙度越小则吸收的少,表面粗糙度越大则吸收的越多。

许多有机物、高分子物质和含水分物质,对红外线有较强的选择吸收能力。红外电热元件辐射出的红外线越多,被物体吸收的能量越大,其热效应也就越高。

4. 管状电热元件

管状电热元件由金属管、螺旋状电阻丝及导热性、绝缘性好的结晶氧化镁等组成,可用来加热空气、油、水,预热金属模具,熔化盐、碱及低熔点合金等。管状电热元件具有热效率高、寿命长、力学性能好、安装方便、使用安全等优点。

5. 辐射管

辐射管有电热辐射管和火焰加热辐射管两大类。辐射管的电加热器和火焰燃烧室都安装在辐射管内部,与炉内的气氛隔绝,不受炉内气氛腐蚀。辐射管主要用于可控气氛炉,搪瓷焙烧炉及其他有腐蚀性气体的工业炉。

辐射管的管体应具有抗氧化、耐腐蚀及足够的高温力学性能,热导率大,热胀系数小,能抵抗高温下的温度波动。

21.5 常用设备和仪表

1. 通风机

热处理设备常用的通风机有低压、中压和高压离心式通风机及高温通风机。

低压、中压和高压离心式通风机主要用于向气体燃料、液体燃料和固体燃料燃烧供给足够的助燃空气;高温通风机主要用于将热处理设备的废气排出车间和用于强迫炉内气体的循环以强化炉内的对流传热。

2. 泵

泵类产品是热处理工艺经常使用的设备,主要用于将液体淬火介质(循环冷却)输送到淬火装置中去,将冷却水输送到热处理设备需要冷却的部位,将洗涤剂输送到各类洗涤装置中及将燃料油输送到燃烧装置中等。

3. 阀门

在热处理设备上使用阀门的部位主要有:燃料燃烧系统中的空气管道、供油管道、煤气管道、冷却水系统的管道、液体淬火介质输送和排放管道以及压缩空气管道等。经常选用的有内螺纹模式闸阀、明杆模式单闸板闸阀、明杆平行式双闸板闸阀、手轮传动内螺纹截止阀、旋塞阀及蝶阀等。

4. 流速、流量计

热处理设备在热工测量中常用的流速计有涡轮式流速计、动压式流速计、热力式流速计和激光测速仪,用它们来测量流体瞬间流量或累计流量。

第22章 热处理电阻炉

热处理电阻炉(以下简称电阻炉)是以电为能源,通过炉内电热元件将电能转化为热能,并借助辐射和对流的传热方式将热能传给被加热的工件,使工件加热到所要求的工艺温度的一种加热炉。

电阻炉具有结构简单、体积紧凑、操作方便、炉温均匀,并易于准确控制,热效率高,便于使用可控气氛,容易实现机械化和自动化,无环境污染,劳动条件好等优点。它是目前应用最为广泛,品种规格最多的一类电炉。按其作用方式可分为周期式和连续式两大类。目前常用电阻炉已有系列化标准产品,由专业电炉厂制造,此外还有根据用户需要而设计的非标准电阻炉。

22.1 周期作业式电阻炉

周期作业式电阻炉是将工件整批入炉,在炉中完成加热、保温等工序,出炉后再将另一批工件装入炉子的热处理炉,如此周期式的生产。这类炉子可以完成多种工艺,适用于多品种、小批量生产。

工厂常见的普通周期作业式电阻炉以箱式电阻炉、井式电阻炉、台车式炉、井式气体渗碳电阻炉为多。本节主要介绍箱式电阻炉、井式电阻炉、渗碳炉、台车式炉、罩式炉等炉型的结构特点和用途。

1. 系列产品的型号编制方法

目前,工厂常用的热处理电炉已有系列化的标准产品,一般由电炉厂批量生产,其型号按我国电炉专业标准(ZBK 60001—1988)规定,由系列代号、类型或特征代号、主要参数、改型代号、技术级别代号和企业代号组成。

(1)系列代号

系列代号一般由两个字母组成,头一个字母代表电热设备大类,如 R 表示工业电阻炉,Z 表示真空炉,S 为实验室用炉等;第二个字母代表各大类中的分类型。工业电阻炉的代号含义为:RX-箱式炉,RT-台车式炉,RJ-自然对流井式炉,RF-强迫对流井式炉,RQ-井式气体渗碳炉,RM-箱式淬火炉(即多用炉),RY-电极浴炉,RN-气体氮化炉,RB-罩式炉,RC-传送带式炉,RD-电烘箱,RG-滚筒式炉,RL-流态粒子炉,RZ-振底式炉等。

(2)类型或特征代号

由一个或几个字母来表示设计特点(结构、配套等)。如"H"为回转式,"T"为铁坩埚式,"Q"为炉内裂解直接生成的保护气氛(气体成分不进行自动控制),"D"为气体成分进行自动控制。没有特点者可以省略不标注。

(3) 主要参数

主要参数包括最高工作温度(以100 ℃为单位)和工作区尺寸(宽×长×高或直径×深，单位:cm)，对工作区尺寸亦可用1、2、3或4来代替宽×长×高，但应在附注中标明1、2、3或4所代替的尺寸。

(4) 改型代号

为设计改型顺序，通常以 A、B、C、D 表示。

(5) 技术级别代号

用 A、B、C、D 表示技术级别代号，没有规定可省略。

(6) 企业代号

用 2~3 个字母代替电炉厂的缩写，如 NS 为南京摄山电炉总厂，SL 为上海电炉厂等。

例如，RX9-60×120×50-C-SL 表示为上海电炉厂生产的950 ℃，工作区尺寸(宽×长×高)为 60 cm×120 cm×50 cm 的第三代箱式电阻炉。

原电炉产品型号标注所采用标准为 JB2249—1978《电炉产品型号编制方法》。新旧标准要区别：①原标准用功率(kW)表示，新标准用工作室尺寸；②新标准加企业代号，如上述 RX9-60 ×120 × 50-C-SL，而该炉的旧标准为 RX3-45-9。

目前，正值新旧标准交替，各电炉厂正在试用，全面贯彻执行新标准还有一个过程。鉴此，本书仍继续沿用 JB 2249—1978 标准。

2. 箱式电阻炉

箱式电阻炉广泛用于中小型工件的小批量热处理生产，它可供碳钢、合金钢的淬火、正火、退火，也可进行回火和固体渗碳以及其他热处理。按工作温度可分为高温、中温和低温箱式电阻炉，以中温箱式电阻炉应用最为广泛。

(1) 中温箱式电阻炉

中温箱式电阻炉可用于退火、正火、淬火、回火或固体渗碳等。炉子结构如图 22.1 所示，主要由炉壳、炉衬、加热元件以及配套电气控制系统组成。

中温箱式电阻炉最高工作温度为 950 ℃，电热元件常用铁铬铝电阻丝绕成螺旋体，安置在炉膛两侧墙和炉底的搁砖上，而在炉底的电阻丝上覆盖耐热钢炉底板，上面放置工件。对于大型箱式电阻炉可在炉膛顶面、后墙和炉门内侧安装电热元件。

炉衬耐火层一般采用体积密度不大于 1.0 g/cm^3 的轻质耐火黏土砖。近年来，推广采用体积密度为 0.6 g/cm^3 的高强度超轻质耐火黏土砖做耐火层。保温层采用珍珠岩保温砖，并填以蛭石粉、膨胀珍珠岩等。新型结构的炉衬有的在耐火层和保温层中间夹一层硅酸铝耐火纤维，还有的内墙用一层耐火砖，炉顶和保温层全用耐火纤维预制块砌筑或采用全纤维炉衬，由矿渣棉纤维、岩棉纤维、普通硅酸铝纤维做保温层，高纯硅酸铝纤维做耐火层。这种新结构的炉衬保温性能比较好，它可以使炉衬变薄、质量减轻，因而有效地减少了炉衬的蓄热和散热损失，降低了炉子空载功率，缩短了空炉升温时间。这种电炉还可设置风扇，以加快对流换热速度，提高炉温均匀度。

(2) 高温箱式电阻炉

高温箱式电阻炉主要用于高速钢或高合金钢的淬火加热，按其最高工作温度可分为 1 200 ℃、1 300 ℃和 1 350 ℃高温箱式电阻炉。由于加热温度高，工件极易氧化脱碳，因此必须采用保护气氛或采取其他保护措施。

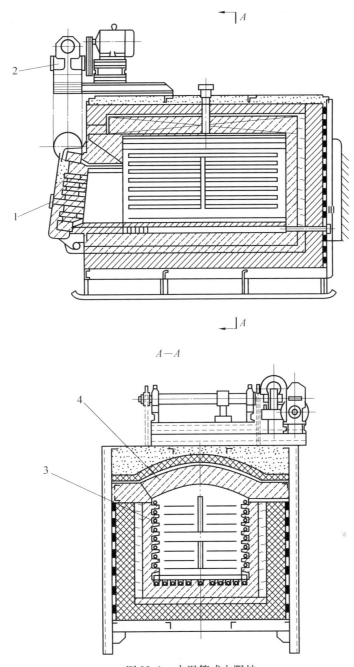

图 22.1　中温箱式电阻炉
1—炉门；2—炉门升降机构；3—电热元件；4—炉衬

在 1 200 ℃ 和 1 300 ℃ 高温箱式电阻炉内，电热元件通常采用 0Cr27Al7Mo2 高温铁铬铝电热材料和新研制的 FCA-HT 高温铁铬铝电热材料，炉底板用碳化硅板制成。炉子其他部分的结构与中温箱式电阻炉大致上相同。由于炉温提高，所以应增加炉衬厚度，炉口壁厚也相应增加，以减少散热损失。目前，已定型生产的有最高工作温度为 1 200 ℃ 和 1 300 ℃ 的高温箱式电阻炉。

1 350 ℃高温箱式电阻炉,一般用碳化硅棒为电热元件,最高工作温度为 1 350 ℃。碳化硅棒一般均垂直布置在炉膛两侧,极少布置在炉顶和炉底处。炉子结构如图 22.2 所示。

碳化硅棒的电阻值在加热过程中变化很大,为了避免碳化硅棒损坏,在 850 ℃以下加热速度不宜太快。碳化硅棒的电阻温度系数很大,而且在使用过程中碳化硅棒会逐渐老化,电阻值显著增大。所以,为调节输入功率,电压应相应提高,故需配备多级调压变压器。

高温箱式电阻炉的炉衬通常有三层:用高铝砖砌的耐火层;用轻质耐火黏土砖或泡沫砖砌的中间层;外层则使用珍珠岩砖和保温填料。在耐火层与保温层之间仍加硅酸铝耐火纤维,炉底板采用碳化硅或高铝砖。炉壳用钢板和角钢等型钢焊接而成,炉门框为铸铁件,内填以生熟耐火黏土粉和石英砂的混合物,也有砌轻质黏土砖和绝热砖的炉墙上有热电偶孔,炉门上有观察孔,炉门下有砂封。

此外,还有一种二硅化钼做电热元件的高温箱式电阻炉,其最高工作温度可达 1 600 ℃。电热元件制成 U 字形,垂直安装于炉子两侧,因这种元件很脆,故应隐装在炉墙的凹挡中,以免被碰坏。

(3)低温箱式电阻炉

低温箱式电阻炉通常用做回火及有色金属的固溶化处理,这种炉子分为直接加热式和分离加热式两种。直接加热式是将电热元件直接放在炉膛内,分离加热式电热元件放在与炉膛相通的另一分离室内加热。前者热效率较高,但工件由于直接受到辐射,容易导致局部过热,可在工件电热元件之间放隔板(如装料框等),以避免直接辐射。后者是用通风机将热气送入炉膛,应用比较广泛。

图 22.3 是分离式低温箱式电阻炉结构图。这种电炉通常将电热元件放在与炉膛相通的另一分离室内,靠通风机将热气送入炉膛加热工件。炽热气体在通风机的吸引下,经导向叶片流入工作室而加热工件,工作室中的气体还可由孔隙中流回分离室,如此往复循环。为使工件之间保持适当的气体通路,工件分层装在各隔板上。这种炉子装卸料不方便,只适宜加热小工件。

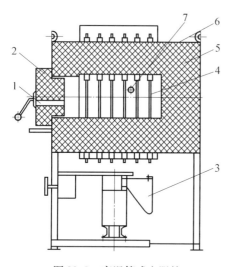

图 22.2 高温箱式电阻炉
1—观察孔;2—炉门;3—变压器;4—碳化硅棒;
5—炉衬;6—炉壳;7—热电偶孔

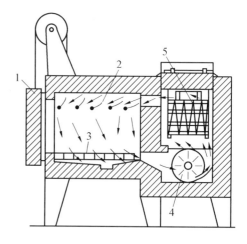

图 22.3 分离式低温箱式电阻炉
1—炉门;2—导流板;3—隔板;
4—通风机;5—电热元件

电热通风烘箱,也常用于回火,其结构如图22.4所示。这种烘箱呈柜式,一般无底。顶部是空气加热室,由轴流式通风机将被加热的气体经导向叶片送入工作室加热工件。废气经左侧导向叶片逸出工作室,经排气口排出,或再进入空气加热室循环加热。这种电热通风烘箱的额定功率是30 kW,功率可在30 kW、18 kW、12 kW、10 kW 4档中转换。250 ℃时的空炉损耗功率≤9 kW,空炉升温时间≤2 h,最高工作温度300 ℃,工作室尺寸为1 200 cm×1 400 cm×1 500 cm。

3. 井式电阻炉

井式电阻炉一般适用于细长工件的加热,中小型工件放在料筐里,用吊车装出炉亦很方便。由于井式电阻炉炉体较高,一般均置于地坑中,只露出地面600～700 mm。井式电阻炉炉膛较深,为使炉

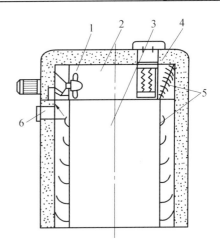

图22.4 电热通风烘箱
1—通风机;2—加热室;3—工作室;
4—管状电热器;5—导流板;6—排气孔

温均匀,可采用分区段布置电热元件,各区单独供电,分别控制各区段温度。炉膛横截面有圆形、方形和长方形。

井式电阻炉主要用于回火及有色金属的退火和回火。这类炉型的优点是,炉子占地面积小,在车间便于布置,炉子装料多,生产率高,装卸料方便,炉温均匀。其缺点是,工件堆放阻碍气体流动。由于工件与电热元件同在炉膛,靠近电热元件的工件易过热,但设置装料筐,可得到改善。

常用的井式电阻炉有低温井式电阻炉、中温井式电阻炉、高温井式电阻炉和井式气体渗碳炉。

(1)低温井式电阻炉

低温井式电阻炉广泛用于钢件的回火处理,也可用做有色金属的热处理。RJ型低温井式电阻炉的炉型结构如图22.5所示。低温井式电阻炉炉体由轻质砖砌成,炉壳与轻质砖之间填有保温粉,炉盖升降采用杠杆式或液压装置,结构简单,使用灵活可靠。用吊车将料筐装出炉,操作方便,生产率高,最高工作温度为650 ℃。这类炉子存在的缺点是工件在料筐内堆放不能过密,以免阻碍气体流动。为增强对流换热效果和炉温均匀性,在炉盖下装有离心风扇,强迫炉气沿导向马弗罐外侧向下流动,再由料筐底板孔进入料筐内,将热量传给工件,筐内气体受风机中心负压吸入而循环流动。

(2)中温井式电阻炉

RJ型中温井式电阻炉的结构如图22.6所示,最高工作温度为950 ℃。RJ系列型号后面有Q符号的,为可通保护气氛的中温井式电阻炉,在炉盖上设滴注有机液体的装置。

中温井式电阻炉的炉膛常做成圆形或方形截面,炉膛较深,炉温均匀性较差,靠近炉口和炉底处往往炉温偏低,因此在炉盖上和炉底设置气流循环风扇。炉盖用砂封、油封或水封以及使用硅酸铝纤维棉等方法严密封闭。炉盖开启时,热炉气大量外溢,散热损失很大。因此采取分段控制功率,在炉口区段增加功率,以尽可能提高炉温均匀性。

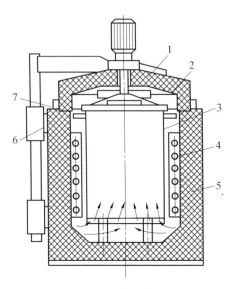
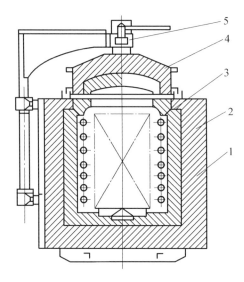

图 22.5　RJ 型低温井式电阻炉
1—风扇；2—炉盖；3—装料筐；4—电热元件；
5—炉衬；6—炉盖启闭结构；7—砂封

图 22.6　中温井式电阻炉
1—炉壳；2—炉衬；3—电热元件；
4—炉盖；5—炉盖升降结构

井式电阻炉与箱式电阻炉相比它的工件装炉量要小很多，所以生产率相对较低。井式电阻炉主要用于质量要求较高的细长工件的热处理。

(3) 高温井式电阻炉

高温井式电阻炉的炉型结构与中温井式电阻炉相似，按其最高工作温度可分为 1 200 ℃ 和 1 350 ℃ 两种。1 200 ℃ 井式高温电阻炉采用 0Cr27Al7Mo2 高温铁铬铝电热元件加热。炉子功率有 50~165 kW 规格。1 350 ℃ 井式高温电阻炉用碳化硅棒为电热元件。碳化硅棒水平安装于炉膛两侧，并分为两段或三段布置。各段由可调变压器分别控制。

高温井式电阻炉用做细长的高速钢拉刀或高合金钢工件的淬火加热。但工件极易氧化脱碳，必须采取严格的保护措施，目前已很少使用，大都改用高温盐浴炉加热。

4. 井式气体渗碳炉

井式气体渗碳炉除用做渗碳外，还可进行氮化、氰化、碳氮共渗等化学热处理。为此，井式气体渗碳炉应有良好的密封性，以保持活性介质成分的稳定和所需的压力；在炉内加速活性介质的循环，以提高传热速度并提高炉温的均匀性；节约能源并减少耐热钢的消耗。

图 22.7 为井式气体渗碳炉的结构，它由炉壳、炉衬、炉盖及提升机构、风扇、炉罐、电热元件、滴量管、温度控制及碳势控制装置组成。

井式气体渗碳炉的主要特点是在炉膛内有一耐热钢制的密封炉罐，炉罐上端开口，外缘有砂封槽。炉盖下降时，炉盖将炉罐口盖住，二者之间用石棉绳衬垫，用螺钉紧固，保证密封良好。渗碳介质（煤油、苯等）盛在高处的油箱内，经滴量器滴入炉罐内汽化而成渗碳气氛。废气经炉盖上的排气管引出并点燃，通过火焰的长短及颜色可估计炉内压力与滴量是否合适。炉盖上设有投放试件的小孔，工作时可将小孔塞紧。炉盖的升降由液压

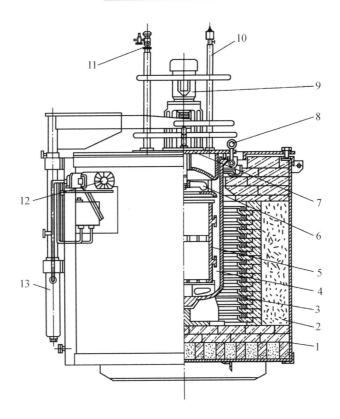

图 22.7 井式气体渗碳炉
1—炉壳;2—炉衬;3—电热元件;4—炉罐;5—料管;6—风叶;7—炉盖;
8—吊环螺环;9—电机;10—取气管;11—滴管;12—电机油泵;13—油缸

装置完成,在升降轴处,有两支限位开关,炉盖打开时,自动切断通风机及电热元件电源,当炉盖升足时,自动切断液压装置电源。另外,为了使渗碳气氛流动均匀,在炉罐的上部设有风机,为了使风机轴密封并防止其受热弯曲,对风机轴采取了滚动轴承、迷宫式密封环和冷却水套。在迷宫的动圈与定圈之间保持 0.20~0.30 mm 的间隙,并涂有二硫化钼高温润滑脂,效果较好。在炉压大于 200 mm 水柱时,仍能保证不漏气,风机长期运转基本不变形。也有的采用活塞环式密封装置,这种装置采用两级密封,第一级用石棉石墨绳,并用压紧螺母压紧。第二级采用 6 个活塞环,该环装在活塞环座上并紧压风机轴,外圈仍有水冷套。采用这种装置,其迂回的气路长,漏气阻力大,密封效果好。

无罐井式气体渗碳炉,炉壳采用连续焊缝,接线棒孔座与炉壳密焊,炉罐与炉盖除采用一般多边密封外,还应螺栓联接,热电偶孔与接线孔用石棉石墨绳或石墨石棉板填充压实,最后用法兰紧固。

无罐炉应采用抗渗碳电热元件,耐火砖应用 Fe_2O_3 质量分数小于 10% 的较重质的抗渗碳耐火砖,热电偶与接线棒保护套管也应是抗渗碳的。

5. 井式气体渗氮炉

井式气体渗氮炉的结构与井式气体渗碳炉类似,但其最高使用温度一般为 650 ℃。这种炉子大多是根据处理工件的需要专门设计制造的,一般渗碳炉略加改装即可用于渗氮。由于渗氮温度较低,所以渗氮罐壁较薄,一般为 2~5 mm,钢板厚度由罐的容积大小确定。

由于普通钢板易被渗氮,使用表面龟裂剥皮,并对氨分解起催化作用,增加氨消耗量,且使氨分解率不稳定,甚至无法渗氮。因此,氮化炉炉罐通常采用0Cr18Ni9Ti等高镍钢制造,也有采用搪瓷的,有时也可采用涂料,以延长使用寿命,并减少氨气耗量。表面未经保护处理的渗氮罐,使用中如发现氨分解率显著提高,并不易控制时,需经800~860 ℃保温2~6 h脱氮处理。

渗氮罐应置于炉膛均温区,罐底与井式炉底相距100~150 mm。渗氮罐则应与箱式炉后墙及炉门分别相距200~300 mm。

由于氨气对铜有腐蚀作用,所以一切构件、管道及阀门均不采用铜制件。因氮化温度低,炉罐密封可采用耐热橡胶,再加上水冷套冷却,效果较好。

6. 台车式炉

为了适应大尺寸,重型工件的热处理,减轻劳动强度,在箱式炉基础上,将炉底制成可动的,即为台车式炉。与箱式炉相比台车式炉增加了炉底通电装置(炉底布置电热体时)、台车密封装置、台车行走驱动装置等,如图22.8所示。从广义上说,凡炉底可进出运动的炉子均可视为台车式炉。

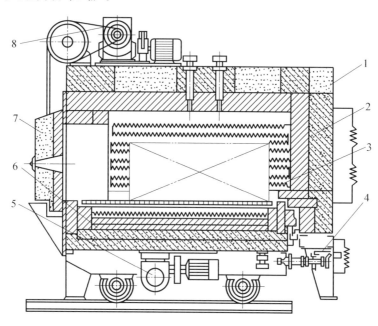

图22.8 台车式炉

1—炉壳;2—炉衬;3—电热元件;4—电接头;5—台车驱动装置;6—台车;7—炉门;8—炉门升降机构

台车式炉常用于大型和大批量铸锻件的退火、正火和回火热处理。台车式炉的密封性较差,为克服炉底温度低的缺点,在台车底板下或炉门及后壁上装有电热元件。为提高炉温均匀性和传热速度,在加热室顶部可安装风扇。低温台车炉除风扇外,还可加导风装置,必要时分多区控制。

为减轻劳动强度,提高生产率,还可将台车设计成可翻转结构,台车翻转由电动机经三级减速后带动一对固定在台车底部的扇形齿轮来完成。这样,正火工件出炉后,只要将台车开出再翻一个角度(45°~60°),工件即可倒出冷却。如在炉旁设一淬火槽,台车倾斜后,工件可自动倒入淬火槽淬火,整个程序可用电脑自动控制。

7. 翻板式炉

翻板式炉是一种小型周期式作业炉。耐热钢板的炉底板可以翻转,如图22.9所示。炉膛一端下方与淬火槽相连,零件加热后,炉底翻转,将零件迅速倒入槽内淬火。炉内可根据需要通入保护气氛。

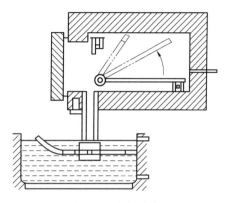

图 22.9 翻板式炉

8. 滚动底式炉

滚动底式炉的炉型结构如图22.10所示。这是在箱式炉炉底上敷设两条或数条带有一定形状(如V形)沟槽的耐热轨道,槽内放置耐热钢球,料盘放在滚球上运动。为便于装卸料,炉门外有装料台车,车上铺有导轨与炉底导轨衔接。

滚动底式炉适用于大中型耐热锻模和其他大、重件的热处理,这种炉型装卸大、重工件方便,炉子的密封性和炉温均匀性也较好。

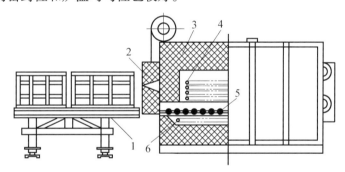

图 22.10 滚动底式炉
1—装料台;2—炉门;3—炉衬;4、6—电热元件;5—耐热钢球

9. 罩式炉

罩式炉主要用于钢丝、钢管、铜带、铜线以及硅钢片等的退火处理,这种炉子热效率较高,密封性好,但需用大型起重设备。

罩式炉是由固定的炉台及可移动的外罩与内罩所组成。设置内罩是供退火作业使用。通常,一个外罩可以配备2~3个炉台及2~3个内罩。这样,在退火作业时,炉台周期性地加热与冷却,生产效率大为提高。近年来炉罩多采用耐火纤维,使其质量大为减轻。罩壳一般由钢板及型钢焊接而成,内部为炉衬,电热元件布置在炉膛周围的墙壁上。为了便于安装,每个罩式炉均设有两个导向立柱。根据处理工件的要求不同,可以通入不同的气氛进行保护加热处理。

图22.11是强对流罩式退火炉的示意图,该炉由加热罩、冷却罩、内罩、风机、导向装置、鼓风装置、冷却系统、真空系统、充气系统等组成。

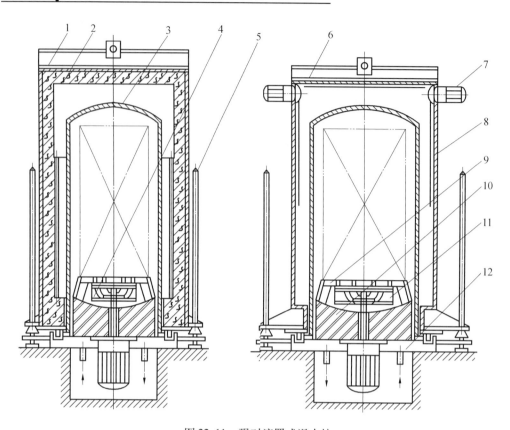

图 22.11 强对流罩式退火炉
1—加热罩外壳;2—炉衬;3—内罩;4—风机;5—导向装置;6—冷却装置;
7—鼓风装置;8—喷水系统;9—底栅;10—底座;11—抽真空系统;12—充气系统

罩式退火炉由于装炉量大,炉温均匀要求较高,所以都设置有强对流循环系统。有的采用的是双速短轴循环风机,叶轮直接安装在电机驱动轴上。利用电机双速、双功率的特点,使强大的循环风机和电机能直接低速启动,在升温阶段风机能高功率、高转速运行;保温阶段风机低功率、低转速运行;降温阶段风机高功率、高转速运行,这样就减少了能耗。

风机与炉台的密封采用水冷密封罩,炉台与内罩之间的密封是采用水冷橡胶密封圈,风机与炉台密封的水冷密封罩上没有任何运动部件,故可将炉内气氛露点保持在-60 ℃以下。

真空系统是在退火过程前后作为排除炉内气氛用的。例如,在铜材的退火工艺中,由于要通入大量的氢气,为了在取料时不发生事故,要通过预抽真空系统将气体全部排出,这大大增加了使用气氛时的安全。

为了加快冷却速度,采用了气-水联合冷却系统,使整个冷却时间很短。冷却开始时,用冷却罩上的风机冷却内罩外表面上的温度,经过一定时间,使炉料冷却。待内罩冷却到200 ℃时,冷却罩上的喷水系统开始工作,直至出炉温度。

10. 滚筒式炉

滚筒式炉主要用于各种小工件的热处理和化学热处理,其炉膛内装有一个能旋转的可密封的筒形炉罐,加热时,工件随炉罐旋转而翻动,以改善加热和接触气氛的均匀度。

该炉采用周期性装出料,主要用于处理滚珠及小尺寸标准件。

滚筒式炉主要由炉壳、炉衬、炉罐及传动机构组成。为便于炉罐安装,炉体常做成上下组装结构,炉壳由钢板及型钢焊接而成,炉衬由轻质黏土砖砌筑,电热元件放置于两侧及底部。炉罐多用耐热钢焊接而成,也可用离心浇铸。炉罐由前后面板上的滚轮支撑,通过链轮、链条转动。堆内常设有导向肋,使零件在转动中均匀翻动。炉罐转动速度采用无级变速器调整,一般为 0.85~8.5 r/min,炉体中心轴安装于支架上,可以纵向翻转使炉罐倾斜,将被处理零件倒入或倒出炉子。炉内所需气氛可采取滴注或通气方式,进气口设在炉罐后部中心位置。炉罐前部有随炉罐一起转动的密封炉门,废气由其中心排气孔排出。炉子的支撑架应有较大的刚度。

图 22.12 为一小型滚筒式炉,主要用于滚珠、小轴和轴套的渗碳和淬火处理,此外还有较大装载量的滚筒式气体渗碳炉。

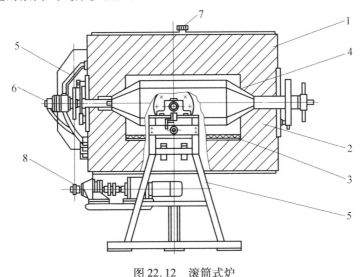

图 22.12 滚筒式炉

1—炉壳;2—炉衬;3—加热元件;4—炉罐;5—炉架;6—滴注头;7—热电偶座;8—炉罐驱动装置

22.2 连续作业式电阻炉

连续作业式电阻炉加热的工件是连续地或间歇地进入炉膛,并不断向前移动,完成整个加热、保温,有时包括冷却等工序后工件即出炉。这类炉子的特点是生产能力大,炉子机械化、自动化程度较高,生产连续进行,适用于大批量生产。但一次性投资大,不易改变工艺。连续作业式电阻炉的炉膛常分为加热、保温、冷却区段,应分别计算决定各区段的功率,分段进行控温。连续作业式电阻炉一般均长期连续工作,因此炉子升到工作温度所需的时间和蓄热损失不太重要,而应尽量减少炉衬的散热损失,要求炉衬的保温性能好,炉外壳的温度要低,炉子及其传动机构要可靠耐用,以减少停炉检修的时间。

常用的连续作业电阻炉有:输送带式炉、网带式炉、推杆式炉、振底式炉、转底式炉,等等。

这一内容在可控气氛热处理炉一章中做重点介绍。

第23章　热处理浴炉及流态粒子炉

浴炉是利用液体作为介质加热或冷却工件的一种热处理炉。它所使用的液体介质有熔盐、熔融金属与合金、熔碱以及油类等,因此,浴炉又有相应的名称,如盐浴炉、金属浴炉、碱浴炉以及油浴炉等,其中以盐浴炉在热处理车间使用最广泛。

23.1　浴　　炉

23.1.1　浴炉的特点

浴炉的工作温度范围较宽(150~1 350 ℃),在浴炉中可以完成较多的热处理工序,除不能完成随炉冷却的退火工序外,诸如淬火、正火、回火、局部加热、化学热处理、等温或分级淬火等均可完成,所以浴炉广泛地应用于热处理。

工件在盐浴炉中加热时,工件与浴液密切接触,综合换热系数大,工件加热均匀、变形小、速度快。由于炉口向上,工件在浴炉中加热时,加热速度快,所以容易实现工件局部加热及高温短时快速表面加热操作。浴炉的热容量较大,加热温度波动小,容易实现恒温加热。盐液容易保持中性状态,实现无氧化无脱碳加热。在盐液中加入含碳、含氮等物质,容易实现化学热处理。

缺点是浴液对环境有不同程度的污染;工件带出的废盐,不但造成浪费,而且对工件有腐蚀,特别是粘在工件缝隙和盲孔中的盐;中、高温浴炉的浴面辐射热损失较严重;不便于机械化和连续化生产。

虽然具有以上缺点,但是浴炉所具备的优点与一般加热炉相比仍是无可比拟的。因此,目前盐浴炉仍然是我国热处理车间中重要的加热设备。盐浴炉适用于加热一些尺寸不大、形状复杂而且表面质量要求较高的工件,如量具、刃具、模具及其他一些精密零件。

23.1.2　浴炉的分类

1. 按溶液分类

浴炉按浴液分类可分为盐浴炉、熔融金属浴炉和油浴炉。

(1)盐浴炉

盐浴炉按温度可划分为低、中、高温浴炉。低温浴炉主要是硝盐浴炉,用于温度为160~550 ℃的等温淬火、分级淬火和回火。中、高温盐浴炉用于温度为600~1 300 ℃的工模具零件加热和液态化学热处理。

(2)熔融金属浴炉

熔融金属浴炉主要是铅浴炉。铅浴热容量很大,热导率很高,传热速度快,可实现快速加热。铅蒸气有较大毒性,它主要用于等温处理。

工业纯铅约在327 ℃熔化,加热时铅不附着在清洁的钢件上,但铅易被氧化,氧化铅会附着在钢件上。在生产中当温度超过480 ℃时,常用颗粒状炭质材料,如木炭做铅浴表面保护覆盖层,有时用熔盐做保护层。

(3)油浴炉

油浴炉广泛应用于低温回火,有较高的温度均匀度,使用温度低于 2 300 ℃。油浴炉也用于分级淬火。与盐浴相比,油浴的优点是油在室温时易于管理,油带走的热损失较少,油浴对所有钢奥氏体化加热用盐的带入都可适应。油浴炉的缺点是可使用的温度较低,油暴露在空气中会加速变质,例如,在 60 ℃ 以上每增加 10 ℃,油被氧化的速率约增加一倍,生成酸性渣,会影响淬火工件的硬度和颜色。在油中进行马氏体分级淬火时,工件达到温度均匀所需的时间较长,当马氏体分级淬火温度高于 205 ℃ 以上时。所以用盐浴比油浴好。

2. 按加热方式分类

按加热方式分类浴炉可分为燃料加热浴炉和电加热浴炉。

(1)燃料加热浴炉

燃料加热浴炉属外热式加热浴炉,主要应用于中温浴炉,燃料便于就地取用,设备投资和生产费用较低廉。其缺点是浴槽易局部过热,寿命短,燃料燃烧过程较难控制,炉温的均匀度和控制精度较差。这类浴炉的特性除加热方式外与外电热浴炉相似。

(2)电加热浴炉

电加热浴炉按热源供给方式不同,又分为外热式浴炉、管状电热元件加热浴炉及内热式电极盐浴炉。

①外热式浴炉,是将液体介质放在坩埚中,而将热源放在坩埚外部,热量通过坩埚壁传入介质中使其温度升高。

外热式浴炉的基本结构如图 23.1(a)所示。它主要由炉体和坩埚组成。为把热能通过坩埚壁尽快传给坩埚内的介质和工件,坩埚可用耐热钢或铸铁铸造而成,其壁厚为 20 ~ 30 mm,亦可用厚度为 5 ~ 20 mm 的低碳钢或不锈钢钢板焊接而成。外热式坩埚浴炉一般多在 900 ℃ 以下工作,随着工作温度升高,坩埚寿命急剧地降低。外热式浴炉的热源为电能,但也可用其他燃料。小型浴炉要求其工作温度较低并控温精确一般多采用电热,而大型浴炉,炉温较高,炉温控制又不很严格,如果采用电热有困难时,常使用燃料油式煤气来加热。

外热式浴炉主要用于碳钢与合金钢工件的淬火、正火、回火等,特别适宜做液体渗硫、氮化、氰化等各种化学热处理和较低温度的预热等,也可以做等温冷却用。

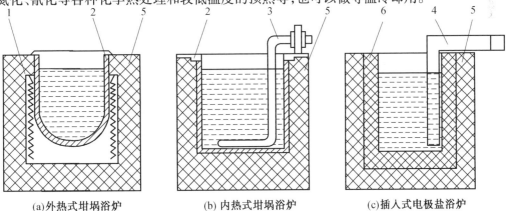

图 23.1　几种不同结构的浴炉结构图

1—电热元件;2—金属坩埚;3—管状电热元件;4—电极;5—炉衬;6—耐火材质坩埚

目前,我国生产的外热式坩埚浴炉有 RYG-10-8、RYG-20-8、RYG-30-8 这 3 个标准规格。最高工作温度为 850 ℃,其额定功率分别为 10、20、30 kW。图 23.2 为 RYG 系列 RYG-20-8 型外热式坩埚浴炉的结构图。在此种浴炉中,坩埚的加热主要靠电热体与炉膛内壁的辐射,升温较慢。坩埚容积愈大,熔化时间愈长,介质温度也愈不均匀。在正常工作过程中,电热体温度要比介质温度大致高出 100~150 ℃,因此,在炉膛内要设置热电偶以便控制炉温,防止电热体被烧坏。另外还要在坩埚内插入一支热电偶以经常测量坩埚内介质的实际温度,并可以校核坩埚外部与内部的温差。

外热式浴炉的优点是热源不受限制,启动操作方便,不需要变压器。缺点是必须使用坩埚加热,热惯性大,坩埚使用寿命短,坩埚内外温差较大,往

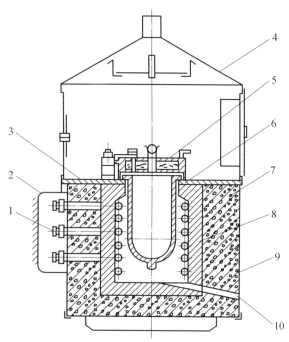

图 23.2　RYG-20-8 型外热式坩埚浴炉
1—接线柱;2—保护罩;3—炉面板;4—排气罩;5—炉盖;
6—坩埚;7—炉衬;8—电热元件;9—炉壳;10—流出孔

往需要两个热电偶测温。另外使用温度不能太高,应用范围受到了限制。所以,用于分级淬火、等温淬火、预热等的外热式浴炉大部分被内热式浴炉,如管状电热元件的浴炉所取代。为了防止介质因淬火工件供热而导致的温升,有的装有冷却装置。

目前外热式坩埚燃料炉尚无标准产品,大部分是工厂自行设计与制造的。

②管状电热元件加热的浴炉,一般由管状电热元件、坩埚和炉衬等组成。例如硝盐炉、碱浴炉、油炉均可采用管状电热元件对介质进行直接加热。其优点是热效率高,炉温均匀,控温灵敏,维修方便。因此,生产中多被采用,如图 23.1(b)所示。

此类炉子由于使用温度一般低于 550 ℃,坩埚用 10~20 mm 低碳钢板焊成,坩埚底部支承在炉体保温材料上。

管状电热元件通常是在金属管内装入金属电阻丝,而在其中空隙部分为具有良好导热性和绝缘性的耐火材料,通用结晶氧化镁颗粒填实的一种电热元件。常见的有 U 形和 W 形等,如图 23.3 所示。技术性能及外形尺寸,可查有关的资料手册。它广泛用于空气、水、油、金属盐类及易熔金属等的加热,使用温度为 20~600 ℃。依使用条件不同,元件外面的金属或用低碳钢管或用镍铬钢管。元件的端部结构一般做成如图 23.4 所示的型式,但也有端部做成插头或插座型式,或用软电缆直接引出的。

③内热式电极盐浴炉。电极盐浴炉属于内热式浴炉,由炉体、坩埚、电极及盐炉变压器等组成,它的工作原理是以熔盐本身作为电阻发热体。当低电压(在安全电压 36 V 以下)的交流电经电极通入熔盐时,利用熔盐本身的电阻产生的热量将盐熔化并加热到所要求的温度,用以加热工件。

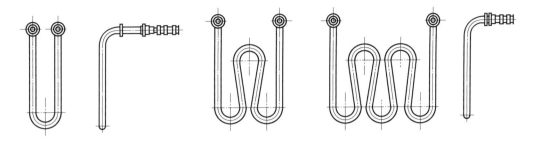

图 23.3 管状电热元件

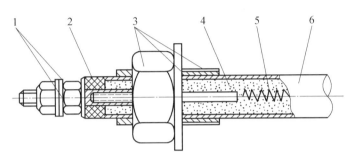

图 23.4 管状电热元件的端部结构
1—接线端子;2—绝缘子;3—固定螺栓;4—结晶氧化镁;5—电阻丝;6—金属管

电极盐浴炉的工作温度范围很广,150~550 ℃为低温炉;550~1 000 ℃为中温炉;1 000~1 350 ℃为高温炉。低温炉常用于高速钢的分级淬火和回火,坩埚一般用低碳钢板焊成,也可用耐火材料砌成。中温炉主要用于碳钢、低合金钢件的淬火加热、高速钢的淬火预热和化学热处理。高温炉主要用于高速钢和高合金钢件的淬火加热。中、高温炉的坩埚一般都用耐火材料砌成。

内热式电极盐浴炉按电极在坩埚内布置方式不同,可分为插入式电极盐浴炉、埋入式电极盐浴炉和复合式电极盐浴炉3种。

插入式电极盐浴炉的结构如图23.1(c)所示。这种炉子所用的电极一般都是棒状的,断面常用圆形,也有用方形或矩形的,少数盐浴炉的电极也有采用板状的。电极直径一般为50~80 mm,电极材料一般用低碳钢,个别也有用不锈钢(抗硝盐腐蚀)或高铬钢(抗高温氧化)的。盐炉坩埚的形状有方形、长方形、圆形或多角形。电极均由坩埚上方直接插入盐槽中。

电极电压通常为5.5~17.5 V。电极盐浴炉可以制成单相的或者三相的,电极分布情况如图23.5所示。50 kW以下的用单相,功率再大有时会使车间配电困难,三相浴炉的3支电极在浴槽中布置成三相平衡负载,供电方便,功率也可以大些。对电极盐浴炉来说,电极的形状、尺寸、数量及其在浴槽内布置情况对浴炉的性能有很大影响。

图23.6表示两种常用的单相电极浴炉的电极布置,其优点是电磁搅拌作用较强,炉温均匀,启动熔化方便,工作空间内无电流不致引起工件局部过热。一般圆形浴槽介质温度均匀,但要用大块异型耐火砖砌筑浴槽。方形浴槽虽然在角隅部温度偏低,但用一般直角标准砖就可以砌筑,当浴槽尺寸不大,靠电磁搅拌作用,也可以维持炉温的均匀性。

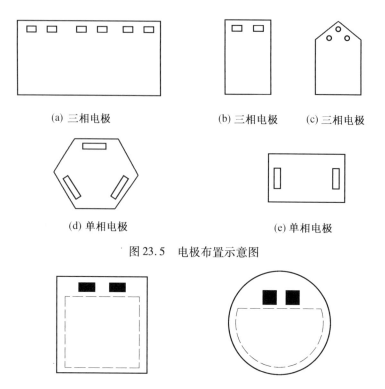

图 23.5　电极布置示意图

图 23.6　单相电极浴炉的电极布置

图 23.7 表示三相电极盐浴炉的电极布置。图 23.7(a)是将三支圆棒状电极等距布置在浴槽的一端,是一种平衡负载,但浴面面积利用率不好。图 23.7(b)是将三支电极排成一列布署在浴槽的一端,浴面面积利用率好,但负载不平衡,中间的电极负荷大容易过早损坏。为了改善不平衡情况,在电极前方插入一块钢板(中性板)(图 23.7(c)),使电流由一支电极通过中性板回到另一电极,这样可使三相负载电阻接近一致。中性板的上方留有孔,下部不要插到槽底,便于熔盐上下对流循环。另外一种改善不平衡的方法是采用三相四极式,将其中辅助电极接到 A 相上(图 23.7(d)),使三相负载电阻大致相同。图 23.7(e)是一种三相六极式浴炉,它可用一台三相变压器供电,每对电极为负载的一相,也可用三台单相变压器供电,由于浴槽尺寸大,电极多,浴面面积利用率不好,浴面辐射热损失也增多。图 23.7(f)是将三支板状电极布置在正六角柱形浴槽中,它是一种平衡负载,电流流过全部盐浴,炉温均匀,浴面面积利用率大,但在工件中有电流流过,有时会使工件棱角处过热。另外,由于电极的间距较大,工作电压要求高些,耗电量也随之增加。

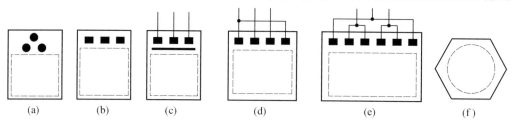

图 23.7　三相电极浴炉的电极布置

电极盐浴炉熔盐运动的原理是通过电磁作用力实现的,这种电磁作用力又被称为电磁对流或电磁搅拌。电磁对流作用在各种类型电极式浴炉中均可产生,情况也比较复杂,这里只以最简单的情况来分析产生电磁搅拌的原因。如图23.8所示,当某瞬间低电压大电流以图示方向通过电极时,在电极周围产生很强的磁场,磁力线方向按右手定则决定。在电极间作为导体的熔盐有大电流通过,根据左手定则,磁场、电流与导体质点的受力方向三者互相垂直,可以确定电磁力的方向是向下的,当电流换向,则磁场方向也换向,但是电磁力的方向不变。综上所述,在交变电流作用下,电极间的熔盐的质点始终受一向下的电磁作用力,迫使熔盐向下运动,盐面的熔盐必然随之补充,整个盐浴形成对流循环,使介质温度均匀。因此,电极

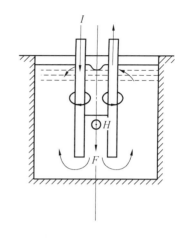

图 23.8 熔盐的电磁搅拌作用

间的熔盐亦始终按图中所示的方向循环。电极结构及相对位置不同,电极间熔盐的运动情况亦不同,但原理是一样的。

插入式电极盐浴炉结构简单,电极的机械加工要求不高,电极装卸方便,电极间距可改变,有利于调整炉子输出的功率。

插入式电炉缺点是炉膛有效容积利用率低,生产率低,耗电量大。由图23.1(c)可以看出,炉口只有2/3的面积能使用,其他被电极区占据,降低了炉子的生产率,而这1/3的熔盐表面要辐射出大量的热量,故增加了热损失。插入式电炉温均匀性差,由于电极间熔盐电阻最小,电流密度最大,因此熔盐温度最高。与此相反,熔盐距电极越远,电流密度越小,熔盐温度越低。虽然一般盐浴炉的炉膛深度不大,电压降不够显著,但由于输出功率与电压的平方成正比,因此影响还是大的。尽管电磁力迫使熔盐循环,但炉膛温差仍然较大。一般规律是同一横截面上近电极区温度高,远电极区温度低;在深度方向上,上部温度高(熔盐表面因散热快,故温度不是最高),越往下温度越低,甚至炉子启动后刚到工作温度时,坩埚底部距电极远处的盐仍不熔化,造成"炉底斜坡",使炉膛的有效尺寸大大减小。这种情况在中、低温盐炉中最为常见。插入式电极浴炉的电极寿命短。在插入式电极与熔盐面交界处,由于空气的氧化、腐蚀,在交界处容易造成颈缩现象。颈缩处电极的电流密度增大,温度升高,电极的烧损快。插入式电极盐浴炉操作困难。由于电极占去了炉膛1/3的容积,所以工件极易接触电极,加热时小工件易被电极吸走,造成工件过热或烧坏。为了克服上述缺点,20世纪70年代,人们研制成功埋入式电极盐浴炉。

插入式和埋入式电极盐浴炉的工作原理相同,所不同的是埋入式盐浴炉较插入式盐浴炉提高了工作电压。原插入式盐浴炉电压为5.5~17.4 V,而埋入式电极盐浴炉的工作电压为14~36 V。埋入式盐浴炉的电极几乎都安设在坩埚的侧壁内,只有电极的工作面接触熔盐,在浴面之上无电极。埋入式电极盐浴炉与插入式相比,有以下几方面的优越性。

a. 炉膛容积有效利用率高,产量大,耗电量小。埋入式电极盐浴炉的电极设在坩埚下部的侧壁内,炉膛内没有电极,有效面积比插入式的大,所以装料量可以多些,生产率高。另外由于埋入式电极盐浴炉启动时间短,与插入式炉相比启动时间可缩短1/2~1/3,一般2 h左右可达到工作温度。所以熔化快,浴面辐射热损失少,这些都可以使耗电量降

低。据统计,产量相同时,埋入式比插入式盐浴炉节省电能 25% ~ 30%。

b. 炉温均匀、加热质量好。插入式电极盐浴炉的炉温,电极附近的介质温度较高,远离电极的地区温度较低。一般在同一水平截面上温差达 10 ~ 15 ℃,深度方向的温差达 15 ~ 25 ℃。埋入式电极盐浴炉由于电极位于炉膛下部的侧壁,靠下部的熔盐导电发热,所以炉底介质温度偏高而上部介质温度偏低,这就有利于介质的自然对流,再加电磁对流的作用,整个浴槽介质温度较均匀。因此,埋入式电极盐浴炉的炉温均匀性较好,一般在深度方向上的温差在 10 ℃ 以内,同一水平截面上温差则更小。再有埋入式电极盐浴炉工件一般均位于电极区以上加热,不会因电流通过工件而引起过热,这就改善了工件的加热质量。

c. 电极不与空气接触,烧损慢,使用寿命较长。中温炉和高温炉的电极寿命分别为半年和 40 ~ 45 天,而插入式电极寿命相应的只有一个月或一周左右。

d. 操作方便。由于炉膛中没有电极引出柄,故工件装、出炉方便,且炉底平整,捞渣方便。

埋入式电极盐浴炉的缺点是:电极与坩埚一体,不能单独更换电极,电极损坏时,整个浴槽就要更换,不能像插入式电极盐浴炉那样单独调换电极或坩埚,所以制造了维修麻烦。就目前来看,中温炉的电极与浴槽的寿命相当,而高温炉两者的寿命相差较大,电极过早的损坏,所以对于高温炉,则插入电极优势大。另外,有的埋入式电极形状复杂,不易焊接,所以砌筑质量要求更严格,否则可能引起漏盐、短路。还有电极间尺寸不能调节,电极形状、尺寸、布置要求高,功率不可调。

按埋入式电极引入炉膛的方式不同,埋入式电极盐浴炉可分为侧埋式与顶埋式两种。

图 23.9 和图 23.10 分别为单相及三相侧埋式电极盐浴炉示意图。侧埋式电极是直条状电极,将它从炉子后壁的孔洞中水平插入炉膛中,电极的三个侧面均埋在砌体中,只一个侧面(工作面)与熔盐接触。为防止盐液沿电极渗出,电极与炉壁接触部位需通水冷却以使熔盐凝固。冷却水套与炉罐间留有 15 ~ 25 mm 间隙,用浸过磷酸泥浆的石棉绳或矾土水泥堵塞以防短路。电极顶部留 8 ~ 10 mm 膨胀缝。这种浴炉的主要优点是电极形状简单,制造方便。

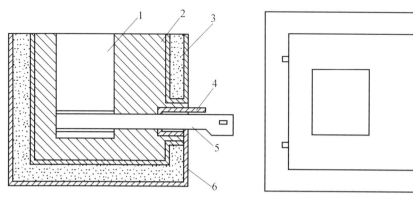

图 23.9 单相侧埋式电极盐浴炉
1—炉膛;2—炉罐;3—隔热层;4—冷却水套;5—电极;6—外壳

常见的侧埋式电极盐浴炉的电极布置如图 23.11 所示。单相两极式浴炉的结构最简单,但是当浴槽宽度 l 较大时,熔盐电阻增大,此时为了得到足够的功率,就要增加电极的高度或提高电极的工作电压。如果浴槽很宽时,可以考虑采用单相四极式,这样就使电极

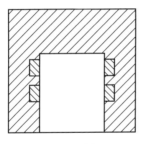 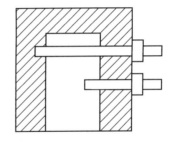

图 23.10　三相侧埋式电极盐浴炉

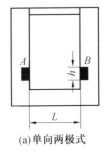 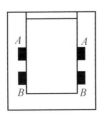 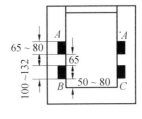 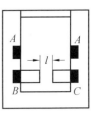

(a)单向两极式　　(b)单相四极式　　(c)三相四极式　　(d)三相四极式

图 23.11　侧埋式电极盐浴炉的电极布置

间距减少,熔盐电阻下降,在不必提高工作电压情况下就可以得到足够的功率。对于大功率的浴炉通常采用三相四极式,当 ABC 三支电极的长度相同时,B 与 C 电极之间距离较长,负载不易平衡。若三相功率不相等,可适当调整电极尺寸和电极间的距离使三相功率接近平衡(电流不平衡度应在 10% 以下)。例如,缩短 A 相两极的长度,增加 B 与 C 相电极的高度,改变 A-B 与 A-C 电极间距或将 B 与 C 相电极制成马蹄形等均有利于负载平衡。如果浴炉已经砌好,试验时仍无法实现电流平衡,可以在炉底放一块 15~20 mm 厚的钢板来调节,钢板的面积大小要通过试验根据炉子功率的大小来确定。

图 23.12 为顶埋式电极盐浴炉简图。顶埋式电极盐浴炉电极埋在炉膛下部,只有一面与盐液接触,电源通过电极柄由炉顶引入,电极分单相马蹄形、单相条形及三相块状等形式,如图 23.13 所示。单相马蹄电极适用于炉膛较大较深的炉子,工件不易过热,但电极结构复杂;单相条形电极适用于炉膛较浅的炉子;三相块状电极适用于炉膛较大较深的炉子,电磁搅拌力强,升温快,温度均匀。

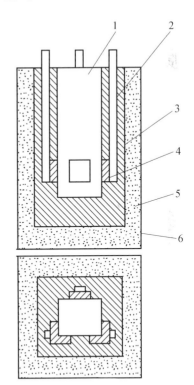

图 23.12　顶埋式电极盐浴炉
1—炉膛;2—电极柄;3—炉罐;
4—电极;5—隔热层;6—外壳

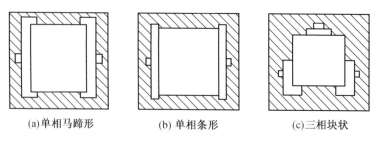

(a) 单相马蹄形　　(b) 单相条形　　(c) 三相块状

图 23.13　顶埋式电极盐浴炉电极类型

复合式电极盐浴炉炉子结构如图 23.14 所示，在主电极下面安装启动电极，两电极间距离 10~18 mm。电极周围是残盐（炉渣）或残盐与某种添加物的混合物。运用减小极间电阻以提高电压，通电后自激快速启动使固体盐熔化，同时体积膨胀。由于熔盐温度上升，电阻迅速下降，电流立刻增大使周围固态盐加速熔化，在短时间内主电极导通，直至使固态盐全部融化。

此种炉型的启动电极可以安装在埋入式或插入式的主电极下，该炉型与传统埋入式盐浴炉相比，启动升温用节电约 30%~60%，加热时间缩短 50%~80%，使操作简化，改善了劳动条件，停炉后不需要保温，可以随用随开。

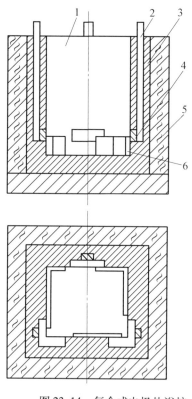

图 23.14　复合式电极盐浴炉
1—炉膛；2—电极柄；3—炉罐；
4—主电极；5—保温层；6—启动电机

23.2　流态粒子炉

流态粒子炉是从炉膛底部的风室中向炉膛内均匀地通入一定流速的气体，使炉膛内的固体粒子形成悬浮流动状态，并以此作为加热或冷却介质的一种炉子。

流态粒子炉可用于淬火、正火、退火、回火等中性加热，并已扩大应用于渗碳、渗氮、碳氮共渗以及渗硼、氧氮化、蒸气处理等。

1. 流态粒子炉的特点

通过与电极盐浴炉多方面的综合分析比较，流态粒子炉具有以下主要特点。

(1)应用范围宽,可用于加热、冷却,调节改变气流成分和粒子种类,可实现无氧化脱碳加热和化学热处理。

(2)升温速度快,热惰性小,节能效果良好。

(3)加热或冷却温度均匀性好,工件变形小,硬度均匀,一般不会出现软点。

(4)加热和冷却的速度,可以根据处理材料和工件的特殊要求进行任意调节。

(5)操作安全、简便,可免除加热前的烘干和加热后的清洗等辅助工序,并且无爆炸、无腐蚀、无毒性等危险。

2. 流态粒子炉的种类

(1)按加热热源和加热方式分

流态粒子炉按其加热热源和加热方式又可分为内部燃烧式流态粒子炉、外部燃烧式流态粒子炉、直接电阻加热式流态粒子炉、内部电阻元件加热式流态粒子炉和外部电阻元件加热式流态粒子炉等。

①内部燃烧式流态粒子炉。主要用于工件淬火加热,这种炉子的显著特点是空炉升温时间短。该炉采用可燃混合气体作为流态化气体和热源,可燃混合气体首先在炉床上面点燃,然后火焰向下传递,最后在布风板上方稳定燃烧。炉子工作温度一般为 800~1 200 ℃,炉膛的温度靠控制混合气体的供入量和比例调节,但受粒子大小和流态化状态的限制。

图 23.15 为内部燃烧式流态粒子炉。该炉以液化石油气为燃料,粒子直径为 0.7~1.2 mm 的氧化铝空心球。该炉的布风板装置具有内混式和外混式两种供气方式。内混式是指液化石油气与空气在风室内预先混合,然后通过布风板孔进入炉罐内燃烧。外混式是指液化石油气经上气室进入炉罐,而空气经下气室进入炉罐,在炉罐内混合、燃烧。内混式供气方式混合均匀,燃烧速度快,但有回火的危险,而外混式无回火危险。因此,在空炉升温阶段,当布风板上部温度低于 350 ℃以下,可采用混合供气;而在炉子工作阶段,则应采用分离供气方式。

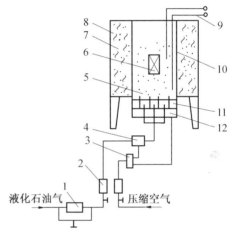

图 23.15 内部燃烧式流态粒子炉
1—电磁阀;2—流量计;3—二位三通换向阀;4—混合器;5—氧化铝空心球;6—工件;7—耐火纤维;8—炉壳;9—热电偶;10—炉罐;11—上气室;12—下气室

为了控制这两种供气方式转变,采用两支热电偶进行控温。一支用于控制炉子工作温度,炉子到温后,通过控制液化气供气管路上电磁阀的通断来调节可燃气供入量,达到调节温度的作用;另一支热电偶用来检测布风板上部约 80 mm 处的粒子温度,当该处温度超过 350 ℃时,必须使供气管路中的二位三通换向阀处于分离供气状态。

②外部燃烧式流态粒子炉。图 23.16 为外部燃烧式流态粒子炉结构简图。这类炉子多用于低温炉,工作时,使可燃混合气在布风板下燃烧室内燃烧,燃烧后混合一定量的空气,调整好所需的温度再通过布风板进入炉膛。

③直接电阻加热式流态粒子炉。图 23.17 为直接电阻加热式流态粒子炉结构示意

图。直接电阻加热流态粒子炉的电极板接通低压电源后,盛在炉膛内导电的碳粒子通过其本身导电和部分燃烧而产生热量对工件加热。碳粒既是加热介质,又是导电体和发热体。压缩空气经干燥后从炉膛下部的风室通过透气布风板进入炉膛,使碳粒子形成流态化状态,从而实现类似电极盐浴炉的加热。炉膛四角的辅助进气管起辅助流化作用。

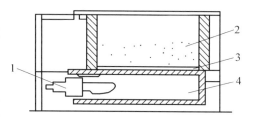

图 23.16　外部燃烧式流态粒子炉
1—过量空气燃烧器;2—粒子;3—布风板;4—充气室

④内部电阻元件加热式流态粒子炉如图 23.18 所示。它的加热电阻元件布置在粒子中,根据炉子工作温度,可选用电热辐射管或碳化硅元件作为加热元件。这种炉型应保证电阻加热元件附近良好的流态化状态,无局部过热,以免毁坏电阻元件。

⑤外部电阻元件加热式流态粒子炉可用于工件渗碳、渗氮、光亮淬火及回火等热处理。主要缺点是因耐火材料粒子热导率较小,空炉升温时间较长。该炉是用电热元件在炉罐外加热,粒子多采用非导电体耐火材料粒子。流态化气体可根据热处理工艺需要配制。

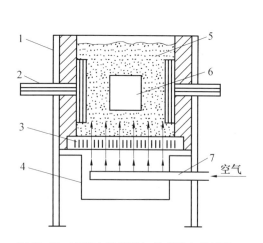

图 23.17　直接电阻元件加热式流态粒子炉
1—炉体;2—电极;3—布风板;4—风室;
5—沸腾层;6—工件;7—风管

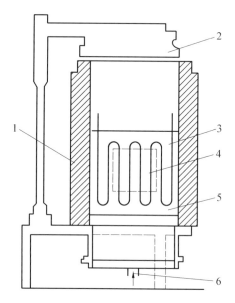

图 23.18　内部电阻加热式流态粒子炉
1—炉体;2—炉盖;3—加热元件;4—工件;
5—粒子;6—流态化气体入口

图 23.19 为一典型的外部电阻加热式流态化渗碳炉示意图。该炉衬为陶瓷材料,发热体布置在炉罐外侧,炉罐采用耐热合金钢制作,它由炉顶装入炉内,并靠自身质量定位。炉罐底部有布风板,罐内的传热介质是 80 目的 Al_2O_3 粒子。

用氧分析仪测量气氛的碳势,氧探头以 45°方向插入流态床中测量碳势,插入深度大于 75 mm。用三支热电偶检测温度,一支从炉罐顶沿内壁插入控制炉子工作温度,另两支作为超温监控热电偶,分别监控发热体及风室的温度,风室内温度不得超过 290 ℃。

该炉操作过程是,先将盛工件的吊筐放入通氮气的流态床内,关好炉盖,通氮气升至渗碳温度,然后利用汽化器将甲醇汽化,使甲醇气、氮气及少量天然气(甲烷)一起经布风板通入炉罐内,使工件在要求的碳势下渗碳。炉罐换气次数为 300 次/h,废气由炉盖的排气口排出并点燃。渗碳结束后用氮气吹洗 2 min,然后出炉淬火冷却。

(2)按用途分

流态粒子炉按其用途不同,可分以下几种类型。

①加热用流态粒子炉,主要由流化床和加热源两部分组成。加热方式有燃气加热(分内部和外部燃气加热两种)、电热体加热(分内部和外部两种)以及电极通过导电粒子的直接加热。

②冷却用流态粒子炉,主要由流化床和冷却源两部分组成。冷却源有通入冷的气体进行冷却以及用蛇形水管或水冷壁通循环冷却水进行冷却等。

③化学热处理用的流态粒子炉,主要由流化床和活性气体介质源两部分组成。流态床热处理在国外已得到广泛应用,因为流态床用于化学热处理的最大优点是快速排气,促使工艺气氛更新,炉气恢复快。由于流态床具有较高的传热和传质速度,故渗速快、生产效率高,并且能一炉多用,工艺适应性强。

用于化学热处理的炉中有一种多功能流态化热处理炉,该炉由炉体、炉罐、粒子、布风装置和供气系统等组成。其特点是该炉设计有双气室金属布风装置,具有内混供气和外混供气两种功能。供气系统能满足炉子多种工艺和操作的需要,供气系统的组成如图23.20 所示。

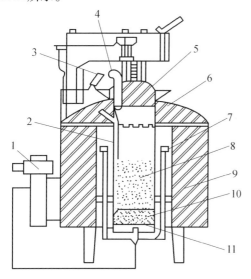

图 23.19 外部电阻加热式流态粒子炉

1—汽化器;2—炉罐;3—点火器;4—排气器;5—炉盖;6—氧探头;7—发热体;8—Al_2O_3 粒子;9—炉体;10—耐火材料;11—布风板

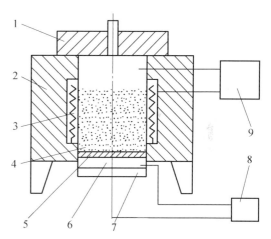

图 23.20 多功能流态化供气系统示意图

1—炉盖;2—炉体;3—电热元件;4—粒子;5—布风板;6—气室(Ⅰ);7—气室(Ⅱ);8—供气系统;9—控温系统

该系统有 3 种供气回路:第一种是氮基可控气氛回路,氮气配以适量甲醇裂化气、丙烷(或丁烷)气,可构成具有保护或渗碳作用的氮基可控气氛。各种气体经流量计显示通入量,在炉外混合后经过气室(Ⅱ)进入炉罐。第二种是渗碳气氛回路,该气氛由空气和丙烷(或丁烷)气在炉罐内燃烧制成。增加空气经流量计、气室(Ⅱ)进入炉罐,丙烷或丁烷气经流量计、二位三通换向阀、气室(Ⅰ)进入炉罐,两种气体在炉罐内混合燃烧。通过改变气体配比可得到不同比例成分的炉气。该回路可避免回火爆炸的危险。第三种是渗氮气氛回路,常温下汽化的液氨通过减压阀、调节阀、流量计、二位三通换向阀进入气室(Ⅰ)通入炉罐内。

3. 流态粒子炉的应用与发展

迄今,流态粒子炉已能在大的温度范围内进行各种热处理,而且,在处理周期、均匀性、操作、环境因素和成本等方面均优于普通热处理炉。因此,它不仅能代替浴炉,而且可作为柔性生产系统与批量生产系统结合的多用途的有效工具。

流态粒子炉的发展,除了进一步改善炉体结构,提高部件质量特性等外,正向以下几个方面发展。

第一,减少热处理气氛的气体(氮、氨、丙烷等)消耗。近年来用高压空气或高压气体,诸如氮气(还原50%的废气以循环流态床)来驱动喷射泵进行气体循环,促使流态化的气体用电程序器来控制。用更有效的涡轮泵气体循环,这种装置可还原80%的废气。促使流态化的气体进行脉冲流动,这时要优选脉冲时间,并根据每个炉子的大小和工艺优选间隙停止率。

第二,扩大应用范围。除了研制多功能流态粒子炉外,开发有价值的新工艺,如各种化学热处理以及化合物层的沉积等。

第三,使生产连续化,开发一些生产线。

第24章 真空与等离子热处理炉

真空与等离子热处理炉是机械零件进行真空热处理工艺和辉光离子渗入热处理工艺的工业设备。真空热处理及离子渗入热处理的应用推广,可以解决用一般常规热处理方法不能满足有关氧化、脱碳、表面粗糙度及尺寸精度等较高的工艺要求。近年来,因为真空与等离子热处理设备具有高效、优质、低耗和无污染等一系列优点,是近代热处理设备发展的热点之一。

24.1 真空热处理炉

由于真空热处理使工件不氧化脱碳,因而处理后的工件可保持原有表面光亮和色泽,且不易变形。另外,真空热处理对工件有脱脂、脱气作用。真空热处理炉为改进热处理工艺和提高机械产品质量开辟了新的途径,而且在自动化和大批量生产方面有了长足的进步。但由于炉内传热主要靠辐射进行,因此工件加热速度慢,加热均匀性差,设备一次性投资大。

1. 真空系统及真空热处理

真空系统,通常是由真空泵、真空阀门、真空测量仪表、冷阱、管道等组成。真空热处理炉常见的真空系统主要有以下3种。

(1)低真空系统($1.33×10^3 \sim 13.3$ Pa)

该系统(见图24.1(a))通常采用机械真空泵即能满足要求,如预抽井式真空炉多采用这个系统。对真空度要求稍高,抽气速率要求不大时,可选用旋片式真空泵。如果真空度要求不高,抽气速率需要加大时,可选用滑阀式真空泵。

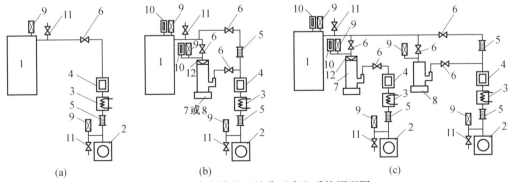

图24.1 真空热处理炉典型真空系统原理图

1—电炉;2—旋转泵;3—冷凝器;4—过滤器;5—伸缩器;6—阀门;7—扩散泵;8—增压泵;9—热偶规管;10—电离规管;11—充空气、保护气体或接入氦检漏仪的阀门;12—冷阱

(2)中真空系统(13.3～1.33×10⁻² Pa)

该系统(见图 24.1(b))一般由机械泵和增压泵组成。机械泵常用滑阀泵或旋片泵,增压泵可选用罗茨泵或油增压泵。罗茨泵的极限真空度比油增压泵稍低,但抽速比较大。工作时,先启动机械泵对真空炉预抽真空,当达到增压泵可以启动的压强时,再启动增压泵直抽到要求的真空度。这种系统在真空淬火炉中应用很广。

(3)高真空系统(1.33×10⁻²～1.33×10⁻⁴Pa)

该系统(见图 24.1(c))的主泵常采用油扩散泵,扩散泵与增压泵匹配应用的情况也常见。真空退火炉、真空钎焊炉多采用此系统。

真空系统的基本参数主要有工作真空度、极限真空度、抽气时间、抽气速率及压升率等。真空炉在工作时需要保持的真空度称为工作真空度。空炉时所能达到的最高真空度称为极限真空度,它与泵的极限真空度和抽速有关,与炉内总放气量和漏气量成反比。抽气时间反映了抽气效率,是指炉子从某一压力开始抽到要求压力所需的时间。一般炉子的预抽时间以小于 10 min 为宜。真空系统单位时间内所抽出的气体体积称为抽气速率。单位时间内渗漏入真空炉内的气体量是检验炉子密封性能的指标。国标规定用关闭法测量压升率,即系统抽到极限真空或某一压力后关闭真空炉体各通气口阀门,如果只用机械泵抽空时应停泵,然后根据两次读数间(不少于 30 min)的时间去除两次读数时真空室内压力之差,即得压升率。美国军标规定,真空热处理炉的压升率不得大于 0.67 Pa/h。

真空热处理是指热处理工艺过程的全部或部分在真空状态下进行。实际上,是把真空当作一种纯度较高的保护气体,能有效地防止工件在高温下发生氧化脱碳反应,提高工件热处理的表面质量或改进化学热处理的效果。

现在,真空热处理已用于淬火、退火、回火、渗碳、渗氮、渗金属及其他表面硬化、表面合金化等工艺中。在淬火方面已实现了气淬、油淬、硝盐淬、水淬等处理。

2. 真空热处理炉的分类

按炉子结构与加热方式,真空热处理炉分为外热式真空热处理炉和内热式真空热处理炉。

(1)外热式真空热处理炉

外热式真空热处理炉应用最早、结构简单、炉罐不水冷,故也称热壁真空炉。其结构与普通电阻炉类似,只是需要将盛放热处理工件的密封炉罐抽成真空状态,并严格密封。

几种外热式真空热处理炉的结构如图 24.2 所示。这类炉子的炉罐大都为圆筒形,工件放在可抽真空的炉罐中,从外部间接加热。为了提高炉温,降低炉罐内外压力差以减少炉罐变形,有时将炉罐外部的加热炉膛也抽成低真空的,即采用双重真空设计。工件冷却有炉内冷却和炉外冷却两种,炉内冷却速度慢,炉外冷却速度快。为了实行快速冷却,在冷却室内可以通入惰性气体,并与换热器连接,进行强制循环冷却。另外,为了提高生产率,可采用由装料室、加热室及冷却室 3 部分组成的半连续作业的真空炉,这种炉子各室有单独的抽真空系统,室与室之间有真空密封门。

外热式真空热处理炉结构简单、易于制造、排气量小。炉罐内除工件外,很少有其他需要除气的构件,容易达到高真空。电热元件在外部加热(双重真空除外),不发生真空

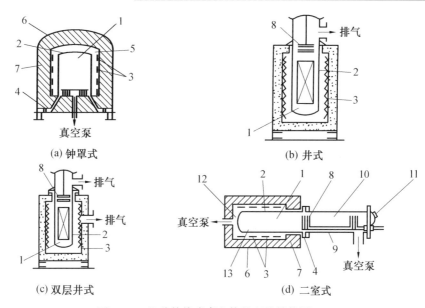

图 24.2　几种外热式真空热处理炉结构图

1—加热室；2—真空容器；3—电热元件；4—密封垫；5—大气；6—外罩；7—耐火材料；8—挡板；
9—水套；10—冷却室；11—窥视孔；12—粗真空室；13—微真空室

放电。工件与炉衬不接触，不发生化学反应。炉子操作简单、故障少、维修方便。

但是由于炉罐的一部分暴露在大气中，热损失很大，所以炉子的热传递效率较低，工件加热速度较慢。受炉罐材料高温强度所限，炉子尺寸小，工作温度一般为 1 000 ~ 1 100 ℃。炉子热容量及热惯性很大，控制较困难，炉罐的使用寿命较短。

(2) 内热式真空热处理炉

内热式真空热处理炉，通常指电阻加热的，其电热元件、隔热屏、炉床和其他构件均安装在真空的加热室炉壳内。和外热式的区别是电热元件和工件之间没有炉罐隔离，可以直接靠电热元件的热辐射对工件进行加热。炉壳一般都是双层水冷的，所以也称冷壁式真空炉。电热元件置于炉壳的中部，并围成一个加热区，在电热元件外部布置金属辐射屏或非金属隔热屏。炉床安装在加热区内，工件放在炉床上。加热电极通过炉壳引入。

内热式真空热处理炉是目前真空热处理炉的主流，常作为退火、淬火、回火、烧结、钎焊时使用。这类炉子因没有耐热炉罐，温度范围广，最高温度可达 1 300 ~ 2 200 ℃ 或更高。一般炉子的容量也不受限制，可以制造大型高温炉。它有单室、双室、三室及组合型等多种型式。炉子热惯性好，加热和冷却速度快，热效率和生产效率较高，均匀性好，工件加热变形小，加热期间通常不需要保护气氛，易实现操作过程自动化，安全性高。但是炉内结构较复杂，炉子造价高，炉内容积大，各种构件表面均吸附大量气体，需要配备大功率的抽气系统。电热元件与隔热屏，特别是非金属隔热屏及很多构件均处于真空高温下工作，常放出大量气体，考虑真空放电和电气绝缘性，要低电压大电流供电，需配套系统。

内热式真空热处理炉的种类较多，通常按用途和特性分类。按用途可分为真空退火炉、真空淬火炉、真空回火炉、真空渗碳炉、真空钎焊炉、真空烧结炉和真空热处理多用炉等。按工作温度可分为低温炉(≤700 ℃)、中温炉(700 ~ 1 000 ℃)、高温炉(>1 000 ℃)。按真空度可分为低真空炉、中真空、高真空炉、超高真空炉。按作业性质可分为周期作业炉、半连续或连续作业炉。按炉型可分为立式炉、卧式炉及组合式炉。按热源可分为电阻加热、感应加热、电子束加热和等离子加热等真空炉。按冷却方式分为自冷真空热处理炉、气冷真空热处理炉、油冷真空热处理炉、水及盐浴冷却的真空热处理炉和多用途组合式真空热处理炉等。

下面就按冷却方式的分类法,将其结构特点加以说明。

①自冷真空热处理炉。这种炉子应用较早,在内热式真空炉中所占的比例最大。这种炉型没有专门的冷却装置,工件随炉加热和冷却,冷却速度慢且间歇式工作,生产率很低。主要用于难熔金属、活泼金属、磁性合金的退火,不锈钢等材质工件的钎焊,真空除气和真空烧结等。

②气冷真空热处理炉。它是利用惰性气体作为冷却介质,对工件进行气冷淬火的真空炉。气体冷却介质有氢、氦、氩和氮等。氢的冷却速度最快,但从安全的角度来看,氢有爆炸的危险,不安全。氦的冷却速度较快,但价格高,不经济。氩不但价格高,而且冷却速度低,所以一般多采用纯度较高的氮气作为工件的冷却介质。

目前气冷真空热处理炉应用较多,可对空气淬火的合金工具钢(冷、热冲模)、钼系及钨系的高速钢、不锈钢、铁镍或钴基的合金钢等进行气淬处理。

炉子结构型式有立式、卧式、单室、双室和三室的,有单功能的,也有多功能的。各种类型的气冷真空热处理炉的结构如图 24.3 所示。图 24.3(a)和 24.3(b)分别是立式和卧式单室气冷真空热处理炉。单室炉型结构比较简单,占地面积小,操作维修方便,造价便宜,是目前广泛采用的炉型。但因加热与冷却在同一真空室内进行,冷却速度较慢,每

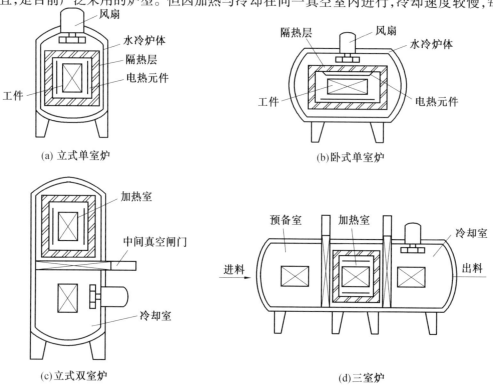

图 24.3　各种类型的气冷真空热处理炉

炉次均要破坏真空，因而生产率低。在设计电热元件、隔热屏和其他构件时，都应考虑到能经得起急冷急热与高速气流的冲击等问题。为了提高冷却效果，较好地提高冷却速度，可在单室炉内的通气道上设置水冷热交换器。

为了克服单室炉的不足之处，又出现了双室和三室气冷真空热处理炉。图24.3(c)是立式双室气冷真空热处理炉，其加热室与冷却室由中间真空隔热门隔开。加热室一直处于真空加热状态，工件是在加热室加热，加热完毕的工件转移至冷却室，在冷却室冷却。这种炉型由于冷却气体只充入冷却室，加热室仍保持真空状态，所以可缩短再次开炉的抽真空和升温时间，且有利于工件冷却，大大提高了冷却速率，炉子的生产率也有较大提高。图24.3(d)是三室半连续式气冷真空炉，它由进料室、加热室和冷却室等部分组成，相邻两个室之间设真空隔热门，该炉生产效率较高，能耗较低。

③油冷真空热处理炉。气冷真空热处理炉不能满足许多钢种的淬透性要求，因此，出现了油冷真空热处理炉。这种炉型与气冷式一样，有各种结构型式，有立式、卧式、单室、双室、三室半连续式和连续式的。它们的基本结构气冷式类同，只是增加了一个淬火油槽。油槽内装有传动装置、油搅拌器、加热器、热交换器、油温度计和观察窗等。工件加热保温完毕后，由油槽内的传动装置迅速转移到油槽上方，然后在通过升降装置把工件浸入油中淬火。

图24.4列出了各种类型油冷真空热处理炉的简图。图24.4(a)为单室卧式油冷真空热处理炉，它不带中间真空闸门，其主要缺点是工件油冷所产生的油蒸气不但污染加热室，而且影响电热元件的使用寿命和绝缘件的绝缘性。图24.4(b)和图24.4(c)是立式和卧式双室油冷真空热处理炉，加热室与冷却油槽之间设有真空隔热门。双室油冷热处

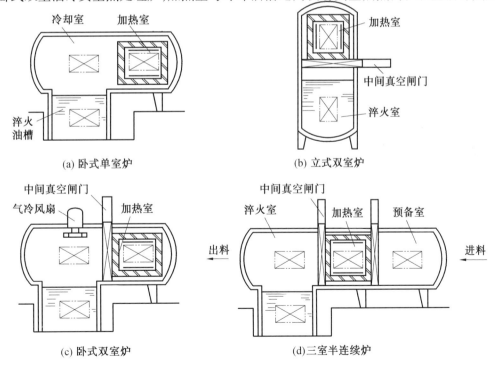

图24.4　各种类型的油冷真空热处理炉

理真空炉克服了单室油冷真空热处理炉的缺点,生产率可比单室提高 30%~40%,且有较低的能耗。但是其结构稍复杂,造价也较高。图 24.4(d)是三室半连续真空热处理炉,其加热室始终保持工艺要求的高温状态,炉料加热完毕后从加热室转移到冷却室进行淬火。它生产效率较高,能耗较小,适应批量生产使用。

④水及盐浴冷却的真空热处理炉。目前用水冷却的真空热处理炉应用不是很多,主要是因在常温下水沸腾的压力是 17.5 mmHg(2.3×10^3 Pa),因而要想在水槽上方,特别是在工件转移过程中,通过抽真空的方法建立 1.3 Pa(10^{-2} Torr)左右的真空度是不可能的。往往是通过反复换气法来降低水蒸气的含量,这便要消耗大量惰性或中性气体量。

现用水冷却的真空热处理炉,其淬火介质采用是一种饱和蒸气压较低的聚合物水溶液。工件加热后从井式加热室提到真空钟罩内,随即充入 N_2 或 Ar 气,用天车提起钟罩并转移到水槽或等温淬火的盐槽上方,再将工件吊入水槽或盐槽进行淬火。还有采用外热式真空炉进行水淬,使工件与炉罐同时放入水槽内淬火,但冷速低、容量小、炉罐寿命短。

盐浴冷却的真空热处理炉应用的也较少,为了避免硝盐在真空加热下的沸腾,在 220 ℃左右,应充压约 1.3×10^3 Pa。

在宇航工业应用较多的钛合金、不锈钢制件等,很适合用真空加热和水淬。对于一些高强度钢,如 30CrMnSi2A 钢件,进行真空加热后适宜用硝盐等温淬火。

⑤多用途组合式真空热处理炉。图 24.5 是多用途组合式真空热处理炉的示意图。多用途组合式真空热处理炉,通常由加热室和多个不同用途的冷却室组合而成。它可以根据工件的种类、形状和真空热处理工艺的要求,任意选择最佳冷却方式,组合成气淬炉或油淬炉或水淬炉等,还可以采用盐浴、真空淬火油、水溶性淬火冷却剂、水和惰性气体等冷却介质。

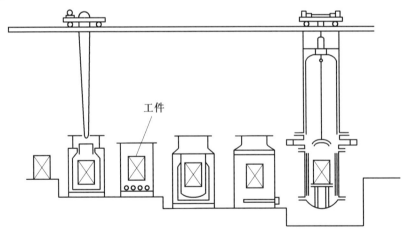

图 24.5 多用途组合式真空热处理炉示意图

24.2 等离子热处理炉

等离子热处理炉又称离子轰击加热装置,最初用于氮化处理,即离子氮化炉,随后得到很大发展。该加热装置是依靠真空中的辉光放电和离子轰击的方法来获得活性离子并加热工件,使氮、碳或其他元素渗入工件表面的化学热处理的一种装置。与普通的气体氮化炉相比,它具有渗入速度快、表面相结构容易控制、零件畸变小、能源节省及无污染等优点。但是,离子氮化炉用于小孔或小槽内壁的氮化处理较困难。

等离子热处理炉工作原理是工件放入炉内作为阴极,炉体作为阳极,抽真空到 13.3~1.33 Pa 后再通入少量氨、氮或氮氩混合气体,使炉内压力达 133~1 333 Pa,然后在两极间施加一定电压使氮电离,氮电离后即以高速冲击工件,离子的动能转化为热能将工件加热至渗氮温度。轰击表面的一部分氮夺取电子后直接渗入工件表面,在工件表面上形成含氮很高的呈蒸发状态的 FeN,并不断向工件内部扩散,从而达到渗氮的目的。

等离子热处理炉由真空炉体、电源控制系统、供气系统及真空获得系统等部分组成。炉体一般有罩式、通用式和井式 3 种型式,如图 24.6 所示。罩式炉适用于处理量多、体积和高度较小的工件。通用式炉做成几节炉体,可根据工件长短,增加或减少炉体节数。井式炉主要用来处理长轴类工件。供电装置一般采用可控硅整流调压的直流电源。输出电压为 0~1 000 V。所用气体一般是 N_2,用 NH_3 分解更好。离子氮化炉的工作真空度一般为 13.3~1.33 Pa,所以真空系统中只用机械真空泵抽气。对于多炉体或组合生产线,还有电源切换或机械移动结构。图 24.7 是离子氮化炉的组成示意图。

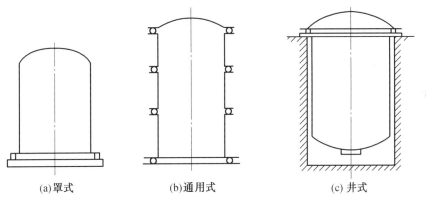

(a) 罩式　　　(b) 通用式　　　(c) 井式

图 24.6　多用途真空热处理炉示意图

等离子热处理炉按炉体形成分为吊挂工件的深井式炉、堆放工件的钟罩式炉、既可吊挂又可堆放的综合式炉和侧端开门的卧式炉。按控制方式分为普通型炉和自动型炉。普通型炉通过手动操作供气流量和抽气阀门控制炉内压强,升温时以手动方式控制功率,保温时以 PID 方式自动控制。自动型炉一般采用工业程序控制器控制流量、阀门以及功率,工艺参数也由微机储存和控制。按加热方式分为有单一辉光放电离子轰击加热和增加辅助电源加热两种炉型。按辉光放电电源类型分为直流电源、直流斩波电源和逆变脉冲电源、高频脉冲电源 3 种炉型。

图 24.8 是 ZLSC-60A 型双室真空离子渗碳炉的结构示意图。该炉由炉体、加热室、真空闸阀、冷却室、淬火油槽、真空系统、渗碳气供给系统、电气控制系统及直流电源等部分组成。该炉可在真空渗碳后直接炉内淬火,也可单独进行真空油淬、气淬、气淬油冷、真空钎焊、真空烧结、真空退火等处理。

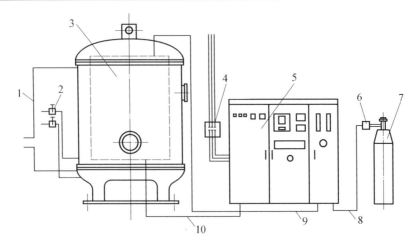

图 24.7 离子氮化炉的组成示意图

1—冷却水回水管;2—冷却水阀门;3—真空炉体;4—自动空气开关;5—微机控制;6—减压阀;7—氮气瓶;8、9—氮气软管;10—阴极导线

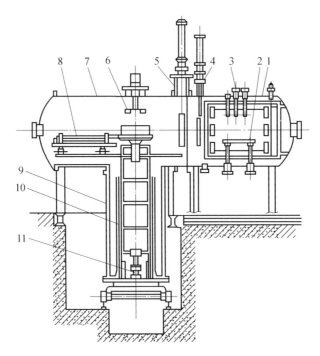

图 24.8 ZLSC-60A 型双室真空离子渗碳炉的结构示意图

1—加热室;2—阴极;3—阳极;4—隔热阀;5—真空闸阀;6—风机;7—冷却室;8—工件车;9—淬火内槽;10—升降机构;11—油搅拌电动机

第25章　可控气氛热处理炉

为了使工件表面不发生氧化、脱碳、烧损现象或对工件进行化学热处理,向炉内通以可进行控制成分的气氛,称可控气氛。在可控气氛炉中可以实现无氧化、无脱碳热处理,并能进行渗碳、脱碳等特殊热处理工艺操作。采用可控气氛热处理,可改善工件表面的组织结构,提高机器零件的使用性能,减少工件的加工余量或加工工序,以节约金属材料消耗。可控气氛炉的机械化程度高,可明显提高劳动生产率和改善劳动条件,但设备复杂、投资较大、操作技术要求较高。

25.1　可控气氛的类型和制备

按照制备可控气氛的原料气(液)不同,可控气氛分为以原料气制备的、以有机液体制备的、分离空气制备的、瓶装高纯气体。

以原料气制取可控气氛分为吸热式气氛、放热式气氛、净化放热式气氛、氨分解气和氨燃烧气。

1. 以原料气制备可控气氛

(1)吸热式气氛

吸热式气氛是指以一定的比例将原料气和空气混合后,通过内部装有催化剂、外部加加热的反应罐,经过不完全燃烧所制得的气氛。

吸热式气氛原料气有天然气(含甲烷90%以上)、丙烷、液化石油气(主要是丙烷、丁烷)、城市煤气。为保证产气组分稳定,防止催化剂中毒,必须使用符合标准的、成分稳定的原料气。原料气与空气的混合气体在反应罐内进行化学反应,以丙烷为例,其反应式为

$$2C_3H_8+3O_2+11.28N_2 \xrightarrow{\text{Ni 催化剂}} 6CO+8H_2+11.28N_2-Q$$

由上式可知,空气与丙烷的摩尔比为(3+11.28):2。当混合比较低时,只靠混合气自身燃烧反应的热量不能维持燃烧继续进行,需要由外部供热,因此称吸热式气氛。制取这类气氛是借降低空气与原料气的混合比来调整气氛中CO与CO_2、H_2与H_2O、H_2与CH_4的相对含量,即调整气氛的碳势。

吸热式气氛典型的制备装置流程图如图25.1所示。实际吸热式气氛发生装置十分复杂,主要由气体管路混合系统、动力系统、反应系统、安全系统等组成。

吸热式气氛的主要特点是由于反应过程中提供了外部热量,因而其混合比例可根据对气氛碳势的要求,进行适当的调节与控制,使其适应型比放热式气氛更强。除了可用于光亮热处理外,还可用于渗碳、碳氮共渗,以及薄钢板件的穿透渗碳和钢件脱碳后的复碳处理。

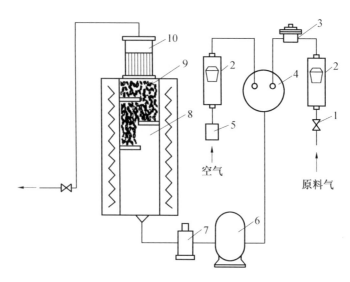

图 25.1　吸热式气氛的制备流程图
1—减压阀；2—流量计；3—压力调节阀；4—混合器；5—过滤器；
6—泵；7—火焰逆止阀；8—反应罐；9—冷却剂；10—冷却器

吸热式气氛的成本比放热式气氛高，在炉温低于 800 ℃时易形成碳黑，与空气混合后易产生爆炸事故。由于气氛中的 CO、CH_4 等成分会与 Cr 起反应，故对含 Cr 量较高的合金钢和不锈钢零件易产生表面贫铬缺陷。

（2）放热式气氛

放热式气氛是用可燃气体或液体与空气按一定比例混合后，通入发生器炉膛进行不完全燃烧而制得的气氛。

放热式可控气氛的原料气可以是液化石油气、煤气或其他气体燃料。原料气与小于理论需要量的空气进行燃烧，部分原料气完全燃烧，部分原料气不完全燃烧。以丙烷原料气为例，完全燃烧的反应式为

$$C_3H_8 + 5O_2 + 18.8N_2 \longrightarrow 3CO_2 + 4H_2O + 18.8N_2 + Q$$

不完全燃烧的反应式为

$$2C_3H_8 + 3O_2 + 11.28N_2 \longrightarrow 6CO_2 + 8H_2 + 11.28N_2 + Q$$

放热式气氛含 CO_2 和 H_2O 量较高，使用范围较窄。为扩大其使用范围，常再经净化处理，除去其中的 CO_2 和 H_2O。通过改变空气与燃料的比和净化方法，可在较宽的范围内改变气氛的成分和性质，净化后的主要成分是 N_2 和少量的 CO 和 H_2，是氮基气氛，一般又把这类气氛分为淡型、浓型和净化型。这类气氛可能是还原性和增碳性的，也可能是氧化性和脱碳性的，视气氛成分、工件含碳量和工作温度而定。

浓型放热式气氛净化后主要成分为 N_2、CO 和 H_2，CO_2 的体积分数只有 5%左右，可用于各种碳钢、合金结构钢、工具钢、轴承钢的光亮热处理。

淡型放热式气氛净化后主要成分也是 N_2，H_2 的体积分数为 1%～5%，稍有脱碳倾向，可用于马口铁、硅钢片、不锈钢、黄铜等工件的光亮热处理。

制备放热式气氛的工艺流程图如图 25.2 所示。原料气与空气按一定比例混合，用罗茨泵送到烧嘴，在燃烧室内进行燃烧及裂解，未燃烧的部分原料气通过催化剂完全反应。

反应产物主要含有 N_2、H_2、CO、CO_2、H_2O 和 CH_4。反应产物应通入冷凝器中,使其中的水气冷凝成水而排除,必要时再净化处理,这样就获得可供应用的放热式气氛。

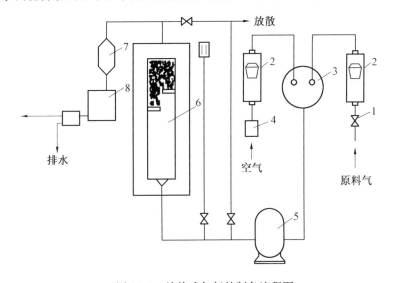

图 25.2　放热式气氛的制备流程图
1—减压阀;2—流量计;3—混合器;4—过滤器;6—燃烧室;7—净化器;8—冷凝器

气氛发生装置的管路系统主要由混合系统、燃烧装置、净化系统、安全系统 4 部分组成,此外还有各种控制阀,压力、流量等测量仪表。

(3) 净化放热式气氛

净化放热式气氛是将放热式气氛经沸石分子筛净化,除去 CO_2 和 H_2O 而制得,广泛用于各类钢种零件的保护加热。

(4) 氨分解气和氨燃烧气

将氨制备的气氛分为加热分解气氛和燃烧气氛。将氨气通入装有催化剂的反应罐内,在一定温度下分解,便制得氨分解气。将氨气与空气混合燃烧,经冷却干燥除水,便制得一种以氮为基的保护气氛,称为氨燃烧气氛。

用氨制备的气氛可分为加热分解气氛(吸热式)和燃烧气氛(放热式)两类。燃烧气氛又可分为完全燃烧和不完全燃烧。

制备氨分解气氛的原料是液态氨,液氨汽化后,在一定温度下会发生下面的分解反应

$$2NH_3 \xrightleftharpoons{4Fe、Ni} 3H_2 + N_2 - Q$$

上式反应是可逆的,升高温度或降低压力将有利于反应向氨分解方向进行。分解氨的成分为 $H_2(\varphi_{H_2}=75\%)$ 和 $N_2(\varphi_{N_2}=25\%)$。在标准状态下,1 kg 液氨可汽化为 1.32 m^3 氨气,分解后可以得到 2.64 m^3 的氢氮混合气体。氨的分解温度为 190~1 000 ℃,随着温度的升高,分解速度加快。常用的分解温度为 650~850 ℃,其分解率可达 99.93%~99.979%,但分解较缓慢。为了提高反应速度,可采用铁镍、镍基、铁基材料做催化剂。

氨分解气氛的制备流程是原料气自氨瓶流入汽化器受热汽化,在反应罐中借助高温和催化剂的作用进行分解,分解产物自反应罐出来后再返回汽化器,利用其余热加热液态氨。冷却后的分解产物经净化,除去残氨和水气,就制得了所需的分解氨。

氨分解气氛适用于含 Cr 量较高的轴承钢、耐热钢和不锈钢等。因为含有大量的 H_2 和 N_2,在加热时与钢处于惰性状态,也适宜做光亮热处理和钎焊、硬质合金烧结的保护性气氛。如果在这种气氛中加入水蒸气,则其中的 H_2 会具有较强的脱碳作用,因此也可以用于硅钢片的脱碳退火。

氨燃烧气氛的制备方法主要有两种:一种是氨气直接燃烧;另一种是氨先分解后再燃烧。但是现在多采用氨气直接燃烧法,从而省去了分解炉,大大降低了能耗。

2. 分离空气制取氮基气氛

氮基气氛热处理是从 20 世纪 70 年代发展起来的一种新型可控气氛热处理。氮基可控气氛是以氮为基本成分,并根据工艺要求添加适量还原性或渗碳性气体的一种可控气氛。由于氮是中性气体,一般在 200~1 200 ℃ 的热处理温度范围不与钢铁发生化学反应,而且不燃烧、不爆炸、无毒。加之来源于空气,空气是氮的最大原料仓库,具有取之不竭的特点,因此近年来发展速度很快。

(1)深冷空分法制氮

由于空气的液化和精馏在低温下进行,而且温度低于-120 ℃,故称之为深度冷冻空气分离法,简称深冷空分法。深冷空分法是在 20 世纪初就开发出来的一种空气分离技术。用该法制氮,不论从质量还是数量来说,至今仍然是提供氮源的柱石,我国的工业用氮主要是采取这种方法来制取的。

其制氮的基本原理是根据空气混合物中氧和氮的沸点不同,用液化精馏的手段将它们分离。其分离的过程大致为:首先,把空气中的机械杂质滤除;然后,把原料空气压缩到所需的工作压力,脱除空气中的水分、二氧化碳和乙炔等杂质部分,利用热交换使空气液化,通过液化空气的精馏,使之分离获得不同纯度的氧气和氮气等。

深冷空分法制取的氮气叫工业氮,其纯度为 98%~99.95%。经改进后的制氮机所制得氮气纯度可提高到 99.99% 以上。

(2)分子筛空分法制氮

分子筛空分法也是很早开发的一种空气分离技术,适合于小规模制氮。

分子筛是一种具有均匀微孔道的多孔物质,其孔道直径与气体分子直径相当。它具有选择吸附特性,能吸附比其孔径小的气体分子,而不吸附比其孔径大的气体分子,因此,利用分子筛对混合气体的分子进行分离。

用该法所制得的氮气纯度高达 99.5%,甚至更高。它与深冷空分法相比,具有工艺流程简单,设备容易制造,产品氮气的浓度可以任意调节,装置适应性好,投资省,占地面积小,操作简单以及维修方便等优点,而且不需要耗费有色金属材料。从制氮成本上看,它与中小型深冷空分装置相当。

目前,这种制得的氮技术包括以沸石分子筛为吸附剂的 ZMS 法和以碳分子筛为吸附剂的 CMS 法。这两种制取富氮的过程都是根据固体表面的吸附理论,运用变压吸附(PSA)原理。在常温和定压下,把空气分离并将氮富集到高于 98% 以上的纯度。从过程的原理上来说,沸石分子筛和碳分子筛对氧和氮的吸附能力是不同的,前者吸氮优于吸氧,而后者吸氧胜于吸氮。而且,它们对氮和氧的吸附量都随着吸附压力的升高而增大,吸附质在分子筛孔穴中富集,未被吸附的气体分子停留在气相中,减压时吸附质被脱附,分子筛获得再生。

(3) 中空纤维膜制氮

膜分离空气制氮是近年来开发的一种新的制氮技术。由于该法具有流程简单、装置小巧、能耗低、投资省、易操作、寿命长和安全可靠等优点而受到青睐。由于薄膜空分制氮装置分离器中所采用的膜大都是中空纤维膜,故称为中空纤维膜制氮。

中空纤维膜是以高分子聚合物为原料,经过特殊加工制成厚度为几纳米,结构呈蜂窝状的薄膜,然后再拉成中空纤维丝,便制成中空纤维膜。它的底丝是以聚砜为材质的多孔层,为了填补其表面上的大孔,采用硅橡胶做涂料,包覆多孔底丝的外表面。使用时,成百万根纤维捆在一起,装入空气分离缸内,当具有压力为$(4.8 \sim 7.5) \times 10^5$Pa 的空气进入分离缸时,中空纤维的膜壁便呈现出人肺一样的功能,氧和水蒸气易于透过此膜壁,而氮气在膜壁外流动。富氧的空气从每根中空纤维的两端排除,而普氮气则从分离缸筒壁的孔洞中离去。空气量少,温度低,串联的分离缸多,则普氮气的纯度就高。整个制氮装置没有运动部件,也不需要外部加热。

1979 年美国 Monsanto 公司用聚砜类膜研制成功 Prism 中空纤维复合膜气体分离系统,1986 年该公司推出"Prism Alpha"氧氮分离装置。随后,美国 DOW 化学公司也推出了"Generon"聚烯烃类膜空分装置。这种称之为 Gerneron 的制氮装置的基本原理是,其压缩的空气、O_2 和 H_2O 向聚烯烃空心纤维膜内的渗透速度比 N_2 的大得多,从而使空气分离,制得普氮气。这种制氮装置压缩空气压力为 $0.63 \sim 0.77$ MPa,产气量达到 $8 \sim 428$ m^3/h,产品 N_2 纯度达到 95% ~ 99%。日本丰田汽车公司也在 1986 年开发出一种高效分离 O_2 和 N_2 等气体的含硅聚合物膜,这种极薄的膜是采用等离子聚合物在多孔基材上形成的。

(4) 氮基气氛制备方法

氮基气氛可用于普通热处理的保护气氛,由于工业氮纯度不高,必须经过净化处理才可用于工件保护热处理。另外,N 基气氛也可用化学热处理的可控气氛,这时根据具体工艺要求再添加适量的其他气体。

净化处理的主要目的除了去除工业氮中的 O_2 和 H_2O 外,还要使气体具有一定的还原性成分。净化处理的方法有以下几种。

① 甲醇法。先将甲醇滴入装有镍基催化剂的 900 ~ 980 ℃ 的炉子中进行裂化,得到含有 1/3CO 和 2/3H_2 的分解气,然后使其与工业氮气混合,通入加热到 940 ~ 960 ℃ 的反应炉中,在催化剂的作用下,使氮中的 O_2 与分解气中的 H_2 化合生成 H_2O,再经过硅胶干燥塔或分子筛去除 H_2O。这样可以获得含有少量 CO、H_2 的氮基气氛,用于高碳钢、中碳钢和弹簧钢小件的光亮退火和淬火,效果良好。

② 木炭法。将工业氮通过炽热的木炭层,先使氮气中的氧与木炭在 920 ℃ 以上的高温下反应生成 CO_2,然后再在木炭反应罐的上层进一步使 CO_2 还原成 CO,而 H_2O 被还原为 H_2 和 CO,最后将木炭反应罐中出来的反应气体通过硅胶干燥塔及分子筛除去 H_2O 和 CO_2,最终可得到含 3% ~ 8%CO、微量 CO_2、其余为 N_2 的气氛,可用于各种碳钢、弹簧钢工件防氧化脱碳加热。

③ 加氢催化法。在工业氮气中通 H_2,经过装有催化剂的反应罐,使 H_2 与氮中的 O_2 结合形成 H_2O,再经硅胶和分子筛清除 H_2O。这种方法可将工业氮气中的含氧量降至 $2 \times 10^{-5} \sim 5 \times 10^{-6}$。常用的催化剂有 0603 型铜催化剂、651 型镍铬催化剂、105 型钯分子筛、

201及402型钼分子筛等。

④加天然气燃烧法。在工业氮气中混合适量的天然气,利用天然气中的CH_4与氮气中的O_2进行不完全燃烧,生成CO和H_2,即

$$2CH_4+O_2 \longrightarrow 2CO+4H_2$$

然后再加水蒸气去除CO,即

$$2CO+H_2O \longrightarrow 2CO_2+H_2$$

最后再用分子筛除掉CO_2,即可获得N_2+H_2型的氮基气氛。

⑤焦炉煤气燃烧法。焦炉煤气中含有H_2(φ_{H_2} = 50% ~ 60%)和CH_4(φ_{CH_4} = 20% ~ 25%),因此也可用来清除工业氮气中的O_2,获得N_2+H_2型氮基气氛。

3. 直生式气氛

一般的可控气氛热处理炉都有专门的气氛发生装置,为了节约能源和简化结构,近年来开发了在炉内直接生成可控气氛的技术,这样可以达到节约能源、结构简单紧凑、安装使用方便、产气快的优点。

为了能在炉内直接产气,炉子必须提供反应的温度、时间和空间,为此,目前有两种结构形式,一是将原料直接滴入或喷雾供入,风扇搅拌和循环,使之形成均匀相气氛,事实上早已采用的滴注式气氛也是一种直生式气氛;二是将裂化罐安放在炉内,炉内设置式发生装置的核心是新型触媒。

(1)滴注式气氛

滴注式气氛是将甲醇、乙醇、煤油、丙酮、甲酰胺等有机液或其他滴注液直接滴入热处理炉内,经裂化分解而成的气氛。近年来,特别是在密封箱式炉上的成功应用,滴注式气氛得到了较大的发展。气氛的性质主要取决于有机液体分子式中的$n(C)/n(O)$,$n(C)/n(O)>1$时为还原性和渗碳性,当C/O<1时为氧化性和脱碳性。

一般滴注式气氛的制备方法有预混合滴注式和分别滴注式。

预混合滴注式就是将两种以上C/O不同的有机液体以适当摩尔比相混合,从而得到不同C/O比值的滴注液,然后向高温炉内滴注,通过改变滴注量来调节碳势。分别滴注式是采用两种不同的有机液体,按一定比例同时向炉内滴注,其中,一种为稀释剂(载气),常用的有甲醇,也有用乙醇加一定比例的水。另一种为渗碳剂,常用的有丙酮、甲苯、煤油等,这些也称为富化气。

有机液体在高温下的裂解过程是个复杂反应,如果按其理论反应式反应只能生成CO、H_2和C,但气体产物中也存在着相互作用,因此,在裂化气氛中还会存在少量的CO_2、H_2O和CH_4等。

滴注式气氛多用甲醇滴注液,为了调整高碳势气氛,通常以甲醇为载体,滴入$n(C)/n(O)>1$的有机液为增碳剂,以提高炉内气氛的碳势。

此外,还有有机液体加空气,氮基气氛加有机液体,氮分解气体加有机液体等气液混合气氛制备方法。

将原料液剂喷雾供入的方式,实际上是滴注式的一个变种,该方式与滴注式的主要差别是将滴注系统改为喷雾及控制系统。

(2)炉内直生气氛

1978年德国伊普森(Ipsen)公司发明了可控气氛直接在炉内发生的所谓Supercarb工

艺,该工艺经济可靠,具有一系列优点。

当炉子加热到一定温度后,即可向炉内通入燃料气、空气和混合气体,燃料气不仅可用天然气、丙烷、丁烷,也可用液态丙酮,甚至酒精。气体在炉内高温作用发生反应,直接制备出热处理所需要的气氛。

气氛控制采用氧探头和计算机,其过程是根据从氧探头测量的炉子气氛中的氧含量、热电偶测得的炉内温度以及 CO 分析仪测得的炉气中的 CO 量,计算机通过这些测量得到的数据进行计算。然后根据给定的炉气碳势要求或数字模式所计算出的在渗碳过程中炉内气氛碳势变化的理论值进行调节,输出信号,给电机驱动的阀门调节输入炉内的空气量来改变反应后生成的 CO、N_2 及 H_2 的比例,从而达到控制气氛碳势的目的。

这种工艺可用于钢件的无氧化淬火加热、光亮退火、渗碳、碳氮共渗等,适用于多用途箱式炉、网带炉、震底炉、推杆炉及井式炉等。该工艺除经济可靠外,还能提高生产效率。

意大利 Lentek 公司针对我国某些地区丙烷和天然气短缺的现状,开发了一种称为"Lentek Saturators"的气氛发生器专利技术,这是一种以 N_2/CH_3OH 为载气,乙酸乙酯为富化气的现场气氛发生装置。其原理是利用 N_2 气(薄膜制氮设备)通入到两个分别装有甲醇和乙酸乙酯的容器中,液体利用热水管加热,以控制获得所需要的蒸气压,N_2 通入后与一定比例的甲醇和乙酸乙酯蒸气混合后,输送到加热炉裂解。这是一种直生式气氛,与滴注式气氛相比,虽然多了一个产生有机物蒸气的装置,但该装置较简单,气氛成分易控制,控制精度也较高,简便易行。

4. 瓶装高纯气

瓶装高纯气体主要有 H_2、N_2、Ar、He,它们很早就应用在实验室和特殊合金的保护热处理上。现在由于炉子结构和新炉种的出现,炉子用气量大为减少。

Ar 是惰性气体,是由空气经压缩、液化和精馏而得。He 也是一种惰性气体,是由天然气液化制取的。

某些不锈钢,某些易氮化的金属和某些耐热合金,为了防止氮化,往往采用价格昂贵的纯 Ar 作为保护加热气氛。He 往往作为真空淬火的气态冷却介质,保证急冷。

瓶装高纯气体的用气量,可以根据需要随时调整,所以用气量节省;另外还可以根据需要配制成各种组分的气氛。因此,在某些场合,是适合采用瓶装气的。

25.2 气氛控制方法

1. 气氛的选择与搭配

实现可控气氛热处理,除必要的热处理炉外,选择合理的可控气氛及其控制是十分重要的,通常,从加速工艺过程和提高产品质量为出发点,针对具体工艺科学地设计和选用适当的炉用气氛。

(1)气氛的选择

热处理气氛已有很多,其发展和合理的选择,应考虑如下几个方面:第一,要选择资源丰富和少无公害的气氛,能满足这一要求的最佳气氛就是氮气。纯氮主要应用于密封性很好的炉子或应用于低温保护或工件允许形成很薄的氧化膜,而该膜能起保护自身作用的工艺。氮气常应用于使炉子维持正压,以防炉外空气侵入,但是氮气对侵入的空气没有反应消除的能力。因此,通常的做法是根据处理工件的要求和工艺参数,在氮气中添加某些还原性或渗碳性气体或有机液剂,组成氮基气氛,如常用的 N_2+H_2、N_2+CH_4、N_2+NH_3、N_2+CH_3OH 等。第二,选择能加速化学热处理过程的气氛。因为渗碳过程中,碳的传递系数随 $\varphi_{CO}\times\varphi_{H_2}$ 的含量而增大,因此设计的渗碳气氛要求含有足够数量的 CO 和 H_2,能满足该要求的渗碳气氛常用的有吸热式气氛、甲醇裂解气、煤油和空气等。第三,应选用抗氧化能力强、脱碳能力弱的气体做保护气氛。最佳气体是 H_2,在通常热处理温度下,H_2 与 O_2 反应很快,而脱碳的反应速度比 H_2O 慢近千倍,比 CO 慢近百倍。液氨分解后得到的 H_2 和 N_2,是光亮退火的良好气氛,可用于拔丝中间退火保护、高温炉钼丝保护气等。第四,从节约能源,简化结构方面考虑,发展直生式可控气氛是个方向。

(2)气氛的搭配

实现气氛控制的主要原则是气氛本身要有很高的可控性,即可随气氛中某一气体的增加或减少而明显地改变气氛的碳势、氮势或其他势,为此,通常将气氛分为载体气和富化气。载体气的作用是维持气氛的基本碳势,保持炉内处于正压状态,维持炉内气体的稳定与正常运动。常用的载体气有氮基气氛、吸热式气氛、甲醇裂解气等。富化气的作用是提供气氛的碳分、调节气氛的碳势,富化气的少量变化能使气氛碳势有明显改变。常用的富化气有丙烷、甲烷、丙酮、醋酸乙酯、煤油等。

目前,国外最常用的搭配气氛是载体采用吸热式气氛 CO($\varphi_{CO}=20\%\sim25\%$)和 H_2($\varphi_{H_2}=30\%\sim41\%$),富化气采用丙烷,也有不少用天然气(主要成分是甲烷)做富化气。

最新发展起来的氮基气氛,其载体气可以是氮气或者是具有一定碳势的 N_2+CH_3OH,在此基础上再加入富化气。

采用有机液做渗剂时,载体气与富化气的最佳搭配是甲醇与醋酸乙酯。为降低成本,也常用煤油、丙酮和苯来代替醋酸乙酯。

2. 气氛控制系统

炉内气氛控制系统通常都是靠测量出的炉内气氛碳势(或氧势等)数值与给定值之间的偏差,控制装置输出(人工或自动)控制信号,调节富化气的量来有效控制炉内气氛的。

控制炉内气氛的方法主要有直接控制法和间接控制法,现今唯一的直接控制方法就是电阻探头控制碳势法。间接控制方法就目前应用情况,主要有 4 种方式:20 世纪 50 年代采用的露点仪法,60 年代采用的红外线 CO_2 分析仪法,70 年代采用的氧探头法和 80 年代到现在的微机多参数碳势控制法。

目前应用于热处理炉气氛控制的微机系统有如下 4 种。

(1)直接控制系统(DDC 数字控制系统)

此微机控制是以数字显示指示的,配有键盘输入工艺参数和控制参数,其中主要包括温度控制回路和碳势控制回路。

由于碳势控制时的氧电势随温度升高而增大,在此控制回路中没有温度参数,是以温度恒定为依据的。因此,若炉子停电降温,此系统是不能控制的,故更高一级的控制是应加入 CO 变动量和温度变动量的因素,加以修正。

(2) PC 机图像显示控制

此控制系统是炉子信号直接输给 PC 机,用高级语言处理和运算,容易按数学模型投入运行,可以图像显示、动态控制。其缺点是 PC 机不能直接放在炉前,必须设机房专人管理操作。

(3) 分级控制系统(SPC 控制系统)

此系统实际上是上述两种系统结合起来,每一炉前设 DDC 级数显控制机,车间设 PC 控制机,做监督控制,可以控制管理车间多台炉子,依据炉前控制机将信息传输给监视机。这种控制系统是一个较完善的系统,包括了炉前静态控制和监视机动态控制,还便于生产管理。

(4) SMC 控制系统

这是一种更高级的控制系统,是集 DDC、SPC 及整个工厂的生产管理为一体的高级控制系统,该管理级向下以 LAN 网(局部网络)的形式与分布式监控主机相连、本身通过 GAN 网(全部网络)与行政管理计算机相连,既可以汇总现场生产信息,又可以实现高级资源共享,进行信息集中管理。

25.3 可控气氛热处理炉的类型和特点

1. 可控气氛热处理炉的类型

可控气氛热处理炉的分类,与普通热处理炉一样,有周期式和连续式。周期式炉有井式炉和密封箱式炉(多用炉),适用于多品种小批量生产,可用于光亮淬火、光亮退火、渗碳、碳氮共渗等热处理。连续式炉有推杆式、转底式及各种形式的连续式可控气氛渗碳生产线等,适用于大批量生产,可进行光亮淬火、回火、渗碳、碳氮共渗等热处理。

2. 可控气氛热处理炉的特点

可控气氛热处理炉的特点是在某一既定温度下,向炉内通入一定成分的人工制备气氛,以达到某种热处理目的,如气体渗碳、碳氮共渗及光亮淬火、退火、正火等。通过调节通入气氛的成分,实现对炉内气体的碳势控制。与一般热处理炉相比,可控气氛热处理炉有以下几方面特点。

(1) 炉子的密封性良好

为控制炉内气氛,维持炉内一定压力,炉内工作空间始终要与外界空气隔绝,尽最避免漏气及吸入空气,故要求对炉壳、砌体、炉门及所有与外界连接的零部件,如风扇、热电偶、辐射管、推拉料机等采用密封装置。电热元件等在可控气氛作用下,需采用抗渗碳性强的材料或加抗渗碳涂料,最好用低压供电,以免元件渗碳或炉壁积碳使元件发生短路而毁坏。在装、出料以及淬火、缓冷过程中均需在密封条件下进行,因此要有装、出料的前室或后室,封闭淬火机构和通入控制气氛的缓冷室等。与外界相通的炉门结构要严密,开启时多采用火封装置。

(2) 炉内气氛均匀

为维持炉内的一定碳势,除了控制产气成分的稳定性外,还要对炉内气氛进行自动控制。因此,需设有各种控制仪表,以便对炉气连续或定期测定并调整向炉内的供气量,达到控制炉内碳势的目的。

为了更新炉内气氛和维持炉内一定压力,需控制炉内气氛的流量和流向。尤其对连续贯通式炉,由于炉膛各区段的碳势要求不同,因而炉气流向的控制更为重要。

为了改善零件的各种热处理质量,一般在炉内设有循环风扇以均匀炉内气氛、强化炉内传热条件和提高炉内温度均匀性。

(3)炉内构件抗气氛侵蚀

对于吸热式可控气氛,炉衬需要采用抗渗砖砌筑。多数采用可控气氛对电热元件都有侵蚀作用,破坏元件的氧化膜,发生渗碳或渗氮,缩短元件的使用寿命。为了保护电热元件,可将其安装在辐射管内。对暴露在气氛中的元件,应在氧化气氛中加热,使其退碳、退氧,重新形成保护性氧化膜。热电偶的热结点不得暴露在可控气氛中。

(4)装设安全装置

可控气氛大多数有毒,另外还原性气氛与空气达到一定混合比后,在一定温度下易引起爆炸。因此除要求正确操作外,炉上应有防爆孔,还应设安全装置,故对炉子的前、后室、淬火室以及缓冷室等均设有防爆系统。炉子供气与排气的控制系统也要有防爆措施。在管路上设单相阀、截止阀、火焰逆止阀、压力测定器以及安全报警等装置。

(5)机械化、自动化程度高

各种可控气氛炉的密封性能要求高,装、出料操作过程复杂,要求一台炉子多用。大批量生产时,多组成大型联合热处理专用或两用以上的各种机组,因而要求有较高的机械化、自动化程度。

为了实现燃料燃烧和炉温的自动控制,以及为了提高辐射管的使用寿命及其效率,故对燃料有一定要求,例如对发生炉煤气必须净化,要去除硫、焦油和水。

由于可控气氛热处理炉的产品质量要求较高,故对一些附属工序如清洗、淬火、缓冷等要求较高。进炉前或淬火后的工件要清洗干净,光亮淬火时要求用光亮淬火介质,并对淬火介质的温度和循环速度要严格控制,缓冷时要能严格控制气氛成分及其冷却速度。

25.4 可控气氛热处理炉

可控气氛热处理炉类型和结构繁多,现在可控气氛热处理炉的发展趋势是:炉气的可靠控制和保证工艺的再现性;降低气氛消耗,真空和可控气氛相结合;专用炉箱向多用途方向发展;安全操作设施不断完善;广泛采用微机操作和控制系统。

1. 周期作业可控气氛热处理炉

(1)少无氧化电阻炉

在箱式炉、井式炉、台车炉等周期作业炉上增加相应的可控气氛装置和管路,在炉体设计等方面遵循前述要求,即成为各种类型的少无氧化保护气氛炉。

①少氧化箱式炉。国内已定型的 950 ℃和 1 200 ℃少氧化箱式炉为 RX_3-9Q 和 RX_3-12Q 简易保护气氛炉,其结构示意图如图 25.3 所示,也可在标准箱式炉炉罐内加一个耐热钢炉罐,加上滴注煤油、甲醇等有机液裂解的渗碳保护气氛,炉内碳势可达 0.4% ~ 0.8%。如在顶部加上风扇,炉口加密封和火帘,炉温均匀度更好。

②组合式箱式电阻炉。该炉又称双室多用工具热处理炉,是由一个带直生保护气装置的加热室和一个预热室叠装组成,如图 25.4 所示。这种形式可缩短工艺过程中工件转移距离,节省时间、空间,降低能耗。

第25章 可控气氛热处理炉

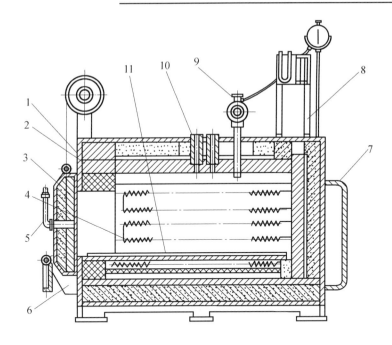

图 25.3 RX3-Q 箱式保护气氛炉结构简图
1—炉壳；2—炉衬；3—炉门结构；4—电热元件；5—压力调节器；6—工作台；
7—罩壳；8—流量控制器；9—滴量控制阀；10—热电偶孔；11—炉底板

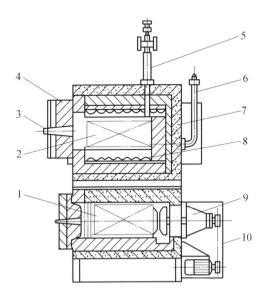

图 25.4 双室炉结构示意图
1—预热室；2—加热室；3—观察孔；4—炉门；5—滴注装置；
6—取排气管；7—炉衬；8—加热器；9—风机；10—罩壳

滴注装置设在加热室顶部,当炉温达到760 ℃时,滴注液可通过电磁阀、流量计和滴注调节阀进入炉内。在后墙顶部有膜式防爆装置。下部预热炉的工作室与加热器之间是耐热钢板焊成的导风通道,风机装在炉后墙,风机与工作室有网板相隔,以确保安全。

该炉有普通型(XCT型仪表)和精密型("陆欧-812"型带微处理机)两种控温系统供选用。精密型采用断续PID调节方式。

法国生产的BIA型箱式炉与组合式箱式炉相似,把卧式炉和立式炉的结构特点,周期式和连续式工作方式结合起来,即水平进料,但加热室置于装料室顶部。这样,避免了加热室气氛受零件传送的干扰,而传动机构由于在冷环境下工作,可靠性好;此外,加卸载使用同一侧两个门,加热零件转移到淬火冷却室时,另一盘料就同时进入加热室,具有连续生产特点,生产率高。

日本SOLD公司开发的无氧化快速气体渗碳淬火炉,可取代真空炉完成高级合金钢的渗碳淬火处理,成本仅为真空炉的2/3左右。其加热炉、淬火槽组件化,渗碳炉配置在数个淬火槽的正上方,呈水平移动方式,可满足工件多种淬火(油、水、气淬)的选择。因为采用保护气氛加热,工件无氧化,工件完成加热后,5 s即可入淬火槽淬火,晶界极少有氧化现象,并且加热均匀,工件变形极小,可实施光亮热处理。渗碳速度快,时间短。

③其他少无氧化电阻炉。其他少无氧化电阻炉有手表、仪表行业常用的少氧化光亮淬火管式炉,少氧化台车炉以及少无氧化箱式回火炉等。

(2)密封箱式多用炉

这种炉可以在保护气氛或可控气氛下进行光亮淬火、退火、渗碳、渗氮、碳氮共渗、钎焊等多种热处理,故称之为多用炉。目前我国生产的密封箱式炉有单推拉料式和双推拉料式两种。

图25.5为单推拉料式密封箱式炉结构简图,从图可以看出,单推拉料式密封箱式炉由前室、加热室、淬火装置、推拉料机构、辅助机构和可控气氛装置等组成。

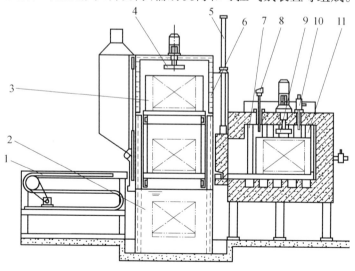

图25.5 单推拉料式密封箱式炉结构简图

1—辅助推拉料机构;2—淬火装置;3—前室;4—风机;5—升降机构;6—缓冷水套;7—辐射管;
8—热电偶;9—风机;10—可控气氛装置;11—加热室

前室可分为有缓冷室和无缓冷室两种,可以与炉壳或淬火油槽成一体,也可以用螺栓连接。前室壳体为焊接而成的方形密封室,前室门位于前室前面,由电机减速器驱动链条开启和关闭。门与框之间采用石棉绳靠门自重或压紧机构压紧,门下方设有火帘装置。前门开启后,能自动点燃,当工件进入或拉出时,防止空气进入炉内引起氧化脱碳或爆炸。当前室门关闭时,火帘同时熄灭。前室安装防爆装置,一旦空气进入引起爆炸,气体从防爆装置泄出,确保安全。

密封箱式炉的前室,不仅是进料的过渡区,而且是工件加热后进行淬火、缓冷等作业以后的出料区。要能淬火,前室的下面就应有油槽。要能缓冷,前室的上面或侧面就应该接缓冷室。缓冷室位于前室的上部或侧面,位于上部叫上缓冷,位于侧面叫侧缓冷。可将缓冷室焊成钢板密封夹层,通入自来水冷却,也可将冷却水管装在缓冷室两侧的内壁上。缓冷室上部安装风机强制气流循环,加速冷却。

加热室用钢板焊接成密封结构与前室连接在一起,顶部装有风机装置,以保证炉温和气氛均匀。炉顶装有热电偶,用于控制炉膛温度。炉膛两侧采用电加热辐射管或气体燃料加热辐射管,垂直或水平放置在炉膛两侧。炉衬采用抗渗砖、硅酸铝纤维复合炉衬。炉内进出料导轨采用滑动式或滚轮式,安装于炉底。

淬火装置是由淬火槽、淬火升降台、油加热器、油搅拌器等组成。淬火槽为一方形槽,由钢板焊接而成,并与前室和缓冷室连成一体。为使工件在淬火时达到工艺要求,槽内除设有油搅拌器外,还设有油加热器、油冷却器,将油温控制在 40~60 ℃ 之间,以提高油冷却能力。

推拉料机构由框架、料盘滚动导轨、电机减速器、套筒滚子链、推拉传动机构组成。根据炉体结构可设计成单推拉料型和双推拉料型。单推拉料机构只能通过前门,炉子密封性好,但机构动作复杂,易出现故障。双推拉料型推拉动作比较稳定可靠,缺点是由于后推拉料机构的安装,密封效果稍差一些。

进料、出料、淬火和缓冷时,料盘和工件必须做前后和上下的运动。前后运动由推拉料结构来完成,但是上下运动需要依靠辅助的升降机构来完成。

目前大型连续式生产企业采用吸热式气氛的比较多,而只有一台或几台密封箱式炉的企业使用滴注式气氛的居多。

图 25.5 所示的密封箱式炉,可控气氛系统是由储液罐、流量计、电磁阀等部分组成。渗碳剂为丙酮,稀释剂为甲醇,两种液体通过电磁阀和流量计直接通入炉内。碳势控制采用氧探头直接测定炉内氧分压,转换成碳势值,显示在微机屏幕中,当炉内碳势发生变化,偏离给定值时,微机发出信号,使阀门开启程度发生变化,调整炉内气氛。

双推拉料机的密封箱式炉,它由前室,加热室,淬火升降台,淬火油槽,前、后推拉料机等组成,其结构与单推拉料密封箱式炉极为类似。炉子的操作过程是,前室门开,其下的火帘着以减少空气进入前室,前推拉料机将停放在装卸料台上的工件推入前室,工件停在升降台的上层,前推拉料机退出前室,前室门关,火帘熄。升降台上升,加热室炉门开,后推拉料机将炉内工件推至前室的升降台下层,后推拉料机退回加热室,关炉门。升降台下降使工件淬火,紧接着是开炉门,后推拉料机进入前室,将升降台上面的工件拉入加热室,关炉门,升降台上升,前室门开,火帘着,前推拉料机进入前室,将升降台下层已淬火的工件拉至装卸料台上,前室门关,火帘熄。

近年来,各国相继在原有结构的基础上,根据需要研制了许多新的结构形式,开发出了组合式多用箱式炉。这种多用箱式炉有带前室和直通推杆式两种基本类型,其标准设计从最基本的不带前室和淬火槽的加热炉,一直到包括双加热室的箱式炉的直通推杆式炉在内的全套设备。各种规格的炉子都可以设第二加热室、淬火槽和单层或双层前室,这种多用炉可以根据生产的需要与相应的装置布置成各种形式。

组合式多用箱式炉的前室为双壁结构,用油冷却。前室可设计为两层,以使处理后的工件在保护气体中在前室上层进行冷却,同时可在下层向加热炉装入新料。前室炉门外有火帘,前室还设有压力释放安全阀。这种炉型配有两种中间驱动装置,装在链传动槽中的外部驱动装置将工件从炉子前部前室拉进加热室,出料时,外驱动装置可将工件由加热室送至前室。位于前室内部的驱动装置,将工件装出炉之后立即返回至前室,从而停留在炉子的低温部位。

此炉还设有低限和高限温度控制器、氮气自动吹洗装置、前室火帘、外置式油冷却器、停炉断气装置、压力安全阀以及水分警报器、二氧化碳灭火器等安全装置。

密封箱式炉由于其工艺的灵活性,可将一台或几台密封箱式炉,辅以装卸料输送机构、清洗机、回火炉及压力淬火机等装置,按生产工艺过程组成中小型批量零件热处理生产线。这种生产线特别适用于小批量多品种、多工艺联合生产,可以完成无氧化淬火、渗碳、碳氮共渗、退火、回火等工艺。工艺参数包括温度、时间、气氛、流量、压力等,完全实现了自动化,工件的输送只需人工操作输送料车将装好的料送至按程序排好的炉前,工件的进出炉及其在炉内的运动,均靠程序驱动执行元件完成。操作者需负责工件的装夹、卸夹并运送到指定位置,定时确认工艺参数是否正常和执行元件动作是否到位等,并及时记录。这样减轻了劳动强度,改善了劳动环境,效率得到了极大的提高,产品质量得到了保证。图25.6为日本某热处理车间密封箱式炉生产线。

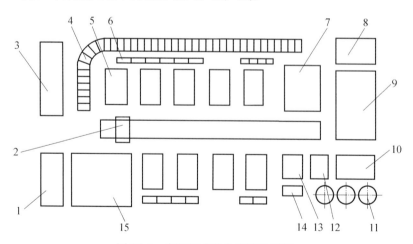

图25.6 密封箱式炉生产线示例图

1—待处理器区;2—轨道送料车;3—工夹具区;4—夹具运送轨道;5—密封箱式炉;6—控制柜;7—卸料区;8—质量测评室;9—成品架;10—校直设备;11—井式回火炉;12—箱式回火炉;13—清洗设备;14—发生炉;15—装夹及准备区

(3)光亮热处理炉

图25.7是日本不二越公司生产的光亮热处理炉,采用纯度为99.999%氮气+异丙醇

气氛,炉气成分中 CO+H$_2$ 的体积分数为 1.3% ~2%,其余为 N$_2$。

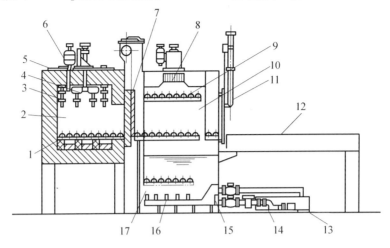

图 25.7　中温光亮热处理炉

1—耐热钢滚子炉床;2—加热室;3—电热元件;4—风机;5—热电偶;6—电机;7—炉门;8—风扇;9—淬火升降台架;10—前室(冷却室);11—前室门;12—进出料台架;13—淬火油冷却器;14—泵;15—吸油口;16—喷油嘴;17—油槽

由于该炉气氛为含还原组分很低的氮基气氛,因此炉子的密封性显得特别重要。炉面板用整块钢板(厚约 19 mm)制作。为了尽量减小其变形,不采用焊接,精加工前要退火。炉面板与炉壳间用 16 mm×50 mm 的扁铜管(壁厚 2 mm)通水冷却,以确保炉面板在使用中变形小。炉门在关闭时,提升炉门的链条是放松的,而这时斜拉炉门的链条是拉紧的,产生一压紧分力,使炉门紧贴炉面板。炉门上有小孔,使工作炉的气氛能流向前室。

前室顶部设有冷却风扇,为了提高工件冷却速度,设有辐射冷却器和对流冷却器。辐射冷却器是在导流钢板上焊上水冷却蛇形管构成,以加速高温工件的冷却速度。工件温度较低时,工件的热量主要由对流冷却器传出。这两种冷却器的组合,可提高工件冷却速度。

前室下部为油槽,当工件淬火时,由油泵供油进行喷射冷却。这种冷却方式较油搅拌器的为好,冷速较大且很均匀。前室有 2 000 ~3 000 Pa 的压力,因此,前室门的密封要求很严,采用硅橡胶密封结构,并用气缸施加外力。

推拉料机构中,推拉料杆内套一个脱钩小杆,它由后面的小气缸带动,在推拉料杆内作前后运动。脱钩小杆后退时,其头部拨块将推料头压下,而拉料头靠配重自动抬起,此时可拉料。相反,当脱钩小杆向前进时,推料头抬起,可进行推料。

异丙醇靠氮气喷射入炉内,氮基气氛由炉墙上的许多小孔进入炉内,小孔位置约低于工件高度的一半。

2. 连续作业可控气氛热处理炉

连续作业可控气氛热处理炉,适用于大批量工件生产,是近年来发展最快,使用日益增多的一类热处理设备。其中,在生产上使用最多的是连续式气体渗碳炉。常用的连续炉类型有推杆式、振底式、输送带式(分网带式和铸造链板式)、转底式、步进式、辊底式等。

(1) 推杆式炉

推杆式炉是借助于推料机构,将装有工件的料盘或料筐间接地从炉子一端推入炉内。根据不同工艺要求完成热处理后,依次从另一端将工件推出的一种连续作业炉。

图 25.8 是通可控气氛推杆式炉的结构示意图,炉体为长方形,炉膛是贯通式,两侧墙上装有加热元件,炉底上有供料盘移动的耐热钢轨道,推料机脉冲推料,工件在密闭状态下落入淬火槽中淬火,然后由输送带将工件传送上来。推料周期可根据工艺时间长短进行调节。炉子顶部通入可控气氛并装有风扇,炉子可分段加热,用于可控气氛渗碳的推杆炉可分为加热、保温、渗碳、扩散和预冷等加热区。推杆式炉进料端设有前室,出料端设有后前室,前后室靠外侧的门和炉体两端的炉门均匀交替启闭,可避免空气侵入炉膛和炉气向外逸出。

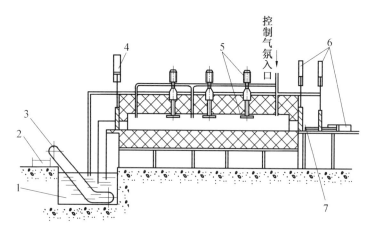

图 25.8　推杆式炉结构示意图

1—淬火油槽;2—料筐;3—提升传送带;4—液压缸;5—风扇机组;6—液压缸;7—推杆

(2) 振底式炉

振底式炉是装有振动机构,能使振底板做往复运动而连续送料的炉子。它靠炉底自身往复振动使工件从装料端移向出料端而完成加热工艺。按振动机构不同,可把振底炉分为电磁式振底炉、气动式振底炉和机械凸轮式振底炉。电磁式振底炉适用于小零件的热处理。气动式和凸轮式振底炉,广泛用来进行中小型、大批量工件如螺钉、螺母、垫圈、轴承套圈等的淬火、回火和正火热处理。振底板常用耐热钢制作,炉温一般可达 950 ℃。根据需要,振底式炉可通入各种保护气氛,进行光洁热处理,甚至可进行渗碳和碳氮共渗。

图 25.9 是轴承行业用的小型凸轮式机械振底炉的示意图,可控气氛可以从落料斗中部或炉子出料端通入。

电磁振底式炉和气振底式炉基本相同,只是振动机构的结构有差异。由于振底式炉的机械化程度较高,炉子结构也较简单,广泛用于标准件行业的热处理。但振底式炉工作时,工件在振底板上前进的速度不均一,振底板变形后更是如此,所以工件时有碰撞和堆积现象。

振底炉(加热、回火炉)按工艺需要在前后加上上料机构、淬火槽、清洗机、保护气体发生器即可组成多种机组。图 25.10 是 NS88-140 型振底式光亮淬火机组的组成示意图,由图可见,该机组由提升式上料机构、130 kW 凸轮振底炉、输送带式淬火槽、变压器和控制柜5部分组成,主要用于轴承套圈、标准件的光亮淬火,也可用于链条零件的碳氮共渗处理。

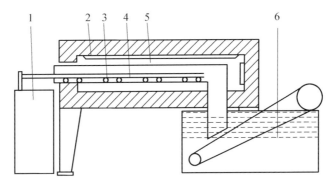

图 25.9　小型凸轮式机械振底炉结构示意图

1—凸轮结构式振动装置;2—加热器;3—搁轮;4—炉底板;5—炉罐;6—淬火槽

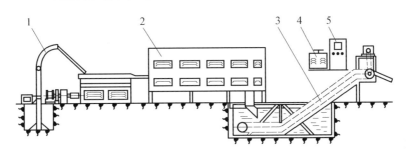

图 25.10　NS88-140 型振底式光亮淬火机组组成示意图

1—上料机;2—凸轮振底炉;3—输送带式淬火炉;4—变压器;5—控制柜

(3) 输送带式炉

输送带式炉主要适用于各种小零件和高强度螺栓等在可控气氛下进行热处理。输送带式炉的结构形式很多,按照使用温度、用途、传动机构及传送带的结构不同,可分为多种型号和规格。由于受传送带高温承载能力限制,这类炉子最高使用温度不超过 900 ℃。

图 25.11 是目前国内生产的一种先进的可控气氛输送带炉——铸带式淬火加热炉的结构示意图。该炉的炉壳是气密性焊接,炉衬由超轻质抗渗碳耐火砖和耐火纤维组成,炉顶有循环风扇,安装在气密的水冷式石墨润滑的防震轴承座上。电热辐射管呈水平布置在输送带紧边的上下两面,辐射管体是用耐热钢离心浇铸的。炉子可多区控温,功率为数百千瓦。

炉内的输送带是用相当于 1Cr16Ni35 的耐热铸钢制造的,由精密铸造的几种链板块拼合而成。输送带的紧边由托辊支撑,松边直接在底部的导轨砖上拖动。输送带的主动轴辊和从动轴辊都采用水冷却。从动轴安装在用铜-石墨合金制成的轴承套中,轴承座在上下两个水冷滑轨上滑移,由拉紧气缸张紧。可滑移的从动轴辊的两个伸出端用密封的箱体加以密封,以满足可控气氛炉的炉体气密性要求。

由气动进料机把工件均匀地送到炉内的输送带上。送料槽的前半部分是耐热钢构件,它直接伸入炉膛中,后半部分是一般钢结构。往复式气缸安装在机座上,它与送料槽组成气动振料输送机。该炉还专门设置有推送式上料机,可把工件均匀地送到送料槽上。

新的铸造链板传送带式炉,在铸造链板机上增加两个凸肩,靠链板的凸肩来传递传送

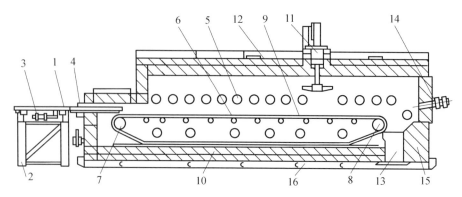

图 25.11 铸带式淬火加热炉结构示意图

1—送料槽;2—进料机机座;3—进料机推送气缸;4—火帘;5—电热辐射管;6—托辊;
7—从动轴辊;8—主动轴辊;9—铸造传送带;10—导轨砖;11—循环风扇;12—进气喷头;
13—出料口;14—观察孔;15—炉衬;16—炉壳

带的拉力,芯棒主要起拉紧整排链板的作用,不致弯曲变形,传送带不易拉长,延长了使用寿命。

炉子采用氮基保护气氛,即氮+甲醇+丁烷。采用氧探头控制碳势。甲醇用泵压送入,气氛是从炉顶的两个进气喷头送入炉内的。氮气不接通,甲醇的流量开关就打不开,当炉温低于 700 ℃时,由于低温限制仪的作用,甲醇的管路始终是关闭的。只有上述两项同时满足,甲醇管路才能接通,然后丁烷和火帘管路才有可能接通。

图 25.12 是我国生产的 NS90-110 链带炉机组示意图。该机组由阶梯式自动上料机、网带式三功能清洗机、链带式保护气氛淬火炉、网带式淬火油槽、后清洗机、网带式热风循环回火炉、可控气氛装置和微机控制系统组成,该机组用于轴承套圈的热处理。

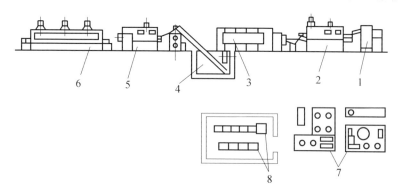

图 25.12 链带炉机组示意图

1—阶梯式上料机;2—前清洗机;3—链带式保护气氛淬火炉;4—淬火加热炉;
5—后清洗机;6—网带式回火炉;7—可控气氛装置;8—微机控制系统

上料装置由储料斗、上料搓板和摄动滑料板组成。盛放在储料斗内的套圈,经过上料搓板间的相对运动,分级送到振动滑料板,通过振动滑到清洗机网带上。

因为前道工序过来的套圈不可避免存在一些油污,若将油污带入淬火炉,将影响淬火炉内气氛和产品颜色,所以在淬火炉前设置一台前清洗机。该清洗机从进口至出口分为清洗液喷淋室、清水喷淋室和热风烘干室。两个清洗室各由一台耐腐蚀泵抽液高压喷淋,烘干室烘干套圈表面水分,为进入淬火炉做好准备。

保护气氛链带式淬火炉是整个链带炉机组的关键设备,该炉有效工作区为 3 400 mm×400 mm×500 mm,最高工作温度为 900 ℃,额定功率为 90 kW。

炉衬采用由轻质抗渗碳砖、硅酸铝纤维和硅藻土砖组成的复合炉衬,节能效果好,升温速度快。炉顶装有气氛检测孔,供工厂检测炉气用。

输送带采用的是 1Cr23Ni7NSi2Re 耐热钢板冲压链,加热方式为电辐射管加热。

炉子的保护气氛分 3 路:第一路从制氮机前机引出纯度 98.5%～99% 的氮气,用以气封炉口,避免空气侵入炉膛;第二、三路从制氮机后机引入 99.999 5% 的高纯氮气,从第三区炉顶部和底部进入炉内。为增加炉内气氛碳势,减小工件贫碳层,在第二路气管中部增加了特制的甲醇喷射器,通过改变气路局部管径,使局部氮气流速急增,高速流动的气体使甲醇立刻雾化,进入炉膛后迅速裂解。为保证炉内气氛纯度,防止空气侵入,在炉口设置氮气气幕,落料斗处有一氮气进口,使套圈在落入油槽前不与空气接触,落料处设有抽油烟管,避免套圈淬火产生的油烟进入炉膛。这样套圈在整个加热保温过程中始终处于高纯氮气的保护之中。

网带式淬火油槽接料斗,位于淬火炉卸料口下方,套圈离开淬火炉链带后垂直落到油槽内。槽内装有加热器,槽外装有油循环冷却系统,该系统由网式过滤器、板式换热器和齿轮油泵组成。为避免落料斗位置油温过高,该处还装有一台油搅拌器。为减少工件淬火后附带淬火油进入后清洗机,增加清洗难度,当油槽网带上的工件离开油面一定高度时,即用高压空气吹扫,吹掉的淬火油顺着网带下方的溜板流回油槽内。

后清洗机与前清洗机相似,也分为 3 个工作室,所不同的是第三室改为冷风吹扫室。设置冷风吹扫,是为了尽可能使淬火后未完全转变的残留奥氏体量减少,提高尺寸稳定性。

回火炉为热风循环网带式结构,炉顶有 3 台离心风机,炉膛内设置导风系统,强制炉气流动,由于网带透气性好,所以整个炉膛形成了一个密闭的循环系统。

该生产线选用氮基保护气氛,纯度 99.999 5% 的 N_2 加上 1%～3% 的 H_2、1%～5% 的 O_2 作为添加气。

微机控制系统由两台 PC 机程序柜,两台控温用晶闸管调功柜,一台变压器和五台动力柜组成。炉温控制采用 PID 调节,可实现对炉温、轴温和油温的数字显示、打印,并对超温、误动作及各种故障进行声光报警。

(4) 网带式炉

网带式炉是我国近年来引进的一种传送式炉,它综合了振底式炉和输送带式炉的特点,适用标准紧固件和小型工件的退火、正火、回火、光亮淬火、薄层渗碳和碳氮共渗等。

图 25.13 是带有炉罐的网带炉结构示意图。它综合了振底炉和传送带炉的特点,炉内工件是在气体密封的炉罐内进行处理,网带是躺在可作往返运动的活动炉底板上。工件在装料台上以散装或排列成行方式装在网带上,通过罐内的几个加热区到达滑道,然后掉入淬火槽,接着由一个提升机构把工件从淬火槽内取出。

炉罐是由镍铬合金耐热钢制作的。罐底上面安装有耐热辊道,其上安装活动炉底板,网带在底板上。活动炉底板由一只配有减速齿轮的控制电机通过偏心轮来带动。当活动炉底板向前运动时,带动网带一齐前进,当炉底板做返回动作时,由于网带已被驱动鼓轮拉紧,网带停止不动。因此,网带是随炉底板的往返运动一步一步地前进。网带运动平稳,工件不会碰撞且通过时间恒定。炉底板的运动速度可在一定范围内调节。

罐内气氛是由滑道尾部处连续供给的气源来补充。在炉子入口处由气体燃烧的火帘阻止外界空气的进入,工件落向淬火槽的滑道尾部,由循环泵所形成的淬火剂帘幕,使罐内气氛保持稳定密封。网带返回通道的出口处有水封。

炉罐内加热室分为几个独立控制的加热区,加热元件位于加热室的顶部和底部,由电阻丝和电阻带绕制在陶瓷棒上,在炉壁外和顶部有可拆装的开启孔,便于观察、拆装维修。为了保证高质量的热处理,在炉罐内装有强力搅匀气体的风扇。

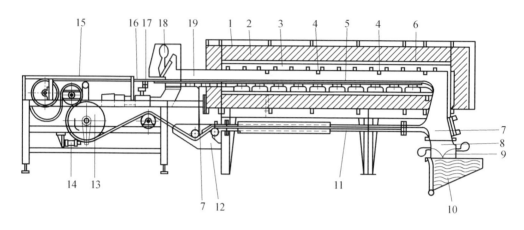

图 25.13 带有炉罐的网带炉

1—炉壳;2—炉衬;3—加热室;4—风扇;5—活动炉底板;6—电热元件;7—气体进口;8—滑道;9—淬火剂幕帘;10—淬火槽;11—返回导管;12—水封;13—驱动鼓轮;14—驱动鼓轮机构;15—装料台;16—网带;17—炉底板驱动机构;18—火帘;19—气体密封马弗罐

有炉罐的网带炉在技术上是先进的,但机构复杂,炉罐因变形需定期更换,成本较高。

图 25.14 是无炉罐的网带炉。炉壳采用密焊,炉顶盖板用石棉衬垫涂上耐热密封胶,螺栓紧固密封,使气体不会泄漏,炉膛用超轻质抗渗碳砖砌成,炉顶的保温层大量采用厚约 40~60 mm 的硅酸铝毡,炉顶保温层厚 300 mm,由 600 mm 宽的硅酸铝毡对折交错侧放,紧嵌在盖板的耐热钢框子内,加热室配有优质加热元件。通过底部所配备的强力风扇,以强制循环空气把热力传送至所需处理的工件上,炉内还设有一系列的辐射板,使热

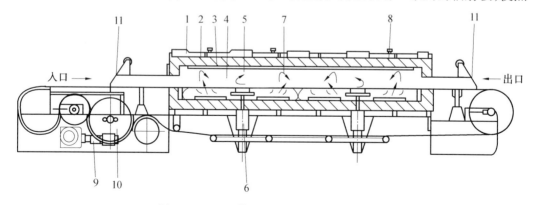

图 25.14 无炉罐有强制空气循环的网带炉

1—钢架;2—炉衬;3—加热元件;4—网带;5—风扇;6—电机;7—辐射板;8—热电偶管;9—驱动电机;10—驱动鼓轮;11—可调节的活动门

空气更均匀地分布在整个工作室。因此工件温度很均匀,网带配有侧挡板,可连续装料。网带速度均匀而且可以调节,可加入自动化机组中,配有自动装料和卸料装置,一旦风扇停转,位于轴尾部的离心机便全自动切断加热电源。出口处的工件可靠鼓风机冷却,还有可将热空气"回收"的装置,以用于装料区工件的预热。

图 25.15 是由 8 个部分组成的网带式炉成套机组。处理工件被送入带式清洗干燥装置,经过 80 ℃碱水→清水→热风干燥后自动进入底板网带光亮淬火炉。该炉有一个特殊的马弗罐,可通可控气氛,并可在不停炉的情况下更换电热元件。炉子动作程序可实现自动控制,并配有数显微机温控仪及多点记录仪。

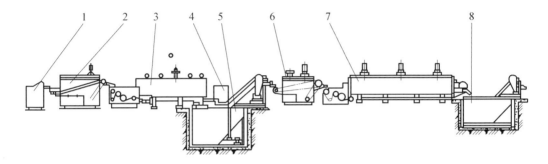

图 25.15　网带式炉成套机组

1—阶梯式自动上料机;2—三功能清洗干燥机;3—底板网带式光亮淬火炉;4—甲醇低温裂解装置;
5—链斗式淬火槽;6—两功能清洗干燥机;7—网带式高温回火炉;8—链斗式冷却槽

(5)转底式炉

转底式电阻炉是将工件放在炉底或支架上,使其绕轴线回转,完成一定的加热过程的一种连续作业式电炉。主要适用于汽车、拖拉机、飞机、兵器等行业的各类齿轮及其他钢件的气体渗碳、碳氮共渗、光洁加热之用。

图 25.16 是转底式炉的结构示意图。转底式炉主要由炉壳、炉衬、基架、转底、转底拖动和制动装置、电热元件、炉门、火帘、可控气氛供给系统和碳势控制装置等组成。

炉壳由型钢和钢板焊接而成。其上开有热电偶、风扇、电热辐射管、窥视孔等孔洞,还设有可控气氛进气口和废气排出口,炉壳下部焊有带水冷的固定环油封刀等。

炉壳内侧墙均用轻质抗渗碳砖、异型砖和保温砖砌筑。顶部采用环形拱结构,转底采用特殊异型砖砌筑。

转底是一圆形支承盘,边缘焊有一环形密封槽(内通水冷却),壳体下端的固定环形油封刀插入此密封槽中,保证了转动炉底与固定炉壳之间的动密封。

转底与基架之间装有一特殊规格单列向心球轴承,轴承内圈用螺栓固定在基架上,带直齿轮的外圈,与转底连接,整个转底都支承在该外圈上。

转底拖动装置由电动机经减速器、主传动直齿轮、安全离合器等组成,安装于基架上。该主传动直齿轮与转底下的向心球轴承所带直齿外齿圈相啮合,从而带动转底进行旋转。

该转底炉,采用氮+甲醇气氛作为炉子渗碳、碳氮共渗的载气,并作为光洁淬火、正火等时的保护气氛;丙烷气作为渗碳时的富化气,用两只氧探头控制碳势。

转底式的特点是结构紧凑,占地面积小,一般不需要料盘,但存在冷炉底、密封性差和传动机构较复杂等缺点。

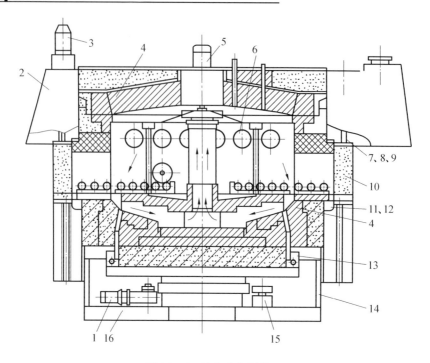

图 25.16 转底式电阻炉

1—拖动装置;2—炉罩;3—炉门启闭机构;4—炉衬;5—风扇;6—电热元件;7—废气排出装置;8—水冷系统;9—气氛供给系统;10—炉门;11—火帘;12—点火装置;13—油封槽;14—炉壳;15—制动装置;16—基架

(6) 步进式炉

这种电炉运送力大,动作稳定,常用于板件、钢管或锭坯等大型工件加热。步进式炉的炉底由固定炉底和活动炉底(步进梁)两部分组成。活动炉底能在固定炉底的缝隙中运动。在平时,固定炉底高于活动炉底,工件置于固定炉底上加热。活动炉底通过油缸带动升降梁和平移梁而运动。升降梁由金属架和固定在架上的两组辊轮组组成。下辊轮组位于斜形导轨上,上辊轮组则支承着平移梁下部的两条轻型铁轨。当升降梁在油缸牵引下,下辊轮组沿斜形导轨向上运动时,活动炉底便垂直上升,托起置于固定炉底上的全部工件,然后平移梁在另一油缸牵引下作水平运动,工件向前进一步,升降梁下降,工件又置于固定炉底上,平移梁退回原位。因此,全部工件每前进一步,活动炉底走了一个正四方形。

(7) 辊底式炉

辊底式炉主要用于管子、板材、棒材等退火处理,它的特点是,炉底为辊棒结构,工件是靠炉底许多平行的辊棒转动而向前移动的。

(8) 热处理自动机组

①连续式无罐气体渗碳淬火自动线。自动线由连续无罐气体渗碳炉、淬火槽、清洗机、低温回火炉以及电控和显示等部分组成,如图 25.17 所示,它可以完成零件的气体渗碳、直接淬火、清洗和低温回火等工序。

连续无罐气体渗碳炉的加热元件和被处理的零件都处于砌砖的炉膛内,其间没有马弗罐隔开,故称"无罐",零件加热升温是在电热元件直接辐射下进行。

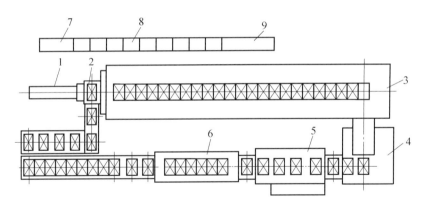

图 25.17 无罐气体渗碳淬火自动线示意图
1—前推杆；2—前室；3—渗碳炉；4—淬火槽；5—清洗机；6—低温回火炉；7—电控箱及程序幕；8—温控盘；9—流量盘

渗碳炉体由炉壳、砌砖体、炉导轨、风扇、前进料室、后炉门等构成。炉壳对炉子起密封作用，用钢板和型钢焊接制成。砌砖体是由石棉板、保温填料、硅藻土砖、轻质耐火砖、抗渗碳重质高铝砖砌成的无罐渗碳室。炉膛分 5 个区段，炉内功率分配为Ⅰ区 120 kW、Ⅱ区 60 kW、Ⅲ区 80 kW、Ⅳ区 50 kW、Ⅴ区 75 kW，共计 385 kW。电热元件的材料是 0Cr23Al6Y 合金。炉导轨用 Cr18Ni25Si2 耐热合金浇铸而成，在炉内起导向作用，保证炉内零件按一定方向由Ⅰ区到Ⅴ区。风扇设置在Ⅱ、Ⅲ、Ⅳ区，共有 3 个。进料前室的作用是防止在炉门打开的瞬间，炉外空气与炉内气体对流，空气进入炉内氧化零件，影响渗碳速度和质量。后炉门是用于发生故障时处理炉内故障的，所以又称为"故障门"，正常生产过程中均处于封闭状态。

低温回火炉为箱式贯通式，用于渗碳淬火后零件的回火，分两个区控温，上部安装风扇，通过导流板使气流循环均匀。自动线机构的动作程序由电控箱及程序幕控制和显示。

②双排推杆式无罐气体渗碳淬火自动线。自动线由脱脂炉、双排渗碳炉主体、淬火槽、清洗机、回火炉、喷丸机等组成，如图 25.18 所示。完成气体渗碳后直接淬火，各部分主要功能与连续式无罐气体渗碳自动线相同，只是为提高效率和有效利用能源，主体加热部分采用双排。整个炉子的动作和工艺参数均由计算机控制并显示。

③柔性热处理生产自动线。所谓"柔性"，可以有这样两个含义：一是这种生产自动线可以根据工作需要及时而方便地改变设备组合，从而完成多品种多工艺的热处理作业；二是可以在不改变设备组合的情况下，使不同工件获得不同的技术要求。

柔性热处理生产自动线有较大的灵活性，可以及时调整和更换产品品种，满足变化多端的市场的需要，是今后应加以重视和开发的。

图 25.19 是一种用于多品种分批量连续渗碳的柔性热处理生产自动线，它主要由两个转底式和推杆式炉组成，备炉之间均有隔离门。

工件由输送机 8 传送到炉 1 前面的预备室进入气氛保护状态，按需要推入炉 1 内预热，然后由炉 1 侧向的推杆机构将工件推入炉 2 渗碳。若某一工件渗碳时期结束，该工件自动转向出口处，由炉 2 内圈中部的推杆机构将该工件自转推至炉 3 扩散处理，结束后工件转向出口处，由炉 4 外侧的拉料机构将其拉至炉 4 淬火均热，随之工件被推料机构推到淬火室进行油淬、水淬、气淬或压力淬火，以后经清洗、回火等操作。所有炉子温度和气氛

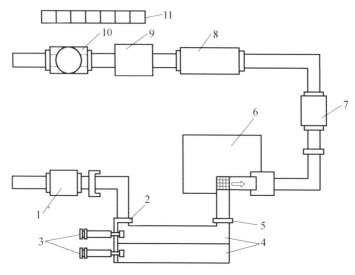

图 25.18 双排推杆式无罐气体渗碳火自动线示意图

1—脱脂炉;2—进料门;3—推杆;4—主加热炉;5—出料门;6—淬火槽;7—清洗机;8—回火炉;9—空冷室;10—喷丸机;11—控制柜

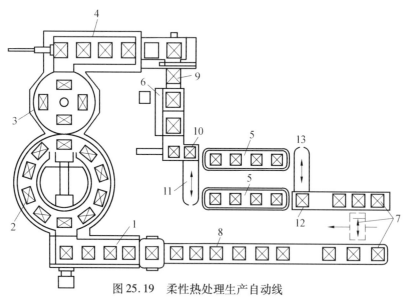

图 25.19 柔性热处理生产自动线

1—推杆炉;2—转底渗碳炉;3—转底扩散炉;4—推杆炉;5—辊底炉;6—带分离器的清洗机;7—储藏与输送系统;8—辊筒输送机;9—推出位置;10—移动小车 11—轨道;12—移动小车;13—轨道

不变,工件在渗碳和扩散炉中仅改变时间参数,其控制采用计算机,向计算机送入数据,一般为工件编号、质量、钢号、渗碳深度、淬火方法,必要时还要输入淬火温度、淬火油温度等。

这种柔性渗碳设备的突出优点是,可以用同一温度、同一炉子,只改变时间参数,使不同工件获得不同的渗碳层深度,因此,它可提高产品质量,对产品适应性强,缩短操作时间和缩小占地面积。

第26章 感应加热装置及其他表面加热装置

26.1 感应加热装置

感应加热具有速度快、加热质量高、操作简便、节约能源以及易于实现机械化大生产，可通过计算机控制，实现无人操作等优点，因此，感应加热装置在我国热处理生产中已得到广泛的应用。

1. 感应加热的基本原理

图 26.1 是感应加热原理示意图。被加热的工件放在感应器（通称感应圈）中，而感应器接入交流电源线路，于是在感应器内就形成了交变电磁场。按照电磁感应定律，在被加热工件内引起感应电势，其大小为

$$e = -\frac{d\phi}{dt}$$

式中　e——感应电势的瞬时值；

　　　$\dfrac{d\phi}{dt}$——磁通 ϕ 对时间的变化率。负号表示感应电势的方向与 $\dfrac{d\phi}{dt}$ 的方向相反。

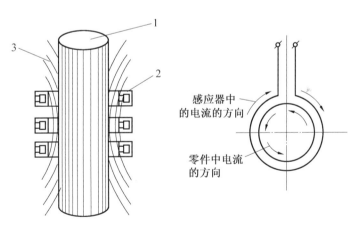

图 26.1　感应加热示意图
1—工件；2—感应器；3—磁力线

由于被加热工件内存在电势，所以在工件内部将产生闭合电流，称之为涡流，它与感应器中在每一瞬间电流的方向相反。涡流强度与感应电势大小成正比，而与涡流回路的电抗成反比。由于金属的电抗值很小，涡流可达到很高的数值，因此在工件内部产生很大的热量，使工件表层温度快速地升高。

对铁磁材料来说,除去电磁感应产生涡流热效应外,还有由于磁滞现象所引起的热效应,同样会使工件加热速度增加。但应指出,工件的加热主要还是依靠涡流的热效应。

2. 感应加热装置类型

根据感应加热装置工作频率的不同,一般可分为工频感应加热装置、中频感应加热装置、高频感应加热装置、超音频感应加热装置等。

(1)工频感应加热装置

工频感应加热装置主要由电源变压器、工频感应器以及相应的供电线路组成。电源变压器供给工频感应器用电。工频感应器直接与供电网路连接,频率为50 Hz。

工频感应加热与高、中频相比,具有以下特点。

①电流穿透层较深,适于150 mm以上大截面工件的穿透加热。用于大截面工件表面淬火时,可获得15 mm以上的淬硬层。

②可直接采用工业电源,不需要变频装置,装置简单,造价低廉,电热转换效率高。

③感应器的功率因数低,加热速度较慢(每秒几度),不易过热,但整个加热过程容易控制。

④工频感应加热功率大小的改变困难,加热强度较低。

工频感应加热器分为单相和三相两种,它们的供电线路分为单相工频感应器的供电线路、三相工频感应加热供电线路、三倍频率的供电线路。

三倍频率静止式电磁变频电源(简称三倍频率器)是由饱和电抗器演变而来的一种特殊的变压器。通过特殊的接线方式,可以获得输出具有三倍于工频电源频率的单相功率输出。现已广泛用于合金或金属的熔炼,以及工件穿透加热或大截面工件的表面淬火加热。

(2)中频感应加热装置

中频感应加热装置的电流频率通常为1 000~8 000 Hz。中频感应加热装置感应器不能直接利用电网电源,必须采用一套将50 Hz电能变为中频电能的装置,它的淬硬深度为5 mm左右。

目前采用的中频电源有中频发电机(又称增频发电机)或晶闸管中频电源两种。中频发电机具有工作可靠、性能稳定、不易出故障、过载能力强等优点,在工厂被广泛应用,但存在着功率因数较低的缺点。晶闸管中频电源具有效率高、体积小、质量轻、启动迅速、噪声小、响应快、成本较低等优点,已部分取代中频发电机而广泛用于生产中。

在冶金企业中,中频感应加热装置多用于板材调质和钢轨轨端淬火,而在机械制造业中则用在曲轴、凸轮轴和大模数齿轮的淬火上。

(3)高频感应加热装置

高频感应加热装置是利用电子管振荡的原理,将50 Hz电能变为100~500 kHz或更高频率的一种变频装置。

电流频率越高,处理工件时电流透入层越薄,涡流密度越大,发热量越集中,因而加热速度越快,淬硬层深度越薄,所以高频感应加热装置多用于要求淬硬层小于1 mm的工件,热处理生产中多来处理小件,如小模数齿轮、小轮、阀、阀盖等淬硬层较薄的零件。

高频感应加热装置一般是由升压、整流、振荡、降压、感应器及控制、调节等部分组成。

(4) 超音频感应加热装置

目前,生产的感应加热装置,在中频(500~10 000 Hz)和高频(200~500 kHz)之间有很大一段空白。对一些形状较复杂的零件,如齿轮、凸轮、花键等,为获得满意的感应加热淬火质量,最佳电流频率应为 30 kHz 左右。因此,研制了频率为 30~80 kHz 的超音频感应加热装置。

在原有高频装置上再增加一个超音频振荡槽路和淬火变压器,即组成新的具有双频输出的感应加热装置。超音频振荡电路通常是按电感-变压器耦合可调振荡器来设计的。

(5) 超高脉冲发生装置

超高频电脉冲加热淬火是一种微层淬火的新工艺,它利用电脉冲在若干毫秒的时间内将零件加热奥氏体化,然后以自激冷方式冷却。

超高频脉冲发生装置是联邦德国在 20 世纪 70 年代开发的,之后日本生产了频率为 27.12 MHz 的冲击淬火装置。

超高频脉冲加热淬火具有以下优点:比功率大,加热速度快,淬硬层薄(0.05~0.5 mm);淬硬层能达超细晶粒,硬度达到 70 HRC,耐磨性好,零件寿命长;淬火温度范围可以准确控制,淬火变形极小,装置投资少,适合于全自动流水作业线。

26.2 其他表面加热装置

1. 火焰表面加热装置

火焰表面加热装置主要由供气系统、火焰加热器、工件装夹及移动系统、冷却系统等组成。火焰表面加热是一种使用较早的表面加热方法,设备简单、投资少、成本低,适用于各种形状、大小的工件表面加热,特别适用于比较大的零件热处理。

火焰表面加热所用气体主要有煤气、天然气、甲烷、乙炔等,以乙炔最为常用。

火焰淬火时,为得到良好的工艺效果,要求火焰有规律地、稳定地沿着工件表面移动,因此需要在淬火机床上进行。火焰淬火机床的各种工艺动作及传动系统与感应淬火机床基本相似,具有移动、转动、调速等基本功能。

近年来,由于采用新的温度测量方法及机械化等,工件淬火质量得到不断提高。

2. 电子束加热装置

电子束加热处理是利用电子枪发射的成束电子轰击工件表面,高能电子的动能直接传给表面金属原子,使表面急速加热,随后进行自冷淬火。电子束用于热处理加热始于 20 世纪 70 年代后期,与激光热处理相比,电子束热处理的热效率更高,操作费用较低,投资费用较少。另外,工件表面不需要预先涂黑,处理周期短。

电子束可以使热处理的精确度达到一般热处理所达不到的程度。由于功率输入与自冷速度极快,并且十分均匀,因此,可以将硬化部分及其深度控制得相当精确,热影响区很小,工件变形量能降低到无需校直和精磨等后道工序的程度。

电子束加热在真空中进行,因此,热处理过程中不需要保护气氛,加热后表面没有氧化皮,也无需清除表面覆盖层。

电子束加热采用高速电子的聚焦束为能源,可以对工件表面有选择地进行局部硬化。

如果在稀释的氢、甲烷、氮的气氛中进行电子束加热,还可以实现渗碳、渗氮等化学热处理。

除相变硬化外,还可以采用电子束加热,通过局部熔化处理来达到改善材料性能的目的。电子束加热局部熔化继以快速凝固,可以使高速钢熔化区的显微组织和合金成分发生变化,使硬度有所提高,断口转呈韧性特征。

电子束加热装置,通常根据应用范围和生产要求,与相应的机床组合在一起。此外,还有多工位机床,这些机床均可采用机械手自动装料、卸料和零件搬运,而且,还可以与计算机集中控制系统的数据信息通路相连接。

随着微电子控制技术的发展,计算机控制的电子束加热装置已成为一种很有经济效益的表面淬火系统。它具有操作费用低,消耗物品少,输入功率小,工件变形小,不需要处理后的加工费用等特点。另外,采用电子计算机控制系统指示机床操作的准确性与自动检测能力,保证了产品的质量。

近年来,电子束加热装置已不仅仅用于表面淬火加热,还用于表面化学热处理,以及电子束物理气相沉积等。

3. 激光加热装置

近年来,利用激光加热进行硬化处理和化学热处理的工艺,在国内外获得迅速发展。

与其他加热方式相比,激光加热具有以下优点:能量高度集中,可以局部硬化处理,工件无变形和挠曲,能在长达 100 m 的距离内传递热量,无需淬火介质,工艺过程可以实现完全机械化和自动化。

激光热处理技术已从最初的自激冷表面相变硬化发展为激光表面重熔处理、激光表面合金化、激光表面非晶态处理以及激光脉冲表面冲击硬化等一系列表面处理方法。

激光热处理装置通常由激光器、功率调节系统、聚光系统、导光系统、光束摆动机构、聚焦镜头、工作台及控制系统等组成。

激光加热装置通用性好,一种装备能适应很多种尺寸和形状不同的零件,有时还可以间插地进行处理,可以节省附件种类,节省更换时间。激光器本身是一个单元,因激光束高度平行,可以用反射镜、光学纤维等传输,故可无需装在工作台附近。一台大功率激光器可供几套工作台使用,管理方便。大功率 CO_2 激光器,除定期补充气体外,平时仅需电力和冷却水,供应便利。在处理工件时,可以选择性地仅处理工件必须处理的部位,因此可节约能量和材料。

激光加热装置的缺点是大功率激光器的体积太大,设备造价昂贵,激光器的电-光能量转换效率太低,通常在 20% 以下,处理的层深较薄,处理效率较低。

第27章　热处理冷却设备

在热处理过程中,工件加热后需要以不同的冷却速度进行冷却,从而获得所要求的组织及性能。影响工件冷却速度的因素很多,包括冷却方式、介质类型、介质温度以及介质、工件的运动情况和操作方法等,这就要求具有结构合理和性能优良的冷却设备来保证热处理效果和产品质量。热处理冷却设备包括热处理淬火冷却设备和冷处理设备。

27.1　淬火冷却设备

淬火冷却设备的作用是实现钢的淬火冷却达到所要求的组织和性能,与此同时避免工件在冷却过程中开裂和减少变形。

1. 淬火冷却设备的分类

(1)按冷却工艺方法分类

①浸液式淬火设备。应用浸液式淬火设备淬火时,工件直接浸入淬火介质中。该设备的主体是盛淬火介质的槽子,根据需要可设有介质供排管路、介质加热装置、介质搅拌和运动装置、淬火传送机械及介质冷却循环装置等。

②喷射式淬火设备。该设备又分为喷液式和喷雾式。喷液式是对工件喷射液态介质而冷却,其冷却强度可通过喷射压力、流量和距离来控制。喷雾式是对工件喷吹空气或气液混合物而冷却,其冷却能力可通过控制压力、流量、气流中水的添加量和距离来控制。

③淬火机和淬火压床。淬火机和淬火压床是依据工件的形状而设计的淬火机械装置。工件在机械压力或限位下实现淬火,使用此装置的主要目的是减少工件淬火变形。

(2)按介质分类

①水淬火介质冷却设备。此类设备主要指盛水淬火介质的槽子,水的热容很大,冷却能力很强。工件在水中淬火时,易在工件表面上形成蒸气膜,阻碍冷却。为此,淬火水槽应设搅拌器或其他使介质运动的装置,以破坏蒸气膜和使介质温度均匀化。水温控制在15~25 ℃,可获得一致的淬火效果。

②盐水溶液淬火槽。盐水溶液淬火槽的结构与淬火水槽基本相似。工件在盐水中淬火时,蒸气膜不易形成,所以盐水槽通常不设搅拌器。淬火盐水许可的温度范围也较宽。盐水冷却循环系统一般不使用冷却器,所用的泵和管路应考虑盐的腐蚀性。

③苛性钠溶液淬火槽。此槽的结构与盐水溶液槽相似。

④聚合物溶液淬火槽。此槽的结构与淬火水槽相似。工件在此介质中淬火时,易粘附一层薄的聚合物,影响冷却能力,因此,此槽应设置搅拌器。

⑤油淬火介质冷却设备。此设备主要指盛油淬火介质的槽子。油的黏度较大,并影响冷却能力和温度均匀度,因此油槽应控制油温和加强搅拌。油温一般为40~95 ℃。油槽应该设有油冷却循环系统和加热装置,也还应防止水混入并设置排水口。

⑥浴态淬火槽。浴态淬火槽是指盐浴或铅浴淬火槽。

2. 淬火槽

淬火槽是装有淬火介质的容器,当工件浸入槽内冷却时,需能保证工件以合理的冷却速度均匀地完成淬火操作,使工件达到技术要求。淬火槽除用做一般淬火外,有时为防止回火脆性,也用于回火后的快速冷却。

由于处理工件的尺寸、形状、批量以及生产规模的不同,淬火槽的形状、结构、尺寸以及机械化程度也有很大差别。

(1)淬火槽的基本结构

淬火槽结构比较简单,主要由抽体、介质供入或排出管、溢流槽等组成,有的附加有加热器、冷却器、搅拌器和排烟防火装置等。

①淬火槽体。淬火槽体通常是上面开口的容器形槽体,由低碳钢板焊接而成,槽内外涂有防锈漆。淬火槽的形状大小主要与所服务的炉子的类型、数量及所处理工件的形状、尺寸和批量有关。常用淬火槽的横截面形状一般为长方形、正方形和圆形,而以长方形应用较广。配合井式淬火炉的淬火槽一般为圆形,几个炉子共用的大型淬火槽常做成正方形,小型淬火槽可做成双联式及可移动的。

在淬火槽底部或靠近底部的侧壁上,开有事故放油孔,以便在发生火灾或淬火槽清理时,将淬火介质迅速放出。

淬火槽设有循环溢流装置,通常称为溢流槽。溢流槽设在淬火槽上口边缘的外侧,与槽壁焊在一起,淬火槽壁上面开有溢流孔或溢流缝隙,并隔有过滤网,使淬火介质流入溢流槽。

②淬火槽的加热装置。淬火介质的温度是影响工件淬火效果的重要因素之一,因此严格地控制淬火槽中介质的温度,是保证热处理质量的一个措施。

淬火介质的加热方法较多,通常可往介质中注入热介质,投入炽热金属块或直接向淬火用水中通入水蒸气。但是前者加热温度不易精确控制,后者会改变水溶液浓度。还有采用电热管状加热器或用燃料加热辐射管,其中管状加热器应用较广,有的配有温度自动控制系统。当淬火介质的温度低于给定的下限值时,电加热器通电加热。当介质的温度超过给定的上限值时,电加热器停止加热,循环泵启动,热的介质流经冷却系统冷却,然后返回淬火槽,这样可使淬火介质的温度能自动控制在给定温度范围内。小淬火槽也可利用燃料和电能在淬火槽外部加热。

③淬火槽的冷却装置。为了保证淬火槽能够正常地连续工作,使淬火介质得到比较稳定的冷却性能,常需要将被淬火工件加热了的淬火介质冷却到规定的温度范围内。

淬火介质的冷却方式很多,常见的有以下几种。

a. 自然冷却。淬火介质只靠本身自然冷却,冷却效果很差,安装在地面上的中型淬火槽,冷却速度不超过 $3\sim5$ ℃/h;安装在地坑中的淬火槽,冷却速度为 $1\sim2$ ℃/h。一般用于小批量生产的周期性淬火冷却。

b. 水套冷却。水套冷却通过调节冷却水流量来实现,这种方法结构简单,但热交换面积小,冷却速度慢,淬火介质温度不均匀。适用于周期性作业,小批量生产。

c. 蛇形管冷却。将铜管或钢管盘绕布置在淬火槽的内侧,使冷却水通入蛇形管中,以冷却淬火介质。其冷却效果要比前两种方法好,但是结构复杂,淬火介质温度不均匀,需加强介质的搅拌才能减小槽内介质的温差。一般只适用于中、小型淬火槽。

d. 淬火槽配独立冷却循环系统。常用于生产批量较大、连续生产或大型淬火槽,冷却效果最好。经过冷却系统冷却的淬火介质,送入淬火槽,被加热的淬火介质排到冷却系统中进行循环冷却。

e. 热处理车间统一设置冷却循环系统。这种冷却循环系统包括两种:第一,设有集液槽的冷却循环系统,如图 27.1 所示,这种系统油的循环流动路线是,热油从溢流槽流入集液槽,油中杂质在集液槽中沉积。油经过滤器,再由液压泵将热油打入换热器,热油被冷却后,进入淬火槽。第二,不设集液槽的冷却循环系统,如图 27.2 所示。这种系统油的循环路线是,热油经液压泵从溢流槽中抽出,经过滤器到换热器,冷却后的油又回到油槽内。如果要加大油流动速度,可另设一油循环系统,即从油槽上部抽油又从油槽下部打入,这种系统结构紧凑,油的冷却完全由换热器承担。油中的污物从过滤器清除,或沉积在槽底。

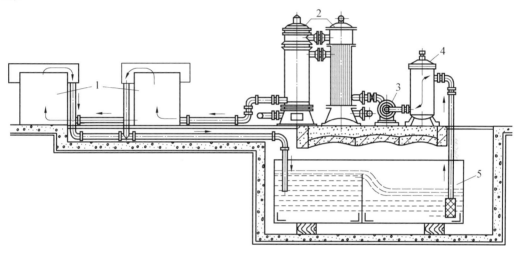

图 27.1 设集液槽的油冷却循环系统
1—淬火槽;2—换热器;3—液压泵;4—过滤器;5—集液槽

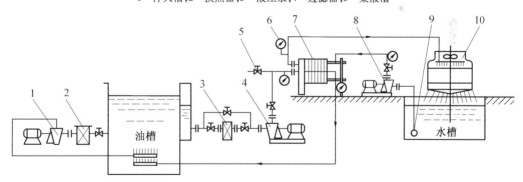

图 27.2 不设集液槽的油冷却循环系统
1、4—液压泵;2、3—过滤器;5—阀门;6—压力表;7—换热器;8—水泵;9—底阀;10—冷却水塔

④淬火槽的机械搅拌装置。淬火槽内采用搅拌装置,能促使冷却介质循环流动,迅速降低工件周围的温度,以提高介质的冷却能力和温度的均匀性,还能冲破工件表面的气泡

及防止淬火油过热变质,从而延长其使用寿命。

淬火介质的机械搅拌方法有喷射式搅拌和螺旋桨搅拌。喷射式搅拌是利用输入淬火介质,进行喷射搅拌。搅拌速度可达到 $4.0 \sim 30$ m/s,特殊的可达 150 m/s,泵的压力一般为 $0.2 \sim 0.3$ MPa。螺旋桨搅拌是利用螺旋桨搅拌淬火介质,可获得良好的紊流效果,其排送液体量 10 倍于相同功率的离心泵的排送量。

搅拌装置由电动搅拌器和导向装置组成,搅拌器的位置一般有上置式、侧置式和底置式。有的搅拌器还可以改变转数、变化转动方向等。若搅拌器能力不足,可增加搅拌器台数或适当加大尺寸。搅拌器所需的最小功率是根据淬火槽的体积和淬火介质的种类确定的。对于大型工件和连续成批生产的淬火槽,才采用搅拌装置。

⑤排烟装置。排烟装置主要用于淬火油槽、淬火盐浴和金属浴槽,以排除淬火槽蒸发的烟气和其他有害气体。

排烟方式一般是在淬火槽上部设置顶部排烟罩,或在侧面设置侧抽风装置。前者由于影响吊车操作,一般多用于小型淬火槽。侧抽风装置的抽风口多设于淬火槽的两侧,开口长度接近淬火槽的边长。为了改善通风效果,有时采用一侧吹风,另一侧抽风的措施。

⑥灭火装置。在淬火油槽上方,淬火液面上部设灭火喷管,当油液面着火时,喷射二氧化碳,隔绝空气。还有的喷射干粉,即由高压氮气使碳酸氢钠干粉通过喷管喷出,干粉可覆盖油液面,隔绝空气,灭火速度快。

(2)普通淬火槽

普通淬火槽是用途最广的淬火槽,其结构、形状、尺寸也多种多样,选择和确定的原则主要根据产量和淬火工件的尺寸、单件质量以及热处理炉的工作尺寸和操作条件来决定。对于产量不大的小型淬火槽,多采用冷却水套结构或在油槽内侧安装螺旋形水管、蛇形管进行冷却。对于产量较大的淬火槽,常附设淬火介质冷却用的循环装置,将热介质经冷却后再循环回淬火槽使用。

(3)机械化淬火槽

机械化淬火槽都安装有运送工件的机械化装置,效能较好,但结构比较复杂。机械化淬火槽分为周期作业式和连续作业式两类。

①周期作业机械化淬火槽。这种淬火槽与普通淬火槽相比,其中设有提升工件的机械化装置,与推杆式炉和周期式炉配合使用,采用机械、液压或气动方式传动,主要有以下几种形式。

a.悬臂式提升机淬火槽。图 27.3 是一种悬臂式气动升降台提升机淬火槽,利用 $(3 \sim 6) \times 10^5$ Pa 的压缩空气作为动力,工作时利用升降机构将工件吊到升降台上,内提升气缸通过活塞杆使其沉入淬火介质中淬火。导向架起到导向作用,冷却完毕后,再由气缸提起淬火台出料。

b.提斗式提升机淬火槽。这种淬火槽一般是用电动机经减速器和传动机构驱动机械化装置。图 27.4 是提斗式机械提升机淬火槽。提升机主要构件是接料料斗和丝杠提升机构,其动作原理是由电动机带动螺母转动,由丝杠将料斗沿支架提升到液面以上,由于支架的限位,迫使料斗翻转,将工件自动倒入回火料盘上。上面的限位开关使电动机反转,将料斗送回原来位置,进行下一批工件的处理。

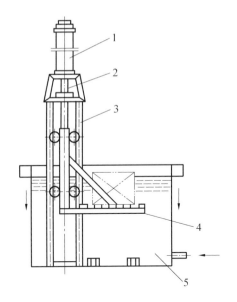

图 27.3 悬臂式气动升降台提升机淬火槽
1—气缸;2—活塞杆;3—导向架;
4—升降台(托盘);5—淬火槽

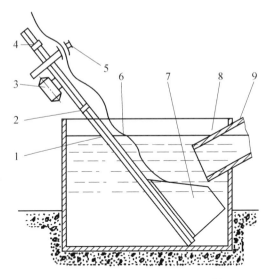

图 27.4 提斗式机械提升机淬火槽
1—支架;2—限位开关;3—电动机;4—限位开关;
5—螺母;6—丝杠;7—料斗;8—淬火槽;9—滑槽

这种淬火槽结构比较复杂,效率较低,费用较大,但动作准确,设备能力大小不受限制。

c. 吊筐式提升机淬火槽。图 27.5 是吊筐式提升机淬火槽,由吊车吊着活动料筐,料筐沿导向支架上升到极限位置倾斜,把工件倒出。

d. 翻斗式缆车提升机淬火槽。图 27.6 是翻斗式缆车提升机淬火槽,由缆索拉料筐沿倾斜导向架上升,到极限位置翻倒。

还有液压式淬火槽,这类淬火槽利用液压装置驱动机械化装置。此外还有连杆式升降机构淬火槽,采用连杆链条作为传动机构,将物料托起或降下。

② 连续作业机械化淬火槽。这种淬火槽中设有自动升降或运送工件的连续机械化作业装置,常与连续式热处理炉配合使用,主要用于处理形状规则的各种小型零件的大批量连续生产。

a. 输送带提升装置淬火槽。图 27.7 为一卧式输送带提升装置淬火槽,应用最为广泛。在长方形淬火槽内,安装一运送工件的输送带,输送带分为水平和提升两部分。

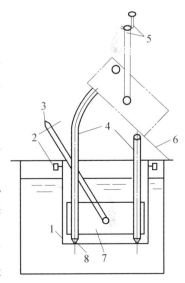

图 27.5 吊筐式机械提升机淬火槽
1—摇筐架;2—摇筐滚轮;3—摇筐吊杆;4—倒料导轨;5—吊车吊钩;6—料筐侧壁活叶;7—活动料筐;8—料筐导向滚轮

水平部分浸在淬火介质中,工件就放在上面冷却并向倾斜部分运送;倾斜部分逐渐升高到达淬火槽外,将工件提升到液面以上并送出淬火槽。输送带运动速度可以调节,根据工作需要的冷却时间选定。常用输送带宽度为 300~800 mm,倾斜角度为 30°~45°。如果输

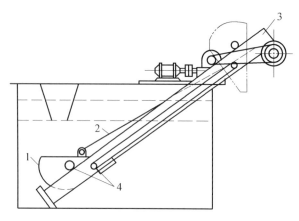

图 27.6 翻斗式缆车提升机淬火槽
1—料斗；2—缆索；3—导轨；4—滚轮

送带水平部分长度过小,工件会冷却不足。倾斜部分角度要恰当,角度过小使输送带过长,过大时工件易下滑,一般在输送带上焊上一些筋或做成横向挡板,以防工件下滑。

b. 振动传送垂直提升装置淬火槽。图 27.8 所示为振动传送垂直提升装置淬火槽,由电磁振动器使立式螺旋输送带发生共振,工件则沿螺旋板振动上升。

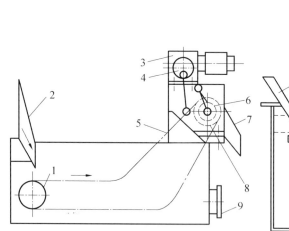
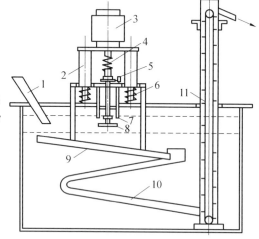

图 27.7 卧式输送带提升装置淬火槽
1—从动轮；2—淬火工件导槽；3—减速机构；
4—偏心轮；5—输送带；6—棘轮；7—料槽；
8—主动轮；9—清理孔

图 27.8 振动传送式提升机淬火槽
1—淬火工件导槽；2—支柱；3—电动机；4—扭力簧；
5—上偏心块；6—弹簧；7—下偏心块；8—搅拌叶片；
9—振动滑板；10—滚道；11—立式输送带

c. 螺旋输送式淬火槽。图 27.9 为螺旋输送式淬火槽的结构示意图,这种淬火槽是使用滚筒式螺旋输送器连续推进工件,工件经落料筒和装料斗连续进入输送器。输送器是由电动机经减速器和三角皮带驱动,外壳为一圆筒,可在支架上滚动,凭借筒内壁上的螺旋叶片向上运送工件,同时进行冷却,最后工件经料斗出料。

d. 磁吸引提升机淬火槽。图 27.10 所示为磁吸引提升机的淬火槽,磁吸铁条安装在输送带下滑道内部,保护它不受损伤。淬火件通过电动机带动密封在滑道支架内部的磁性传送带而被提出淬火槽，在输送带端部通过消磁圈进入收集箱中。

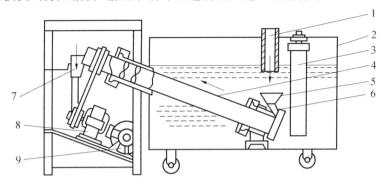

图 27.9　螺旋输送式淬火槽

1—落料筒；2—淬火槽；3—管状电热元件；4—螺旋输送器；5—装料斗；6—支架；7—料斗；8—减速器；9—电动机

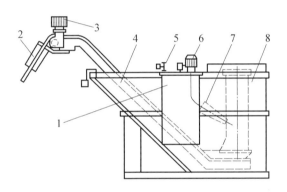

图 27.10　磁吸引提升机淬火槽

1—油冷却器；2—消磁器；3—提升电动机；4—磁吸引输送带；5—恒温器；6—液压泵；7—喷嘴；8—油槽

该淬火槽设有油喷射装置，将淬火液喷向落料口。在淬火槽旁设有油冷却器，有两个恒温控制器，一个是双触点恒温控制器，控制淬火槽加热和冷却；另一个是安全控温器，防止油温过热。此外，还有液流式提升机淬火槽，它由液压泵向淬火管道喷入淬火介质，高速的淬火介质将落入管道中的工件输送出淬火槽。

3. 淬火机和淬火压床

淬火机和淬火压床的作用是使工件在压力下或限位下淬火冷却，以减少工件变形与弯曲，或者把工件加热成形和淬火工序合并成为一个工序，以简化工序和节能。淬火同时将工件热压成要求的形状（如钢板弹簧弯曲淬火）。淬火机和淬火压床在大量生产的工厂中广泛应用，主要用于尺寸比较大，厚度比较薄的圆盘类（如伞形齿轮、圆盘等）和长轴类容易变形件，也用于形状比较复杂的零件（如曲轴、凸轮轴等）。

（1）轴类零件淬火机

轴类零件淬火机的基本原理是将工件置于旋转中的 3 个轧辊子之间，在压力下滚动，再喷液冷却。在滚动中使变形的轴类工件得到校直，然后在滚动中冷却，达到均匀冷却的效果。

（2）大型环状零件淬火机

大型环状零件淬火机主体是一对安放在淬火油槽中的锥形滚杠，它由料条带动，高速旋转,使环状零件在旋转中淬火,均匀冷却,校直变形。

(3)齿轮淬火压床

齿轮淬火压床是在淬火冷却过程中,对齿轮间隙地施以脉冲压力的设备。卸压时,淬火件自由变形;加压时,矫正变形。在压力交替作用下,工件淬火变形得到矫正。常用于各种薄形和环形零件(如齿轮、齿轮圈、离合器片、轴承套等)。

该压床由主机、液压系统、冷却系统和电气系统等组成,如图 27.11 所示,主机由床身、上压模组成,上压模由内压环、外压环、中心压环以及整套连接装置组成。内外压环、中心压环可以分别独立对零件施压。下压模由模套圈、支承块、花盘和平面凸轮组成。

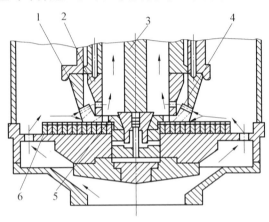

图 27.11 脉动淬火压床主机结构示意图
1—外压环;2—内压环;3—扩张模压杆;4—工件;5—扩张模;6—下压模工作台

(4)板件淬火压床

大钢板的淬火机常为立柱式,由安在上压模板上部的油缸施压,图 27.12 为锯片淬火压床。该机构设有上下压板,下压板固定,上压板为动压板。在加压平面上沿同心圆布置 308 个喷油支承钉,以点接触压紧锯片并喷油冷却,为防止氧化皮堵塞油孔,可用压缩空气和油相连,以清洁喷油孔。该机可用于薄板型工件的加压淬火,冷却效果好,变形小。

(5)钢板弹簧淬火机

钢板弹簧淬火机是把压力成形与淬火合并为一个工序的淬火机,如图 27.13 所示。其上下板做成月牙形,压板的夹头由一系列

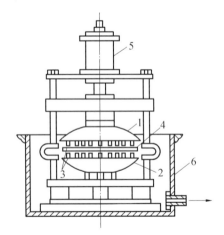

图 27.12 锯片淬火压床
1—喷油支承钉;2—上压板;3—液压缸;
4—工件;5—油槽;6—下压板

可移动的滑块组成,便于调整板弹簧形状,同时不影响淬火介质通过冷却。钢板弹簧淬火机夹持热工件后,浸入淬火槽中,由液压缸带动摇摆机构,使淬火模板在槽中摇摆冷却工件。

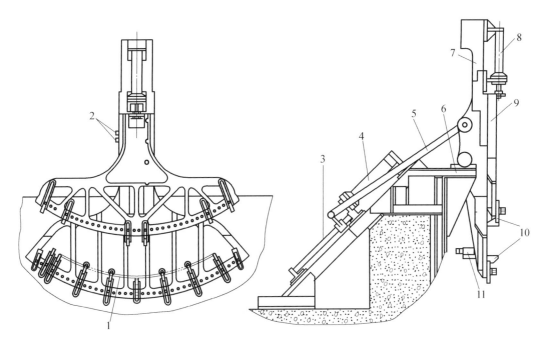

图 27.13 摇摆式钢板弹簧淬火机
1—成形板簧；2—限位开关；3—导杆；4—摇摆液缸机；5—拉杆；6—机座；
7—下夹；8—夹紧液压缸；9—上夹；10—平具；11—脱料液压缸

27.2 冷处理设备

冷处理设备用于工件在 0～-200 ℃进行冷处理。冷处理可促使钢中比较稳定的奥氏体以及在淬火后形成的残留奥氏体继续转变，以提高钢的硬度和耐磨性，改善工件的组织稳定性和尺寸稳定性，多用于精密量具、刃具、高合金钢模具的处理。

1. 制冷设备的制冷原理

制冷原理是固态物质液化、汽化或液态物质汽化，均会吸收熔解潜热或汽化潜热，从而使周围环境降温。制冷机的制冷过程是，将制冷气体压缩形成高压气体，气体升温，该气体通过冷凝器降低温度，形成高压液体。该液体通过节流阀，膨胀成为低压液，低压液体进入蒸发器吸收周围介质热量，蒸发成气体。蒸发器降温，蒸发器的空间就成为低温容器。

2. 常用冷处理设备

(1) 干冰冷处理设备

干冰(固态 CO_2)很容易升华，很难长期储存。储存装置应具有很好的密封性和保温性。干冰冷处理设备常做成双层容器结构，层间填以绝热材料或抽真空。冷处理时，除干冰外还需加入酒精、丙酮或汽油等，使干冰溶解而制冷。改变干冰加入量可调节冷冻液的温度，可达到-78 ℃。

干冰冷处理设备结构简单，易于制造，操作方便，投资少，但生产成本较高，常用于少量小型零件的冷处理。

(2) 液氮超冷装置

液氮超冷装置利用液氮可实现超冷处理，达-196 ℃。液氮超冷处理有液浸式和汽化式两种方法,液浸式是将冷处理的工件直接放入液氮中,此法冷速大,不常用。汽化式是在工作室内液氮汽化,使工件降温,进行冷处理。

液氮超冷装置一般由液化气体真空容器、控制阀、冷冻室及真空泵等组成,如图27.14所示。

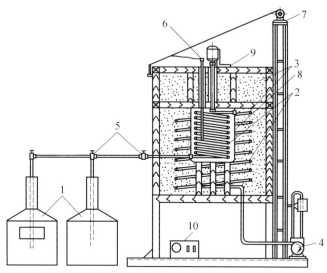

图 27.14 液氮超冷处理装置

1—真空容器;2—蛇形管;3—冷冻室下体和上盖;4—真空泵;5—控制阀;
6—温度计;7—启闭机构;8—工作室;9—风扇;10—电气控制阀

(3)低温空气冷处理装置

该装置流程图如图 27.15 所示,从车间管道引入的压缩空气,经油水分离器、干燥器,流经绕管式热交换器,利用由冷处理室返流回的低温气体,可使压缩空气预冷到 $-50 \sim -60\ ℃$,再进入透平膨胀机使膨胀后气体温度降低到 $-107\ ℃$ 左右,压力也降低。此低温低压气体直接通入装满工件的低温箱中冷却保温,气体返流至热交换器的绕管外,再流至电加热器复热至常温状态放空,或加热至 $240\ ℃$ 作为干燥器的,再生气使用后再放入大气。

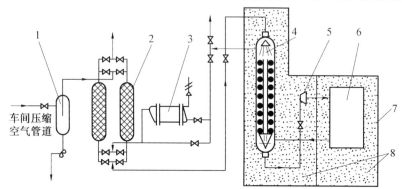

图 27.15 低温空气冷处理装置流程图

1—油水分离器;2—干燥器;3—电加热器;4—绕管式热交换器;
5—透平膨胀机;6—零件处理保温箱;7—冷箱;8—保温材料(珠光砂)

(4)低温冰箱冷处理装置

对于 $-18\ ℃$ 的冷处理,可用普通的深冷冰箱进行处理。

第28章 热处理辅助设备

机器零件的热处理,除需要各种类型的加热和冷却设备外,还需要各种辅助设备配合,才能完成热处理各项工作,以保证零件热处理的最终质量。热处理辅助设备包括进行工件表面清理、清洗、校正以及起重运输等操作所用的各种设备。

1. 清理设备

工件热处理后,有时存在氧化皮等污物,用来清除工件表面氧化皮等污物所用的设备称为清理设备。清理设备是热处理车间配套设备的重要组成部分,某些连续热处理生产自动线已包括清理设备。按清理方法的工作原理可分为化学清理设备和机械清理设备。

(1)化学清理设备

化学清理设备以化学方法清除工件表面氧化皮和粘附的不溶于水的盐类。常用方法包括硫酸酸洗法、盐酸酸洗法、电解清理法以及配合超声波的清理,其中用得最多的是前两种。

①硫酸酸洗法。采用的是质量分数为 8%~12% 的硫酸水溶液,温度为 60~80 ℃。硫酸是氧化性酸,其酸洗速度低于盐酸,为了加快酸洗过程,可由酸洗槽底部通蒸气加热,有时配合以超声波。

酸洗时,发生的化学反应为

$$FeO + H_2SO_4 \longrightarrow FeSO_4 + H_2O$$

当部分氧化皮溶入硫酸后,金属表面的铁将与酸洗液继续发生反应,即

$$Fe + H_2SO_4 \longrightarrow FeSO_4 + H_2$$

在反应过程中,铁被溶解,氢最初以原子状态存在,而后结合为分子状态,这个过程将产生很大的压力,促使未溶解的氧化皮脱落,从而加速酸洗过程。但是氢在原子状态时,易引起酸洗脆性,为了减少金属本体的过腐蚀和避免酸洗脆性,在酸洗时常加入少量的抑制剂,常使用的是尿素,加入量为酸洗液量的 0.05%,其有效作用时间为 100~150 h。

②盐酸酸洗法。采用的是质量分数为 5%~20% 的盐酸水溶液,酸洗温度常在 40 ℃以下。盐酸是一种还原性酸,有很强的酸洗能力。工件酸洗后,还需放入 40~50 ℃ 的热水中冲洗,然后放入质量分数为 8%~10% $NaCO_3$ 水溶液中中和,最后再以热水冲洗。

化学清理设备主要是各种酸洗槽。为避免受酸洗液的侵蚀,酸洗槽常用耐酸材料制造。常用的有用铅皮衬里的木制酸洗槽、耐酸混凝土酸洗槽和塑料酸洗槽。为了改善工作环境、劳动条件和提高生产率,有的还设有各种提升机和连续输送机。成批量生产时可采用机械化酸洗设备。

(2)机械清理设备

这种设备利用速度很大的砂粒或铁丸喷射到工件表面,或者借工件与工件之间、工件与设备构件之间的碰撞和摩擦作用,除去工件表面氧化皮。前者如喷砂机、抛丸机,后者如清理滚筒。

①喷砂机。喷砂机的工作原理是利用高速运动的固体粒子(丸)撞击工件表面,使氧化皮脱落。工件表面经喷砂处理后呈银灰色。粒子采用石英砂或铁砂,粒子高速运动的动力是压缩空气,压缩空气压力可达 0.5~0.6 MPa。石英砂的直径约为 1~2 mm;铁砂为白口铸铁,直径约 0.5~2 mm,其硬度约为 500 HB。石英砂消耗量约为工件质量的 5%~10%,铁砂消耗量为工件质量的 0.05%~0.1%。

根据工作原理,喷砂机可分为吸力式、重力式和增压式。

吸力式喷砂机的工作原理如图 28.1 所示。压缩空气管的末端处在混合室内造成很大的吸力,促使砂子由吸砂管吸入,一同由喷嘴喷射到工件上。吸砂管的另一端与储砂漏斗相连并与大气相通。

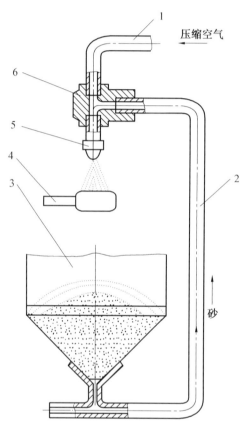

图 28.1 吸力式喷砂机工作原理图
1—压缩空气管;2—吸砂管;3—储砂斗;
4—工件;5—喷嘴;6—混合室

在重力式喷砂机中,砂子借自重流入混合室中,再由喷嘴喷出。

增压式喷砂机利用压缩空气给砂子以压力,促使其流入混合室或吸砂管内。

一般喷砂设备产生大量粉尘,严重污染环境,同时也危害人体健康,因此劳动条件较差。近年来发展起来真空喷砂机和液体机。真空喷砂机把喷砂、回收、除尘集中在一个真空设备内进行,结构紧凑,操作简单,去锈效果好,速度快。液体机利用液体砂运动,效率高,动作准确,不产生粉尘。

②抛丸机。抛丸机的工作原理是将铁丸装入快速旋转的叶轮中,借叶轮旋转所产生

的离心力将铁丸高速射向到工件表面,以铁丸的冲击作用,清除工件表面的氧化皮和粘附物。若对抛射和喷射过程加以控制,又可达到强化零件的作用,以提高零件的疲劳寿命。

抛丸机依其结构特点可分为滚筒式、履带式、转台式、台车式及悬挂输送链式等几种,用于不同类型的零件和生产规模,抛丸设备是由抛丸器、零件运输装置、弹丸循环装置、丸粉尘分离装置、清理和强化室5个主要部分组成。

③清理滚筒。清理滚筒是内壁设有筋肋的转动滚筒。工作时,将带有氧化皮的工件装入筒内,连续旋转,靠筒内工件之间和工件与滚筒筋肋的相互碰撞,除去工件表面的氧化皮。这种方法产量大、成本低,能清除铸、锻件的毛刺,但清除氧化皮不够彻底,而且还会损伤工件表面刃口、螺纹、尖角等处,仅适用于各种半成品件。

2. 清洗设备

为了清除热处理前零件表面上的污垢、切削冷却液、研磨剂和淬火后零件上附着的残油、残盐,通常采用清洗方法。

清洗工件的方法有碱性水溶液清洗、磷酸盐水溶液清洗、有机溶剂清洗、水蒸气清洗和超声波清洗,用得最多的是碱性水溶液清洗。

碱性水溶液的成分一般为质量分数为3%～10% $NaCO_3$ 水溶液或质量分数为3% NaOH 水溶液,清洗温度为40～95℃。在 NaOH 水溶液中加入质量分数为1%～5% Na_2SiO_3 或 Na_3PO_4,可提高溶液的脱脂和脱盐能力。

磷酸盐水溶液的清洗能力较弱,有脱脂作用,还可去除工件表面薄层氧化膜。

利用有机溶剂(氯乙烯、二氯乙烷等)清洗工件的方法有蒸气法和蒸气-浸洗法。蒸气法是将溶剂加热产生蒸气,用来吹洗工件。为提高脱脂能力,可采用蒸气-浸洗法,即先将较难脱脂的工件浸没在液体溶剂中脱脂,随后移入另一槽内进行溶剂蒸气吹洗。

超声波清洗法常与各种溶剂清洗法配合使用,可去除细孔内的污垢,对清洗有明显促进作用。

根据零件对洁净度的要求、生产方式、批量、外形和尺寸,使用相应的清洗方式、方法和不同类型的清洗设备。清洗设备包括一般清洗设备和超净清洗设备,超净清洗设备包括超声波清洗设备、脱脂炉清洗设备、真空清洗设备。

(1)一般清洗设备

一般清洗设备是常用于清除残油和残盐的清洗设备,根据其结构形式的特点可分为间歇式与连续式两种。前者如清洗槽、室式清洗机、强力加压喷射式清洗机。后者如输送带式清洗机以及为各类生产线、自动线配置的悬挂输送链式、链板式、推杆式和往复式等各类专用清洗设备。

①清洗槽。清洗槽的结构与淬火槽大致相同,只是在槽内增加了清洗液加热装置。清洗液一般采用蒸气直接加热,也可通过槽内的蛇形管间接加热清洗液。采用蒸气直接加热的方法,可使热量得到充分利用,但清洗液浓度易改变。间接加热的方法可保证清洗液浓度,但蒸气消耗量大。如果没有蒸气,还可用管状电热元件,直接安装在清洗槽中加热清洗液。

采用清洗槽时是将工件浸入溶液中清洗,有时还在清洗槽底部安有空气喷头,搅动溶液清洗。

②清洗机。生产规模比较大的热处理车间可以采用清洗机清洗工件,清洗机装有机

械化装料及运送工件的机构和清洗装置,常用的有升降台式、喷射式、滚筒式等几种。

图 28.2 为室式喷射式清洗机,它适用于批量不大的中小零件。整个设备为一封闭的箱室。箱室上部为工作室,其中有上、下两个多孔喷头,工件放在料车上借手柄沿导轨操纵料车进行装卸料,装料口用橡皮帘封闭。用离心泵将清洗液经管道系统送到喷头,从上下两方面喷射工件。清洗液储存在下部的储液室中,由蒸气管通入蒸气加热,清洗液经过滤器重新送到喷头上。

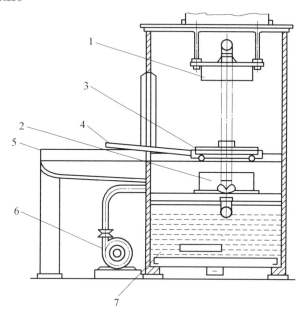

图 28.2 室式喷射式清洗机
1—上多孔喷头;2—下多孔喷头;3—料斗;4—手柄;5—导轨;6—离心泵;7—储液室

图 28.3 为输送带式清洗机,它适用于批量较大的小型零件。在其中布置一条水平或稍倾斜的输送带,工件放置在输送带上,输送带通过电动机经变速装置和棘轮驱动。在上输送带上方和下方安装喷头向工件喷射清洗液,清洗液由水泵经管道供到喷头。用过的清洗液通过输送带漏入下面内水槽中,清洗液在槽中用蒸气加热后经过滤器流入外水槽重新使用。为满足清洗效果和保护环境,清洗机应具备水过滤装置、撇油装置和雾气处理装置。

(2)超声波清洗设备

超声波清洗以纵波推动清洗液,使液体产生无数微小的空化泡,当气泡受压爆破时,产生强大的冲击波。将物体死角内的污垢冲散,增强清洗效果。一些特殊热处理零件如有盲孔的零件,应采用超声波清洗。超声波频率高,穿透能力强,对复杂结构的零件有很好的清洗效果。

超声波清洗效果取决于清洗液的类型、清洗方式、清洗温度、超声波频率、功率密度、清洗时间、清洗件的数量及外形复杂程度等条件。

超声波清洗装置如图 28.4 所示,是由超声波换能器、清洗槽及发生器 3 部分构成。此外还有清洗液循环、过滤、加热以及根据生产需要设计不同零件输送装置。

超声波清洗采用三氯乙烯作为清洗剂。冷凝区使气态的三氯乙烯冷凝成液体;蒸气

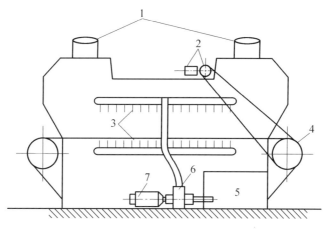

图 28.3 输送带式清洗机
1—主动轮；2—水泵；3—清洗液槽；4—输送带传动轮；5—电动机；6—喷头；7—排气管

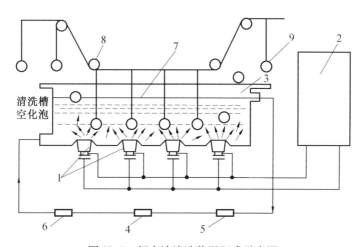

图 28.4 超声波清洗装置组成示意图
1—传送装置；2—清洗槽；3—被清洗零件；4—发生器；5—换能器；6—过滤；7—泵；8—加热器

自由区为自由态的三氯乙烯蒸气；水分分离器除去三氯乙烯中的水分；超声波槽内安设超声波换能器，零件在槽内被清洗；过滤器过滤清洗液中杂质；蒸气槽把零件上的三氯乙烯加热汽化，使零件干燥；加热器加热三氯乙烯；冷却槽冷却零件；泵使三氯乙烯液体循环。

超声波清洗机有单槽型、双槽型和三槽型等型式。

(3) 脱脂炉清洗设备

在脱脂炉中脱脂是把零件加热到 450~550 ℃，使零件上的残油汽化，同时也起到零件预热和渗碳、渗氮件预氧化的效果。脱脂炉的结构如图 28.5 所示。

燃烧式脱脂炉可与渗碳炉(或氮化炉)等组成联合机，利用渗碳炉排出的可燃废气作为脱脂炉的热源。工件经脱脂炉后进入渗碳炉，起到清洁表面、增加渗碳能力的作用。

(4) 真空清洗设备

真空清洗设备是一种无污染的新型清洗设备，它的工作原理是，粘附在零件上的油及其他能被蒸发的物质，可在真空下被蒸发，蒸发量随着真空度和温度的提高而增大。淬火零件的清洗温度受其回火温度限制，通常控制在 180 ℃，在此温度下进行真空清洗，还会

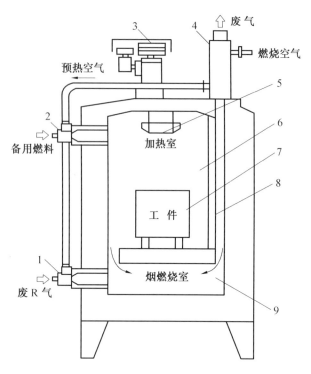

图 28.5 脱脂炉结构图

1、2—烧嘴；3—搅拌装置；4—空气换热器；5—循环风扇；6—加热室；7—工件；8—辐射板；9—烟燃烧室

有相当多可蒸发的物质残留在零件表面。所以一般采用水蒸气蒸馏和真空蒸馏相结合的方法，使油及其他能被蒸发的物质，在水蒸气作用下，先形成低沸点的混合物，然后再进行真空蒸馏清洗。

3. 矫直(校直)设备

矫直设备用于矫正零件的翘曲变形。矫直有热矫直和冷矫直两类。

热矫直分为两种，一种是利用焊枪局部加热零件，使零件的应力释放或重新分布；再敲击或施压，从而矫正零件的翘曲变形。另一种是利用零件在奥氏体组织状态下进行矫直，适用于大尺寸的轴类、板件或矫直时易断裂的零件，以及冷矫直后弹性作用变形容易反弹的零件。

冷矫直是在热处理后，用手动机械、工具或压力机加压，以矫正零件的翘曲变形。

锻件及细长杆件热处理后会产生翘曲和变形，需要进行矫平和矫直。锻件热处理后通常进行冷矫平，常用液压机和摩擦压力机，大批量生产时还利用锻压机。热处理后的小型杆件使用手动螺旋压力机和齿条压力机进行矫直。选择矫直机应考虑零件直径、状态、矫直机工作压力等因素。

近代的矫直设备向全过程机械化、自动化方向发展，这种矫直设备主要由上料运输装置、步进梁输送机、矫直机、弯曲度和裂纹检测装置、分类装置、卸料输送装置等组成。

4. 起重运输设备

为了减轻劳动强度，提高生产效率，根据运送零件的大小及批量，除了大批生产用机械化设备之外，热处理车间常用各种起重设备，如电动葫芦、梁式起重机、桥式起重机等。

大型较长轴类零件垂直淬火时,为防止下降速度太慢,引起油面起火,应选用特制的下降速度达 20~60 m/min 的淬火起重机。为防止意外事故造成起重机不能正常运行,起重机传动机构应备有专用松闸机构,必要时可用手动操作,使吊钩能继续下降到一定深度位置。

5. 热处理夹具

零件热处理过程中,为保证零件加热均匀,不致变形,并保证装、卸方便和操作安全,各生产厂根据热处理零件品种、尺寸、热处理工艺及采用炉型,在实践经验的基础上设计出不同型式和特点的热处理夹具。

参考文献

[1] 清华大学,华中工学院,郑州工学院.铸造设备[M].北京:机械工业出版社,1979.
[2] 陈士梁.铸造机械化[M].北京:机械工业出版社,1999.
[3] 阎荫槐.铸造设备基础[M].沈阳:东北工学院出版社,1990.
[4] 周锦照.铸造机械设备[M].武汉:华中理工大学出版社,1989.
[5] 陈师梁,施军,徐玉桥.气冲紧实造型机理的探讨[J].中国铸机,1987(2):7-13.
[6] 陈师梁,施军.低压气流型砂紧实过程初探[J].铸造设备研究,1984(1):1-11.
[7] 浙江大学.铸造车间机械化高中压造型线[M].北京:机械工业出版社,1982.
[8] 董超.铸造设备设计[M].北京:机械工业出版社,1980.
[9] 刘树籓.铸造机械设计基础[M].北京:机械工业出版社,1990.
[10] 徐顺庆.铸造机械发展动向[J].中国铸机,1994(1):3-8.
[11] 十四院校铸造专业教材联合编写组.铸造生产机械化[M].北京:国防工业出版社,1979.
[12] LAVINGTON M H. Sand Preparation Guide to Current Concept in Mulling and Mixing [J]. Foundry Trade Journal,1983(4):433-447.
[13] 中国机械工程学会焊接分会.焊接手册:第一卷[M].2版.北京:机械工业出版社,2001.
[14] 殷树言.气体保护焊工艺基础[M].北京:机械工业出版社,2007.
[15] 姜焕中.电弧焊及电渣焊[M].北京:机械工业出版社,1988.
[16] 郑宜庭,黄石生.弧焊电源[M].北京:机械工业出版社,1991.
[17] 中国机械工程学会焊接分会,哈尔滨焊接研究所,上海通用电焊机股份有限公司.焊工手册:埋弧焊·气体保护焊·电渣焊·等离子弧焊[M].北京:机械工业出版社,2003.
[18] 杨春利,林三宝.电弧焊基础[M].哈尔滨:哈尔滨工业大学出版社,2003.
[19] 王宗杰.熔焊方法及设备[M].北京:机械工业出版社,2007.
[20] 雷世明.焊接方法与设备[M].北京:机械工业出版社,2004.
[21] 王新民.焊接技能实训[M].北京:机械工业出版社,2005.
[22] 李德元,赵文珍,董晓强,等.等离子弧技术在材料加工中的应用[M].北京:机械工业出版社,2005.
[23] 赵熹华,冯吉才.压焊方法及设备[M].北京:机械工业出版社,2007.
[24] 李亚江,刘鹏,刘强.气体保护焊工艺及应用[M].北京:化学工业出版社,2005.
[25] 李志远,钱乙余,张九海,等.先进连接方法[M].北京:机械工业出版社,2000.
[26] 王秉铨.工业炉设计手册[M].2版.北京:机械工业出版社,2000.
[27] 吴光治.热处理炉进展[M].北京:国防工业出版社,1998.

[28] 吉泽升. 热处理炉[M]. 修订版. 哈尔滨:哈尔滨工程大学出版社,2006.

[29] 中国机械工程学会热处理学会,《热处理手册》编委会. 热处理手册:热处理设备和工辅材料[M]. 3版. 北京:机械工业出版社,2002.

[30] 曾祥模. 热处理炉[M]. 西安:西北工业大学出版社,1989.

[31] 藏尔寿. 热处理炉[M]. 北京:冶金工业出版社,1986.

[32] 吴光英. 现代热处理炉[M]. 北京:机械工业出版社,1991.

[33] 刘孝曾. 热处理及车间设备[M]. 北京:机械工业出版社,1985.

[34] 中国机械工程学会热处理学会,《热处理手册》编委会. 热处理手册:热处理设备[M]. 2版. 北京:机械工业出版社,1997.

[35] 莫如胜,余言. 工程材料与成型工艺基础[M]. 广州:华南理工大学出版社,2004.

[36] 林文金. 半固态成型技术的发展与应用现状[J]. 机电技术,2009,(1):30-32.

[37] 齐乐华,朱明,王俊勃. 工程材料及成形工艺基础[M]. 西安:西北工业大学出版社,2002.

[38] 吕炎. 锻造工艺学[M]. 北京:机械工业出版社,1995.

[39] 侯英伟. 材料成型工艺[M]. 北京:中国铁道出版社,2002.

[40] 沈其文. 材料成型工艺基础[M]. 武汉:华中理工大学出版社,1999.

[41] 刘建华. 材料成型工艺基础[M]. 西安:西安电子科技大学出版社,2007.

[42] 韩建民. 材料成型工艺技术基础[M]. 北京:中国铁道出版社,2002.

[43] 陈长江,熊承刚. 工程材料及成型工艺[M]. 北京:中国人民大学出版社,2000.

[44] 颜银标. 工程材料及热成型工艺[M]. 北京:化学工业出版社,2004.

[45] 虞传宝. 冷冲压及塑料成型工艺与模具设计资料[M]. 北京:机械工业出版社,1992.